申泰三 校閱

原本備旨

論語集註

(下)

明文堂

原本備旨 論語集註 下 目次

原本備旨 論語集註卷之十一

先進第十一

此篇、多評弟子賢否、凡二十五章、厚齋馮氏曰此篇多評弟子賢否故以次於夫子言動之後○趙氏曰評其賢則能者勸評其否則不能者勉無非敎也然此篇稱賢者三倍於否亦足以見賢之衆矣胡氏、曰此篇、記閔子騫言行去聲者、四而其一、直稱閔子、疑閔氏門人所記也、

子ㅣ曰先進이於禮樂애野人也ㅣ오後進이於禮樂애君子也ㅣ라ᄒᆞᄂᆞ니

子ㅣᄀᆞᆯᄋᆞ샤ᄃᆡ先進이禮와樂애野人이오後進이禮와樂애君子ㅣ라ᄒᆞᄂᆞ니

●先進後進、猶言前輩後輩、野人、謂郊外之民、君子、謂賢士大夫也、程子、曰先進、於禮樂、文質得宜、今反謂之質朴、而以爲野人、後進、於禮樂、文過其質、今反謂之彬彬、而以爲君子、蓋周末、文勝故、時人之言、如此、不自知其過於文也、朱子曰禮樂只是一箇禮樂用得自不同如升降揖遜古人只是誠實行許多威儀後人便忒好看古人只正容謹節後人便近於巧言令色如古樂雖不可得而見只如誠實底人彈琴便雍容平淡自是好聽若弄手弄脚撰出無限不好底聲音只是繁碎耳○問此禮樂還說宗廟朝廷以至州閭鄕黨之禮樂曰也不止是這般禮樂凡日用之間一禮一樂皆是禮樂只管文勝去如何合殺須有箇變轉道理備旨夫子以身維禮樂曰禮樂以得中爲貴但世道既殊而人之習尙亦異彼先進之於禮樂文質得宜今反以爲野人夫野人誠非禮樂所尙不謂先進之禮樂竟等之野人也可異也若後進之於禮樂文過其質今反以爲君子夫君子誠爲禮樂所重不謂後進之禮樂亦稱之君子也尤可異也

如用之則吾從先進호리라

만일用ᄒᆞ면내先進을조초리라

●用之、謂用禮樂、孔子、旣述時人之言、又自言其如此、蓋欲損過以就中也、慶源輔氏曰時俗易得逐流而徇末聖人常欲損過以就中聖人之所以轉移時俗者其過化存神之妙雖未易窺測至於損過就中之用則有不可易者○問孔子從先進是夫子無取於文也然周監於二代郁郁乎文夫子又從之何耶潛室陳氏曰從先進是夫子欲復文武周公之舊卽從周也文必以周公之舊方可從周末文弊己不是爲文矣從周者三代損益之勢當然從先進者周末文弊救之當然並行不悖○問夫子用禮樂而從先進是欲崇質耶抑欲文質之得中耶雙峯饒氏曰聖人之道無適不中用禮樂而從先進在當時則爲崇質在理則爲適中○新安陳氏曰文武周公監夏殷之禮而損益之夫子稱曰郁郁乎文蓋爲其文質得中卽彬彬之文也此周盛時之文卽先進之所從事者此章從先進之云正是厭周末之文過其質而欲從周盛時之文質得中與從周之言初不相妨而可互相發從周正是欲從先進耳備旨夫時人之論若此則其所用必從後進而不從先進也明矣如吾用之吾則何如也亦惟從乎先進之禮樂而已又何恤於人言之紛紛乎夫子之越時論而獨決所從如此

○子ㅣ曰從我於陳蔡者ㅣ皆不及門也ㅣ로다 從去聲

子ㅣᄀᆞᆯᄋᆞ샤ᄃᆡ나를陳蔡애從ᄒᆞ얏던者ㅣ다門에밋디아니ᄒᆞ엿도다

●孔子、嘗厄於陳蔡之間、弟子、多從之者、此時、皆不在門故、孔子、思之、蓋不忘其相從於患難去聲之中也、備旨夫子追思與難之賢曰昔弟子從我於陳蔡患難之中者今皆不及相從於吾門也撫今追昔其能己於思哉

德行앤 顔淵閔子騫冉伯牛仲弓이오 言語앤 宰我子貢이오 政事앤 冉有季路ㅣ오 文學앤 子游子夏ㅣ라 行去聲

德行애ᄂᆞᆫ顔淵과閔子騫과冉伯牛와仲弓이오言語애ᄂᆞᆫ宰我와子貢이오政事애ᄂᆞᆫ冉有와季路ㅣ오文學애ᄂᆞᆫ子游와子夏ㅣ니라

●弟子、因孔子之言、記此十人、問何以知其爲弟子所記朱子曰吳氏例云凡稱名者夫子之辭或弟子師前相謂之辭稱字者弟子自相謂之辭或弟子門人之辭或以此章盡爲夫子之言者考之不審也而幷目其所長、分爲四科、孔子教人、各因其材、於此可見、朱子曰德者行之本君子以成德爲行言德則行在其中德行是兼內外貫本末全體底物事那三件各是一物見於用者也○問德行不知可兼言語政事文學否曰當就逐項上看如顏子之德行固可以備若他人固有有德行而短於才者○問四科之目曰德行者潛心體道默契於中篤志力行不言而信者也言語者善爲辭令者也政事者達於爲國治民之事者也文學者學於詩書禮樂之文而能言其意者也夫子敎人使各因其所長以入於道然其序則必以德行爲先誠以躬行實造具體聖人學之所貴尤在於此非若三者各爲一事之長而已也○勉齋黃氏曰四科之目因其所得而稱之擧其最優者爲言也○雙峯饒氏曰聖人之敎有大綱領有小條目小條目如長於政事者與言政事長於文學者與言文學是也如今人能文者告之以作文之法曉事者告之以處事之法此是各因其材然本領不正能文者無緣做得好文章曉事者無緣做得好政事又須示之以大綱領使之治心脩身從本領上做將來○

程子、曰四科、乃從夫子於陳蔡者爾、門人之賢者、固不止此、曾子、傳道而不與(音預)焉故、知十哲、世俗論也、慶源輔氏曰夫子之門如此十人者固高矣然受業身通者凡七十人則豈獨此十人可名爲哲哉故程子引曾子以爲證而斷十哲爲世俗之論所以敎學者使求於聖人之門不止此十人也○新安陳氏曰曾子晳之子是時尚少不得與陳蔡之從故不在列又如有若雖賢亦以不從此行而不在列焉○雲峯胡氏曰德行即孟子所謂有成德者言語政事文學即孟子所謂有達才者然孟子於成德之上有如時雨化之者集註所謂顏曾是也於此見論語四科不過門人所記而孟子五敎又能發門人之所未發[illegible]門人因夫子之言而記之曰當時與難之賢考之有踐履篤實長於德行者則顏淵閔子騫冉伯牛仲弓也有應對明敏長於言語者則宰我子貢也有才識疏通長於政事者則冉有季路也有聞見博洽長於文學者則子游子夏也以陳蔡患難中而有若人誠足以相慰矣今皆不及門其能已於思與

○子ㅣ曰回也는 非助我者也ㅣ로다 於吾言에 無所不說(音悅)이온여

子ㅣ ᄀᆞᆯᄋᆞ샤ᄃᆡ 回는 나를 돕는 者ㅣ 아니로다 내 말에 說티 아닐빼 업곤여

●助我、若子夏之起予、因疑問而有以相長(上聲)也、顏子、於聖人之言、默識心通、(釋悅字)

無所疑問(釋非助字)故、夫子、云然、其辭、若有憾焉、其實、乃深喜之、○胡氏、曰夫子之於回、豈眞以助我、望之、蓋聖人之謙德、又以深贊顔氏云爾、慶源輔氏曰聖人之心義理昭融固不因人之問而後有所知亦不以人之不問而遂有所疑顧豈有待於學者之助哉然疑而問問而益得以發其精微若子夏之起予則亦不能無也○胡氏曰以非助我而言似有不足於顔子之意謂其無所不說則凡精凡粗若鉅若細莫不懽然領受而略無毫髮之疑矣○厚齋馮氏曰夫子固無待於助然於事物之理因人之疑問而遂得以發明之是亦助也○新安陳氏曰終日不違語之不惰皆無所不說之驗【備旨】夫子嘉顔子之悟道曰羣弟子問辨之間嘗有發吾之未發而得其助矣若回也則非有助於我者也但其凡於吾之所言惟無所不說而已耳無有疑自無有問又安得有助哉

○子ㅣ曰孝哉라閔子騫이여人不間於其父母昆弟之言이로다(間去聲)

子ㅣ ᄀᆞᆯᄋᆞ샤ᄃᆡ 孝ᄒᆞ다 閔子騫이여 사ᄅᆞᆷ이 그 父母와 昆弟의 말애 間티 몯ᄒᆞ놋다

●胡氏、曰父母兄弟、稱其孝友、人皆信之、無異辭者、蓋其孝友之實、有以積於中而著於外故、夫子、嘆而美之、吳氏曰夫子於弟子未嘗稱字此或集語者之誤○勉齋黃氏曰父母昆弟之言或出於私情人無所非間於其言是爲公論夫子所以稱之○慶源輔氏曰父母昆弟稱其孝友者固有之矣然或溺於愛蔽於私則誠否未可知也至於人皆信之無有間言則誠著而德彰矣○胡氏曰按韓詩外傳閔子早喪母父再娶生二子繼母獨以蘆花衣子騫父覺之欲逐其妻子騫曰母在一子寒母去三子單母得免逐其母聞之待之均平遂成慈母今誦其言藹然惻怛之意溢於詞表故內則有以孚其家外則有以孚於人自內及外無有異詞也○雲峯胡氏曰孔門豈獨閔子爲孝而夫子獨稱之他人之孝處人倫之常閔子之孝處人倫之變處變而不失其常此夫子所以稱之歟○新安陳氏曰夫子惟稱其孝集註兼及於友者盖友于兄弟就昆弟之言見其友也詩曰兄弟既翕和樂且湛子曰父母其順矣乎盖孝友一理孝者必友不友則非孝矣只觀三子單之語友之實可見間字不必訓非只訓別異自明白外人稱之不異於父母兄弟之言非孝友之實積中著外能如是乎夫孝德之本也人之行莫大於孝閔子以德行稱亞於顔子宜哉【備旨】夫子稱閔子騫之孝曰百行莫大乎孝以今觀之孝哉其閔子騫乎盖凡人之孝見稱於父母昆弟者有矣然或溺於愛蔽於私而外人未必以爲然也今閔子騫之孝不獨父母昆弟稱之而外人亦皆稱之初無異於其父母昆弟之言使非孝友之實積於中而著於外何以得此乎此閔子騫所以爲純孝也

○南容이三復白圭ᄂᆞᆯ어孔子ㅣ以其兄之子로妻之ᄒᆞ시다 三妻並去聲

南容이白圭를세번復ᄒᆞ거ᄂᆞᆯ孔子ㅣ其兄의子로써妻ᄒᆞ시다

●詩大雅抑之篇、曰白圭之玷、丁忝丁念二反 尙可磨也、斯言之玷、不可爲也、南容、一日、三復此言、事見形甸反 家語、蓋深有意於謹言也、家語弟子行篇云獨居思仁公言仁義其於詩也則一日三復白圭之玷是宮縚之行也孔子信其能仁以爲異士○朱子曰南容三復白圭不是一旦讀此乃是日日讀之玩味此詩而欲謹於言行也 此、邦有道、所以不廢、邦無道、所以免禍故、孔子、以兄子、妻之、此是合公冶長篇子謂南容章解之 ○范氏、曰言者、行去聲下同之表、行者、言之實、未有易去聲其言而能謹於行者、南容、欲謹其言、如此則必能謹其行矣、雙峰饒氏曰表與裡對實與華對言爲表而行爲裏行爲實而言爲華各擧其一以互見免於刑戮只是不以輕言妄動取禍若當言而言雖箕子之囚比干之死豈容苟免 備旨 白圭之詩衛武公謹言而作也南容每日三復白圭之詩蓋修身之士也於以齊家不難矣故孔子以其兄之子妻之是謹言之學聖門所重如此

○季康子ㅣ問弟子ㅣ孰爲好學이닝잇고孔子ㅣ對曰有顔回者ㅣ好學ᄒᆞ더니不幸短命死矣라今也則亡ᄒᆞ니라 好去聲

季康子묻ᄌᆞ오ᄃᆡ弟子ㅣ뉘學을好ᄒᆞᄂᆞ닝잇고孔子ㅣ對ᄒᆞ야ᄀᆞᆯᄋᆞ샤ᄃᆡ顔回라ᄒᆞ리이셔學을好ᄒᆞ더니幸티몯ᄒᆞ야命이短ᄒᆞ야죽은디라이제ᄂᆞᆫ업ᄉᆞ니라

●范氏、曰哀公康子、問同、而對有詳略者、臣之告君、不可不盡、若康子者、必待其能問、乃告之、此、敎誨之道也、詳見雍也篇不遷怒章○慶源輔氏曰聖人一言之間輕重之等則有截然不可亂者 備旨 魯大夫季康子問羣弟子中孰爲好學孔子對曰好學

之人豈易得哉羣弟子惟有顔回者誠爲好學人也夫何天不假之以年不幸短命死矣今也求之吾門則亡有好學如回者寧不深可惜哉

○顔淵이死커늘顔路ㅣ請子之車ᄒᆞ야以爲之椁ᄒᆞᆫ대

顔淵이죽거늘顔路ㅣ子의車를請ᄒᆞ야ᄡᅥ椁ᄒᆞ야징이다ᄒᆞᆫ대

●顔路、淵之父、名、無繇、音由少去聲孔子、六歲、孔子、始敎而受學焉、椁、外棺也、請爲椁、欲賣車以買椁也、[備旨]昔顔淵死家貧不能具椁其父顔路乃請夫子所乘之車賣之以爲淵之椁蓋溺於情而不知有義者也

子ㅣ曰才不才예亦各言其子也ㅣ니鯉也ㅣ死커늘有棺而無椁ᄒᆞ니吾不徒行ᄒᆞ야以爲之椁은以吾ㅣ從大夫之後ㅣ라不可徒行也ㅣ니라

子ㅣ글ᄋᆞ샤ᄃᆡ才ᄒᆞ며才티몯홈애ᄯᅩᄒᆞᆫ각각그子ㅣ라닐을꺼이니鯉ㅣ죽거늘棺이잇고椁을업시호니내徒行ᄒᆞ야ᄡᅥ椁을ᄒᆞ디아니홈은내大夫의後에ᄒᆞ논디라可히徒行티몯호모로ᄡᅥ니라

●鯉、孔子之子、伯魚也、先去聲孔子卒、言鯉之才、雖不及顔淵、然、己與顔路、以父視之則皆子也、孔子、時己致仕、尙從大夫之列、言後、謙辭、闕以弟子之年考之則回之死先於鯉故有以鯉也爲夫子之設言者信乎朱子曰以人情言之不應如此且王肅信家語最篤而亦以此爲年數之錯誤今安得固守而必信之乎○南軒張氏曰聖人正大之情天地之情也鯉雖不可以並淵然在己則子也無椁則亦已矣淵雖賢而父之葬子也亦稱家之有無而已又何必强爲之椁乎夫子視淵固猶子也不得舍車於鯉則亦不得舍車於淵矣○厚齋馮氏曰伯魚聞詩聞禮未爲不才視子淵則才不及耳唯自言其子故曰不才 ○胡氏、曰孔子、遇舊館人之喪、嘗脫驂以賻音附之矣、禮檀弓篇孔子之衛遇舊館人之喪入而哭之哀使子貢說驂音脫參而賻之騑馬曰驂賻助也助喪用也 今乃不許顔

路之請、何邪、俗作耶葬可以無椁、驂可以脫而復扶又反求、大夫、不可以徒行、命車、不可以與人、而鬻余六反諸市也、王制曰命服命車不粥與鬻同於市○問命車朱子曰禮記云大夫賜命車 且爲去聲所識窮乏者、得我、而勉强上聲以副其意、豈誠心與直道哉、或者以爲君子行禮、視吾之有無而已、此蘇氏說 夫平聲君子之用財、視義之可否、豈獨視有無而已哉、慶源輔氏曰葬之禮椁周於棺宜也然貧不能具則椁亦可廢車之制驂參於服宜也然欲輟而用則驂或可脫義之所可則脫驂以賻舊館人而不吝義不可則於顏淵之厚而不從其父爲椁之請此可見聖人處事之權衡【備旨】夫子以義止之曰人之子有才有不才然以父視之亦各言其子也故子之視回猶吾之視鯉我鯉也先回而死亦只有棺而無椁吾不舍車徒行以爲鯉之椁非故薄於鯉也蓋以吾雖致仕亦嘗從大夫之後則出入猶詔於國不可徒行以褻朝廷之名器也然則子之處回亦猶乎吾之處鯉可也

○顏淵이死커늘子ㅣ曰噫라天喪予ㅣ샷다天喪予ㅣ샷다 喪去聲

顏淵이죽거늘子ㅣ골ᄋᆞ샤ᄃᆡ噫라하ᄂᆞᆯ히나ᄅᆞᆯ喪ᄒᆞ샷다하ᄂᆞᆯ히나ᄅᆞᆯ喪ᄒᆞ샷다

●噫、傷痛聲、悼道無傳、若天喪己也、勉齋黃氏曰顏子在則夫子雖死而不亡以道存也顏子死則夫子雖存道固無傳終亦必亡而已矣故以顏子之死而爲己之喪也○新安陳氏曰夫子之道賴顏子以傳者也顏子在則道有傳孔子他日雖死而不死顏子死則道無傳孔子今日雖未亡而已亡故不謂天喪回而曰天喪予良可悲矣○洪氏曰孔顏一體也回何敢死子在故也天喪予回死故也○雲峯胡氏曰夫子上授文王之傳則曰天將喪斯文下失顏淵之傳則曰天喪予然則道統之絶續皆天也【備旨】昔顏淵死夫子傷之曰噫吾之道實賴顏回以傳今回死則吾之身雖存而吾之道已無傳矣是天之喪予也是天之喪予也重言以致其歎息如此

○顏淵이死커늘子ㅣ哭之慟ᄒᆞ신대從者ㅣ曰子ㅣ慟矣샤소이다 從去聲

顏淵이죽거늘子ㅣ哭ᄒᆞ심을慟ᄒᆞ신대從ᄒᆞᆫ者ㅣ골오ᄃᆡ子ㅣ慟ᄒᆞ샤소이다

●慟、哀過也、【備旨】昔顔淵死夫子悼道無傳哭之過哀而慟門人從夫子者恐夫子不自覺乃請曰夫子之
哭慟矣蓋欲節其哀也

曰有慟乎아

ᄀᆞᆯᄋᆞ샤ᄃᆡ慟ᄒᆞᆷ이인ᄂᆞ냐

●哀傷之至、不自知也、【備旨】夫子哀傷之至猶不自知乃曰吾之哭果有至於慟乎

非夫人之爲慟이오而誰爲리오 夫音扶 爲去聲

夫人을爲ᄒᆞ야慟티아니코누를爲ᄒᆞ야ᄒᆞ리오

●夫人、謂顔淵、言其死可惜、哭之宜慟、非他人之比也、○胡氏、曰痛惜之至、施當其可、皆情性之正也、勉齋黃氏曰以夫子之聖而得顔淵蓋將相與講明斯道以示天下後世其爲助大
矣不幸而短命死焉夫子安得不興喪予之嘆而不自知其爲慟耶○新安陳氏曰
觀不自知其慟若過也然哭顔淵而慟非過也其哀之發而中節者歟【備旨】如有慟也則夫人者道之所由寄其死
可惜吾非夫人之爲慟而誰爲慟哉觀此則回之死深爲可惜而夫子哀之中節亦可見矣

○顔淵이死커늘門人이欲厚葬之ᄒᆞᆫ대子ㅣ曰不可ᄒᆞ니라

顔淵이죽거늘門人이厚히葬코져ᄒᆞᆫ대子ㅣᄀᆞᆯᄋᆞ샤ᄃᆡ可티아니ᄒᆞ니라

●喪具、稱去聲家之有無、禮檀弓篇子游問喪具
夫子曰稱家之有無 貧而厚葬、不循理也、故、夫子、止之、朱子曰
門人謂
回之門人○潛室陳氏曰喪禮固有分亦須兼稱貧富固有分雖得爲而貧不能擧禮者故云稱家之有無分不得
爲者不在此限孟子不得不可以爲悅無財不可以爲悅兩言最盡【備旨】昔顔淵死門人以回有賢行欲厚其喪具
以葬之夫子止之曰不可蓋喪具稱家有無貧而厚葬非理也

門人이厚葬之ᄒᆞᆫ대

門人이厚히葬ᄒᆞᆫ대

●蓋顏路、聽之、新安陳氏曰盖疑辭以請車爲椁觀之疑顏路聽之也[備旨]門人不聽夫子之言竟厚葬之

子ㅣ曰回也ᄂᆞᆫ視予猶父也ㅣ어늘予不得視猶子也호니非我也ㅣ라夫二三子也ㅣ니라 夫音扶

子ㅣᄀᆞᆯᄋᆞ샤ᄃᆡ回ᄂᆞᆫ나를보ᄆᆞᆯ父ᄀᆞ티ᄒᆞ거늘나ᄂᆞᆫ시러곰보ᄆᆞᆯ子ᄀᆞ티몯호니내아니라二三子ㅣ니라

●嘆不得如葬鯉之得宜、以責門人也、南軒張氏曰顏子在聖門門人莫先焉故於其喪門人記夫子所以處之者甚詳仁之至義之盡也○勉齋黃氏曰門人欲厚葬尊賢之情也子曰不可安貧之義也盖不以情勝義所謂愛人以德而不以姑息也喪予之嘆有慟之哀非厚於顏子也爲道也請車却之厚葬責之非薄於顏子也爲道也聖人之心無適非道也○慶源輔氏曰此與請車弗從事異而理同顏路請車爲椁溺於愛也夫子不遂許之裁以義也夫子止門人之厚葬蔽以理也顏路從而聽之牽於私也聖庸之所以分天理人欲之間而已○雲峯胡氏曰無臣而爲有臣非理也豈所以葬夫子家貧而厚葬非理也豈所以葬顏子[備旨]夫子責之曰回之於我其分固師弟矣然恩義兼盡蓋視予猶父也乃今之葬回不得如葬鯉之得宜是予不得視回猶子也然此非我之過也予嘗止之乃爾二三子不從而爲之也謂之何哉

○季路ㅣ問事鬼神ᄒᆞᆫ대子ㅣ曰未能事人이면焉能事鬼리오敢問死ᄒᆞ노이다曰未知生이면焉知死ㅣ리오 焉於虔反

季路ㅣ鬼神셤김을묻ᄌᆞ온ᄃᆡ子ㅣᄀᆞᆯᄋᆞ샤ᄃᆡ能히사ᄅᆞᆷ을셤기디몯ᄒᆞ면엇디能히鬼를셤기리오敢히死를묻ᄌᆞᆸ노이다ᄀᆞᆯᄋᆞ샤ᄃᆡ生을아디몯ᄒᆞ면엇디死를알리오

●問事鬼神、蓋求所以奉祭祀之意、而死者、人之所必有、不可不知、皆切問也、然、非

誠敬、足以事人、則必不能事神、非原始而知所以生、則必不能反終、而知所以死、朱子曰反只是推轉來謂推原於始却折轉來看其終原字反字皆就人說反如回頭之意○慶源輔氏曰死生者氣之聚散耳儻不能推原其始而知氣聚故生必不能反要於終而知氣散故死也○新安陳氏曰深意在二所以字易繫辭曰原始反終故知死生之說 蓋幽明始終、初無二理、但學之有序、不可躐等、故、夫子、告之如此、覺軒蔡氏曰夫子以未能對焉能以未知對焉知正欲子路循其序而不躐等也○新安陳氏曰由明而幽由始而終則爲有序未能事人而先欲事鬼未知生而先欲知死則爲躐等 ○程子、曰晝夜者、死生之道也、知生之道、則知死之道、易繫辭曰通乎晝夜之道而知朱子本義曰通猶兼也晝夜即幽明死生鬼神之謂 盡事人之道、則盡事鬼之道、死生人鬼、一而二、二而一者也、問一而二二而一是兼氣與理言之否朱子曰有是理則有是氣有是氣則有是理氣則二理則一○慶源輔氏曰晝夜者氣之明晦也死生者氣之聚散也故晝夜之道即死生之道也明則有晦聚則有散理之自然也一而二者人鬼死生雖是一理而有幽明始終之不同二而一者雖有幽明始終之不同而其理則未嘗有二也○潛室陳氏曰死生人鬼雖幽明之事了不相關然天地間不過陰陽聚散屈伸聚則生散則死伸爲神屈爲鬼有聚必有散有伸必有屈理一而分則殊分殊而理則一非微昧不可究詰之事也 或言夫子、不告、子路、不知、此乃所以深告之也、新安陳氏曰告之以所當先能先知者是即所以深告之○朱子曰事人事鬼以心言知生知死以理言○人且從分明處理會去如事君親盡誠敬之心即移此心以事鬼神則祭如在祭神如神在人受天所賦許多道理自然完具無欠闕須盡得這道理到那死時乃知生理已盡亦安於死而無愧矣○事人如出則事公卿入則事父兄事其所當事者事鬼亦然苟非其鬼而事之則諂矣○問未知生焉知死曰氣聚則生氣散則死才說破則人便都理會得然須知道人生有多少道理自稟五常之性以來所以父子有親君臣有義者須要一一盡得這生底道理則死底道理皆可知矣○問天地之化雖生生不窮然而有聚必有散有生必有死能原始而知其聚而生則必知其後必散而死能知其生也得於氣化之日初無精神寄寓於太虛之中則知其死也與氣而具散無復更有形象尚留於冥漠之內曰死便是都散了○盡愛親敬長貴貴尊賢之道則事鬼之心不外乎此矣知乾坤變化萬物受命之理則生之有死可得而推矣夫子之言固所以深曉子路然學不躐等於此亦可見矣○天道流行發育萬物人得之以有生氣之清者爲氣知覺運動陽之爲也氣之濁者爲質形體陰之爲也氣曰魂體曰魄高誘註淮南子曰魂者陽之神魄者陰之神以其注乎形氣故曰神人所以生精氣聚也人只有許多氣須有箇盡時盡則魂氣歸於天形魄歸於地而死矣人將死時熱氣上出所謂魂升下體漸冷所謂魄降也此所以有生必有死有始必有終也夫聚散者氣也若理則泊在氣上初不是凝結別爲一物但人分上合當恁地便是理不可以聚散言也然人死氣雖終歸於散亦未便散盡故祭祀有感格之理先祖世次遠者氣之有無不可知然奉祭祀者既是他子孫畢竟只是一氣所以可感通然已散者不復聚釋氏却謂人死爲鬼鬼復爲人如此則天地間常只是許多來來去去更不由他造化生生必無是理也至伯有爲厲伊川云別是一般道理爲其人氣未盡而强死自是能爲厲如子產爲之立後使有所歸遂不爲厲亦可謂知鬼神之情狀矣○雙峯饒氏曰未能事人焉能事鬼如人有箇父母活在這裡尙不會奉事得死後如何會奉事○蔡氏曰事人事鬼以所能之事言知生知死以所知之理言【備旨】季路問事鬼神之道夫子告之曰神道遠人道邇若能事人則鬼之道可推也苟未能誠敬以事人焉能誠敬以事鬼乎子亦先求之事人可矣又問何爲而死夫子告之曰人始而生終而死故必知生而知死之道可推也苟不求原始而知所以生又焉能反終而知所以死乎子亦先求知生可矣

○閔子는侍側에誾誾如也ᄒᆞ고子路는行行如也ᄒᆞ고冉有子貢은侃侃如也ᄒᆞ거늘子ㅣ樂ᄒᆞ시다

誾侃音義見前篇行胡浪反樂音洛

閔子는側에뫼셔심애誾誾ᄃᆞᆺᄒᆞ고子路는行行ᄃᆞᆺᄒᆞ고冉有와子貢은侃侃ᄃᆞᆺᄒᆞ거늘子ㅣ樂ᄒᆞ시다

●行行、剛强之貌、子樂者、樂得英才而敎育之、朱子曰誾誾者外和內剛德氣深厚所謂和悅而諍者也侃侃則和順不足而剛直稍外見矣前篇之訓固亦如此○冉有子貢侃侃如也侃侃剛直之貌以二子氣象觀之賜之達求之藝皆是有才底人大凡人有才便自暴露便自然有這般氣象閔子純於孝自然有誾誾氣象○誾誾是深沈底侃侃是發露圭角底行行是發露得粗底○問誾誾行行侃侃皆是剛正之意如冉求平日自是箇退遜之人如何也解有此意思曰三子皆意思大同小異求賜則微見其意子路則全體發在外閔子則又全不外見然此意思亦自在三子者皆有疑必問有懷必吐無有遮覆含糊之意○蔡氏曰此章當以侍側時爲主以觀四子氣象四子皆無柔佞之失惟和悅而諍者得事上之宜剛直則施於敵己以下爲宜剛强則施於上下皆不當矣動容各適時中之謂禮觀四子侍師之禮可知其得失矣禮失其宜則凶悔吝之象可由之而見子路侍夫子行行如此於他人可知○問於行行者有何樂雙峯饒氏曰樂字終難說所以集註以爲或是曰字之誤朱子釋經之法到疑處且先就本文解後面却說破【備旨】昔閔子侍於夫子之側其氣象內剛外和德器渾原殆誾誾如也侍側有子路則剛强不屈英氣畢露殆行行如也

侍側有冉有子貢則和順不足剛直有餘 殆侃侃如也四子之氣象雖不同要皆有剛德足以進道者故夫子樂之深幸斯道之有賴矣

若由也는 **不得其死然**이로다

由ᄀᆞᄐᆞ니는 그 死를 得디 몯ᄒᆞᆯ ᄃᆞᆺᄒᆞ도다

●尹氏、曰子路、剛强、有不得其死之理故、因以戒之、其後子路、卒死於衛孔悝 音恢 之難、去聲○左傳哀公十五年衛孔圉 孔文子 取太子蒯聵之姊 孔伯姬 生悝太子自戚入適伯姬氏既食孔伯姬杖戈而先太子與五人介 被甲也 輿豭從之 豭豚也欲用以盟 迫孔悝於厠强盟之 孔氏專政故刼悝欲令逐輒 遂刼以登臺欒寗聞亂使告季子 子路也時爲孔氏邑宰 召獲奉衛侯輒來奔季子將入過子羔將出 子羔衛大夫高柴孔子弟子將出奔 曰門已閉矣季子曰吾姑至焉 子羔曰不及 言政弗及已不踐其難 季子曰食焉不辟 避同 其難子羔遂出子路入及門有使者出乃入曰太子焉用孔悝雖殺之必或繼之且曰太子無勇若燔臺半必舍孔叔太子聞之懼下石乞盂黶敵子路 二人太子之黨 以戈擊之斷纓子路曰君子死冠不免結纓而死 洪氏、曰漢書、引此句上、有曰字、或云上文樂字、卽曰字之誤、朱子曰然者未定之辭聖人雖謂其不得其死使子路能變其氣習亦必有以處此○問由之死疑其甚不明於大義豈有子拒父如是之逆而可以仕之乎曰然仲由之死也有些沒緊要然誤處不在致死之時乃在於委質之治○子路爲人麤於精微處多未達其事孔悝蓋其心不以出公爲非故也何以見得他如此如衛君待子爲政夫子欲先正名他遂以爲迂可見他不以出公爲非故其事悝蓋自以爲善而爲之而不知其爲非義也○南軒張氏曰孔悝被刼子路死之若不可謂之不得其死然其從孔悝始擇之不善不幾於不得其死乎若比干可謂得其死矣然則求生害仁者謂之不得其生可也子路雖不得其死與此類固不可同日語矣○新安陳氏曰夫子初謂由不得其死然只如平常說死非正命之謂未說到不得死所處先儒云感慨殺身者易從容就義者難此是後來處死之得失使子路能因夫子警之而變其粗厲之氣習使夫子之言不中上也若能審義而仕以義而死則死得其所雖不幸中夫子之言而無負於夫子之敎不可謂之不得其死矣而子路終不能也惜哉【備旨】夫剛德固可以進道而過剛亦足以取禍故夫子因子路之行行而戒之曰若由也恐有不得其死之理者然蓋欲矯其氣質之偏以遂其樂育之心也過剛者可不戒哉

○**魯人**이 **爲長府**ㅣ러니

魯人이長府를爲ᄒᆞ더니

●長府、藏去聲名、藏如字貨財曰府、爲、蓋改作之、備旨魯有長府其來久矣一旦欲更爲之是當事者之計過也國計民生從此蹙矣

閔子騫이曰仍舊貫如之何오何必改作이리오

閔子騫이ᄀᆞᆯ오ᄃᆡ녜일을잉홈이엇더ᄒᆞ뇨엇디반ᄃᆞ시고텨作ᄒᆞ리오

●仍、因也、貫、事也、王氏、名安石字介甫臨川人曰改作、勞民傷財、在於得已、則不如仍舊貫之善、南軒張氏曰先儒謂長府爲藏貨財之府無故而改爲得無示人以崇利聚斂之意乎故閔子以爲當仍舊貫而不必改也○慶源輔氏曰古人改作必不得己者也改作藏府意必有可己而不己者故子騫以是諷之備旨閔子騫諷之曰事有不得己者爲之可也今長府之役在所得己仍其舊貫如之何何必紛紛然改作而勞民傷財爲也言蓋婉而切矣

子ㅣ曰夫人이不言이언뎡言必有中이니라 夫音扶中去聲

子ㅣᄀᆞᆯᄋᆞ샤ᄃᆡ夫人이言티아닐ᄲᅮᆫ이언뎡言ᄒᆞ면반ᄃᆞ시中홈이인ᄂᆞ니라

●言不妄發、發去聲必當理、惟有德者、能之、南軒張氏曰有中中於理也○雙峯饒氏曰觀此章可見閔子誾誾之氣象始言仍舊貫如之何辭氣雍容似有商量未決之意此和悅意也繼之曰何必改作則有確乎不可易者此諍之意也長府之不必改作人或能言之夫子所以稱之者不特取其言之當理亦喜其言之發而中節所謂有德之言也○新安陳氏曰左傳昭公二十五年公居於長府即此長府也改作之事經傳不載使因閔子而止則仁人之言其利博矣閔子本不尚言語而言必有中惟有德者能有言也專事言語者其言未必雍容簡當如此備旨故夫子稱之曰夫人固不輕言一有所言則必有中乎理其曰仍舊貫者理之所當仍也曰何必改作者理所不當改也使魯之君臣而從此言則民不勞財不傷其利不亦溥哉觀此則知聖賢同一維魯之心矣

○子ㅣ曰由之瑟을奚爲於丘之門고

子ㅣ ᄀᆞᆯᄋᆞ샤ᄃᆡ 由의 瑟을 엇디 丘의 門에 ᄒᆞᄂᆞ뇨

●程子、曰言其聲之不和、與己不同也、家語、云子路、鼓瑟、有北鄙殺伐之聲、蓋其氣質、剛勇而不足於中和故、其發於聲者、如此、覺軒蔡氏曰按說苑子路鼓瑟有北鄙之聲孔子曰南者生育之鄉北者殺伐之地故舜造南風之聲是與也勃然紂爲北鄙之聲其廢也忽然家語辨樂解篇子路鼓瑟一段與此小異[備旨]子路氣質剛勇故其鼓瑟有北鄙殺伐之聲夫子責之曰丘之門以中和爲敎今由之瑟不和甚矣奚爲而鼓於丘之門乎斯言也 蓋欲抑由之剛勇以進於中和非謂其可忽也

門人이 不敬子路ᄒᆞᆫ대 子ㅣ 曰由也ᄂᆞᆫ 升堂矣오 未入於室也ㅣ니라

門人이 子路를 敬티 아니ᄒᆞᆫ대 子ㅣ ᄀᆞᆯᄋᆞ샤ᄃᆡ 由ᄂᆞᆫ 堂의 오ᄅᆞ고 室에 드디 몯ᄒᆞ연ᄂᆞ니라

●門人、以夫子之言、遂不敬子路故、夫子、釋之、升堂入室、喩入道之次第、言子路之學、已造七到反乎正大高明之域、特未深入精微之奧耳、未可以一事之失而遽忽之也、南軒張氏曰由入室言則升堂爲未至 由宮牆之外望則升堂大有間矣聖人斯言非特以言子路亦使門人知學之有序也○慶源輔氏曰子路 剛明而麤率之氣未除觀其勇於行義欲車裘共敝及程子謂其達却使是堯舜氣象則其升堂可知至於以正名爲迂而不知食輒之食爲非義之類是未入室之驗也○雲峯胡氏曰正大高明形容堂字精微之奧形容室字精 矣未入於室是子路己學而未深入精微之奧亦 不入於室是善人未學而不能入聖人之室者也[備旨]門人聞夫子之言遂不敬子路故夫子釋之曰二三子亦知 由之所造乎今由之學其所知所行己造乎年正大高明之域而升堂 矣特有歉於精微之奧而未深入於室也自堂而 至室固易易耳豈可以鼓瑟一事之失而忽之哉

○子貢이 問師與商也ㅣ 孰賢이닝잇고 子ㅣ 曰師也ᄂᆞᆫ 過ᄒᆞ고 商也ᄂᆞᆫ 不及이니라

子貢이묻ᄌᆞ오ᄃᆡ師와다뭇商이뉘賢ᄒᆞ니잇고子ㅣᄀᆞᆯᄋᆞ샤ᄃᆡ師ᄂᆞᆫ넘고商은밋디몯ᄒᆞᄂᆞ니라

●子張、才高意廣而好去聲爲苟難荀子曰君子行不貴苟難故、常過中、子夏、篤信謹守而規模狹隘、故、常不及、雙峯饒氏曰觀答問交一章及曾子稱其堂堂可見子張才高意廣觀令尹子文陳文子之事可見其好爲苟難觀先傳後倦章可見子夏能篤信聖人之敎而謹守之觀可者與之不可者拒之之言可見其規模狹隘○朱子曰二子合下資質是這模樣子張常要將大話蓋將去子夏便規規謹守看論語中所載子張說話及夫子告子張處如多聞闕疑多見闕殆之類如子張自說我之大賢歟於人何所不容我之不賢歟人將拒我如之何其拒人也此說話固是好只是他地位未說得這般話這是大賢以上聖人之事他便把來蓋去其踈曠多如此孔子告子夏如云無爲小人儒又云無欲速無見小利如子夏自言可者與之其不可者拒之小子當灑掃應對進退之類可見二子晩年進德雖不可知然子張之語終有慷慨激揚之氣子夏終是謹守規矩也備旨子貢問師與商也其所造果孰爲賢夫子告之曰師也學每至於過商也學每至於不及一過一不及其所造較然矣

曰然則師ㅣ愈與平聲잇가

ᄀᆞᆯ오ᄃᆡ그러면師ㅣ나으니잇가

●愈、猶勝也、備旨子貢未喩以爲過者勝於不及乃曰夫子以師爲過商爲不及然則師之過果愈於商之不及與

子ㅣ曰過猶不及이니라

子ㅣᄀᆞᆯᄋᆞ샤ᄃᆡ너믐이밋디몯홈과ᄀᆞᄐᆞ니라

●道、以中庸爲至、賢知去聲之過、雖若勝於愚不肖之不及、然、其失中則一也、慶源輔氏曰子貢所謂然則師愈與者以才質言也夫子所謂過猶不及者以義理言也以才質論之則賢知之過雖若勝於愚不肖之不及以義理論之則過與不及皆爲失中而於道均爲未至也○尹氏、曰中庸之

爲德也、其至矣乎、夫扶音過與不及、均也、差之毫釐、繆以千里故、聖人之敎、抑其過、引其不及、歸於中道而已、慶源輔氏曰過不及生乎氣稟之偏中則指義理之當然處言也差之毫釐即謂過與不及也初焉毫釐過乎中與不及乎中耳過而不知所以自抑則過者愈過不及乎中而不知所以自勉則不及者愈不及積之至久則相去不啻千里矣○新安陳氏曰集註不過引中庸賢知愚不肖之說以發明過猶不及之旨非指子夏爲愚不肖也正文之意只言過不及均失中耳聖人之敎以下本文未有此意說聖人造就二子而欲歸之中道乃此章言外意【備旨】夫子曉之曰非也道以中庸爲至失之過猶夫失之不及安得以師爲愈哉然則師與商也固當約之於中而子貢亦當知所以取裁矣

○季氏ㅣ富於周公이어늘 而求也ㅣ爲之聚斂而附益之ᄒᆞᆫ대 爲去聲

季氏ㅣ周公에서가ᄋᆞᆷ열거늘求ㅣ爲ᄒᆞ야聚斂ᄒᆞ야附益ᄒᆞᆫ대

●周公、以王室至親、武王之弟成王之叔父有大功、位冢宰、其富、宜矣、季氏、以諸侯之卿、而富過之、非攘奪其君、刻剝其民、何以得此、冉求、爲季氏宰、又爲去聲之急賦稅、以益其富、【備旨】季氏以諸侯之卿而富過於王室至親之周公則必有攘君剝民之事矣爲之臣者從而匡救之可也而求也爲季氏以宰不惟不能匡救又爲之設法征求多方聚斂以增益其富其黨惡害民也甚矣

子ㅣ曰非吾徒也ㅣ로소니 小子아 鳴鼓而攻之ㅣ可也ㅣ니라

子ㅣᄀᆞᆯᄋᆞ샤ᄃᆡ우리물이아니로소니小子아鼓를鳴ᄒᆞ야攻홈이可ᄒᆞ니라

●非吾徒、絶之也、小子、鳴鼓而攻之、使門人、聲其罪以責之也、聖人之惡去聲黨惡而害民也、如此、然、師嚴而友親故、已絶之、而猶使門人正之、又見其愛人而無已也、慶源輔氏曰師道尊嚴而朋友親暱理固然也聖人愛人終無已天地之心也雖絶之而猶不忘乎愛雖不忘乎愛而事之當絶者又不但已此仁之至義之盡也○新安陳氏曰汎觀鳴鼓攻之似是惟罪責棄絶之耳集註謂猶使

門人正救之於嚴厲之義氣中有愛厚之仁意焉孔子之心微朱子其孰能知哉 ○范氏、曰冉有、以政事之才、施於季氏故、爲不善、至於如此、由其心術不明、不能反求諸身、而以仕爲急故也、新安陳氏曰使能反身脩德則知吾身自有良貴而不急於仕矣○朱子曰人最怕資質弱若求之徒却是自扶不起如云可使足民而反爲季氏聚斂故范氏謂其心術不明他這所在都不自知他只緣以仕爲急故從季氏見他所爲如此又拔不出一向從其惡○問冉求學於夫子於門弟子中亦可謂明達者今乃爲季氏聚斂何耶曰冉求之失不待聚斂而後見自其仕於季氏則已失之矣當是時達官重任皆爲公族之世官其下則尺地一民皆非君之有士唯不仕則已仕則未有不仕於大夫者也使求仕於季氏能勸之黜其强僭而忠於公室則庶乎小貞之吉矣今乃反爲之聚斂是使權臣愈强而公室愈不振也故孟子以無改於其德而賦粟倍他日言之盖不自知其學之未至而以從仕爲士之常是以流靡而至此耳曰然則夫子曷不於其仕季氏而責之也曰聖人以不仕無義而猶望之以小貞之吉也○問以季氏之富而求也爲之聚斂曰不問季氏貧富若季氏雖富而取於民有制亦何害此必有非所當取而取之者故夫子如此說○南軒張氏曰冉有旣爲季氏之臣所當正救其非使之由於法度今旣不能正而又順其所爲私門益以封殖則公室益以衰弱此求之所以得罪於聖門爲深也原求所以至此盖不能如閔子見幾而作因循陵遲而不自知也○勉齋黃氏曰聚斂己自不是況季氏以諸侯之卿而富過於周公則本富强矣今又聚斂以附益之則非義之中又非義矣聖人所以惡之深也○厚齋馮氏曰按國語季康子欲以田賦使冉求訪諸孔子孔子曰若季孫行而法則有周公之籍矣若欲犯法則苟而賦又何訪焉季氏卒用田賦左傳哀公十一年亦載此事所謂富於周公者此也夫季氏欲變周公之法以自富其心猶不安於君子之論而使冉有問之冉有自止之可也不然聞孔子之言以反命而力止之可也又不然去之可也今不惟不能諫止而不能去反爲之宣力而不辭此夫子所以切責之也○雲峯胡氏曰春秋於爲長府不書必閔子諫止之力於此事書曰用田賦其爲冉有阿附之罪明矣朱子以冉求之失不徒見於聚斂而已見於仕季氏之初然則閔子之得豈不在於辭費宰之初歟[備旨]夫子責之曰吾徒以致君澤民爲事今求之所爲若此殆非吾所敎之徒也爾小子於求有朋友之義其鳴鼓焉以聲其罪而攻之可也聖人之警求如此亦以警季氏也

○柴也는愚ᄒᆞ고

柴는愚ᄒᆞ고

●柴、孔子弟子、姓、高、字、子羔、(衛人)愚者、知(去聲)不足而厚有餘、家語、記其足不履影、

啓蟄不殺、方長(上聲)不折、執親之喪、泣血三年、未嘗見(賢遍反)齒(見齒笑也)、避難(去聲)而行、不徑不竇、可以見其爲人矣、家語弟子行篇高柴自見孔子出入於戶未嘗越履往來過之足不履影啓蟄不殺方長不折執親之喪泣血三年未嘗見齒是高柴之行也○致思篇蒯聵之亂季羔逃之走郭門守門者曰彼有缺季羔曰君子不踰又曰彼有竇季羔曰君子不隧(隧從竇出)又曰於此有室季羔乃入焉○朱子曰不徑不竇只安平無事時可也若當有寇盜患難如何專守此以殘其軀此柴所以爲愚觀聖人微服過宋只守不徑不竇之說不得然子羔也是守得定若更學到通變處儘好正緣他學有未盡處○柴也是箇謹厚底人不曾見得道理故曰愚【備旨】夫子語四子之偏欲使知所自勵也曰學者之質各有其偏如柴也爲人明智不足多固執而不通其病也愚

參也ᄂᆞᆫ魯ᄒᆞ고

參은魯ᄒᆞ고

【註】魯、鈍也、程子、曰參也、竟以魯得之、又曰曾子之學、誠篤而已、聖門學者、聰明才辨、不爲不多、而卒傳其道、乃質魯之人爾、故、學以誠實爲貴也、尹氏、曰曾子之才、魯故、其學也、確、(克角反)所以能深造(七到反)乎道也、朱子曰曾子魯鈍難曉只是他不肯放過直是捱得到透徹了方住不似別人只略綽見得些小了便休今一樣敏底見得容易又不能堅守鈍底捱得到略曉得處便說道理止此更不深求惟曾子不背放舍若這事看未透直是捱得到盡處所以竟得之○緣他質魯鈍不便理會得故著工夫遂見得透徹若理會不得便放下了如何得通透終於魯而已○若是魯鈍者却能守其心專一明達者每事要入一分半上落下多不專一○曾子遲鈍直辛苦而後得之○問參也魯魯却似有不及之意曰魯自與不及不相似魯是質朴渾厚意思只是鈍不及底恰似一箇物事欠了些子○慶源輔氏曰遲鈍者不能便明了須用工夫方透聰明者所見雖快所造則淺方涉其藩而自謂入其奧者多矣曾子之資魯鈍初若難入而求之不敢有易心故其誠篤而無始終作輟之殊所以其造(反)深也【備旨】參也爲人質樸渾厚每遲鈍而不敏其病也魯

師也ᄂᆞᆫ辟(婢亦反)ᄒᆞ고

師ᄂᆞᆫ辟ᄒᆞ고

●辟、便平聲辟也、謂習於容止、少誠實也、慶源輔氏曰子張務外留意於容儀 備旨師也爲人留意容儀務外而少誠實其病也辟

由也ᄂᆞᆫ喭五旦反**이니라**

由ᄂᆞᆫ喭ᄒᆞ니라

●喭、粗俗也、傳、去聲稱喭者、謂俗論也、慶源輔氏曰由粗俗夫子嘗以爲野○楊氏、曰四者性之偏、語音御之、使知自勵也、南軒張氏曰愚則專而有所不通魯則質而有所不敏辟則文煩喭則氣俗此皆其氣稟之偏夫子言之使之因所偏矯厲而擴充也○問柴愚參魯師辟由喭此乃生質之偏如此夫子言之所以欲四子克其偏而歸於全也然參竟得道統之傳何也勉齋黃氏曰愚者暗辟者少誠實喭者粗俗若夫魯則質厚而已未嘗不明未嘗不誠實未嘗粗俗比之三子已爭些況質厚者爲之難一爲之則確實下工直用力到底如弘毅如易簀等處皆可見安得不傳道耶○慶源輔氏曰愚者知不明魯者才不敏便辟則遺其內粗俗則略乎外遺乎內則誠不足略乎外則文飾不脩此四子情質之偏也夫子所以言者欲使之自覺以治其偏而歸於中耳○厚齋馮氏曰柴參近道而柴欠疏通參欠明敏師由過中而師欠誠實由欠精密○雙峯饒氏曰四者皆指其所偏唯曾子能於偏處用工故後來一貫之唯至鈍反成至敏問偏於鈍者如何用工曰人一己百人十己千而已

吳氏、曰此章之首、脫子曰二字、甚是或疑下章、子曰、當在此章之首、而通爲一章、二章語勢不類恐非 備旨由也爲人貌言粗率野俗而少文雅其病也喭四子其各思所以變化之哉

○子ㅣ曰回也ᄂᆞᆫ其庶乎ㅣ오屢空이니라

子ㅣ ᄀᆞᆯᄋᆞ샤ᄃᆡ 回ᄂᆞᆫ 그 庶ᄒᆞ고 ᄌᆞ조 空ᄒᆞᄂᆞ니라

●庶、近也、言近道也、慶源輔氏曰此與易大傳其殆庶幾乎同 屢空、數音朔至空匱也、不以貧窶、郡羽反動心而求富故、屢至於空匱也、言其近道、又能安貧也、問集註中言近道又能安貧又字似作兩截盖樂道故能安貧而安貧所以樂道也朱子曰世

間亦有質美而安貧者皆以爲知道可乎○空爲匱乏其說舊矣何晏始以爲虛中受道蓋出老莊之說胡氏嘗非之謂聖人之言未嘗有是屢而有間是頻復耳方其不空之時與庸人奚遠哉且下文以子貢貨殖方之尤見舊說之不可易也○潛室陳氏曰簞瓢屢空到此境界不改其樂是幾於樂天之事以此說顏子事理平實與下文貨殖正相反而他位峻絕【備旨】夫子論回賜之所造曰吾門有回博約之功旣深其庶幾近道矣乎且又能安貧雖屢至空匱而不改其樂回之所造如此

賜는不受命이오而貨殖焉이나億則屢中去聲이니라

賜는命을受티아니ᄒᆞ고貨를殖ᄒᆞ나億ᄒᆞ면ᄌᆞ조中ᄒᆞᄂᆞ니라

●命、謂天命、天所賦貧富貴賤之命 貨殖、貨財生殖也、史記言子貢好廢擧與時轉貨貲註云廢擧停貯也與時逐時也物賤則買而停貯貴則逐時轉易貨賣 億、意度音鐸也、言子貢、不如顏子之安貧樂音洛下同道、新安陳氏曰貨殖是不如其安貧不受命是不如其樂道 然、其才識之明、亦能料事而多中也、程子、曰子貢之貨殖、非若後人之豐財、但此心未忘耳、然、此亦子貢少去聲時事、至聞性與天道、則不爲此矣、程子曰貨殖便生計較纔計較便是不受命不受命者不能順受正命也○葉氏曰或者不喩乃謂子貢眞好利者夫樊遲學稼圃夫子猶以爲小人豈有子貢而無一言以正之乎 ○范氏、曰屢空者、簞食瓢飮、屢絕而不改其樂也、天下之物、豈有可動其中者哉、貧富在天、而子貢、以貨殖爲心、則是不能安受天命矣、其言而多中者、億而已、非窮理樂天者也、慶源輔氏曰不受命而貨殖非樂天也億則屢中非窮理也人能樂天安命則心與理一自能發言中理不待億度若億而後中雖其才識之明亦幸而已其曰屢中則不中者多矣 夫子、嘗曰賜、不幸言而中、是、使賜多言也、聖人之不貴言也、如是、左傳定公十五年邾隱邾子益來朝子貢觀焉邾子執玉高其容仰公受玉卑其容俯子貢曰以禮觀之二君者皆有死亡焉夫禮死生存亡之體也將左右周旋進退俯仰於是乎取之朝祀喪戎於是乎觀之今正月相朝而皆不度不合法度心已亡矣嘉事不體何以能久高仰驕也卑俯替也驕近亂替近疾君爲主其先亡乎此年公薨哀七年師宵掠以邾子益來獻于亳社夏五月壬申公薨仲尼曰賜不幸言而中是使賜多言者也○問回也其庶乎屢空大意謂顏子不以貧窶動其心故聖人見其於道庶幾子貢不知貧富之定命而於貧富之間不能無留情故聖人見其平日所講論者多出億度而中朱子曰據文勢也是如此但顏子於道庶幾却不在此聖人謂其如此益見其好子貢不受命也在平日聖人亦不因其貨殖而言○勉齋黃氏曰夫子之論回賜一則言其得道之不同二則言其處貧富之有異蓋擧兩事反覆言之貨殖則不如屢空億中則不如其庶也○雙峯饒氏曰此章與前章不同前章是指氣質之偏此章是言二子造道與用心之異庶乎與億則屢中對造道之異也屢空與不受命貨殖對用心之異也子貢好方人故以顏子與之並言欲其以此自厲也【備旨】若夫賜之爲人則不能安受天命而貨財當生殖焉然雖未能如回之安貧樂道而其才識明敏亦能億度事情屢中其機會也獨非求道之資乎賜也勉之

○子張이問善人之道대ᄒᆞᆫ子ㅣ曰不踐迹이나亦不入於室이니라

子張이善人의道를묻ᄌᆞ온대子ㅣ갈ᄋᆞ샤ᄃᆡ迹을踐티아니ᄒᆞ나ᄯᅩᄒᆞᆫ室에드디몯ᄒᆞᄂᆞ니라

●善人、質美而未學者也、程子、曰踐迹、如言循途守轍、善人、雖不必踐舊迹、而自不爲惡、然、亦不能入聖人之室也、○張子、曰善人、欲仁而未志於學者也、欲仁故、雖不踐成法、亦不蹈於惡、有諸己也、新安陳氏曰孟子曰有諸己之謂信此己是進信一步而說善人也由不學故、無自而入聖人之室也、朱子曰善人是好底資質不必踐元本子亦不入於室須是要學方入聖賢之域○問善人之道曰如所謂雖曰未學吾必謂之學矣之類又問如太史公贊文帝爲善人意思也是曰然只爲他截斷只到這裡不能做向上去所以說道不依樣子也自不爲惡只是不能入聖人之室○問善人者未能有諸己乎南軒張氏曰不能有之則安得善然所謂有諸己者則亦有淺深故善人謂其不能有諸己則不可謂其盡夫有諸己之道則亦未也○慶源輔氏曰質不美則不可謂之善人然質美而好學則進進不已雖大與聖可以循至又不止爲善人而己也○雙峯饒氏曰上一句是善人之所以爲善人下一句是善人之所以止於善人所以不踐迹以其天資之美也所以不入室不能進於聖賢之奧以其無學問之功也【備旨】子張問善人之所以爲善人者其道如何夫子告之曰善人者質之美者也故雖不踐聖賢之舊迹而自不爲惡然質雖美而未學不能精造其域而入於聖人之室焉夫不踐迹者質美故也善人之所以爲善人也不入室者未學故也又善人之所以止於善人也善人之道如此

○子ㅣ曰論篤을是與ㅣ면君子者乎아色莊者乎아 與如字

子ㅣ골ᄋᆞ샤ᄃᆡ論이篤ᄒᆞ나를이예與ᄒᆞ면君子ㅣㄴ者가色이莊ᄒᆞᆫ者가

註言但以其言論篤實、而與之、則未知爲君子者乎、爲色莊者乎、言不可以言貌、取人也、言指論字貌指色字○程子曰論篤言之篤厚者也取於人者惟言之篤厚者是與君子者乎色莊者乎未可知也不可以論篤遂與之必觀其行事乃可也○雲峯胡氏曰君子者有德必有言中篤實外自然篤實色莊者有言不必有德外 篤實中未必篤實○雙峯饒氏曰上言論篤下以論篤分 君子與色莊論篤亦可謂之色莊乎蓋色字所該甚廣凡 形於外者皆可謂之色經傳中有專指而色言者色思溫是也有該貌而言者巧言令色是也有該言貌而言者此章 色莊是也有該言貌行事而言者色取仁是也問色取仁 如何見得該行事而言曰居之似忠信行之似廉潔卽所謂色取仁也備旨夫子爲當時以言貌取人者發曰觀人 者若但以其言論篤實而遂與之斯人也其果表裏相符 而君子者乎抑亦矯飾外貌而色莊者乎如其君子與之誠是矣使其色莊將不失於過乎觀人者當考其行勿徒聽夫言也

○子路ㅣ問聞斯行諸잇가子ㅣ曰有父兄이在ᄒᆞ니如之何其聞斯行之리오冉有ㅣ問聞斯行諸잇가子ㅣ曰聞斯行之니라公西華ㅣ曰由也ㅣ問聞斯行諸어ᄂᆞᆯ子ㅣ曰有父兄在라ᄒᆞ시고求也ㅣ問聞斯行諸어ᄂᆞᆯ子ㅣ曰聞斯行之라ᄒᆞ시니赤也ㅣ惑ᄒᆞ야敢問ᄒᆞ노이다子ㅣ曰求也ᄂᆞᆫ退故로進之ᄒᆞ고由也ᄂᆞᆫ兼人故로退之ᄒᆞ라

子路ㅣ묻ᄌᆞ오ᄃᆡ듣고이예行ᄒᆞ릿잇가子ㅣ골ᄋᆞ사ᄃᆡ父兄이이시나엇디그듣고이예行ᄒᆞ리오冉有ㅣ묻ᄌᆞ오ᄃᆡ듣고이예行ᄒᆞ리엇가子ㅣ골ᄋᆞ샤ᄃᆡ듣고이예行홀디

니라公西華ㅣ글오ᄃᆡ由ㅣ듣고이예行ᄒᆞ리잇가묻ᄌᆞ와ᄂᆞᆯ子ㅣ글ᄋᆞ샤ᄃᆡ父兄이인ᄂᆞ니라ᄒᆞ시고求ㅣ듣고이예行ᄒᆞ리잇가묻ᄌᆞ와ᄂᆞᆯ子ㅣ글ᄋᆞ샤ᄃᆡ듣고이예行ᄒᆞᆯ께시라ᄒᆞ시니赤이惑ᄒᆞ야敢히묻ᄌᆞᆸ노이다子ㅣ글ᄋᆞ샤ᄃᆡ求ᄂᆞᆫ退ᄒᆞᄂᆞᆫ故로進ᄒᆞ고由ᄂᆞᆫ人을兼ᄒᆞᄂᆞᆫ故로退호라

●兼人、謂勝人也、張敬夫、曰聞義、固當勇爲、然、有父兄在則有不可得而專者、若不稟命而行、則反傷於義矣、子路、有聞、未之能行、惟恐有聞、則於所當爲、不患其不能爲矣、特患爲之之意、或過而於所當稟命者、有闕耳、若冉求之資稟、失之弱、不患其不稟命也、患其於所當爲者、逡巡畏縮、而爲之不勇耳、聖人、一進之、一退之、所以約之於義理之中、而使之無過不及之患也、胡氏曰勇於行者使之有所稟命則所行必審行之不勇者不專勉其行則愈流於退縮專勉其行者非不稟命於父兄稟命自其所必能不待敎之耳○新安陳氏曰由求之問未必同時亦未必互問問同答異亦偶見而疑之非其能問則聖人造化二子之心誰知之哉前師商孰賢章尹氏所謂聖人之敎抑其過引其不及歸於中道之說與此章參看正可相發明云【備旨】子路問人之聞善斯可即從而行諸否乎夫子曰有聞固當即行然有父兄在必稟命而後可行也如之何其聞斯行之冉有問人之聞善斯可即從而行諸否乎夫子曰見義不爲是無勇也有所聞斯行之可矣公西華乃疑而問曰由也問聞斯行諸不異於求也而夫子則曰有父兄在求也問聞斯行諸亦同乎由也而夫子則曰聞斯行之夫由有父兄求獨無父兄乎求所當行由獨不當行乎赤也竊有惑焉敢問其所以異夫子告之曰吾之敎由與求亦因其材耳求之資稟過於柔而退則稟命非所患也患其爲之不勇耳故吾告之以聞斯行者所以激而進之使其勇於有爲也由之資稟過於剛而兼人則急行非所患也患其於所當稟命者有闕耳故吾告之以有父兄在所以抑而退之使其審於有爲也亦可以無惑矣

○子ㅣ畏於匡ᄒᆞ실서顔淵이後ㅣ러니子ㅣ曰吾ㅣ以女爲死矣라호라曰子

ㅣ在나어시回ㅣ何敢死ㅣ리잇고 女音汝

子ㅣ匡에畏ᄒᆞ실ᄉᆡ顔淵이後ᄒᆞ얏더니子ㅣᄀᆞᆯᄋᆞ샤ᄃᆡ내널로ᄡᅥ死ᄒᆞ니라호라ᄀᆞᆯ오ᄃᆡ子ㅣ겨시거니回ㅣ엇디구틔여死ᄒᆞ리잇고

●後、謂相失在後、何敢死、謂不赴鬬而必死也、謝氏曰敢非不敢之敢乃果敢之敢○鄭氏舜擧曰回何敢死則是死生不在匡人而在子淵矣蓋匡人之所欲加害者在夫子而不在子淵故子淵之死生得自爲之也 胡氏、曰先王之制、民生於三、事之如一、惟其所在則致死焉、國語晉語欒共音恭曰民生於三事之如一父生之師敎之君食音嗣之非父不生非食不長非敎不知生之族也族類也謂君之養我師之敎我與生之恩同類也故壹事之唯其所在則致死焉在父爲父在師爲師在君爲君也報生以死報賜以力人之道也 況顔淵之於孔子、恩義兼盡、又非他人之爲師弟子者而已、慶源輔氏曰顔淵之於孔子蒙博約之敎得聖道之傳眞所謂受罔極之恩者恩深則義重信非他人爲師弟子之比○雙峯饒氏曰孔之於顔敎愛兩極其至義雖師生恩猶父子所以爲恩義兼盡 卽夫子、不幸而遇難、去聲 回必捐生以赴之矣、捐生以赴之、幸而不死、則必上告天子、下告方伯、請討以復讎、不但已也、夫子而在則回、何爲而不愛其死、以犯匡人之鋒乎、問孔子不幸而遇害於匡則顔子死之可乎程子曰今有二人相與遠行則患難有相死之道況回於夫子乎曰親在則可乎曰今有二人相與搏虎其致心悉力義所當然也至於危急之際顧曰吾有親則舍而去之是不義之大者也其可否當預於未行之前不當臨難而後言也曰父母存不許友以死則如此義何曰有可者遠行搏虎之譬也有不可者如游俠之徒以親既亡乃爲人報仇而殺身則亂民也○問顔路在顔子許人以死何也朱子曰事至此只得死此與不許友以死之意別不許友以死在未遇難之前乃可如此處己遇難却如此說不得○孔子恐顔回遇害故曰吾以汝爲死矣顔子答曰子在回何敢死者謂孔子既得脫禍吾可以不死矣若使孔子遇害則顔子只得以死救之也○慶源輔氏曰孔子遇難則顔淵有致死之義孔子免焉則顔淵無致死之理今孔子既免而顔淵相失在後脫有不知而死則非義矣故其既來而孔子迎謂之曰吾以女爲死矣者恐其誤也而顔淵遽復之曰子在回何敢死者道其實也其意若相反而實相承顔淵之於孔子雖曰未達一間至此等語殆相爲一矣○趙氏曰死生亦大矣云何敢死則不以死爲重而以不輕於死爲重也○潛室陳氏曰朋友同遇患難有相死之義謂各盡其扶持救衛之道無委棄之理若死不死則有幸不幸存焉非必輕死求鬭謂之相死也○吳氏曰子在回何敢死則子不在回何敢不死甚明子不在非所當言也故言子在以見意讀者第於句內增二不字而反正互觀之則瞭然矣顔子以德行稱而善於說辭如此豈諸子所能及哉 備旨 夫子爲匡人所圍有畏心於匡時顔淵相失在後及其至而夫子謂之曰吾以女爲我之故犯匡人之鋒而死矣顔淵對曰回之死生惟夫子是從幸天未喪斯文而夫子猶在也回何敢輕死以犯匡人之鋒乎觀此而聖賢相與之情保身之哲俱見之矣

○季子然이問仲由冉求ᄂᆞᆫ可謂大臣與(平聲)잇가

季子然이묻ᄌᆞ오ᄃᆡ仲由와冉求ᄂᆞᆫ可히大臣이라니ᄅᆞ리잇가

●子然、季氏子弟、自多其家、得臣二子、故問之、慶源輔氏曰二子以聖門高弟而仕於季氏雖視顔閔爲慊然其德望才業固非常人比季氏之家其必知所尊敬矣故子然以此自多而致問 備旨 季子然自多其家得由求而臣之故問於夫子曰仲由冉求其德業才望可謂之大臣與

子ㅣ曰吾ㅣ以子爲異之問이라니曾由與求之問이로다

子ㅣ골ᄋᆞ샤ᄃᆡ내子로ᄡᅥ異를무ᄅᆞ리라ᄒᆞ다니由와다ᄆᆞᆺ求를묻놋다

●異、非常也、曾、猶乃也、輕二子、以抑季然也、慶源輔氏曰季然自多其家得臣二子而致問則其言色之間必有矜大之意且大臣既非家臣所可當而二子又不足以盡大臣之道故特輕以抑之 備旨 夫子見大臣既非家臣所可當而二子又不足以盡大臣之道特輕以抑之曰子問大臣吾以子必擧非常之人來問曾由與求二子之爲問乎

所謂大臣者ᄂᆞᆫ以道事君ᄒᆞ다가不可則止ᄒᆞᄂᆞ니

닐온밧大臣은道로ᄡᅥ님금을셤기다가可티아니커든그치ᄂᆞ니

●以道事君者、不從君之欲、不可則止者、必行己之志、朱子曰不可則止謂不合則去○勉齋黃氏曰以道事君謂審出處之宜

盡責難之義必守我之正道而不容悅以苟順君之私欲也[備旨]夫所以謂之大臣者非徒以名與位也蓋以至正之道事其君而納於軌物之中苟其志不可行則止而不仕必不枉道以辱身是進退不苟有如此

今由與求也ᄂᆞᆫ可謂具臣矣니라

이제 由와 다ᄆᆞᆺ 求ᄂᆞᆫ 可히 具臣이라 닐엄즉ᄒᆞ니라

●具臣、謂備臣數而已、勉齋黃氏曰大臣者異乎羣臣而超乎其上者也具臣者等乎羣臣而混乎其中者也[備旨]今由與求也果能以道事君乎果能不可則止乎特可謂具備人臣之數已矣安可謂大臣哉

曰然則從之者與(平聲)**잇가**

ᄀᆞᆯᄋᆞᄃᆡ 그러면 從ᄒᆞᆫ 者ㅣ니잇가

●意二子、既非大臣、則從季氏之所爲而已、[備旨]子然又問曰二子既非大臣然則凡事皆從其主之所欲爲者與

子ㅣ曰弑父與君은亦不從也ㅣ리라

子ㅣ ᄀᆞᆯᄋᆞ샤ᄃᆡ 父와 다ᄆᆞᆺ 君을 弑ᄒᆞᆷ은 ᄯᅩ ᄒᆞᆫ 좃디 아니ᄒᆞ리라

●言二子、雖不足於大臣之道、然、君臣之義則聞之熟矣、弑逆大故、必不從之、蓋深許二子以死難(去聲)不可奪之節、而又以陰折季氏不臣之心也、○尹氏、曰季氏、專權僭竊、二子、仕其家而不能正也、知其不可而不能止也、可謂具臣矣、是時、季氏已有無君之心故、自多其得人、意其可使從己也、故、曰弑父與君、亦不從也、其庶乎二子可免矣、問孔子言由求爲具臣曰弑父與君亦不從也由求如是而已乎龜山楊氏曰弑父與君言其大者盖小者不能不從故也若季氏旅泰山伐顓臾而不能救之之事是已又問然則或許其升堂且皆在政事之科何也曰小事之失亦未必皆從但自弑父與君而下或從一事則不得爲不從若弑父與君

則決不從矣進此一等便爲大臣如孔孟之事君是也故孔孟雖當亂世而遇庸暗之主一毫亦不放過○問仲由冉求氣質不同恐冉求未必可保仲由終是不屈朱子曰不要論他氣質只這君臣大義他豈不知聖人也是知他必可保然死於禍難是易事死於不可奪之節是難事纔出門去事君這身己便不是自家底所謂事君能致其身是也如做一郡太守一邑之宰一尉之任有盜賊之虞這不成休了便當以死守之亦未爲難惟卒遇君臣大變利害之際只爭些子這誠是難○南軒張氏曰弑君父不從何必由求而能之曾不知順從之臣始也惟利害之徇而已履霜堅氷之不戒馴習蹉跌以至從人弑逆者多矣如荀彧劉穆之之徒始從操裕豈遂欲弑逆哉惟其漸漬順長而勢卒至此耳雖然自弑逆以下苟一事不道而苟從之皆爲失大臣事君之義如由求未免乎是也至如他人因循以陷於大惡則由求不至是也○胡氏曰方子然欲假由求以誇人故夫子極言其失大臣之道及其欲資由求以助己故夫子又言其有人臣之節應答之頃可以沮僭竊扶綱常眞聖人之言也○厚齋馮氏曰子然季孫意如之子意如逐昭公者也子然習於其父之所爲懷無君之心久矣今得臣二子故問夫子盖將君魯而以爲大臣也旣抑之以具臣及其以從之爲問故明以弑父與君不從折之○新安陳氏曰弑逆非不可之大者歟平常能不可則止者於弑逆必不從未能不可則止者未可保其必不從也由求於君臣大義固熟聞之但察之恐未精耳觀由仕於出公未爲之死求於伐顓臾惟知爲季氏子孫憂於父子君臣之義能精察之否乎夫子於此實欲折季氏之不臣故許由求爲死節之臣耳【備旨】夫子折之曰二子雖不足於大臣之道然君臣之義則聞之已熟若弑父與君之事乃非道之甚吾知其見之審守之固亦必不從也蓋季氏素有不臣之心欲借二子爲羽翼故夫子稱二子以陰折其心也

○子路ㅣ使子羔로爲費宰ᄒᆞᆫ대 費音秘

子路ㅣ子羔로ᄒᆞ여곰費宰를삼은대

【註】子路、爲季氏宰而擧之也、【備旨】昔子路仕於季氏以費邑難治擧子羔爲費邑宰意以子羔厚重足以化民也

子ㅣ曰賊夫人之子ㅣ로다 夫音扶下同

子ㅣᄀᆞᆯᄋᆞ샤ᄃᆡ人의子를賊홈이로다

【註】賊、害也、言子羔、質美而未學、遽使治民、適以害之、厚齋馮氏曰成人有其兄死而不爲衰者聞子羔將爲成宰遂爲衰

盖子羔重厚有德足以化民子路以費數畔難治所以特擧之然子羔雖重厚有德而未學則理未明而用必窒遽使之治數畔之邑非所以全之也 備旨 夫子聞而而責之曰以夫人之子而遽使之仕則內有妨於修己而學問無由成外有妨於治人而功業不能就適以賊夫人之子耳

子路ㅣ曰有民人焉ᄒᆞ며有社稷焉ᄒᆞ니何必讀書然後에爲學이리잇고

子路ㅣ골오ᄃᆡ民人이이시며社稷이이시니엇디반ᄃᆞ시書를讀ᄒᆞᆫ然後에學을ᄒᆞ리잇고

●言治民事神、皆所以爲學、 備旨 子路强辭以對曰夫子謂賊夫人以其未學也然費邑之中有民人焉所當治也有社稷焉所當事也治民事神是即學矣何必沾沾焉讀章句之書然後爲學也哉

子ㅣ曰是故로惡夫佞者ᄒᆞ노라 惡去聲

子ㅣ골ᄋᆞ샤ᄃᆡ이런故로佞ᄒᆞᆫ者를惡ᄒᆞ노라

●治民事神、固學者事、然、必學之己成然後、可仕、以行其學、若初未嘗學而使之卽仕、以爲學、其不至於慢神而虐民者、幾平聲希矣、子路之言、非其本意、但理屈詞窮、而取辨於口、以禦人耳、本前焉用佞禦人以口給而言 故、夫子、不斥其非、而特惡其佞也、朱子曰佞不是諂佞是口快底人事事不問是不是臨時撰得話來也好可見其佞○子路當初使子羔爲費宰意本不是如此只大言來答孔子故惡其佞 ○范氏、曰古者、學而後入政、未聞以政學者也、左傳襄公三十一年子產曰僑聞學而後入政未聞以政學者也 蓋道之本、在於脩身、而後及於治人、其說、具於方冊、讀而知之然後、能行、何可以不讀書也、子路、乃欲使子羔、以政爲學、失先後本

末之序矣、不知其過、而以口給禦人故、夫子、惡其佞也、朱子曰子路非謂不學而可以爲政但謂爲學不必讀書耳上古未有文字之時學者固無書可讀而中人以上固有不待讀書而自得者但自聖賢有作則道之載於經者詳矣雖孔子之聖不能離是以爲學也捨是不求而欲以政學旣失之矣況又責之中材之人乎然子路使子羔爲宰本意未必及此但因夫子之言而託此以自解耳故夫子以爲佞而惡之○三代以上六經雖未具考之書禮則舜之敎胄子敷五典與成周鄕官樂正之法所以敎夫未成之才者盖有道矣三代以下則旣有書脩己治人之術皆聚於此學者豈可不之讀而遽自用乎苟謂不必讀書將自恃其聰明牽易妄作而無忌憚其失不但卑陋而已○南軒張氏曰子羔學未充而遽使爲宰其本不立而置之於事物酬酢之地故夫子有賊夫人之歎夫民人社稷固無非學然學必貴於讀書者以夫多識前言往行古之人所以蓄德者實有賴乎是德立於己而後可以言無適而非學也如子路之言將使學者以聰明爲可恃而無敦篤潛泳之功其甚至於廢古而任意爲弊有不可勝言者故夫子所以責之之深也○慶源輔氏曰學之已成而仕以行其學猶恐動與靜違用與體乖而或有失其宜者況於初未嘗學而可遽使即仕以爲學乎【備旨】夫即仕而學非子路使子羔本意但因夫子之責而飾辭以應之故夫子復責之曰是故我平日所以惡夫佞者正以其不問理之是非而但以口給取勝耳今由之言乃所謂佞者也庸非我之所惡乎

○子路曾晳冉有公西華ㅣ侍坐ㅣ러니 才臥反

子路와曾晳과冉有와公西華ㅣ뫼셔안잣더니

●晳、曾參父、名、點、【備旨】昔子路曾晳冉有公西華侍坐於夫子之側

子ㅣ曰以吾ㅣ一日長乎爾나毋吾以也ᄒᆞ라 長上聲

子ㅣᄀᆞᆯᄋᆞ샤ᄃᆡ날로ᄡᅥ ᄒᆞᆫ날이네게長ᄒᆞ다ᄒᆞ나날로ᄡᅥ말라

●言、我雖年少長於女、汝同 然、汝勿以我長而難言、蓋誘之盡言、以觀其志、而聖人和氣謙德、於此亦可見矣、【備旨】夫子誘之言志曰以年而言吾雖有一日少長於爾然辨論之際非年之所得拘者爾其有懷必言有言必盡毋以吾長之故而遜焉而不言也

居則曰不吾知也ㅣ라ᄒᆞᄂᆞ니如或知爾면則何以哉오

居ᄒᆞ야셔ᄂᆞᆫᄀᆞᆯ오ᄃᆡ나ᄅᆞᆯ아디몯ᄒᆞᆫ다ᄒᆞᄂᆞ니만일或너ᄅᆞᆯ알면곧엇디ᄡᅧᄒᆞ료

● 言女、平居、則言人不知我、如或有人知女、則女將何以爲用也、東陽許氏曰夫子之於弟子於其平日言行問答之間固知其學力之所至然其將有所待而欲爲之志則不能知也問之者欲知其自知之如何使之知有未至而自厲非獨觀人亦所以敎也【備旨】想女平居之時則皆自負曰吾才足以爲世用而人不吾知也如或有君相知爾而擧用之則爾將何以措諸用而酬知哉爲我言之可也

子路ㅣ率爾而對曰千乘之國이攝乎大國之間ᄒᆞ야加之以師旅ㅣ오因之以饑饉이어든由也ㅣ爲之면比及三年ᄒᆞ야可使有勇이오且知方也케ᄒᆞ리이다夫子ㅣ哂之ᄒᆞ시다 乘去聲饑音機饉音僅比必二反下同哂詩忍反

子路ㅣ率爾히對ᄒᆞ야ᄀᆞᆯ오ᄃᆡ千乘ㅅ나라히大國ㅅ이예攝ᄒᆞ야師旅로ᄡᅧ加ᄒᆞ고饑饉으로ᄡᅧ因ᄒᆞ얏거든由ㅣᄒᆞ면三年에미츰애다ᄃᆞ라可히ᄒᆡ여곰勇이잇고ᄯᅩ方을알게호리이다夫子ㅣ哂ᄒᆞ시다

● 率爾、輕遽之貌、攝、管束也、二千五百人、爲師、五百人、爲旅、因、仍也、穀不熟曰饑、菜不熟曰饉、方、向也、謂向義也、民向義則能親其上、死其長上聲矣、哂、微笑也、原齋馮氏曰子路齒先諸子又勇於進道故夫子有問必先諸子言之其言與冉有皆以三年爲斷蓋古者三載考績要其成也夫子亦曰三年有成○新安陳氏曰國介居大國間勢難爲當兵荒後時難爲能致富强且化民使向義必政敎兼擧而後能之子路蓋以其實才展盡底蘊而言也【備旨】子路遂輕遽率爾而對曰以千乘諸侯之國而兵賦既煩管攝乎二大國之間而擧動有制勢之難也如此又且加之以師旅而兵與因之以饑饉而歲歉時之難也又如此使由也見知於人而爲之則政敎所敷比及三年之久可使斯民皆有勇敢之氣以戰之則勝攻則取且皆知方而有親上死長之義而樂爲之效死依然强盛之千乘也由之副知我以此

言畢夫子微笑而哂之焉

求아爾ᄂᆞᆫ如何오對曰方六七十과如五六十애求也ㅣ爲之면比及三年ᄒᆞ야可使足民이어니와如其禮樂앤以俟君子ᄒᆞ리이다

求아너ᄂᆞᆫ엇디ᄒᆞᆯ다對ᄒᆞ야ᄀᆞᆯ오ᄃᆡ方이六七十과혹五六十에求ㅣᄒᆞ면三年애미츰애다ᄃᆞ라可히ᄒᆡ여곰民을足게ᄒᆞ려니와만일그禮와樂애ᄂᆞᆫ뻐君子를俟호리이다

◉求、爾何如、孔子問也、下放此、方六七十里、小國也、如、猶或也、五六十里、則又小矣、足、富足也、俟君子、言非已所能、冉有、謙退、又以子路見哂故、其辭益遜、朱子曰子路使民非若後世之孫吳冉有足民非若後世之管商[備旨]夫子又問求爾之志何如求對曰千乘之國非求之所敢任也但方六七十里之小國如五六十里之小國求也見知於人而爲之則生養有方比及三年之久可使斯民皆富足求之志如斯而已然此特富而未敎也若夫禮以節民性樂以和民情則必以俟履中蹈和之君子能之豈求之所敢當哉求之副知我以此

赤아爾ᄂᆞᆫ何如오對曰非曰能之라願學焉ᄒᆞ노이다宗廟之事와如會同애端章甫로願爲小相焉ᄒᆞ노이다 相去聲

赤아너ᄂᆞᆫ엇디ᄒᆞᆯ다對ᄒᆞ야ᄀᆞᆯ오ᄃᆡ能ᄒᆞ노라닐ᄋᆞᄂᆞᆫ줄이아니라學홈을願ᄒᆞ노이다宗廟앳일와혹會同애端과章甫로小相이되욤을願ᄒᆞ노이다

◉公西華、志於禮樂之事、嫌以君子自居故、將言己志、而先爲遜辭、言未能而願學也、新安陳氏曰求云如其禮樂以俟君子今赤亦若毅然欲從事於禮樂則是以君子自居故必先爲遜辭也宗廟之事、謂祭祀、諸侯時見形甸反曰會、

衆覜(覜音眺)曰同、周禮春官大宗伯春見曰朝夏見曰宗秋見曰覲冬見曰遇時見曰會殷見曰同 此六禮者以諸侯見王爲文六服之內四方以時分來或朝春或宗夏 或覲秋或遇冬覂遞而徧時見者無常期諸侯有不順服者王將有征討之事則旣朝覲王爲壇於國外合諸侯而命事焉春秋傳曰有事而會不協而盟是也殷猶衆也十二歲王如不巡守則六服盡朝朝禮旣畢王亦爲壇合諸侯以命政焉所命之政如王巡守殷見四方四時分來終歲以徧時聘曰問殷覜曰視時聘亦無常期天子有事乃聘之焉境外之臣旣非朝歲不敢瀆爲小禮殷覜謂一服朝之歲以朝者少諸侯乃使卿以大禮衆聘焉五服朝在元年七年十一年○慶源輔氏曰周禮所謂 殷即衆也覜即見也

端、玄端服、章甫、禮冠、慶源輔氏曰禮有玄端而冕若玉藻天子龍袞以祭玄端朝日諸侯玄端以祭是己有玄端而冠若朝玄端夕深衣是己有玄端而章甫如此章端章甫是己有玄端而委貌若晏平仲端委立于虎門是己鄭云端取其正謂士之衣袂皆二尺二寸而屬幅廣袤等也然則玄端之服古者君臣皆得服之章甫緇布冠也夏曰毋追(音牟推)商曰章甫周曰委貌其制相比皆以漆布爲之蓋三代常服行道之冠也

相、贊君之禮者、言小、亦謙辭、厚齋馮氏曰會同諸侯朝於天子之禮也而兩君相見亦曰會又有同盟當是時諸侯朝於天子寡矣華之言當爲兩君相見而設夫擯紹禮樂之末也小相又擯紹之末也二子以子路蒙哂故其辭謙而子華又謙於冉有也[illegible]夫子又問赤爾之志何如赤對曰禮樂者君子之事赤非敢曰能之但願學以習其事焉彼宗廟之事以享祖考如會同之事以見辟王此皆禮樂之所寓而貴有人相之也當斯時也赤服則玄端冠則章甫願爲小相以贊君行禮於宗廟行禮於會同焉庶有以畢吾願學之志哉赤之副知我以此

點아 爾는 何如오 鼓瑟希려니 鏗爾舍瑟而作ᄒᆞ야 對曰異乎三子者之撰호이다 子ㅣ曰何傷乎오리 亦各言其志也ㅣ니라 曰莫春者애 春服이 旣成이어던 冠者五六人과 童子六七人으로 浴乎沂ᄒᆞ야 風乎舞雩ᄒᆞ야 詠而歸ᄒᆞ리이다 夫子ㅣ 喟然嘆曰吾與點也ᄒᆞ노라

鏗苦耕反舍上聲撰士免反莫冠並去聲沂魚依反雩音于

點아 너는 엇디료 瑟鼓홈이 希ᄒᆞ얏더니 鏗히 瑟을 舍ᄒᆞ고 닐어 對ᄒᆞ야 ᄀᆞᆯ오ᄃᆡ 三子者의 撰에서 달오이다 子ㅣ ᄀᆞᆯᄋᆞ샤ᄃᆡ 므서시 傷ᄒᆞ리오 ᄯᅩᄒᆞᆫ 각각 그 ᄠᅳᆮ을 닐올디니라

ᄀᆞᆯ오ᄃᆡ莫春애 봄오시이믜일거든冠ᄒᆞᆫ者五六人과童子六七人으로沂예浴ᄒᆞ야舞雩에風ᄒᆞ야 詠ᄒᆞ고歸호리이다夫子ㅣ喟然히嘆ᄒᆞ야 ᄀᆞᆯᄋᆞ샤ᄃᆡ내 點을與ᄒᆞ노라

●四子侍坐、以齒爲序、則點當次對、以方皷瑟故、孔子、先問求赤而後及點也、張存中曰史記仲尼弟子傳仲由字子路卞人也少孔子九歲曾點字皙與子參皆侍孔子冉有字子有仲弓之族也少孔子二十九歲公西赤字子華魯人少孔子四十二歲按史記家語載曾參少孔子四十六歲則曾點必少孔子十餘歲合居子路之次 希、間去聲 歇也、作、起也、撰、具也、朱子曰曾點所見不同方侍坐之時見三子言志想見有些下視他幾箇作而言曰異乎三子者之撰看其意有鳳凰翔于千仞底氣象 莫春、和煦之時、春服、單袷音夾 之衣、新安陳氏曰單單衣袷袷衣至此時則衣無絮也 浴、盥音管 濯也、今上巳祓音拂 除、是也、問浴之爲盥濯祓除朱子曰漢志三月上巳祓除官民潔於東流水上而蔡邕引此爲證是也韓愈李翺疑裸身川浴之非禮而改浴爲沿不察此耳 沂、水名、在魯城南、地志、以爲有温泉焉、理或然也、風、乘涼也、舞雩、祭天禱雨之處、有壇音善 樹木也、詠、歌也、曾點之學、蓋有以見夫音扶 人欲盡處、天理流行、隨處充滿、無少欠闕、新安陳氏曰此等句皆是就本文反復玩味以想像曾點胷次而於無中形容出有來 故、其動靜之際、從七容反 容、如此、朱子曰曾點都不待著氣力說只是他見得許多自然道理流行發見觸處皆是但擧其一事而言之耳看他皷瑟希鏗爾舍瑟而作從容暇豫悠然自得處無不是這箇道理今人讀之只做等閑說話當時記者亦是多少仔細又曰門人詳記舍瑟事欲見其從容不迫灑落自在之意耳○慶源輔氏曰理欲不兩立須是人欲淨盡然後天理自然流行隨事隨處不待勉强用力自無纖毫欠缺處然惟聖人心與理一而後能體用兼備自然而然若曾皙則以天資之高而於此有見焉耳故集註著有以見夫四字便自斷得曾皙所學之分量分曉與後面程子所謂曾點狂者未必能爲聖人之事而能知夫子之說相應 而其言志則又不過卽其所居之位、樂音洛 其日用之常、初無舍上聲 己爲去聲 人之意、胡氏曰即其所居至之常者莫春融和之時沂水祓除之事與其朋儕游泳自得乃其分所宜爲而目前所可爲也初無舍己爲人之意者如必得國而治之然後見其用則在我者輕在人者重人必知我則有以自見人不我知則將無所用於世矣此點所以異於三子也而其胷次悠然、直與天地萬物、上下同流、各得其所之妙、隱然自見形甸反於言外、新安陳氏曰直與至於之妙作一句細分之上下同流接天地字各得其所接萬物字○集註此一節二十二字又是自無形容出有來其言外之妙趣不可以尋常解書訓詁體貼之例求之必待學力進眼目高後自然默會之可也○慶源輔氏曰即其所居之位則無出位之思樂其日用之常則無作意之爲便見得曾點不願乎外無入而不自得之意初無舍己爲人之意說得點之事實胷次悠然以下數句又形容得點之樂處集註此一段凡三次改削然後見得如此平實學者當深味之視三子規規於事爲之末者、其氣象、不侔矣、故、夫子、嘆息而深許之、而門人、記其本末、獨加詳焉、蓋亦有以識此矣、朱子曰曾點見得事事物物上皆是天理流行良辰美景與幾箇好朋友行樂去日用之間莫非天理在在處處莫非可樂○問夫子何以與點也曰方三子之競言所志也點獨皷瑟其間漠然若無聞者及夫子問之然後瑟音少間乃徐舍瑟起對焉而悠然遜避若終不肯見所爲者及夫子慰安之然後不得已而言而其志之所存又未嘗少出其位蓋澹然若將終身焉者此夫子所以與之也曰何以言其與天地萬物同流各得其所也曰莫春之日生物暢茂之時也春服既成人體和適之候也冠者五六人童子六七人長少有序而和也沂水舞雩魯國之勝處也既浴而風又詠而歸樂而得其所也夫以所居之位而言其樂雖若止於一身然以心而論則固藹然天地生物之心聖人對時育物之事也夫又安有物我內外之間哉程子以爲與聖人之志同便是堯舜氣象者正謂此也或曰曾晳胷中無一毫事列子馭風之事近之然乎曰聖賢之心所以異於佛老正以無意必固我之累而所謂天地生物之心對時育物之事者未始一息之停也若但曰曠然無所倚著而不察乎此則亦何以異於虛無寂滅之學而豈聖人之事哉○這道理處處都是事父母交朋友都是這道理接賓客是接賓客道理動靜語默莫非道理天地之運春夏秋冬莫非道理人之一身便是天地只緣人爲人欲隔了自看此意思不見如曾點却被他超然看破這意思夫子所以喜之○孔子與點與聖人之志同者蓋都是自然底道理安老懷少信朋友自是天理流行觸處皆是暑往寒來山川流峙父子有親君臣有義之類無非這道理如學而時習之亦是窮此理孝弟仁之本亦是實此理所以貴乎格物者是物物上皆有此理此聖人事點見得到蓋事事物物莫非天理初豈是安排得來安排時便湊合不著這處便有甚私意來自是著不得私意聖人見得只當閑事曾點把作一件大事來說他見得這天理隨處發見處處皆是天理所以如此樂○曾點見得道理大所以堯舜事業優爲之視三子規規於事爲之末固有間矣是他見得聖人氣象如此雖超乎事物之外而實不離乎事物之中是箇無事無爲底道理却做有事有爲之功業天樣大事也做得鍼樣小事也做得此所謂大本所謂忠所謂一者是也○曾點氣象固是從容灑落然須見得他因甚到得如此始得若見得此意自然見得他做得堯舜事業處不可以一事言也○曾點見道無疑心不累事其胷次灑落有非言語所能形容者故雖夫子有如或知爾之問而其所對亦未嘗少出其位焉蓋若將終身於此者而其語言氣象則固位天地育萬物之事也○曾皙不曾見他工夫只是天資高如夫子說吾黨之小子狂簡斐然成章不知所以裁之這便是狂簡如莊列之徒皆是他自說得恁地好所以夫子要歸裁正之若是不裁只管聽他恁地今日也浴沂詠歸明日也浴沂詠歸却做甚麽合殺○曾點與三子只是爭箇粗細曾點與漆雕開只是爭箇生熟曾點說得驚天動地開較穩貼三子在孔門豈全不理會義理只是較粗不如曾點之細○爲學與爲治只是一統事他日之所用不外乎今日之所存三子各分作兩截看了如治軍旅治財賦治禮樂與凡天下之事皆學者所當爲須先教自家身心得無欲直得淸明在躬志氣如神則天下無不可爲之事矣○曾點以樂於今日者對三子以期於異日者對學者須是有三子之事業又有曾點之襟懷方始不偏蓋三子是就事上理會曾點是見得大意曾點雖見大意又少却事上工夫三子雖就事上學又無曾點脫灑意思○新安陳氏曰曾點所言想正對莫春之時使非對景而言亦無意思又按三子所言者事功其志實而小點所言者理趣其志高而大點不及三子所行之實三子不及點所見之高以一時所言觀之三子規規於事爲之末而點超然於理趣之高宜夫子獨與之也自今而論學者必有曾點見處之高以立其體又有三子行處之實以達於用始爲無弊不然鮮不流於狂矣【備旨】夫子又問點爾之志何如點時方鼓瑟承夫子問鼓之者漸希乃以手推瑟有鏗爾之餘音爰舍瑟而作從容對曰三子者皆用世之志也點之志異夫三子者之撰夫子慰之曰志雖有異庸何傷乎人各有志亦各言其志可也點乃言曰如玆之日固莫春者春服則既已成矣或冠者五六人焉或童子六七人焉相與浴乎沂水之濱風乎舞雩之下而彼此各適詠歌而歸也此則點之志而已斯言也據其所居之位其樂雖若止於一身然以心而論則固藹然天地生物之心聖人對時育物之事也夫安有物我內外之間哉夫子喟然而嘆曰吾與點之志也

三子者ㅣ出커늘 曾皙이 後ㅣ러니 曾皙이 曰夫三子者之言이 何如ᄒᆞ니잇고

子ㅣ曰亦各言其志也已矣니라 曰夫子ㅣ何哂由也ㅣ시니잇고

夫三之夫音扶

三子ㅣ出커늘曾皙이後ᄒᆞ얏더니曾皙이ᄀᆞᆯ오ᄃᆡ 三子의말이엇더ᄒᆞ니잇고子ㅣᄀᆞᆯᄋᆞ샤ᄃᆡ ᄯᅩᄒᆞᆫ각각그ᄠᅳᆮ을니를ᄯᆞᄅᆞᆷ이니라ᄀᆞᆯ오ᄃᆡ 夫子ㅣ엇디由ᄅᆞᆯ哂ᄒᆞ시니잇고

●點、以子路之志、乃所優爲而夫子、哂之故、請其說、[備旨]及三子旣出曾晳獨留在後其意將有所請也乃問於夫子曰夫三子之所言其得失果何如夫子答之曰三子之言或富强或禮樂雖有不同亦各言其所爲志也已矣曾點又疑而問之曰三子旣是各言其志夫子何故獨哂夫仲由也

曰爲國以禮어늘其言이不讓이라是故로哂之호라

갈ᄋᆞ샤ᄃᆡ나라ᄒᆞᆯ홈이禮로ᄡᅥᄒᆞ거ᄂᆞᆯ그말이ᄉᆞ양티아니ᄒᆞᆫ디라이런故로哂호라

●夫子、蓋許其能、特哂其不遜、朱子曰禮者理之顯設而有節文者也言禮則理在其中矣[備旨]夫子曰爲國之道所以辨上下定民志者必以恭敬辭遜之禮今由之言志慨然無復遜讓之意是不達爲國以禮之理也吾故從而哂之

唯求則非邦也與잇가安見方六七十과如五六十而非邦也者ㅣ리오 與平聲下同

오직求ᄂᆞᆫ나라히아니니잇가어듸方이六七十과혹五六十이오나라히아닌者ᄅᆞᆯ보리오

●曾點、以冉求、亦欲爲國而不見哂故、微問之而夫子之答無貶、(悲檢反)詞、蓋亦許之、[備旨]是夫子之所以哂由者特哂其不讓耳非哂其爲邦也何點未達而疑求之不見哂也乃微問曰唯求之志在足民則非爲邦也與夫子曰先王建國雖有大小其爲邦則一也安見方六七十如五六十而非先王分茅胙土之邦也者是求所任固亦爲邦之事也

唯赤則非邦也與잇가宗廟會同이非諸侯而何오赤也ㅣ爲之小ㅣ면孰能爲之大리오

오직赤은나라히아니니잇가宗廟와會同이諸侯ㅣ아니오므섯고赤이小ㅣ되면뉘能히大ㅣ되리오

●此亦曾皙問而夫子答也、孰能爲之大、言無能出其右者、亦許之之詞、○程子、曰古之學者、優柔厭飫、有先後之序、如子路、冉有、公西赤、言志如此、夫子、許之、亦以此、自是實事、後之學者、好去聲高如人、游心千里之外、然、自身、却只在此、新安陳氏曰此條專言三子言志平實無高遠之弊 又曰孔子與點、蓋與聖人之志、同、便是堯舜氣象也、誠異三子者之撰、特行去聲有不掩焉耳、此所謂狂也、問曾點言志如何是有堯舜氣象朱子曰明道言萬物各遂其性此句正好看堯舜氣象且看莫春時物態舒暢如此曾點情思又如此便是各遂其性處堯舜之心亦只是要萬物皆如此耳然曾點却只是見得未必能做得堯舜事孟子所謂狂士其行不掩焉者也○行有不掩非言行背馳之謂但行不到所見處爾曾點之學無聖人爲之依歸怕有老莊意思也未便做老莊只怕其流入於老莊○三子所志雖皆是實然未免局於一君一國之小向上更進不得若曾點所見乃是大根大本使推而行之則將無所不能雖其功用之大如堯舜之治天下亦可爲矣蓋言其所志者大而不可量也譬之於水曾點之所用力者水之源也三子之所用力者水之流也用力於派分之處則其功止於一派用力於源則放之四海亦猶是也然使點遂行其志則恐未能掩其言故以爲狂者也○潛室陳氏曰凡狂者志高而行不副謂其志高故見大意而聖人與之謂其行不副止於見大意終不入聖人之室 子路等所見者小、子路、只爲去聲不達爲國以禮道理、是以哂之、若達、却便是這氣象也、問程子云子路只緣不達爲國以禮道理若達便是這氣象如公西赤冉求二子語言之間亦自謙遜可謂達禮者矣何故却無曾點氣象朱子曰二子只是曉得那禮之皮膚曉不得那禮之微妙處若曉得禮便須見得箇天高地下萬物散殊而禮制行流而不息合同而化而樂興焉底自然道理矣曾點却見得這箇氣象只是他見得了便休緣見得快所以不把當事他若見得了又從頭去行那裡得來○問三子皆事爲之末何故子路達得便是這氣象曰子路才氣去得他雖粗暴些纔理會這道理便就這箇比及三年可使有勇且知方上面却是這箇氣象求赤二子雖是謹細却只是安排來底又更是他才氣小了子路是甚麽樣才氣○問子路就使達得却只是事爲之末如

何比得這箇曰若達時事事都見得是自然底天理理會得道理雖事爲之末亦是理也莫春者春服既成何嘗不
是事爲來○問爲國不循理則必任智力不任智力則循理不能出此二途點有見乎長育流行之體天地萬物之
理所謂自然而然者但吾不以私意擾之則天地順序而萬物各得其所此堯舜事業也子路則以才氣之勝自以
爲當敗壞不可支持之處而吾爲之亦能使之有成子路誠足以任此矣然不免有任智力之意故志氣激昂而氣
象勇銳不若曾點之閑暇平和也曰是○到爲國以禮分上便自理明自然有曾點氣象○潛室陳氏曰爲國以禮
則君君臣臣父父子子事各當事物各當物終日在天理上此堯舜氣象○雲峯胡氏曰以三子
言之子路未達爲國以禮求於禮樂不敢當亦則若有志於禮樂而所言宗廟會同禮之末耳　又曰三子、皆
欲得國而治之故、夫子、不取、新安陳氏曰以夫子與點分別而言之故云夫子不取非謂夫子眞不許其得國而治之也　曾點、狂者也、未必能
爲聖人之事、而能知夫子之志故、曰浴乎沂、風乎舞雩、詠而歸、言樂音洛而得其所也、
孔子之志、在於老者安之、朋友信之、少去聲者懷之、使萬物、莫不遂其性、曾點、知之
故、孔子、喟然嘆曰吾與點也、朱子曰曾點是他見得到日用之間無非天理流行無虧無欠是自然如此充其見便是孔子老者安之朋友信之少者懷之底意思惟曾點
便見得到這裡聖人便做得到這裏　又曰曾點、漆雕開、已見大意、朱子曰他見得這箇大綱意思於細密處未必便理會得如千兵萬馬他只見得這箇其中隊伍未必知
○曾點見雖高漆雕開却確實○點與參相反父子間爲學大不同點天資高明用志遠大故能先見其本往往於
事爲間有不屑用力者參也三省隨事用力旋旋捱去一貫之說必得夫子告之而後知然一唯之後本末兼該體
用全備一是從下做到一是從上見得故傳道之任不在其父而在其子虛實之分學者必有以辨之○問孔門英
才多矣何爲不得乎此而點獨得之回參不必類乎點也而又獨得斯道之傳何也勉齋黃氏曰資稟高則不局於
卑志量大則不溺於小見識明則異說不能惑趨向正則外誘不能移此點之學所以人不能及也人品不同則學
之志亦異人爲技藝之學者有一見而超無解悟有終日矻矻而竟無所得者亦無怪點之獨得也若顏子則其資
稟志量見識趨向當無異乎點而深厚沈潛淳實中正必有過於點者故其見雖同而其得則異於點也點之子參
其見不及乎晳而其學則近於回以其用力之篤則遂與回等而非點所及也曰晳之不及乎回參而卒未免爲狂
者之歸何也曰天下之理固根於人心而未嘗不形見於事物爲學之方固當存養乎德性而亦不可不省察乎實
行夫是以精粗不遺而表裏相應內外交養動靜如一然後可以爲聖學之全功也點之志則大質則高識則明趣

則違然深厚沈潛淳實中正之意有不足焉則見高而遺卑見大而略小見識有餘而行不足趨向雖正而行則違此所以不及乎回參也雖然自回參而論之點誠有未至自學者論之點之所見豈可忽哉規規翦翦於文義之間事爲之末而胷中無所見焉恐未易以狂語點也[備旨]何點猶未達而亦疑赤之不見哂也又微問曰唯赤之願爲小相則非爲邦也與夫子曰宗廟以事親會同以事君非有國諸侯之事而何以赤之才而願爲小相孰能出其右而爲之大者乎是赤所任固亦爲邦之事也觀夫子之許求赤則知由之見哂不在爲邦而在其言之不讓也夫何疑哉點亦可以釋然矣要之始與點者所以廣三子也終兼與三子者所以實點也聖人造就之意深矣

原本備旨

論語集註卷之十一

顏淵第十二

凡二十四章

顏淵이問仁ᄒᆞᆫ대子ㅣ曰克己復禮ㅣ爲仁이니一日克己復禮면天下ㅣ歸仁焉ᄒᆞᄂᆞ니爲仁이由己니而由人乎哉아

顏淵이仁을묻ᄌᆞ온대子ㅣᄀᆞᆯᄋᆞ샤ᄃᆡ己를克ᄒᆞ야禮예復홈이仁을ᄒᆞ욤이니一日에己를克ᄒᆞ야禮예復ᄒᆞ면天下ㅣ仁을歸ᄒᆞᄂᆞ니仁을ᄒᆞ욤이己로말ᄆᆡ암ᄂᆞ니人을말ᄆᆡ암ᄂᆞ냐

●仁者、本心之全德、慶源輔氏曰仁義禮智皆心之德而仁包義禮智故曰本心之全德克、勝也、朱子曰聖人下箇克字譬如相殺定要克勝得他○克己亦別無巧法如孤軍卒遇强敵只是盡力舍死向前而已己、謂身之私欲也、問己私有三氣質之偏一也耳目口鼻之欲二也人我忌克之類三也孰是夫子所指朱子曰三者皆在裡看下文非禮勿視聽則耳目口鼻之欲較多○胡氏曰耳目口體之欲皆因己而有故謂之私復、反也、慶源輔氏曰反猶歸也如行者之反歸於家也禮者、天理之節文也、朱子曰所以喚做禮而不謂之理者有著實處只說理却空去了這箇禮是那天理節文敎人有準則處所以謂之天理之節文者此理無形影故作此禮文畫出一箇天理與人看敎有規矩可以憑據有君臣便有事君底節文有父子便有事父底節文其他莫不皆然○慶源輔氏曰天理即全德也節者其限制等級也文者其儀章脉理也不曰理而曰禮者理虛而禮實以其有品節文章可以依據也爲仁者、所以全其心之德也、蓋心之全德、莫非天理、而亦不能不壞於人欲故、爲仁者、必有以勝私欲而復於禮、則事皆天理、而本心之德、復全於我矣、勉齋黃氏曰心之全德莫非天理則言仁而禮在其中事皆天理而心德復全則言禮而仁在其中皆以天理爲言則仁卽禮禮卽仁安有復禮而非仁者哉其曰事皆天理者以視聽言動之屬乎事也復歸於禮則事皆合乎天理矣○雲峯胡氏曰集註始言仁者本心之全德至此則本心之德復全此一全字卽是本來全字不過能復其本然者耳○程子曰克己之私既盡一歸於禮此之謂得其本心○朱子曰一於禮之謂仁只是仁在內爲人欲所蔽如一重膜遮了克去己私復禮乃見仁仁禮非是二物○問克復工夫全在克字上盖是就發動處克將去必因有動而後天理人欲之幾始分方知所決擇而用力也曰如此只是發動方用克若待發動而後克不亦晩乎發時固用克未發時也須致其精明如烈火之不可犯始得○問克己復禮如何分精粗曰若以克去己私言之便克己是精底工夫到禮之節文有所欠闕便是粗者未盡然克己又只是克去私意若未能有細密工夫一一入他規矩準繩之中便未是復禮如此則復禮却乃是精處○克是克去己私己私既克天理自復譬如塵垢既去則鏡自明瓦礫既掃則室自淸○克己是大做工夫復禮是事事皆落腔窠克己便能復禮步步皆合規矩準繩非是克己之外別有復禮工夫也○禮是自家本有底物所以說箇復不是待克己了方去復禮克得那一分人欲去便復得這一分天理來克得那二分底己去便復得這二分禮來○克己便要復禮但克己而不復禮則墮於空寂矣然人只有天理人欲兩途不是天理則是人欲卽無不屬天理又不屬人欲底且如立如齋是天理跛倚是人欲克去跛倚而未能如齋卽是克得未盡却不是未能如齋之時不係人欲也須與立箇界限將那未能復禮時底都把做人欲斷定○新安陳氏曰禮有專言者有偏言者恭敬辭讓偏言之禮也復禮爲仁專言之禮也克己復禮則天理流行而仁在是專言之禮仁在其中矣

歸、猶與也、又言一日克己復禮、則天下之人、皆與其仁、極言其效之甚速而至大也、新安陳氏曰甚速以一日言至大以天下言○朱子曰克己復禮則事事皆是天下之人聞之見之莫不皆與其仁也○天下以仁稱之非是一日便能如此只是有此理人稱不稱固非我之所急但言其效必至於此○天下皆與其仁伊川云稱其仁是也此說得實楊氏以爲皆在吾之度內謂見吾仁之大如此而天下皆囿於其中說得無形影與呂氏洞然八荒皆在我闥同意○覺軒蔡氏曰天下之大人人皆稟受此仁我眞能克復爲仁卽此仁便與天下之人都湊得著所以天下皆以仁稱之

又言爲仁由己、而非他人所能預、又見其機之在我、而無難也、日日克之、不以爲難、則私欲淨盡、天理流行、而仁不可勝平聲用矣、新安陳氏曰日日克之以下五句乃朱子補本文之意而究竟言之恐人謂一日如此便了須是日日接續用功如日三省之日日克己而無少間斷機決於己而無所留難則私欲方淨盡而天理自然流行矣須玩味淨字淨盡者無一毫不盡

之謂也○朱子曰今日克復是今日事明日克復是明日事克己復禮有幾多大工夫須日日用工○爲仁由己這都是自用著力使他人不著到私欲盡後便粹然是天地生物之心○雙峯饒氏曰一日之語見於論語者二一日用力於仁指其用功之日而言也一日克己復禮指其成功之日而言也何以知之克者戰而獲勝之名復者失而復還之謂此皆用力而成功者故上文以此爲仁而下文許以天下歸仁以成功之效言之也然則欲克己而復禮者果何所用力耶曰爲仁由己用力之機要也非禮勿視聽言動用力之條目也欲收克復之功其亦勉諸此而已矣

程子、曰非禮處、便是私意、旣是私意、如何得仁、須是克盡己私、皆歸於禮、方始是仁、又曰克己復禮、則事事皆仁故、曰天下歸仁、

問歸猶與也謂天下皆與其仁却載程子語天下歸仁謂事事皆仁恰似兩般朱子曰惟其事事皆仁所以天下歸仁○於這事做得恁地於那事亦做得恁地所以天下皆稱其仁若有一處做得不是必被人看破了○問克己復禮則事事皆仁曰人能克己則日間所行事事皆無私意而合天理耳○問一日之間如何得事事皆仁曰一日克己復禮了雖無一事亦不害其爲事事皆仁雖不見一人亦不害其爲天下歸仁

謝氏、曰克己、須從性、偏難克處、克將去、

雲峯胡氏曰能克人欲之私是理勝欲能克性質之偏是德勝氣集註克己說人欲未嘗說氣質故復引謝氏說以足之○問此性是氣質之性否朱子曰然然亦無難易凡氣質之偏處須從頭克去謝氏恐人只克得裏面小小不好處氣質而忘其難故云然○人之氣稟有偏所見亦往往不同如氣質剛底人則見剛處多而處事必失之太剛柔底人則見柔處多而處事必失之太柔須先就偏處克治○跛倚倨傲未必盡是私意亦有性坦率者伊川云雖無邪心苟不合正理乃妄也亦須克去○問顏子問仁與問爲邦先後曰有克己復禮工夫方始做得四代禮樂底事○克己之己未是對人物言只是對公字說猶曰私耳呂氏克己銘極口稱揚遂以爲己旣不立物我幷觀則天下之大莫不皆在吾仁中說得來恁地大故人皆喜其快殊不知未是如此問與叔之意與下文克己之目全不干涉此只是自脩之事未說著外面在曰須是恁地思之○初無吝驕作我蟊賊只說得克己一邊却不到復禮處

備旨 顔淵問爲仁之道夫子告之曰仁者本心之天理天理之節文是爲禮而不能不壞於人欲必有以克勝己之私欲使事事合於天理之節文以復於禮則欲去理全而爲仁矣夫仁原天下人心所同具誠能於一日之間克去己而復於禮則天下之人皆歸我以仁焉其效固甚速而至大也然爲仁之機皆由己克之復之而豈他人所能與其力哉是其機又在我而無難也考其效而決其機是在回之自勉矣

顔淵이 曰請問其目ᄒᆞ노이다 子ㅣ 曰非禮勿視ᄒᆞ며 非禮勿聽ᄒᆞ며 非禮勿

言ᄒᆞ며非禮勿動이니라顏淵이曰回雖不敏이나請事斯語矣로리이다

顏淵이ᄀᆞᆯ오ᄃᆡ請컨댄그目을묻ᄌᆞ노이다子ㅣᄀᆞᆯᄋᆞ샤ᄃᆡ禮아니어든視티말며禮아니어든聽티말며禮아니어든言티말며禮아니어든動티말올띠니라顏淵이ᄀᆞᆯ오ᄃᆡ回비록敏티몯ᄒᆞ나請컨댄이말ᄉᆞᆷ올事호리이라

●目、條件也、顏淵、聞夫子之言、則於天理人欲之際、(際謂二者界限之間)已判然矣、故、不復(扶又反)有所疑問、而直請其條目也、(請克己復禮之條目)非禮者、己之私也、勿者、禁止之辭、是人心之所以爲主、而勝私復禮之機也、私勝、則動容周旋、無不中(去聲)禮、而日用之間、莫非天理之流行矣、(朱子曰說文謂勿字似旗脚此旗一麾三軍盡退工夫只在勿字上纔見非禮來便禁止之便克去○問顏子地位有甚非禮處何待下此四勿工夫曰只心術間微有些子非禮處也須用淨盡截斷了他力量大聖人便敎他索性克去○問非禮勿視聽言動曰目不視邪色耳不聽淫聲如此類工夫却易視遠惟明纔不遠便是不明聽德惟聰纔非德便是不聰如此類工夫却難視聽言動但有些箇不循道理處便是非禮○視聽言動之間所當爲者皆禮也所不當爲者皆非禮也其非禮則勿以止焉則是克己之私而復於禮矣其非禮而勿視聽者防其自外入而動於內也非禮而勿言動者謹其自內出而接於外也內外交進爲仁之功盡矣所以用力其機特在勿與不勿之間而已自是而反則爲天理自是而流則爲人欲自是而克念則爲聖自是而罔念則爲狂特毫忽之間爾學者可不謹其所操哉○雲峯胡氏曰此章緊要在勿字故集註喫緊解此一字盖心爲一身之主卽將爲三軍之主一身耳目口軆惟心所令猶大將之旗一麾而三軍坐作進退惟其所令也○新安陳氏曰非禮者己之私禮者天理之公非禮勿視聽言動卽所以克己而所視聽言動皆合禮卽所以復禮也能如是則日用間莫非天理之流行而仁在其中矣)事、如事事之事、(書說命篇云惟事事乃其有備有備無患○史記曹參傳卿大夫以下吏及賓客見參不事事(不事丞相之事))(○新安陳氏曰事事上事字是用力活字下事字是死字)請事斯語、顏淵、默識其理、又自知其力、有以勝(平聲)之故、直以爲己任而不疑也、朱子曰顏子克己如紅爐上一點雪○雙峯饒氏曰如吾與回言終日回於吾言無所不悅夫子平日多與講論皆是博之以文到此四勿正是約之以禮○顏子所克之己私只是微過不是顯過然顯過易見微過難見也○程子、曰顏淵、問克己復禮之目、子、曰非禮勿視、非禮勿聽、非禮勿言、非禮勿動、四者、身之用也、由乎中而應乎外、制於外、所以養其中也、朱子曰由乎中而應乎外乃勢之自然是推本視聽言動四者皆由中而出泛言其理如此耳非謂從裏面做工夫也制於外所以養其中方是說做工夫處全是自外而內自葉流根之意○問克己工夫從內面做去反說制於外如何曰制却在內又問此是說仁之體而不及用曰制於外便是用顏淵、事斯語、所以進於聖人、進進步幾及之意後之學聖人者、宜服膺而勿失也、因箴以自警、其視箴、曰心兮本虛。應物無迹、操平聲之有要、視爲之則、慶源輔氏曰人心出入無時莫知其鄉何有形迹可見然操則存舍則亡而操之之要則以視而爲則而已盖人之視最在先遇不當視者才起一念要視他便是非禮故當以是爲操心之則○陳氏曰心虛靈知覺事物纔觸即動而應無縱迹可尋捉處○胡氏曰心兮本虛者體也應物無迹者用也體無所窒則用無所滯此其本然也○葉氏曰目者一身之照鑑五行精華之所聚於心尤切目動則心必隨心動則目必注心之虛靈千變萬化欲加檢防先以視爲準則蔽交於前、其中則遷、陳氏曰蔽指物欲之私而言中指心之體而言即天理之謂也物欲之蔽接於前則心體遂之而遷矣制之於外、以安其內、克己復禮、久而誠矣、朱子曰人之視聽言動視最在先爲操心之準則此兩句未是不好至蔽交於前方有非禮而視故制之於外以安其內則克己而復禮也如是工夫無間斷則久而自從容不勉矣故曰久而誠矣○陳氏曰物欲克去於外則無以侵撓吾內而天理寧矣○許氏曰制是於天理人欲之界上截然限斷使不正之聲非禮之色不得以接於吾目克己即制之於外復禮即以安其內○胡氏曰克己復禮者言上文乃所以用力於此也久而誠矣者非禮勿視未是仁眞積力久自然誠實則可謂之仁也○蔡氏曰始而克復有以用吾力久而誠則私欲淨盡表裏一貫自無所容其力矣其聽箴、曰人有秉彝、本乎天性、知誘物化、遂亡其正、朱子曰四者惟視爲切所以先言視而視箴之說尤重於聽也○物至則智足以知之而有好惡這是自然如此到好惡無節於內知誘於外方始不好去○慶源輔氏曰人心所稟之常性乃得之於天而聽其所當聽不聽其所不當聽者即秉彝之性也○胡氏曰不言聽而言知者聽者知之初知者聽之後因知而此心爲之動故以知言其實一也

○陳氏曰知指形氣之感而言物欲感而知覺萌遂
爲之引去矣化則與之相忘如一而無彼我之間也卓彼先覺、知止有定、閑邪存誠、朱子曰防閑其邪
安於外而存其實
理於內也非禮勿聽、朱子曰視是將這裏底引將去所以云以安其內聽是聽得外面來所以云閑邪存誠○視與
看見不同聽與聞不同如非禮之色若過目便過了不可有要視之之心非禮之聲若入耳也
過了不可有要聽之之心○問視箴何以特說心聽箴何以特說性曰互換說也得然諺云開眼便錯視所以就心
上說人有秉彛本乎天性道理本自在這裏却因雜得外面言語來誘之聽所以就性上說○蔡氏曰或疑聽箴之
說亦可移爲視箴用殊不知視是自內而引出外聽是自外而引入內視爲先聽次之所以視箴說得尤力○雲峯
胡氏曰眼在前不正之色只是前一面來故曰蔽交於前其中則遷耳在兩傍不正之聲左右前後皆可來故曰知
誘物化遂亡其正目之明在外故當制之於外以安
其內耳之聰在內故惟在內者知止有定乃可爾其言箴、曰人心之動、因言以宣、發禁躁妄、內
斯靜專、慶源輔氏曰躁屬氣妄屬欲不爲氣所動故靜不爲欲所分故
專○陳氏曰外不躁則內靜外不妄則內專此一篇關要處矧是樞機、興戎出好、去聲吉凶
榮辱、惟其所召、書曰惟口出好興戎蔡氏傳曰好善也戎兵也言發於口則有二者之分○陳氏曰門之闔
闢所繫在樞弩之張弛所繫在機人心之動有善惡由言以宣之而後見於外是亦人之樞
機也○蔡氏曰出好則吉則榮興戎則凶則辱傷易去聲則誕、傷煩則支、慶源輔氏曰易則心不管攝故必至
發於口者甚微而召於彼者甚捷可不畏哉於妄誕煩則心不精一故必至於支
離己肆物忤、五故反出悖來違、非法不道、欽哉訓辭、朱子曰上四句是說身上最緊切處須是不躁
妄方始靜專自家這心自做主不成如何去接
物下云矧是樞機興戎出好四句是說謹言底道理下四句却說四項病痛傷易則誕傷煩則支己肆則物忤出悖
則來違○言箴說許多病痛從頭起至吉凶榮辱惟其所召是就身上謹傷易則誕至出悖來違是當謹於接物間
都說得周備○陳氏曰易者輕快之謂躁則傷於易誕者欺誕之謂而易中之病也煩者多數之謂妄則傷於煩支
猶木之枝從身之旁而迸出者乃煩中之失也○蔡氏曰易則誕由其妄而不專也煩則支由其躁而不靜也內不
靜故己肆而物忤內不專故出悖而來違○雲峯胡氏曰易是輕言煩是多言肆
是放言悖則純乎不善矣朱子以爲是四項病而諸家只解歸躁妄二字非矣其動箴、曰哲人知幾、
平聲下同誠之於思、志士勵行、去聲守之於爲、順理則裕、從欲則危、朱子曰哲人志士說兩般人
哲人只於思慮間便見得合
做與不做志士便於做出了方見得雖是兩般大抵順理便安裕從欲便危險○思是動之微爲是動之著這箇是
該動之精粗蓋思於內不可不誠爲於外不可不守看文字須得箇骨子諸公且道動箴那箇是緊要答曰順理則

裕曰要連從欲惟危都是這是生死路頭○陳氏曰結上文二者之動雖微顯不同然循理之公則皆無餒於中故裕逐人欲之私則易陷於下故危 造七到反 次克念、戰兢自持、慶源輔氏曰造次克念不息之誠也戰兢自持敬謹之體也○覺軒蔡氏曰造次克念以誠於思言凡學者動於心不可不存克念之誠戰兢自持以守於爲言凡學者動於身不可不加自持之念○陳氏曰雖急遽苟且之時亦必誠之於思則其涵養之功密矣常恐懼戒謹守之於爲則其操存之力篤矣 習與性成、聖賢同歸、覺軒蔡氏曰聖性之也謂哲人賢習之也謂志士及其成功一也故曰同歸○新安陳氏曰商書曰玆乃不義習與性成此伊尹之言本謂習於惡而與性成者程子引用此句則言習於善而與性成者也此性字盖以氣質之性言與上文本乎天性之性不同天性乃以天地之性言也○徽菴程氏曰物欲之外至禁防於視聽俾此仁之全體湛然淸明無一毫之或蔽私欲之內萌消弭於言動俾此仁之妙用割呼麥反然中節無一毫之或乖見非視聞非聽見聞非動視聽爲動勿視勿聽則不動矣動兼思貌而言洪範五事備於此矣不必以勿爲心也眞氏謂勿指心而言非禮勿視勿聽戒謹以存養也觀制之於外以安其內及閑邪存誠之語可見所以防其外入而動於內也聲色之非禮雖甚顯而在外過其外者不能入能禁防於視聽則此仁之全體湛然淸明矣非禮勿言勿動謹獨以硏幾也觀人心之動發禁躁妄及誠之於思守之於爲之語可見所以謹其自內出而接於外也念慮之非禮雖甚微而在內萌於內者不能自已能警省於言動則此仁之大用割然中節矣

愚、按此章問答、乃傳授心法、切要之言、非至明、不能察其幾、非至健、不能致其決、故、惟顏子、得聞之、而凡學者、亦不可以不勉也、程子之箴、發明親切、學者、尤宜深玩、慶源輔氏曰非顏子之明睿則雖告以克己復禮天下歸仁之說必不能察天理人欲所由動之幾而遂請其條目非顏子之剛健則雖告以爲仁由己與四勿之說必不能致勇決於此而遂以仁爲己任此夫子所以獨以是告顏子而他弟子不與焉○張氏曰非至明不能察其幾是言其致察於非字非至健不能致其決是言其用功於勿字○趙氏曰非至明則不能察天理人欲邪正所由動之幾將有悟認天理爲人欲人欲爲天理而不自覺於冥冥之中矣非至健則不能決天理人欲勝負所由分之勢將有玩天理而不肯進戀人欲而不忍割而依違於二者之間矣○雙峯饒氏曰視聽言動四者橫渠東銘只云戱言戱動却是二件中庸非禮不動又只是一件詳略不同何也盖詳言之是四件約言之只二件所謂言行君子之樞機是也言是言視聽也屬動是行又約言之都只是動視是目之動聽是耳之動言是口之動動是身之動故中庸只說非禮不動一句聖賢之言有詳有約顏子是問克復之目故以詳告之

[備旨]顏淵從博約後理欲已明但曰請問克復之條目何如夫子告之曰子欲詳其目乎亦求諸視聽言動之間而已視必以禮一有非禮即禁止於心而勿視聽必以禮一有非禮即禁止於心而勿聽言必以禮一

有非禮即禁止於心而勿言動必以禮一有非禮即禁止於心而勿動夫非禮者皆己也勿之皆克也己克則復禮而仁在是矣所謂克己復禮者如此顏淵直任之曰回之質雖有歉於明健而不敏也請從事於四勿之語以天下歸仁自考以爲仁由己自勵庶無負乎夫子之敎也敢以不敏而自諉哉

○仲弓이問仁ᄒᆞᆫ대子ㅣ曰出門如見大賓ᄒᆞ며使民如承大祭ᄒᆞ고己所不欲을勿施於人이니在邦無怨ᄒᆞ며在家無怨이니라仲弓이曰雍이雖不敏이나請事斯語矣리로이다

仲弓이仁을묻ᄌᆞ온대子ㅣᄀᆞᆯᄋᆞ샤ᄃᆡ門에出홈애大賓을見홈ᄀᆞᆺ티ᄒᆞ며民을使호ᄃᆡ大祭를承홈ᄀᆞᆺ티ᄒᆞ고己의欲디아니ᄒᆞᄂᆞᆫ바를人의게베프디마를디니邦의이셔怨이업스며家의이셔怨이업ᄂᆞ니라仲弓이ᄀᆞᆯ오ᄃᆡ雍이비록敏티몯ᄒᆞ나請컨댄이말ᄉᆞᆷ을事호리이라

●敬以持己、解出門使民二句 恕以及物、解不欲勿施二句物即人也 則私意無所容而心德、全矣、新安陳氏曰敬以持己則私意無所容於內恕以及物則私意無所容於外於是公理流行而心德全矣○陳氏曰敬者吾心之所主而仁之存也恕者吾心之所以達而仁之施也主敬持己行恕及物則內外無私意而仁在是矣 內外無怨、亦以其效言之、使以自考也、新安陳氏曰上章天下歸仁是以克己復禮之效言之此章內外無怨亦以主敬行恕之效言之考驗也能使內外無怨可以驗我之能敬恕若內外尚有怨者是我於敬恕猶有未至也此之謂自考○朱子曰己所不欲勿施於人緊接著那出門使民在邦無怨在家無怨緊接著那己所不欲勿施於人直到這裡道理方透徹似一片流水注出來到這裡方往中間也間斷不得效驗到這處方是做得透徹充足飽滿極道體之全而無虧欠內外間纔有一人怨他便是未徹便如天下歸仁底纔有一箇不歸仁便是有未到處○己所不欲勿施於人如富壽康寧人之所欲死亡貧苦人之所惡所欲者必以同於人所惡者不以加於人○能敬能恕則仁在其中世有敬而不能恕底人便只理會自守却無溫厚愛人氣象若恕而無敬則無以行之須先主於敬然後能行其恕○聖人言語極謹密說出門如見大賓使民如承大祭下面又便說己所不欲勿施於人都無些欠缺處問此意則體用兼備曰只是如此自家身己上常是持守到接物上又如此則日用之間無少間隙私意直是何所容可見聖人說得極密○問如以刑加人豈人所欲便是不恕始得曰伊川云恕字須兼忠字說忠是盡己而後推之爲恕夫以刑加人其人實有罪其心亦自以爲當然故以刑加之而非强所不欲也其不欲被刑乃其私心若其眞心旣己犯罪亦自知其當刑矣今人只爲不理會忠而徒爲恕其弊只是姑息○問怨有是非如何都得他無曰此只說怨得是底○弟子之問多矣獨二子有請事之對盖度其能踐此言而後對記者亦以其充此對而記之也○慶源輔氏曰不敬則私欲萬端害仁之體不恕則徇己遺人梲仁之用必敬以養之恕以達之則私意無可萌之時無可著之處矣○王氏曰主敬則內有以全其心之德行恕則外有以推其愛之理○雲峯胡氏曰敬以持己是取斂此心入來恕以待人是推擴此心出去 ○

程子、曰孔子、言仁、只說出門如見大賓、使民如承大祭、看其氣象、便須心廣體胖、動容周旋、中[去聲]禮、[新安陳氏曰程子恐人認見賓承祭作勉强拘束之敬故云然盖欲如所謂禮之用和爲貴也]唯謹獨、便是守之之法、[新安陳氏曰又恐人外貌如此而中心不如此必於一念萌動己所獨知之處而致謹焉便是持守此敬之法○雙峯饒氏曰心廣體胖周旋中禮持敬之氣象耳至於用功却在謹獨上盖人但見其出門使民耳如見大賓如承大祭則人所不知而己所獨知者於此謹之則得其用功之要]或、問出門使民之時、如此、可也、未出門使民之時、如之何、曰此、儼若思時也、[曲禮曰儼若思此靜時敬也]有諸中而後、見[形甸反]於外、觀其出門使民之時、其敬、如此則前乎此者、敬可知矣、[新安陳氏曰觀其動時敬則其靜時敬可知]非因出門使民然後、有此敬也、[此程子推夫子言外之意而言之○問程子只說作敬先生便說敬以持己恕以及物看來須如先生說方全朱子曰程子不是就經上說是偶然摘此二句所以只說作敬○南軒張氏曰平日之涵養一於敬則出門使民之際皆此心也○雙峯饒氏曰平時固是敬謹出門使民時尤加敬謹此只就出門使民說起則只是動時事盖出門使民是與人交接之時於此時有敬謹之心則交接之間私意不存而得以盡其推己及人之恕矣]愚、按克己復禮、乾道也、主敬行恕、坤道也、顏冉之學、其高下淺深、於此可見、然、學者、誠能從事於敬恕之間、而有得焉、亦將無己之可克矣、朱子曰乾道奮發而有爲坤道靜重而持守觀夫子告二子氣象各有所類○仲弓資質溫粹顏子資質剛明顏子於仁剛健果決如天旋地轉雷厲風行做將去仲弓則自斂藏嚴謹做將去伊川曰質美者明得盡査滓便渾化却與天地同體其次惟莊敬以持養之顏子則明得盡者仲弓則莊敬以持養之者也顏子如創業之君仲弓如守成之君○克復乾道是一服藥打疊了這病敬恕坤道是服藥調護漸漸消磨了這病持敬行恕雖不曾著力去克己復禮然只一般若把這箇養來養去那私意自是著不得○問克己工夫與主敬行恕如何曰克己復禮是截然分別箇天理人欲是則行之非則去之敬恕則猶是保養在這裏未能保他無人欲在若將來保養得至亦全是天理矣○克己復禮如內脩政事外攘夷狄出門使民如上策莫如自治○問持敬克己工夫相資相成否乎曰做處則一但孔子告顏子仲弓隨他氣質地位而告之耳若不敬則此心散漫何以能克己若不克己非禮而視聽言動安能爲敬又曰敬之至固無己可克克己之至亦不消言敬敬則無己可克者是無所不敬故不用克己此是大敬如聖敬日躋於緝熙敬止之敬也○潛室陳氏曰顏子工夫索性豁開雲霧便見青天故屬乾仲弓工夫著力淘盡泥沙方見淸泉故屬坤此處最難認須細心玩聖賢氣象便會得○厚齋馮氏曰左傳云仲尼曰古語有之曰克己復禮仁也蓋古有此語唯顏子可以從事於此又曰出門如賓承事如祭仁之則也亦古有此語唯仲弓可以語之○蔡氏曰以效言之亦有不同顏子底便可天下歸仁其應廣而速仲弓底只可邦家無怨其應狹而緩【備旨】仲弓問爲仁之道夫子告之曰爲仁之道不外於存心存心之要惟在於敬恕即如一出門之時也則如見大賓而極其禮讓之敬一使民之事也則如承大祭而極其神明之敬至人施諸己而有所不欲也則勿以施之於人而極其推心之恕夫能敬則私意無所容而仁之體以立能恕則私意無所雜而仁之用以行由是外而在邦邦人咸悅於吾之敬恕而無有怨焉內而在家家人咸安於吾之敬恕而無有怨焉蓋主敬行恕而至邦家無怨則心存理得而仁在是矣仲弓遂直任之曰爲仁莫如敏雍之質雖不敏請從事夫子敬恕無怨之語矣敢以不敏自諉哉

○司馬牛ㅣ問仁한대

司馬牛ㅣ仁을묻ᄌᆞ온대

●司馬牛、孔子弟子、名、犂、向式亮反魋徒回反之弟、宋人

子ㅣ曰仁者는其言也ㅣ訒이니라 訒音刃

子ㅣ골ᄋᆞ샤ᄃᆡ仁ᄒᆞᆫ者ᄂᆞᆫ그言이訒ᄒᆞᄂᆞ니라

●訒、忍也、難也、仁者、心存而不放故、其言、若有所忍而不易去聲下同發、蓋其德之一端也、朱子曰仁者之人言自然訒在學者即當自謹言語以操存此心如今人輕易言語是他此心不在奔馳四出如何有仁○此心不放便存得道理在此察其言便可知其本心之存與不存○雲峯胡氏曰集註於顏淵則曰心德之全此則曰德之一端亦不過四勿中之一也 夫子、以牛多言而躁故、告之以此、使其於此而謹之、則所以爲仁之方、不外是矣、朱子曰這是司馬牛身上一項病去得此病則方好將息充養爾○問仁者其言也訒只是訥於言意思否曰訥於言而敏於行是怕人說得多後行不逮其言也訒是說持守得那心定後說出來自是有斟酌恰似肚裏先商量了方說底模樣今人只信口說方說時他心裏也自不知得○問聖人答司馬牛其言也訒此句通上下言否曰就他身上說又較親切人謹得言語不妄發即求仁之端〔備旨〕司馬牛問爲仁之道夫子告之曰仁者之人其於言也若有所訒而不敢輕發者子能知此而謹焉則所以爲仁之方寧外是乎

曰其言也ㅣ訒이면斯謂之仁矣乎잇가子ㅣ曰爲之難ᄒᆞ니言之得無訒乎아

골ᄋᆞᄃᆡ그言이訒ᄒᆞ면이仁이라닐ᄋᆞ리잇가子ㅣ골ᄋᆞ샤ᄃᆡ爲홈이어려우니言홈이시러곰訒티아니랴

●牛意、仁道至大、不但如夫子之所言故、夫子、又告之以此、蓋心常存故、事不苟、事不苟故、其言、自有不得而易者、非强上聲閉之而不出也、朱子曰心存則自是不敢胡亂說話大率說得容易底便是他心放了是實未嘗爲之也若不敢胡亂做者必不敢容易說然亦是存得這心在○慶源輔氏曰心存則行自然難而不苟動言自然訒而不苟發此心德之自然豈易能哉而牛之意則以訒其言爲强閉而不出故易視之而以爲仁道

之大不但如此而已也○新安陳氏曰言仁以心存爲本心存則言不易心存則事不苟所以集註於此章兩以心存言之 楊氏、曰觀此及下章再問之語、牛之易其言、可知、朱子曰仁者心常醒見這事來便知要做得合道理不可輕易便是知得爲之難故自不敢輕言若不仁之人心常如瞌睡相似都不見這事理使天來大事便敢輕輕做一兩句說了○問爲之難者不謂仁之難爲耶曰仁者之言無不訒蓋知事之無不難也豈獨仁之難爲而後難於言耶且必若此則凡事皆可易言而獨於言仁爲不可易矣豈其然乎 ○程子、曰雖爲去聲司馬牛多言故、及此、然、聖人之言、亦止此爲是。愚、謂牛之爲人、如此、若不告之以其病之所切、而泛以爲仁之大槪、語音御之、則以彼之躁、必不能深思、以去上聲其病、而終無自以入德矣、故、其告之如此、蓋聖人之言、雖有高下大小之不同、然、其切於學者之身、而皆爲入德之要、則又初不異也、讀者、其致思焉、朱子曰司馬牛如何做得顏子仲弓底工夫須是逐人理會仁譬之屋克己是大門打透便入來敬恕是第二門言訒是箇小門雖皆可通然小門迂回得些是隨他病處說○陳氏曰語牛之說又下於雍非祕其精義而不以語之也以牛多言而躁若不語以其病所切則彼之躁必不自覺終身爲此心之累而無由可進於仁必使之先致謹於此去煩而簡去躁而靜則心無所放而言每難其出入德次第方可漸進而仁可求矣【備旨】司馬牛又問曰仁道至大其言也訒斯即謂之仁矣乎夫子告之曰汝知仁者之言訒而已而不知仁者之言所以訒蓋仁者心存於事爲之甚難言之得無訒乎不輕於爲者自不輕於言是其言之訒也由於心之存而爲之難心存則仁不外是矣豈可以爲易而忽之哉

○司馬牛ㅣ問君子ᄒᆞᆫ대子ㅣ曰君子ᄂᆞᆫ不憂不懼ㅣ니라

司馬牛ㅣ君子를묻ᄌᆞ온대子ㅣᄀᆞᆯᄋᆞ샤ᄃᆡ君子ᄂᆞᆫ憂티아니ᄒᆞ며懼티아니ᄒᆞᄂᆞ니라

●向魋、作亂、牛常憂懼故、夫子、告之如此、厚齋馮氏曰內憂其兄外懼其禍也【備旨】司馬牛問君子之人何如夫子以牛多憂懼故告之曰人常不免於憂懼惟君子則隨在自得不見其有所憂於未事之先也不見其有所懼於臨事之際也君子之所以爲君子者如此

曰不憂不懼ㅣ면 斯謂之君子矣乎잇가 子ㅣ曰內省不疚ㅣ어니 夫何憂何懼ㅣ리오 夫音扶

글오ᄃᆡ憂티아니ᄒᆞ며懼티아니ᄒᆞ면이君子ㅣ라닐으리잇가子ㅣ글ᄋᆞ샤內로省ᄒᆞ야疚티아ᄒᆞ거니므슴憂ᄒᆞ며므슴이懼ᄒᆞ리오

●牛之再問、猶前章之意故、復扶又反告之如此、疚、病也、言由其平日所爲、無愧於心故、能內省悉井反不疚、而自無憂懼、未可遽以爲易去聲而忽之也、雙峯饒氏曰無愧是不疚之本不疚是不憂懼之本 ○晁氏、曰不憂不懼、由乎德全而無疵故、無入而不自得、非實有憂懼、而強上聲排遣之也、朱子曰牛將謂是塊然頑然不必憂懼不知夫子自說內省不疚自然不憂懼來 ○有憂懼者內有所慊也自省其內而無所病則心廣體胖何憂懼之有 ○慶源輔氏曰不憂不懼者疑若有之而強排遣之也何憂何懼則是自無憂懼耳蓋君子自然之德也 ○牛之再問雖易於言然足以發聖人未盡之蘊使吾德少有疵則不免憂懼憂懼氣象歉索也內省不疚而何憂懼與孟子集義生浩然之氣仰不愧俯不怍之意同 備旨 司馬牛又曰君子之道大矣不憂不懼斯謂之君子矣乎夫子又告之曰子勿易視之也君子平日所爲內省於心皆無疚焉則仰不愧俯不怍浩然天地之間夫何憂何懼之有此非自修之功已造於成德者不能子何疑不足以盡君子乎

○司馬牛ㅣ憂曰人皆有兄弟어늘 我獨亡ㅣ로다 亡無同

司馬牛ㅣ憂ᄒᆞ야글오ᄃᆡ사ᄅᆞᆷ이다兄弟를두거늘내홀로업도다

●牛、有兄弟、而云然者、憂其爲亂而將死也、左傳哀公十四年魋入于曹以叛民叛之魋奔衛遂奔齊 ○問牛無兄弟何也朱子曰以傳考之桓魋欲弒宋公而欲殺孔子其惡著矣而其弟子頎子車亦與之同惡此生所以憂也 備旨 司馬牛因見其兄向魋作亂而弟子頎子車亦與之同惡故懷憂於心而言曰人皆有兄弟而得遂其天倫之樂我獨遭其變而亡兄弟是

則可憂也

子夏ㅣ曰商은聞之矣로니

子夏ㅣ골아듸商은드런노니

●蓋聞之夫子、

死生이有命이오富貴ㅣ在天이라호라

死와生이命이잇고富와貴ㅣ天에잇다호라

●命、稟於有生之初、非今所能移、天莫之爲而爲、非我所能必、但當順受而已、

陳氏曰天者命之所自出命則天之所賦於人者故以理言之謂之天自人言之謂之命其實一而已○慶源輔氏曰順謂不咈受謂不拒只此二字便是處死生富貴之要訣[備旨]子夏因述所聞以慰之曰子勿以亡兄弟爲憂也商嘗聞於夫子矣人之死生有命存焉人之富貴在於天焉由商所聞觀之則兄弟之有無亦天之爲也命之致也憂之果何益哉

君子ㅣ敬而無失호며與人恭而有禮면四海之內ㅣ皆兄弟也ㅣ니

君子ㅣ何患乎無兄弟也ㅣ리오

君子ㅣ敬호고失홈이업스며사름으로더브러恭호듸禮ㅣ아시면四海人안히다兄弟니君子ㅣ엇디兄弟업슴을患호리오

●旣安於命、又當脩其在己者故、又言苟能持己以敬、而不間去聲斷、徒玩反接人以恭、而有節文則天下之人、皆愛敬之、如兄弟矣、蓋子夏、欲以寬牛之憂、而爲是不得已

之辭、讀者、不以辭害意、可也、慶源輔氏曰既告以安命又勉以脩身使兩盡其道○趙氏曰若安於命而不脩己是有命而無義聽乎天而不盡乎人矣○雙峯饒氏曰敬在心恭在容敬易能無失爲難間斷則失矣恭易能有禮爲難有節文是致恭又能中節如足恭則恭而無禮矣○新安陳氏曰死生富貴惟當聽其在天恭敬禮節則當盡其在己敬而無失又恭而有禮之本也子夏皆兄弟之語有疵集註下一如字謂人皆愛敬之如兄弟則意足而辭當矣 ○胡氏、曰子夏、四海皆兄弟之言、特以廣司馬牛之意、意圓而語滯者也、唯聖人則無此病矣、且子夏、知此而以哭子喪去聲明、禮記檀弓篇子夏喪其子而喪其明 則以蔽於愛而昧於理、是以、不能踐其言爾、朱子曰子夏當初只要開廣司馬牛之意只不合下箇皆兄弟字便成無差等了○慶源輔氏曰觀喪明事則牛之失乃移於商之身而不自知也○雙峯饒氏曰此子夏寬牛之意而推其原以廣之也人之兄弟共一箇父母此固是親若推其原則人又只是共一箇天地大父母自共一箇父母觀之則兄弟爲有限自共一箇天地觀之則幷生於天地間皆兄弟也此意豈不甚廣然畢竟他人之兄弟其情安能及得己之兄弟意雖廣大語實有病圓則活滯則死凡圓底便活方底便不動○新安陳氏曰喪明事與此不同然其爲憂愛之情發不中節而過其則則一耳○雲峯胡氏曰西銘亦曰民吾同胞曰皆吾兄弟但自乾父坤母說來句句是說理一而分殊子夏曰四海皆兄弟似近乎理之一至曰何患乎無兄弟則不知有分之殊矣此集註所以欲讀者不以辭害意也 備旨 夫既安於天命又當修其在己者焉君子苟能持己以敬而無間斷之失與人恭遜而有節文之禮則盛德所感擧四海之內皆愛敬之而視我若兄弟也疎者可親而況親者乎然則君子特患恭敬之未盡耳又何患乎無兄弟也吾於是知子非惟不容憂抑且不必憂矣

○子張이問明ᄒᆞᆫ대子ㅣ曰浸潤之譖과膚受之愬ㅣ不行焉이면可謂明也已矣라니浸潤之譖과膚受之愬ㅣ不行焉이면可謂遠也已矣라니 譖莊蔭反 愬蘇路反

子張이明을묻ᄌᆞ온대子ㅣᄀᆞᆯᄋᆞ샤ᄃᆡ浸潤ᄒᆞᄂᆞᆫ譖과膚의受ᄒᆞᆫ愬ㅣ行티몯ᄒᆞ면可히明이라닐으리니라浸潤ᄒᆞᄂᆞᆫ譖과膚의受ᄒᆞᆫ愬ㅣ行티몯ᄒᆞ면可히遠이라닐으리니

라

●浸潤、如水之浸灌滋潤、漸如字又將廉反漬而不驟也、譖、毁人之行去聲也、膚受、謂肌膚所受、利害切身、如易所謂剝床以膚、切近災者也、易剝之六四剝床以膚象曰切近災也愬、愬己之冤也、毁人者、漸漬而不驟、則聽者、不覺其入而信之深矣、愬冤者、急迫而切身、則聽者、不及致詳而發之暴矣、朱子曰譖是譖人是不干己底事纔說得驟便不能入他須是閑言冷語掉放那裡說敎來不覺愬是愬切己底事纔說緩慢人便不將做事須是說得緊切要忽然間觸動他如被人罵便說被人打被人打便說被人要殺蓋不如此不足以觸動他也○齊氏曰水之潤物其浸以漸故游揚以誣善者曰浸潤之譖膚受芒刺痛痒立見故激以切己利害之言曰膚受之愬二者、難察而能察之、則可見其心之明、指可謂明而不蔽於近指可謂遠矣、此亦必因子張之失而告之故、其辭、繁而不殺、所界反以致丁寧之意云、○楊氏、曰驟而語之、與利害不切於身者、不行焉、有不待明者、能之也、故、浸潤之譖、膚受之愬、不行然後、謂之明而又謂之遠、遠則明之至也、書、曰視遠惟明、朱子曰若事本非實而譖者遽然極言其事愬者泛然不切於身則亦不足以惑人矣故以此二者之相爲反對而互言若見其事變之不同而明無不照也○慶源輔氏曰浸潤膚受皆以巧譎而行其譖愬者也然使之不行則非既明且遠者有所不能子張之爲人務外好高於事必有忽略自足之病而無深潛縝密之功平日不過觀其皮毛意象以爲有得於人情之細密事理之精微則未必能察也故夫子因其問明而姑擧二事以告之使其反諸身而知其有所戒矣○蘇氏曰譖愬之言常行於偏暗而險迫者蓋一有所聞而忿心應之也明且遠者慮以察之則不旋踵而得其情矣○雙峯饒氏曰浸潤者其來舒緩膚受則其來急迫一緩一急緩則不暇覺急則不暇詳一要覺一要詳覺與詳是兩事集註以察字包之因子張之失而告之其失果在何處蓋必者料想之辭子張是箇易疑易信底人易疑生譖易信生愬○鄭氏舜擧曰善形容小人之情狀無若聖人之言凡譖愬者使其正言之則人人皆識之矣惟其偏僻側媚入人以漸雖智者或不察也【備旨】子張問何如斯可謂之明夫子告之曰所謂明者能察人之所難察耳彼譖人者以急辭不足以入人也惟譖而浸潤或借事巧詆或冷語中傷漸漬不驟入人最深愬冤者以緩辭非所以動人也惟愬而膚受或痛陳加害或極言被殘危迫切身動人最易二者至難察也若能察其僞而不行焉則有以見其心之明而可謂明也已矣抑不但可謂明也譖爲浸潤之譖愬爲膚受之愬而果不行焉則洵不蔽於近而可謂遠也已矣子欲求明亦惟察於此而已

○子貢이問政ᄒᆞᆫ대子ᅵ曰足食足兵이면民이信之矣리라

子貢이政을묻ᄌᆞ온대子ᅵᄀᆞᆯᄋᆞ샤ᄃᆡ食을足게ᄒᆞ며兵을足게ᄒᆞ면民이信ᄒᆞ리라

●言倉廩實、而武備脩然後、敎化行、而民信於我、不離叛也、新安陳氏曰民信之矣以效言之民所以信之之本則孔子未之及所以朱子推本而以敎化行言之如施信於民與國人交止於信皆是也兵食既足然後施敎而化行民斯信之矣非謂止足食足兵民便信之也【備旨】子貢問爲政之道夫子告之曰政以治民生與民心而已必也制田里薄稅斂以足其食比行伍時簡閱以足其兵又必敎化素行民無攜貳之心皆信於我矣此三者爲政之大端也

子貢이曰必不得已而去ᄀᆞᆫ댄於斯三者애何先이리잇고曰去兵이니라 去上聲下同

子貢이ᄀᆞᆯ오ᄃᆡ반ᄃᆞ시시러곰마디몯ᄒᆞ야去ᄒᆞᆯ띤댄이三者애어ᄂᆡ를몬져ᄒᆞ리잇고ᄀᆞᆯᄋᆞ샤ᄃᆡ兵을去ᄒᆞᆯ띠니라

●言食足而信孚、則無兵而守固矣、【備旨】子貢又問曰時當無事三者在所必兼也設或變出不測必不得已而去其一焉於斯兵食信三者何先夫子告之曰去兵蓋籌畫糧餉固結人心則吾民卽吾兵也是兵或可去也

子貢이曰必不得已而去ᄀᆞᆫ댄於斯二者애何先이리잇고曰去食이니自古皆有死ᅵ어니와民無信不立이니라

子貢이ᄀᆞᆯ오ᄃᆡ반ᄃᆞ시시러곰마디몯ᄒᆞ야去ᄒᆞᆯ띤댄이二者애어ᄂᆡ를몬져ᄒᆞ리잇고

ᄀᆞᆯᄋᆞ샤ᄃᆡ食을去홀ᄯᅵ니녜로브터死홈이잇거니와民이信이업스면立디몯ᄒᆞᄂᆞ니라

●民、無食必死、然、死者、人之所必不免、無信則雖生、而無以自立、問是民自不立是國不可立朱子曰是民自不立民不立則國亦不能以有立蓋有信則相守以死無信則相欺相詐而臣棄其君子棄其父矣 不若死之爲安、朱子曰安字極有味 故、寧死而不失信於民、使民、亦寧死而不失信於我也、○程子、曰孔門弟子、善問、直窮、到底如此章者、非子貢、不能問、非聖人、不能答也、慶源輔氏曰非於理有所見而必欲究其精微之蘊者不能如此問非據理之極而於膠轕肯綮之際如燭照數計無纖毫之疑者不能如此答之也 愚、謂以人情而言、則兵食足而後、吾之信、可以孚於民、以民德而言、則信本人之所固有、非兵食、所得而先也、是以、爲政者、當身率其民、而以死守之、不以危急而可棄也、朱子曰此只因足食足兵而後民信本是兩項事子貢却做三項事認了信字便是在人心不容變底○制田里薄賦斂使民有常產而不失其時則倉廩實而足食矣比什伍時簡敎使民有勇而知方則戎備飭而足兵矣有是二者則民以信事上而無欺詐離叛之心所謂民信之也問兵之可去何也曰食足而民信則民親其上死其長如子弟衛父兄手足捍頭目可制梃以撻堅利矣必不得已而去則兵或可無也問食之可去何也曰以序言之則食爲先以理言之則信爲重蓋死生常理人所必不免者若民無信則失所以爲民者而無以立乎天地間是以必有以使民寧無食以死而不失其尊吾親上之心則其政之所以得民心而善民俗者可得而言矣○南軒張氏曰生則有死人之常理至於無信則欺詐傾奪無復人理是重於死也夫食與兵固爲急務然信爲之本無信則雖有粟而誰與食雖有兵而誰與用哉○勉齋黃氏曰夫子初答爲政之先後也再問復告義理之輕重也所謂民信至此而後民有以全其信也非謂至是而後方施信於民也然則敎民以信其可一日緩乎○覺軒蔡氏曰五常之信猶五行之土民無信不立猶物無土不生爲政固以兵食爲先而兵食亦以信而立子貢兩發必不得已之問直窮到底以見信之尤重於死而不可頃刻無也○雙峯饒氏曰去食去兵是處變之道如忽然水旱之餘食有不繼猝然寇難之來防禦不及然後可去若爲政常法如何可使兵食不足三者俱全處事之常二者可去處事之變蓋兵食外物容有時而可無信是本心之德故無時而可去○問古者藏兵於農兵非不足也三年耕有一年之積九年耕有三年之積食非不足也孔子謂足食足兵豈亦後世富强之術歟齊氏曰考井田之法周人常以其地容三百五十萬四千夫養七十五萬卒夫以無事而耕者言卒以農隙敎以備有事者言夫無事則並隷於司徒有事則隷於司馬也大率是以五夫養一卒足食卽所以足兵也民信之矣信其有養有敎使我勇且知方而眞可以敵王所愾也(愾苦槪反怒也敵王所愾四字出左傳)雖曰三者其實只是一事天下未有食足而兵不足食足兵足而民不信者也子貢再問而孔子曰去兵非去兵也食足而民信則民固皆兵也子貢三問而孔子曰去食苟孚於民則雖緩急之極而亦終不忍以飢寒去也然則亦非去食也甚言其不可以無恩交義結之素耳○雲峯胡氏曰集註於信字先謂敎化行而民信於我不離叛也是處常而不失信未謂以死守之不以危急而可棄也是處變而不失信【備旨】子貢又問曰時非甚變食與信非可缺也設或事變愈窮必不得已而去其一焉於斯食信二者何先夫子又告之曰去食蓋民無食必死然自古及今民皆有死若無信則相欺相詐雖生而無以自立不若死之爲安矣是食猶可去而信決不可去也觀此則聖人之經權互用而經世之略可概見矣

○棘子成이 曰君子는 質而已矣니 何以文爲리오

棘子成이 ᄀᆞᆯ오ᄃᆡ 君子는 質일ᄯᆞᄅᆞᆷ이니 엇디ᄡᅥ 文을ᄒᆞ리오

● 棘子成、衛大夫、疾時人、文勝故、爲此言、【備旨】棘子成疾時人過於尙文故言曰所君貴乎君子者持身應事亦惟忠信誠慤存乎質而已矣何必著之物采而以文爲哉

子貢이 曰惜乎ㅣ라 夫子之說이 君子也ㅣ나 駟不及舌이로다

子貢이 ᄀᆞᆯ오ᄃᆡ 惜홉다 夫子의 말ᄉᆞᆷ이 君子ㅣ나 駟도 舌에 밋디 몯ᄒᆞ리로다

● 言子成之言、乃君子之意、(崇本質是君子之意)然、言出於舌則駟馬、不能追之、又惜其失言也、

厚齋馮氏曰鄧析謂一言而非駟馬弗追一言而急駟馬弗及盖出於此【備旨】子貢聞而嘆曰惜乎夫子之說崇本抑末固君子之意也然意雖善而言則有病今言出於舌雖駟馬不能追及其舌矣誠哉其可惜也

文猶質也ㅣ며 質猶文也ㅣ니 虎豹之鞟이 猶犬羊之鞟이니라 (鞟其郭反)

文이質ᄀᆞᆮᄒᆞ며質이文ᄀᆞᆮᄒᆞ니虎豹의鞟이犬羊의鞟ᄀᆞᆮᄒᆞ니라

●鞟、皮去上聲下同毛者也、言文質等耳、不可相無、若必盡去其文、而獨存其質、則君子小人、無以辨矣、慶源輔氏曰有質斯有文有文須有質不可相無皮譬則質也毛譬則文也皮毛俱在然後虎豹犬羊可辨文質兼存然後君子小人可明若盡去其毛獨存其皮譬則盡去其文獨存其質爾如是則虎豹犬羊之貴賤君子小人之賢否皆不可辨矣 夫音扶 棘子成、矯當時之弊、固失之過、而子貢、矯子成之弊、又無本末輕重之差、楚宜反 胥失之矣、朱子曰棘子成全說質固未盡善子貢全說文以矯子成又錯若虎皮羊皮雖除了毛畢竟自別事體不同使一箇君子與一箇屠販之人相對坐並不以文見畢竟兩人好惡自別大率固不可無文亦當以質爲本如寧儉寧戚之意○問棘子成之言與夫子之答林放何異而子貢非之若是耶曰夫子之言權衡審察而詞氣和平盖未始以文爲可盡去也若子成則詞氣矯激而取舍則過中矣其流之弊將必至於棄禮滅法如西晉君子之爲者故子貢惜其言之失而力正之也曰何以言子貢之言有弊也曰子成之說偏矣而子貢於文質之間又一視之而無本末輕重緩急之差焉則又矯子成之失而過中者也盖立言之難如此自非聖人孰能無所偏倚而常適其平也哉○雙峰饒氏曰此章當作三樣看棘子成之意欲盡去其文而獨存其質子貢之意則以爲文質相等集註則謂質爲本文爲末本則重末則輕然盡去其文而獨存其質其流將有棄禮滅法之弊文質相等則不分本末而無所重輕故集註謂棘子成與子貢胥失之○雲峯胡氏曰子成之言固失之然子貢曰文猶質質猶文猶字無本末輕重之差亦豈所以論君子必如夫子曰質勝文則野文勝質則史文質彬彬然後君子斯言無弊矣[備旨]彼天下之事無質不立無文不行以文而較之質則文與質等固不輕於質而可盡去也以質而較之文則質與文等亦不重於文而可獨存也是文質之相等如此且文譬則毛也質譬則皮也文質俱存然後可以辨君子小人亦猶皮毛俱存然後可以辨虎豹犬羊若如夫子之言則是盡去其文而獨存其質則君子何以異於小人猶盡去其毛而獨存其皮則虎豹之鞟何以異於犬羊之鞟乎此夫子所以爲失言也

○哀公이問於有若曰年饑用不足ᄒᆞ니如之何오

哀公이有若의게무러ᄀᆞᆯ오ᄃᆡ年이饑ᄒᆞ야用이足디몯ᄒᆞ니엇디ᄒᆞ료

●稱有若者、君臣之詞、用、謂國用、公意、蓋欲加賦以足用也、齊氏曰稱名者庶人對君之禮孔子嘗爲大夫故止稱姓 備旨 魯哀公不憂民之不足而以國用爲憂故問於有若曰方今年歲饑荒國用不足將如之何而可以足用乎

有若이對曰盍徹乎ㅣ시니잇고

有若이對ᄒᆞ야ᄀᆞᆯ오ᄃᆡ엇디徹티아니ᄒᆞ시ᄂᆞ니잇고

●徹、通也、均也、周制、一夫、受田百畝、而與同溝、共井之人、通力合作、計畝均收、新安陳氏曰以通力均收二句照應通也均也之訓 大率民得其九、公取其一故、謂之徹、同溝共井之說詳見孟子滕文公問爲國集註下○朱子曰徹是八家皆通力合作九百畝田收則計畝均分公取其一如助則八家各耕百畝同出力耕公田此助徹之別也 魯自宣公、稅畝、又逐畝什取其一、則爲什而取二矣、春秋宣公十五年初稅畝公田之法十取其一今又履其餘畝復十取其一遂以爲常故曰初左傳初稅畝非禮也穀生不過藉以豐財也周法民耕百畝公田中畝借民力而治之故曰藉稅不過此過此則非禮矣 故、有若、但專行徹法、欲公節用以厚民也、備旨 有若欲哀公之薄斂故對之曰昔也徹行而足今也徹廢而不足權之足與不足之間盍不法先王而行徹法乎

曰二도吾猶不足이어니如之何其徹也ㅣ리오

ᄀᆞᆯ오ᄃᆡ二도내오히려足디몯ᄒᆞ거니엇디그徹을ᄒᆞ리오

●二、卽所謂什二也、公、以有若、不喩其旨故、言此、以示加賦之意、備旨 哀公不悟復問曰我魯自稅畝以來十分己取其二吾之國用猶且不足如之何其可更行徹法也

對曰百姓이足이면君孰與不足이며百姓ㅣ不足이면君孰與足이리잇고

對ᄒᆞ야ᄀᆞᆯ오ᄃᆡ百姓이足ᄒᆞ면君이눌로더브러足디몯ᄒᆞ시며百姓이足디몯ᄒᆞ면君

이눌로더브러足ᄒᆞ시리잇고

●民富、則君不至獨貧、民貧、則君不能獨富、有若、深言君民一體之意、以止公之厚斂、[去聲下同]爲人上者、所宜深念也、[朱子曰未有府庫財非其財者也百姓既足不成坐視其君不足亦無此理盖有人斯有土有土斯有財若百姓不足君雖厚斂亦不濟事○勉齋黃氏曰君孰與不足但言民既皆足矣則君雖不足無人與君不足者無人與君不足則當竭力以奉其上矣何不足之患哉君孰與足言民既不足矣則君雖獨足無人與君足者無人與君足則君亦安能保其足哉○新安陳氏曰節用則薄取而有餘民之富即君之富也侈用則盡取而不足民既貧君誰與守其富哉宣公稅畝後哀公加賦經傳無聞仁言之利博哉]○楊氏、曰仁政、必自經界始、經界正而後、井地、均、穀祿、平而軍國之須、皆量、是以爲出焉故、一徹而百度、擧矣、上下、寧憂不足乎、以二、猶不足而敎之徹、疑若迂矣、然、什一、天下之中正、多則桀、寡則貉、[二語見楊子法言本出孟子白圭曰章]不可改也、後世、不究其本、而唯末之圖故、征斂無藝、費出無經、而上下困矣、[雙峯饒氏曰征斂無藝則下困費出無經則上困]又惡[平聲]知盍徹之當務、而不爲迂乎、[問哀公之不足非不足也什取其二不歸於公室而歸於三家也雖徹而何補於哀公之不足耶朱子曰徹法行則自一夫百畝等而上之士大夫卿各有差等以至於君什卿祿之制皆可以次第而擧不惟野人之井地均而君子之穀祿亦平矣○慶源輔氏曰哀公欲加賦惟末是圖也有若欲徹反本之論也以私意而觀目前則反本之論爲迂而圖末者有一旦之效以理而觀於長久則一旦之效適重後日之憂而反本之論實經久之利也末流之弊愈求諸末不至於覆亡不止古今一律耳○鄭氏舜擧曰民之財即上之財民之力即上之力車乘民所出芻粟民所供板幹力役民所爲能寬其稅斂則民得遂其生而出力以供公上者必衆何患其不足也不然室家離散田萊荒蕪上何所取以足用乎○厚齋馮氏曰古者什取一以給公上而征役城築皆民自備上止出令而已故民足則君足後世盡取而歸之公上故民雖不足而君亦未嘗得足哀公十二年十三年皆有螽連年用兵於邾又有齊警此所以年饑而用不足也有若乃告之以徹此儒生之常談而世笑之以爲迂濶者也然有國者足食以稅足兵以賦夫魯之兵甲己數倍於古季孫以兵不足而欲用田賦故夫子曰有周公之典在魯之稅畝己加倍於古哀公以二猶不足而欲加稅故有若對曰盍徹乎是知有若之講聞於夫子者有素也○勿軒熊氏曰按論語有若之言凡四章一言仁一言禮一言信義皆爲學之大本一言徹法亦爲政之大經體用具矣]

[備旨]有若對曰民之貧

富其權實操於君君之貧富其勢又本於民君行徹法使百姓不困於征求而足焉未有民富而君獨貧者也其孰忍與之不足乎若不行徹法使百姓困於加賦而不足焉未有民貧而君獨富者也其孰肯與之足乎信乎徹法之不可以不行也

○子張이問崇德辨惑ᄒᆞᆫ대子ㅣ曰主忠信ᄒᆞ며徙義ㅣ崇德也ㅣ니라

子張이德을崇ᄒᆞ며惑을辨홈을묻ᄌᆞ온대子ㅣ글ᄋᆞ샤ᄃᆡ忠信을主ᄒᆞ며義예徙홈이德을崇홈이니라

●主忠信則本立、徙義則日新、問崇德辨惑何以有是目而子張樊遲皆以爲問也朱子曰胡氏以爲或古有是言或世有是名而聖人標出之使諸弟子以爲入道之門戶也其說得之矣曰主忠信徙義之所以爲崇德何也曰主忠信則其徙義也有地而可據能徙義則其主忠信也有用而日新內外本末交相培養此德之所以日積而益高也○主忠信主字須重看喚做主是要將這箇做主徙義是自家一事未合義遷徙去那義上見得又未甚合義須更徙去令都合義主忠信且先有本領了方徙義恁地便德會崇若不先主忠信即空了徙去甚處如何會崇主忠信而不徙義却又固執○主忠信是劄脚處徙義是進步處漸漸進去則德自崇矣○忠信是箇基本徙義又是進處無基本徙義不得有基本不徙義亦何緣得進○南軒張氏曰不主忠信則無徙義之實不能徙義則其所主者亦有時而失其理矣二者蓋必相須然後德之所以崇也○陳氏曰主忠信則存無不誠而本以立徙義則動無非理而行以進互而言之能主忠信則所徙者溥博淵泉而時出能徙義則所主者篤實光輝而日新此德所以日新而高自有不容己者○雙峯饒氏曰本如屋之有基日新如土培其基日至於高也忠信是德徙義是崇徙義者今日所爲未是明日見得今日未是處便從不是處遷入是處愈遷愈高【備旨】子張問於夫子曰得於心者謂德所當崇也何以崇之而使之高蔽於心者謂惑所當辨也何以辨之而使之明乎夫子告之曰德本於心而達於事者也使內有僞妄之心外無遷善之勇德何由崇也必也內主忠信存於心者無一念之不實又外徙乎義見於事者無一事之不宜則本立而日新豈不是崇德乎

愛之란欲其生ᄒᆞ고惡之란欲其死ᄒᆞᄂᆞ니旣欲其生이오又欲其死ㅣ是ㅣ惑也ㅣ니라 惡去聲

愛ᄒᆞ논이란그살과뎌ᄒᆞ고惡ᄒᆞ논이란그죽과뎌ᄒᆞᄂᆞ니이믜그살과뎌ᄒᆞ고ᄯᅩ그죽과뎌홈이이惑이니라

●愛惡、人之常情也、然、人之生死、有命、非可得而欲也、以愛惡而欲其生死、則惑矣、旣欲其生、又欲其死、則惑之甚也、朱子曰溺於愛惡之私而以彼之死生定分爲可以隨己之所欲且又不能自定而一生一死交戰於胷中虛用其力於所不能必之地而實無所損益於彼也可不謂之惑乎○南軒張氏曰推此一端則凡欲之而妄者皆惑也○問辨惑何不敎之以辨之之方雙峯饒氏曰使知其所以惑者在此是卽所謂辨也○齊氏曰崇德屬行辨惑屬知○新安陳氏曰欲人生死意子張或有此蔽故因言之果能主忠信以立積德之基徙義以爲進德之地則德日進於高明而所見亦高明於以辨惑何難之有況欲人生死又惑之易辨者也[備旨]欲辨其惑當知所以爲惑而後可辨耳彼人之生死本非吾之所能主也乃愛之則欲其人之生矣惡之則欲其人之死矣且均此一人也方其愛之旣欲其生及其惡之又欲其死是中心無主而見理不明惑之甚者也知所以爲惑則知所以辨惑矣

誠不以富ㅣ오亦祗以異로다 ○十六篇吐誠不以富ㅣ라亦祗以異라ᄒᆞ니

진실로ᄡᅧ富케몯ᄒᆞ고ᄯᅩᄒᆞᆫ마치ᄡᅧ異홈이로다　十六篇釋진실로富로써ᄒᆞ논줄이아니라ᄯᅩᄒᆞᆫ다만異로써라ᄒᆞ니

●此、詩小雅我行其野之詞也、舊說、夫子、引之、以明欲其生死者、不能使之生死、如此詩所言、不足以致富、而適足以取異也、程子、曰此、錯簡、當在第十六篇、齊景公有馬千駟之上、因此下文、亦有齊景公字而誤也、○楊氏、曰堂堂乎張也、難與並爲仁矣、則非誠善補過、不蔽於私者故、告之如此、慶源輔氏曰誠善主忠信之事補過徙義之事不蔽於私辨惑之事堂堂難與並爲仁蓋務外不務內者故告以此

○齊景公이問政於孔子대ᄒᆞᆫ

齊景公이政을孔子ㅅ긔묻ᄌᆞ온대

●齊景公、名、杵臼、魯昭公末年、孔子、適齊、史記世家季平子得罪魯昭公昭公率師擊平子平子與孟氏叔孫氏三家共攻昭公昭公師敗奔於齊齊處昭公于乾侯魯亂孔子適齊爲高昭子家臣以通乎景公【備旨】齊君景公問爲政之道於孔子

孔子ㅣ對曰君君臣臣父父子子ㅣ니이다

孔子ㅣ對ᄒᆞ야ᄀᆞᆯᄋᆞ샤ᄃᆡ君이君ᄒᆞ며臣이臣ᄒᆞ며父ㅣ父ᄒᆞ며子ㅣ子ᄒᆞᆷ이니이다

●此、人道之大經、政事之根本也、南軒張氏曰爲政以序彝倫爲先彝倫不叙則節目雖繁亦無以順治矣君君臣臣父父子子彝倫所爲叙也雖堯舜之治亦不越乎此貴於盡其道而已○慶源輔氏曰此三綱之大者故以爲人道之經政事之本是時、景公、失政而大夫陳氏、厚施去聲於國、左傳昭公三年晉少姜卒少姜齊女晉侯嬖妾齊侯使晏嬰請繼室於晉既成昏晏子受禮叔向從之晏叔向曰齊其何如晏子曰此季世也吾弗知不知其他齊其爲陳氏矣公棄其民而歸於陳氏齊舊四量音亮豆區爲候反釜鍾四升爲豆各自其四以登於釜四豆爲區區斗六升四區爲釜釜六斗四升登成也釜十則鍾六斛四斗陳氏三量皆登一焉鍾乃大矣登加也謂加舊量之一也以五升爲豆四豆爲區四區爲釜以家量貸而以公量收之貸厚而收薄山木如市弗加於山魚鹽蜃蛤不加於海賈如在山海不加貴民參其力二入於公而衣食其一言公重賦斂公聚朽蠹而三老凍餒三老謂上壽中壽下壽耆不見養遇國之諸市屨賤踊貴踊刖足者屨也刖足者多故踊貴民人疾痛而或燠於位反休虛位反之燠休痛念之聲謂陳氏也其愛之如父母而歸之如流水欲無獲民將焉避之○二十六年齊侯與晏子坐於路寢公歎曰美哉室其誰有此乎景公自知德不能又有國故歎也晏子曰敢問何謂也公曰吾以爲在德對曰如君之言其陳氏乎陳氏雖無大德而有施於民豆區釜鍾之數其取之民也薄其施之民也厚公厚斂焉陳氏厚施焉民歸之矣後世若少惰陳氏而不亡則國其國也已公曰是可若何對曰唯禮可以已之在禮家施不及國民不遷農不移工賈不變守常業士不濫不失職官不滔滔慢也大夫不收公利公曰善哉我不能矣吾今而後知禮之可以爲國也景公、又多內嬖臂閉二音而不立太子、左傳哀公五年齊燕姬景公夫人生子不成而死不成未冠也諸子鬻姒之子荼嬖諸子庶公子也鬻姒景公妾荼安孺子諸大夫恐其爲太子也言於公曰君之齒長矣未有太子若之何公曰二三子間音閑於憂虞則有疾疢亦姑謀樂何憂於無君景公意欲立荼而未發故以此言塞大夫請公疾使國惠子名夏高昭子名張立荼寘羣公子於

萊萊齊東鄙邑秋景公卒冬公子嘉公子駒公子黔奔衛公子鉏公子陽生來奔皆景公子在萊者六年八月陳僖子使召公子陽生而立之是爲悼公公使朱毛遷孺子荼於駘不至殺諸野幕之下 其君臣父子之間、皆失其道故、夫子、告之以此、

[備旨]是時齊景公威福下移嫡庶內亂失政甚矣故孔子對之曰爲政以正倫爲先外而朝廷君盡君道而大權之不移自是臣亦盡臣道而威福之不僭內而家庭父盡父道而絕偏愛之私自是子亦盡子道而安世及之分則國家表正萬化攸同爲政之道在是矣

公이 曰善哉라 信如君不君ᄒᆞ며 臣不臣ᄒᆞ며 父不父ᄒᆞ며 子不子ㅣ면 雖有粟이나 吾得而食諸아

公이ᄀᆞᆯ오ᄃᆡ善ᄒᆞ다진실로만일君이君ᄃᆡ몯ᄒᆞ며臣이臣ᄃᆡ몯ᄒᆞ며父ㅣ父ᄃᆡ몯ᄒᆞ며子ㅣ子ᄃᆡ몯ᄒᆞ면비록粟이이시나내시러곰食ᄒᆞ랴

●景公、善孔子之言、而不能用、其後、果以繼嗣不定、啓陳氏弑君簒國之禍、

史記田敬仲完世家五世孫田釐子乞事齊景公爲大夫其收賦稅於民以小斗受之其粟予民以大斗行陰德於民而景公弗禁由此田氏得齊衆心本陳氏改爲田氏宗族益强景公太子死後有寵姬曰芮子生子荼景公病命其相國惠子高昭子以荼爲太子景公卒兩相國高立荼是爲安孺子而田乞不悅欲立景公他子陽生陽生素與乞歡安孺子之立也陽生奔魯田乞鮑牧與大夫以兵入公室攻高昭子殺之惠子奔莒安孺子奔魯田乞使人迎陽生至齊遂立陽生於田乞之家是爲悼公乃使人殺孺子荼田乞爲相專齊政四年田乞卒子恒立是爲田成子鮑牧與悼公有隙弑悼公齊人共立其子壬是爲簡公田恒與監止一作闞止俱爲左右相田恒心害監止監止幸於簡公權弗能去於是田恒復脩釐子之政以大斗出貸以小斗收齊人歌之曰嫗乎采芑歸乎田成子田恒擊殺監止簡公出奔田氏之徒遂弑簡公於徐州恒立簡公之弟驁是爲平公田恒爲相言於平公曰德施人之所欲君其行之刑罰人之所惡臣請行之行之五年齊國之政皆歸於田恒於是盡誅鮑晏及公族之强者而割齊自安平以東至瑯琊自爲封邑封邑大於平公之所食田恒卒子襄子盤代立襄子卒子莊子白代立莊子卒子太公和立田和遷齊康公於海上食一城以奉其先祀康公之十九年田和立爲齊侯列於周室紀元年太公和立二年卒子桓公午立六年卒子威王因齊立二十六年自稱爲王以令天下

○楊氏、曰君之所以

君、臣之所以臣、父之所以父、子之所以子、是必有道矣、景公、知善夫子之言、而不知反求其所以然、蓋悅而不繹者、齊之所以卒於亂也、問景公奮能悅夫子之言而繹之則知之何 朱子曰擧齊政而授之

夫子則君臣父子之倫正之有餘矣惜其不能而齊卒於亂也○雙峯饒氏曰就景公身上言之則景公自不能盡君之道致其臣陳氏厚施於國自不能盡父之道致內嬖之多而不立太子故楊氏云景公知善夫子之言而不知反求其所以然者是說景公不能反之於身以盡君父之道也○厚齋馮氏曰聖人之言各當其分而萬世無弊信斯言也謂君則君臣則臣父則父子則子可也謂君君則臣臣父父則子子亦可也○雲峯胡氏曰履霜堅氷至景公不能謹其幾於先矣雖善夫子之言何益哉[備旨]景公感而嘆曰善哉夫子之言乎信如君不成其爲君臣不成其爲臣父不成其爲父子不成其爲子彝倫攸斁而禍亂將作雖擅一國之富而有粟吾安得而食諸哉吾以是而知夫子之言之善也

○子ㅣ曰片言에可以折獄者는其由也與ㄴ뎌 折之舌反 與平聲

子ㅣᄀᆞᆯᄋᆞ샤ᄃᆡ片言애可히ᄡᅥ獄을折ᄒᆞᆫ者ᄂᆞᆫ그由ㅣㄴ뎌

●片言、半言、折、斷丁亂反也、朱子曰半言辭未畢而人已信之也○胡氏曰折者折而二之也治獄之道兩辭具備曲直未分混爲一區及平別其孰爲曲孰爲直判然兩途所謂折也

子路、忠信明決故、言出而人信服之、不待其辭之畢也、慶源輔氏曰忠信者折獄之本明決者折獄之用徒明決而不忠信則無以孚於平昔徒忠信而不明決則無以斷於臨時○覺軒蔡氏曰忠信所以立於中明決足以照乎外忠信則人不忍欺明決則人不能欺[備旨]夫子稱子路曰民情多僞獄之難折也久矣若夫片言之閒可以折斷其是非曲直者其惟由也與

子路는無宿諾이러라

子路ᄂᆞᆫ諾을宿홈이업더라

●宿、留也、猶宿怨之宿、急於踐言、不留其諾也、記者、因夫子之言而記此、以見

形句反 子路之所以取信於人者、由其養之有素也、慶源輔氏曰片言折獄非可以取辦於言也所以養其言之所自發者必有其素而人之信己在於未言之前也 ○尹氏、曰小邾射、射音亦小邾大夫名 以句繹、奔魯 句繹音溝亦地名 曰使季路、要平聲 我 吾無盟矣、左傳哀公十四年小邾射以句繹來奔曰使季路要我吾無盟矣使子路子路辭季康子使冉有謂之曰千乘之國不信其盟而信子之一言子何辱焉對曰魯有事於小邾不敢問故死其城下可也彼不臣而濟其言是義之也由弗能 千乘去聲 之國、不信其盟、而信子路之一言、其見信於人、可知矣、一言而折獄者、信在言前、人自信之故也、不留諾、所以全其信也、勉齋黃氏曰人惟忠信也不惟可以通天下之務而又可以釋天下之疑苟無忠信誠慤之心以莅之則吾心膠擾昏惑既無以察人之情僞吾以詐御彼彼亦以詐應之又安能片言而服人哉故片言折獄而實之以無宿諾也 [備旨] 然其所以取信於人者由其養之有素耳門人因夫子之言而記之曰子路平日急於踐言曾無宿留之諾焉蓋踐言者忠信也急於踐言者明決也忠信則人不忍欺明決則人不能欺故人自信而獄可折也

○子ㅣ曰聽訟이吾猶人也나必也使無訟乎ㄴ뎌

子ㅣ ᄀᆞᆯᄋᆞ샤ᄃᆡ 訟을 聽홈이 내 사ᄅᆞᆷ과 ᄀᆞᆮᄐᆞ나 반ᄃᆞ시 ᄒᆡ여곰 訟을 업게 호린뎌

● 范氏、曰聽訟者、治其末、塞其流也、正其本、淸其源、則無訟矣、○楊氏、曰子路、片言、可以折獄、而不知以禮遜爲國、則未能使民、無訟者也、故、又記孔子之言、以見形甸反 聖人、不以聽訟爲難、而以使民無訟、爲貴、南軒張氏曰夫人之所以至於爭訟者必有所由而能於其本而正之則訟可無也記者以此承上章有以見仲由之道爲未弘也○新安陳氏曰聽訟者決民之爭無訟者躬行化民而自不爭無訟可聽非禁之使然默化潛孚若使之耳 [備旨] 夫子思崇本之治曰爲人上者因民之訟而聽決其是非曲直吾雖不能過人尙可以猶人也此不過治其末塞其流而已必也正其本淸其源使民知恥向化自然無訟之可聽乃爲貴乎爲政者當知所尙矣

○子張이問政ᄒᆞᆫ대子ㅣ曰居之無倦ᄒᆞ며行之以忠이니라

子張이 政을묻ᄌᆞ온대子ㅣᄀᆞᄅᆞ샤ᄃᆡ居ᄒᆞ욤을倦홈이업스며行호ᄃᆡ忠으로ᄡᅥ홀ᄯᅵ니라

●居、謂存諸心、無倦則始終如一、行、謂發於事、以忠則表裏如一、朱子曰居之無倦在心上說行之以忠在事上說居之無倦者便是要此心長在做主不放倒便事事都應得去行之以忠者是事事要著實故集註云以忠則表裏如一謂心裏要如此便外面也如此事事靠實做去也○行固是行其所居居是常常恁地提省在這裏若有頃刻放倒便不得○新安陳氏曰居如居敬之居存諸心立其本也行如行簡之行發於事達諸用也 ○程子、曰子張、少仁無誠心、愛民則必倦而不盡心故「告之以此、慶源輔氏曰不曰不仁而少仁正與曾子然而未仁之說同聖人不輕絕人以不仁況子張乎惟其少仁故慘怛之意不足而無誠心愛民也○新安陳氏曰少仁或謂其未仁或謂難與並爲仁可見矣政以治民故以少仁言其政之無本以無愛民言其政之不足於用無誠心其病源也不息之謂誠始如是終不如是則非不息之誠矣不欺之謂誠表如是裏不如是則非不欺之誠矣宜夫子以無倦以忠藥子張之病也○雙峯饒氏曰此論爲政之心不說爲政之條目若爲政之條目子張想已熟講而知之矣○陳氏用之曰孔子於子張兼無倦與忠而敎之若子路則敎之以無倦而已○厚齋馮氏曰子路勇於有行慮其不能繼也子張多浮少實易於始勤終怠故竭兩端而告之【備旨】子張問政於夫子夫子告之曰爲政之道在乎存誠而已必也居此政於心者始終如一初不銳於始而怠於終而無倦焉又必行此政於事者表裏如一不徒有其文而有其意而以忠焉能如是則政無不擧矣爲政之道何以加此

○子ㅣ曰博學於文이오約之以禮면亦可以弗畔矣夫ㄴ뎌

●重出、己見雍也篇但彼有君子二字

○子ㅣ曰君子ᄂᆞᆫ成人之美ᄒᆞ고不成人之惡ᄒᆞᄂᆞ니小人은反是니라

子ㅣ ᄀᆞᆯᄋᆞ샤ᄃᆡ 君子ᄂᆞᆫ 사ᄅᆞᆷ의 美를 일우고 사ᄅᆞᆷ의 惡을 일우디 아니ᄒᆞᄂᆞ니 小人은 이예 反ᄒᆞ니라

● 成者、誘掖奬勸、以成其事也、雲峯胡氏曰誘掖以迎之於未成之先奬勸以作之於將成之際 君子小人、所存、旣有厚薄之殊 而其所好、去聲 又有善惡之異故、其用心不同、如此、胡氏曰所存以心言所好以情言君子存心本於厚故待人亦厚而惟恐人之不厚小人存心本於薄故待人亦薄而惟恐人之不薄也君子之所好在於善故己有是善而亦欲人之趨於善小人之所好在於惡故己有是惡而亦欲人之濟其惡○南軒張氏曰君子充其忠愛之心於人之美其樂之如在己也從而扶持之又從而勸奬之惟欲其美之成也於人之惡則從而正救之正救之不可則哀矜之惟患其惡之成也若小人則以刻薄爲心幸人之有過而疾人之勝己非徒坐視其入於惡又從而濟之非徒欲其美之不成又從而毁之君子小人之所操存未嘗不相反也○勉齋黃氏曰小人成人之惡謂迎合容養以成其爲惡之事也不成人之美忌克詆毁使不得成其善也○鄭氏舜擧曰君子視人之善猶己之善故開導誘掖以成之視人之惡猶己之有疾故規戒掩覆以止之 備旨 夫子論君子小人用心之不同曰君子之存心旣厚而其所好又在於善故遇人之美則誘掖之奬勸之以成其美焉見人之惡則規戒之沮抑之不成其惡焉若小人之存心旣薄而其所好又在於惡則不成人之美而成人之惡反乎君子之所爲矣君子小人用心不同如此學者可不愼哉

○季康子ㅣ 問政於孔子ᄒᆞᆫ대 孔子ㅣ 對曰政者ᄂᆞᆫ 正也ㅣ니 子帥以正이면 孰敢不正이리오 帥音率

季康子ㅣ 政을 孔子ᄭᅴ 묻ᄌᆞ온대 孔子ㅣ 對ᄒᆞ야 ᄀᆞᆯᄋᆞ샤ᄃᆡ 政은 正홈이니 子ㅣ 帥ᄒᆞ되 正으로ᄡᅥ ᄒᆞ면 뉘 敢히 正티 아니ᄒᆞ리오

● 范氏、曰未有己不正而能正人者、慶源輔氏曰政之所以得名以其能以正己者正人也己不能正烏能正人哉○新安陳氏曰此以通行之理言圈下以當時之事言 ○胡氏、曰魯自中葉、中世也 政由大夫、家臣、效尤、據邑背音佩 叛、不正、甚矣、故、孔子、

以是告之、欲康子、以正自克、而改三家之故、故謂從前所爲 惜乎、康子之溺於利欲而不能也、吳氏曰書曰表正萬邦上者表也下者影也表正則影正矣政之義無切於此論語記康子問政者二章問患盜使民各一章夫子答之皆使之反躬自治而已盖道理不越如是此外更無別法也○雲峯胡氏曰集註釋爲政章政字實本於此 備旨 季康子問爲政之道於孔子孔子對曰政之爲言正也所以正人之不正也然未有己不正而能正人者子若自端其身而帥之以正孰敢有不歸於正者哉

○季康子ㅣ患盜ᄒᆞ야問於孔子대ᄒᆞᆫ孔子ㅣ對曰苟子之不欲이면雖賞之라도不竊ᄒᆞ리라

季康子ㅣ盜를患ᄒᆞ야孔子ᄭᅴ묻ᄌᆞ온대孔子ㅣ對ᄒᆞ야ᄀᆞᆯᄋᆞ샤ᄃᆡ진실로子ㅣ欲디아니ᄒᆞ면비록賞ᄒᆞ야도竊티아니ᄒᆞ리라

● 言子不貪欲、則雖賞民、使之爲盜、民亦知耻而不竊、慶源輔氏曰上者下之倡在上者不貪欲則民之視之亦知以是爲貴矣民知以不貪欲爲貴則雖賞以誘之使爲盜竊而其心愧耻自不肯爲之矣尙何盜之患哉所謂雖賞之不竊乃假設之言以見民之必不肯爲耳 ○胡氏、曰季氏、竊柄、國柄 盜魯 康子、奪嫡、民之爲盜、固其所也、盍亦反其本邪、俗作耶 孔子、以不欲、啓之、其旨、深矣、奪嫡、事見形甸反 春秋傳、左傳哀公三年季孫有疾命正常桓子之寵臣曰無死欲付以後事故勅令勿從己死 南孺子之子男也則以告而立之南孺子季桓子之妻若生男則告公而立之 女也則肥也可康子名肥 季孫卒康子即位既葬康子在朝南氏生男正常載以如朝告曰夫子有遺言命其圉臣曰南氏生男則以告於君與大夫而立之今生矣男也敢告遂奔衛康子請退退辭位也公使共劉魯大夫視之則或殺之矣乃討之討殺者召正常正常不反畏康子也○厚齋馮氏曰夫謂非其有而取之者盜也欲心一萠非其有者必將取之嫡位可奪也國政可專也民獨不爲盜乎○雲峯胡氏曰盜生於欲康子魯之大盜也夫子答其患盜之問不直曰苟子之不盜其辭婉而意深矣上下三章當通看不欲正也欲善亦正也使康子移其欲利之心以欲善民豈特不爲盜而且皆爲善矣此所謂帥以正而民無不正也 備旨 季康子患魯國多盜問於孔子求所以止盜之方孔子對曰上者下之倡苟子在上淸心勵節不事貪欲則民之視之亦知以是爲貴矣民知以不貪欲爲貴則雖賞以誘之使爲竊盜而其心愧恥

自不肯爲之矣尙何盜之足患哉

○季康子ㅣ問政於孔子曰如殺無道ᄒᆞ야 以就有道ㄴ댄 如何ᄒᆞ니잇고

孔子ㅣ對曰子ㅣ爲政애 焉用殺이리오 子ㅣ欲善이면 而民이 善矣리니 君

子之德은 風이오 小人之德은 草ㅣ라 草上之風이면 必偃ᄒᆞᄂᆞ니라 焉於虔反

季康子ㅣ 政을 孔子ᄭᅴ 묻ᄌᆞ와 ᄀᆞᆯ오ᄃᆡ 만일 道업ᄉᆞᆫ이를 殺ᄒᆞ야 ᄡᅥ 道인ᄂᆞᆫᄃᆡ 就ᄒᆞ게 ᄒᆞᆯ딘댄 엇더ᄒᆞ니잇고 孔子ㅣ 對ᄒᆞ야 ᄀᆞᆯᄋᆞ샤ᄃᆡ 子ㅣ 政을 ᄒᆞᆷ애 엇디 殺을 ᄡᅳ리오 子ㅣ 어딜고져ᄒᆞ면 民이 어딜리니 君子의 德은 ᄇᆞ룸이오 小人의 德은 플이라 플에 ᄇᆞ룸이 더으면 반ᄃᆞ시 偃ᄒᆞᄂᆞ니라

●爲政者、民所視效、何以殺爲、欲善則民善矣、上、一作尙、加也、偃、仆也、仆音赴

南軒張氏曰在上者志在於殺則固己失長人之本矣烏能禁止其惡乎欲善之心純篤發見於政敎之間則民將率從不變如風之所動其孰有不從者然則民之所以未之從者則吾欲善之誠不篤而已○汪氏曰康子欲殺惡人以成就善人夫子則欲化惡人亦爲善人意謂上之所欲者善非特不待於殺且化惡爲善矣集註以一則字代本文而字而意深切著明最宜著眼玩味

○尹氏、曰殺之爲言、豈爲人上之語哉、以身教者、從、以言教者、訟、二句見後漢書第五倫傳 而况於殺乎、西山眞氏曰民性本善爲上者以善迪之未有不趨於善者○厚齋馮氏曰康子三問雖非必一時之語然其意蓋相屬也夫子所答皆自其身而求之○吳氏曰書君陳曰爾惟風下民惟草風草之諭本此康子殺心如火始然夫子以淸冷之水沃之有人心者宜於此焉變矣

備旨季康子問政於孔子曰刑亦爲政者所不廢也如殺無道之民使人知所懼以成就乎有道何如孔子對曰民之爲善顧所以倡之者何如耳今以子秉國而爲政勿論不當殺亦焉用殺爲哉但子有欲善之心而躬行以率之民自有所觀感興起而歸於善矣所以然者以君子之德主於感人猶之風也小人之德主於應人猶之草也草而加之以風則必隨風而偃仆然則小人而感之以君子豈有不從欲而治哉子欲民之善亦爲善以風之可矣焉用

殺爲

○子張이問士ㅣ何如ㅣ라아斯可謂之達矣니잇고

子張이 묻ᄌᆞ오ᄃᆡ 士ㅣ 엇더ᄒᆞ야아 이예 可히 達이라 니ᄅᆞ리잇고

●達者、德孚於人、而行無不得之謂、問達爲所行通達何也朱子曰其在邦也事上則獲乎上治民則得乎民其在家也父母安其孝兄弟悅其友凡吾之見於行者莫不通達而無所繫礙焉斯可謂之達矣 備旨 子張問士之行貴達也然達必有所由致必何如斯可謂之達矣

子ㅣ曰何哉오爾所謂達者ㅣ여

子ㅣ ᄀᆞᆯᄋᆞ샤ᄃᆡ 엇디오 네 닐온 밧 達이여

●子張、務外、夫子、蓋已知其發問之意故、反詰(喫吉反)之、將以發其病而藥之也、備旨 夫子反詰之曰何哉爾意之所謂達者試爲我言之可也

子張이對曰在邦必聞ᄒᆞ며在家必聞이니이다

子張이 對ᄒᆞ야 ᄀᆞᆯ오ᄃᆡ 나라히 이셔도 반ᄃᆞ시 聞ᄒᆞ며 집의 이셔도 반ᄃᆞ시 聞홈이니이다

●言名譽著聞也、備旨 子張對曰人惟名譽不彰是以行多所窒吾之所謂達也者謂其在邦名譽必著聞於邦在家名譽必著聞於家而已是子張蓋以聞爲達也

子ㅣ曰是ᄂᆞᆫ聞也ㅣ라非達也ㅣ니라

子ㅣ ᄀᆞᆯᄋᆞ샤ᄃᆡ 이ᄂᆞᆫ 聞이라 達이 아니니라

●聞與達、相似而不同、乃誠僞之所以分、學者、不可不審也、故、夫子、旣明辨之、下文、又詳言之、雙峰饒氏曰聞是求聞於人達是人自信己【備旨】夫子乃辨之曰子之所謂邦家必聞者是聞於邦家之謂也非達於邦家之謂也一誠一僞之間豈非迹雖相似而其實有不同者哉

夫達也者는 質直而好義ᄒᆞ며 察言而觀色ᄒᆞ야 慮以下人ᄒᆞᄂᆞ니 在邦必達ᄒᆞ며 在家必達이니라 夫音扶下同 好下皆去聲

達이란거ᄉᆞᆫ質ᄒᆞ여直ᄒᆞ고義를됴히너기며말ᄉᆞᆷ을ᄉᆞᆯ피며ᄂᆞᆺ비ᄎᆞᆯ보와慮ᄒᆞ야ᄡᅥ사ᄅᆞᆷ의게下ᄒᆞᄂᆞ니邦애이셔도반ᄃᆞ시達ᄒᆞ며家애이셔도반ᄃᆞ시達ᄒᆞᄂᆞ니라

●內主忠信、而所行、合宜、審於接物、而卑以自牧、皆自脩於內、不求人知之事、然、德脩於己、而人信之、則所行、自無窒礙矣、慶源輔氏曰主忠信質直也所行合宜好義也此存乎中以應乎外也審於接物察言觀色也卑以自牧慮以下人也此審乎外以巽乎內也內外交相養而厥德脩罔覺此豈求人知者之所爲哉然德脩於己而人自信之則行於邦家者自然無所窒礙矣○朱子曰質直只是無華僞質是朴實直是無偏曲○質直好義便有觸突人底意思到得察言觀色慮以下人便又和順低細不至觸突人矣慮謂思之詳審常常如此思慮恐有所不知覺也聖人說話都如此周徧詳密○質與直是兩件質就資性上說直漸就事上說到得好義又在事上直固是一直做去然至於好義則事事區處要得其宜這一項都是詳細功夫○察人之言觀人之色乃是要驗吾之言是與不是今有人自任己意說將去更不看人之意是信受他還不信受他如此則只是自高更不能謙下於人實去做工夫也大抵人之爲學須是自低下做將去纔自高便不濟事○察言觀色只是察人言觀人色若照管不及未必不以辭氣加人此只做自家工夫不要人知既有工夫以之事親則得乎親以之事君則得乎君以之交朋友而朋友信雖蠻貊之邦行矣此是在邦在家必達之理子張只去聞處著力聖人此語正中其膏肓質直好義等處專是就實色取仁而行違專是從虛○雙峯饒氏曰質直忠信底人固難得但亦有直情徑行不去隨事裁度而所行容有不合宜處故忠信又要合義察言觀色慮以下人是一件事子張常愛居人上故告以謙退詳審之意【備旨】夫所謂達也者非有心於求達也內焉質直以主於忠信外焉好義而所行合宜且審於接物察人之言以驗己之是非

觀人之色以徵己之得失又必卑以自牧而思慮之間惟謙抑以下人此皆自修於內不求人知之事然德修於己而人信之在邦則孚於邦必行無不得而達也在家則孚於家必行無不得而達也所謂達者如此

夫聞也者는色取仁而行違오居之不疑ᄒᆞᄂᆞ니在邦必聞ᄒᆞ며在家必聞이니라 行去聲

聞이란거슨色으로仁을取ᄒᆞ되行이違ᄒᆞ고居ᄒᆞ야疑티아니ᄒᆞᄂᆞ니邦애이셔도반ᄃᆞ시聞ᄒᆞ며家애이셔도반ᄃᆞ시聞ᄒᆞᄂᆞ니라

● 善其顏色、以取於仁、而行實背 音佩 之、又自以爲是、而無所忌憚、此、不務實而專務求名者、故、虛譽雖隆、而實德則病矣、朱子曰聞者是箇做作底專務放出外求人知而已如色取仁而行違便是不務實而專務外居之不疑便是放出外而收斂不得只得自擔當不放退此其所以鶩虛名而無實行也○色取仁而行違不惟是虛有愛憐之態如正顏色而不近信色厲而內荏皆色取仁而行違也○色取仁而行違居之不疑這只是粗瞞將去專以大意氣加人子張平日是這般人故孔子正救其病此章大意出不得一箇是名一箇是實呂氏謂德孚於人者必達矯行求名者必聞此說却好○慶源輔氏曰使其色取行違而中不安焉則務實之心猶未盡喪也惟其自以爲是而無所忌憚此見其專務於名夫名生於實則名亦何害惟無實而徒有虛譽則驕矜之意日生而進脩之力日怠矣二者雖若相似然所行通達者名譽自然著聞名譽著聞者所行未必通達其實有不同如此○雙峯饒氏曰色取仁之色與觀色之色不同觀色專主顏色言色取說得濶凡發出來可見處皆是色色者見於外行者行於己見於外者皆似合於仁檢點他行己處却不實只是欺人而已居之不疑示人以不疑也此乃求名之人要人信己故自居之不疑若自居於疑又誰信之○齊氏曰以質對色則一眞一假以直對違則一順一逆質直者內有餘而外自見色取仁而行違者外若有而內實無也○雲峯胡氏曰聞者病在取字凡物在外則可取仁者吾心之所固有若曰可取即是在外而不在內矣

○程子、曰學者、須是務實、不要近名、有意近名、大本已失、更學何事、爲 去聲下同 名而學、則是僞也、今之學者、大抵爲名、爲名與爲利、雖淸濁不同、然、其利心則

一也、慶源輔氏曰程子務實務名之論可謂切當爲吾之未能事親也故學事親爲吾之未能事長也故學事長爲吾之未能正心誠意也故學正心而誠意爲吾之未能齊家治國也故學齊家而治國是之謂務實務實而學則其脩爲之誠踐履之功循序而進忽不自知其入於聖賢之域矣欲吾之有孝名也故勉焉以爲孝欲吾之有忠名也故勉焉以爲忠欲吾之有廉名也故勉焉以爲廉欲吾之有信名也故勉焉以爲信是之謂務名務名而學則惟欲其名之有聞而已所謂大本卽實理也實理根於性具於心要在反求而自得學有向外近名之意則失之矣爲名而學則是僞者謂其不循實理而務外妄求也爲名雖若淸爲利雖是濁然一有爲之之意則便是利心也

尹氏、曰子張之學、病在乎不務實故、孔子告之、皆篤實之事、充乎內而發乎外者也、當時門人、親受聖人之敎、而差失、有如此者、況後世乎、【備旨】夫所謂聞也者惟一心以求聞而已善其顏色以襲仁者之名而行實背之則與質直好義者異矣且又自以爲是而無所忌憚居之於仁而不疑則與察言觀色慮以下人者異矣此皆不務實而專務求名者然有意近名而名亦歸之在邦則虛譽隆於邦而必聞也在家則虛譽隆於家而必聞也所謂聞者如此師也辨之愼勿以聞爲達焉可也

○樊遲ㅣ從遊於舞雩之下ㅣ러니 曰敢問崇德脩慝辨惑ᄒᆞ노이다 慝吐得反

樊遲ㅣ舞雩아래從遊ᄒᆞ더니ᄀᆞᆯ오ᄃᆡ敢히德을崇ᄒᆞ며慝을脩ᄒᆞ며惑을辨ᄒᆞᆷ을묻ᄌᆞᆸ노니다

●胡氏、曰慝之字、從心從匿、蓋惡之匿於心者、脩者、治而去上聲之、新安陳氏曰惡之形於外者易見匿於心者難知乃惡之根也【備旨】昔夫子閒遊於舞雩之下樊遲從焉因曰理得於心爲德如何以崇之惡匿於心爲慝如何以修之事疑於心爲惑如何以辨之敢以問之夫子

子ㅣ曰善哉라問이여

子ㅣᄀᆞᆯᄋᆞ샤ᄃᆡ善라물옴이여

●善其切於爲去聲己、【備旨】夫子以其問切於爲己故嘉之曰善哉子之崇德修慝辨惑之問也以視世之徇外而忘內者大不侔矣

先事後得이非崇德與아攻其惡오이無攻人之惡이非脩慝與아
一朝之忿으로忘其身ᄒ야以及其親이非惑與아 與平聲

일을몬저ᄒ고得을後에홈이德을崇홈이아니가그惡을攻ᄒ고人의惡을攻티아니홈이慝을脩홈이아니가一朝엣忿으로그몸올니저ᄡᅥ그어버이의게밋게홈이惑이아니가

[註] 先事後得、猶言先難後獲也、爲所當爲、而不計其功、則德日積、而不自知矣、慶源輔氏曰先難謂先從事於其所難後獲謂後其所得而不起計獲之心也夫爲所當爲本非難事然自學者言之則自惰而勤自利而義其機生其勢矯非勉强則有所不能故以爲難也爲其事者固必有其功然方其爲事之始而遽欲計其功焉則是利心也爲利之心一萌則其大本已失易盈易涸輕得輕喜尙何德之可崇哉故必爲所當爲而不計其功則不亟不徐循吾理行吾義而已此所以德日積而不自知也○朱子曰今人做事未論此事當做不當做且先計較此事有甚功効旣有計較之心便是專爲利而做不復知事之當爲矣德者理之得於心者也凡人若能知所當爲而無爲利之心這意思便自高遠纔爲些小利害討些小便宜這意思便卑下了所謂崇者謂德自此而愈高也○問先事後得莫是因樊遲有計較功利之心故如此告之曰此是後面道理而今且要知先事後得如何可以崇德蓋做合做底事便純是天理纔有一毫計較之心便是人欲若只循箇天理做將去德便自崇纔有人欲便這裏做得一兩分却那裏缺了一兩分這德便消削了如何得會崇聖人千言萬語正要人來這裏看得破 專於治己而不責人、則己之惡、無所匿矣、朱子曰須截了外面他人過惡只去自檢點方能自攻其惡若纔檢點他人自家這裏便疎心便麤了○慶源輔氏曰常情觀人則明自觀則暗責人則嚴自責則輕故惡常藏匿於心纔有心去攻人之惡則於己之惡便鹵莽而不暇鉏治矣 知一朝之忿、爲甚微、而禍及其親、爲甚大、則有以辨惑、而懲其忿矣、慶源輔氏曰人本無惑惟爲忿所蔽而不知利害之所在故惑蓋忿心之發易突亢而橫肆苟不懲之於始則終或至於忘身及親此辨惑者所以當懲其忿也 樊遲、麤亦作觕麤作粗 鄙近利故、告之

以此、三者、皆所以救其失也、雙峯饒氏曰近利則有計較之心而不能先事後得鄙則吝於責己粗則暴戾而不能忍小忿故夫子因其病而藥之 ○范氏、曰先事後得、上義而下利也、人惟有利欲之心故、德不崇、惟不自省悉井反己過、而知人之過故、慝不脩、感物而易去聲動者、莫如忿、忘其身、以及其親、惑之甚者也、惑之甚者、必起於細微、能辨之於早、則不至於大惑矣、故、懲忿、所以辨惑也、新安陳氏曰自治其惡與自懲其忿皆崇德所當爲之事乃其目也○問子張樊遲問同答異何也朱子曰子張矜夸不實底人故告以收斂著實做工夫平日喜怒必有過當故告以欲人生死之事樊遲以請學稼圃及夫子答問觀之是鄙俗粗暴底人皆是隨其失而告之【備旨】誠能先其事之所難爲其所當爲而後其效之所得則理純於心非所以崇吾心之德與若能專於攻己之惡而無暇去攻人之惡則自治誠切非所以修吾心之慝與至若一朝之微忿忍之可也顧乃忘其一己之身因以禍及其親焉則昧於利害之幾非心之惑與知此之爲惑則知所以辨之矣遲可不知所從事哉

○樊遲ㅣ問仁대ᄒᆞᆫ子ㅣ曰愛人이니라問知대ᄒᆞᆫ子ㅣ曰知人이니라上知字去聲下同

樊遲ㅣ仁을묻ᄌᆞ온대子ㅣᄀᆞᆯᄋᆞ샤ᄃᆡ사ᄅᆞᆷ을ᄉᆞ랑홈이니라知ᄅᆞᆯ묻ᄌᆞ온대子ㅣᄀᆞᆯᄋᆞ샤ᄃᆡ사ᄅᆞᆷ을알옴이니라

●愛人、仁之施、知、人知去聲下文知也知者言知仁知並同之務、問愛人知人是仁知之用聖人何故但以仁知之用告樊遲却不告以仁知之體朱子曰體與用雖不是二字本末未嘗相離用即體之所以流行者也【備旨】樊問如何爲仁夫子答之曰仁主於愛雖人有不同無一不在其所愛中也又問如何爲知夫子告之曰知主於知雖人有不同無一不在其所知中也

樊遲ㅣ未達이어늘

樊遲ㅣ達티몯ᄒᆞ거늘

●曾氏、曰曾氏名幾字吉甫河南人遲之意、蓋以愛欲其周、而知有所擇故、疑二者之相悖音佩耳、朱子

曰愛人則無所不愛知人則便有分別兩箇意思自相反了故疑之【備旨】樊遲以愛欲其周知人則有所分別疑知之妨仁而有所未達焉

子ㅣ曰擧直錯諸枉이면能使枉者直이니라

子ㅣᄀᆞᆯᄋᆞ샤ᄃᆡ直ᄒᆞᆫ이를擧ᄒᆞ고모ᄃᆞᆫ枉ᄒᆞᆫ이를錯ᄒᆞ면能히枉ᄒᆞᆫ이로ᄒᆞ여곰直게ᄒᆞᄂᆞ니라

●擧直錯 錯倉故反 枉者、知也、使枉者直、則仁矣、如此則二者、不惟不相悖、而反相爲用矣、朱子曰每常說仁知一箇是慈愛一箇是辨別各自向一路唯是擧直錯諸枉能使枉者直方見得仁知合一處仁裏面有知知裏面有仁○愛人知人自相爲用若不論直枉一例去愛他也不得大抵唯先知了方能頓放得箇仁聖人只此二句自包上下後來子夏所言皆不出此兩句意思所以爲聖人之言也○雙峯饒氏曰樊遲問仁知是二者平說夫子亦平答之及再答以使枉者直二句方是串說仁知問夫子之言何獨歸重於知曰雖歸重在知然此心所以擧直錯諸枉依舊是從仁上發來蓋直者此心天理之公能擧直則是發此天理之公是亦仁也直枉專指人而言諸衆也謂衆人之枉者即下文選於衆之意【備旨】夫子竊其未達之意故告之曰子何疑乎誠知其人之正直者擧而用之知其人之邪枉者錯而舍之則取舍公而激勸寓能使枉者皆有所感奮以歸於直焉是夫子之意蓋於知人之中自寓愛人之意矣

樊遲ㅣ退ᄒᆞ야見子夏曰鄕也에吾ㅣ見於夫子而問知호니子ㅣ曰擧直錯諸枉이면能使枉者直이라ᄒᆞ시니何謂也오 鄕去聲見賢遍反

樊遲ㅣ믈러와子夏를보와ᄀᆞᆯ오ᄃᆡ아래내夫子ㅅ긔뵈ᄋᆞ와知를묻ᄌᆞ오니子ㅣᄀᆞᆯᄋᆞ샤ᄃᆡ直ᄒᆞᆫ이를擧ᄒᆞ고모ᄃᆞᆫ枉ᄒᆞᆫ이를錯ᄒᆞ면能히枉ᄒᆞᆫ이로ᄒᆞ여곰直게ᄒᆞᆫ다ᄒᆞ시니엇디니ᄅᆞ심고

●遲、以夫子之言、專爲知者之事、又未達所以能使枉者直之理、未曉能使枉者直之兼言仁【備旨】樊遲猶未喩夫子之言而不敢多問遂退乃見子夏而問曰鄕也吾見於夫子而問知子則告我曰擧直錯諸枉能使枉者直夫擧直錯枉吾知其知矣而能使枉者直吾不知斯言果何謂也

子夏ㅣ曰富哉라言乎여

子夏ㅣᄀᆞᆯ오ᄃᆡ富타말ᄉᆞᆷ이여

●歎其所包者、廣、不止言知、新安陳氏曰一言而該仁知故曰富哉【備旨】子夏聞言而嘆曰富哉夫子之言乎其意之所包者廣不止言知也

舜有天下애選於衆ᄒᆞ샤擧皐陶ᄒᆞ시니不仁者ㅣ遠矣오湯有天下애選於衆ᄒᆞ샤擧伊尹ᄒᆞ시니不仁者ㅣ遠矣니라 選息戀反陶音遙遠如字

舜이天下ᄅᆞᆯ두심애衆에選ᄒᆞ샤皐陶ᄅᆞᆯ擧ᄒᆞ시니仁티아니ᄒᆞᆫ者ㅣ遠ᄒᆞ고湯이天下ᄅᆞᆯ두심애衆에選ᄒᆞ샤伊尹을擧ᄒᆞ시니仁티아니ᄒᆞᆫ者ㅣ遠ᄒᆞ니라

●伊尹、湯之相去聲也、不仁者遠、言人皆化而爲仁、不見有不仁者、若其遠去爾、所謂使枉者直也、子夏、蓋有以知夫子之兼仁知而言矣、慶源輔氏曰子夏一聞其說便嘆聖人之言所包者富不墮於一偏不滯於一隅即知人之中以見愛人之實推乎知之用以極乎仁之功其於仁知之體用蓋已深體而默識之矣不然何其言之明決精審沛然無疑而暗與聖人之言相發乎○新安陳氏曰選於衆而擧皐陶伊尹此知人之知所謂擧直錯枉也不仁者皆化爲仁即愛人之仁能使枉者直矣夫子二語已包子夏之意子夏之言益發明夫子之旨遲問於師又問於友其問之弗知弗措者歟○程子、曰聖人之語、因人而變化、雖若有淺近者、而其包含、無所不盡、觀於此章、可見矣、非若他人之言、語近則遺遠、語遠則不知近也、雙峯饒氏曰此章愛人知人是仁知之淺近處包含無所不盡則深者遠者亦在其中深遠即枉者化爲直處尹氏、曰學者之問

也、不獨欲聞其說、又必欲知其方、不獨欲知其方、又必欲爲其事、如樊遲之問仁知也、夫子、告之盡矣、樊遲、未達故、又問焉、而猶未知其何以爲之也、及退而問諸子夏然後、有以知之、使其未喩、則必將復扶又反問矣、旣問於師、又辨於友、當時學者之務實也、如是、雲峯胡氏曰知人愛人是分言知仁之用擧直錯諸枉能使枉者直是合言知仁之相爲用蓋仁包義禮知仁之中自有知知藏仁義禮知之中自有仁知仁本相爲體用故見於擧錯之際知仁又自相爲體用也[備旨]試以帝王之治觀之舜有天下於虞選於衆人之中擧皐陶之仁而直者由是天下皆化於仁而不仁者若相率而遠去矣湯有天下於商選於衆人之中擧伊尹之仁而直者由是天下皆化於仁而不仁者若相率而遠去矣夫選衆而擧皐擧尹舜與湯之智也而不仁者遠其僅舜與湯之智乎抑不僅舜與湯之智乎子試反而思之亦可以知夫子之言之富矣

○子貢이問友ᄒᆞᆫ대子ㅣ曰忠告而善道之호ᄃᆡ不可則止ᄒᆞ야無自辱焉이니라 告工毒反 道去聲

子貢이友를묻ᄌᆞ온ᄃᆡ子ㅣᄀᆞᄅᆞ샤ᄃᆡ忠히告ᄒᆞ고善이道호ᄃᆡ可티아니커든止ᄒᆞ야스스로辱디마롤띠니라

●友、所以輔仁故、盡其心以告之、善其說以道之、然、以義合者也、故、不可則止、若以數音朔而見疏子遊曰朋友數斯疏矣則自辱矣、朱子曰告之之意固是忠了須又敎道得善始得○雙峯饒氏曰忠告者盡此心之誠旣誠矣不能善其辭說以道之恐其未能從二者俱盡而彼不從然後宜止未能忠且善焉而泛然告之道之遽以彼不從而止則是在我者猶未盡便欲責人非交友之道也○齊氏曰善道者心平氣和語明意盡或從容深遠而有餘味或淸切簡當而可深思大率欲伸己意而聞者不忤也如此而猶不見省數必取疏知進退者所不爲也然則非忠告之難而善道之爲不易爾○勿軒熊氏曰忠告是心盡忠善道是言盡善內外皆兼到[備旨]子貢問處友之道夫子告之曰友以輔仁必盡其心以告之知無不言言無不盡也而又善其辭說以道之從容和氣委曲諷諭也使其以忠告善道之言爲不可則當見幾而止無以數見疏而自取辱焉是其始也以義而相正其終也以義而全交處友之道盡於是矣

○曾子ㅣ曰君子는以文會友ᄒᆞ고以友輔仁이니라

曾子ㅣᄀᆞᆯᄋᆞ샤ᄃᆡ君子ᄂᆞᆫ文으로ᄡᅥ友ᄅᆞᆯ會ᄒᆞ고友로ᄡᅥ仁을輔ᄒᆞᄂᆞ니라

【註】講學以會友、則道益明、取善以輔仁、則德日進、慶源輔氏曰爲仁由己朋友但能輔助我以爲仁而已○覺軒蔡氏曰以文會友致知之方以友輔仁力行之事○新安陳氏曰人之講學脩德皆有資於朋友既資朋友以講學而致其知尤資朋友以輔仁而力於行則學進而德亦進朋友爲吾知行之助如此其斯所謂益友乎○東陽許氏曰爲仁而不取友以爲輔則有孤陋寡聞之固會友而不以文則有羣居終日言不及義之失○雲峯胡氏曰上章友之資於我者不可無忠告善道之益此則我之資於友者賴其講學輔仁之功【備旨】曾子論取友之益曰君子之學以求仁而仁必資友焉友非徒會也以文會之也或考詩書於古或窮事物於今而道益明矣爲仁非但由己也有善則相勸有失則相規而德日進矣君子取友之益如此彼泛言取友者曷不折衷於君子哉

原本備旨論語集註卷之十二

原本備旨 論語集註卷之十三

子路第十三

凡三十章

○子路ㅣ問政ᄒᆞᆫ대子ㅣ曰先之勞之ㅣ니라 勞如字

子路ㅣ政을묻ᄌᆞ온대子ㅣᄀᆞᆯᄋᆞ샤ᄃᆡ先ᄒᆞ며勞ᄒᆞᆯ띠니라

[註]蘇氏、曰凡民之行、去聲以身先之、則不令而行、凡民之事、以身勞之、則雖勤不怨、

朱子曰先是率他欲民親其親必先之以孝欲民長其長必先之以弟勞是爲他勤勞如循行阡陌勸課農桑之類○雙峯饒氏曰集註以先之爲先其行勞之爲勞其事是又分政之本末而言行者政之本孝弟忠信之類是也事者政之末農畝師役之類是也行與事雖是分說其實是政裏面事[備旨]子路問爲政之道夫子告之曰政也者本身以治民而已凡與民行毋徒言語敎飭己也必也以身先之欲民親其親必先之以孝欲民長其長必先之以弟正己率物則民有所觀感而行無不與矣凡作民事毋徒政令驅使己也必也以身勞之欲民勤於耕必春省以補之欲民勤於斂必秋省以助之率作興事則民有所勸勉而事無不擧矣爲政之道如此

請益ᄒᆞᆫ대曰無倦이니라 無古本作毋

더음을請ᄒᆞᆫ대ᄀᆞᆯᄋᆞ샤ᄃᆡ倦티마롤띠니라

[註]吳氏、曰勇者、喜於有爲、而不能持久故、以此告之、○程子、曰子路、問政、孔子、既告之矣、及請益、則曰無倦而已、未嘗復扶又反有所告、姑使之深思也、朱子曰勞苦亦人之難事故以無倦勉之○南軒張氏曰先之勞之固足以盡爲政之道矣而子路猶請益焉則告之以無倦使之敎篤乎是二者而已○覺軒蔡氏曰夫子方答以先之勞之子路遽又請益則其勇躁之意可見故但告以無倦所以救其勇

躁之失也○雙峯饒氏曰大凡事使人爲之則易身親爲之則憚其難先之勞之皆是不便於己底事所以易倦故夫子以無倦勉之況子路勇者易"得始勤終怠尤不容不告之以此○雲峯胡氏曰子張堂堂子路行行皆易銳於始而怠於終故答其問政皆以無倦告之子張少誠心故又加之以忠【備旨】子路又請益於先勞之外夫子告之曰吾何以益子哉惟於先之勞之者持之以久無或勉於始而倦於終可耳爲政之道豈尙有加於此哉

니라

○仲弓이爲季氏宰라問政ᄒᆞᆫ대子ㅣ曰先有司ㅣ오赦小過ᄒᆞ며擧賢才

仲弓이季氏의宰되얏ᄂᆞᆫ디라政을묻ᄌᆞ온대子ㅣᄀᆞᆯᄋᆞ샤ᄃᆡ有司의게몬져ᄒᆞ고적은허믈을赦ᄒᆞ며賢과才를擧홀띠니라

●有司、衆職也、宰兼衆職、然、事必先之於彼、而後考其成功、則己不勞、而事畢擧矣、朱子曰先有司而後紀綱立而責有所歸○凡爲政隨其小大各有有司須先敎他理會自家方可要其成且如錢穀之事其出入盈縮之數須是敎他逐一自具來自家方可考其虛實之成 過、失誤也、大者、於事、或有所害、不得不懲、小者、赦之、則刑不濫而人心、悅矣、賢、有德者、才、有能者、擧而用之、則有司、皆得其人、而政益脩矣、新安陳氏曰黃氏饒氏云先有司一句是總腦赦小過擧賢才皆承先有司而言宰家臣之長其爲政之要當以分任有司爲先既先有司矣赦有司之小過故常人可以自勉擧有司之賢才故非常之才可以自見推此心也豈但爲季氏宰而已范氏以爲擧在位之賢才蘇氏以爲擧未用之賢才須兼言其義方備有司中才德有餘而位不足稱者固當擧而進之上位如有司之才德不稱其職則又當別擧有才德者充之如此方說得擧賢才規模闊若專說擧有司之賢才則狹矣【備旨】仲弓爲季氏家宰而問政於夫子夫子告之曰宰兼衆職凡事必先付之有司以分理庶務吾惟考其成功則下僚有報政之地矣宰平庶獄必赦宥民之小過以開其自新之路則在廷無苛政之苦矣宰集衆任必擧有德有能之賢才而布之庶位則書升皆立政之人矣政之大體不既全哉

曰焉知賢才而擧之리잇고 曰擧爾所知면 爾所不知를 人其舍

諸아 焉於虔反 舍上聲

ᄀᆞᆯ오ᄃᆡ엇디賢과才ᄅᆞᆯ아라擧ᄒᆞ리잇고ᄀᆞᆯᄋᆞ샤ᄃᆡ네아ᄂᆞᆫ바ᄅᆞᆯ擧ᄒᆞ면네아디몯ᄒᆞᄂᆞᆫ바ᄅᆞᆯ사ᄅᆞᆷ이그舍ᄒᆞ랴

●仲弓、慮無以盡知一時之賢才故、孔子、告之以此、程子、曰人各親其親然後、不獨親其親、新安陳氏曰各親其親及人不獨親其親二句本出記禮運程子引以爲喩若曰人各擧其所知之賢才然後不獨擧其所知之賢才 仲弓、曰焉知賢才而擧之、子、曰擧爾所知、爾所不知、人其舍諸、便見仲弓與聖人、用心之大小、推此義則一心、可以興邦、一心、可以喪去聲邦、只在公私之間爾、朱子曰仲弓只緣見識未極其開濶故如此人之心量本自大緣私故小蔽固之極則可喪邦矣○人各擧其所知則天下之擧無不擧矣不患無以知天下之賢才也興邦喪邦盖極言之然必自知而後擧之則遺才多矣未必不由此而喪邦也程子之意固非謂仲弓有固權市恩之意而至於喪邦但一蔽於小則其害有時而至此亦不爲難矣故極言之以警學者用心之私也○雙峯饒氏曰仲弓之心不如聖人之廣大仲弓以自己聰明爲聰明故有焉知賢才之問聖人則以天下之耳目爲耳目故說擧爾所知爾所不知人其舍諸如仲弓之言則局於所知之有限如聖人之言則未嘗求以盡知自無往而不知雖合天下之賢才擧而用之可也 ○范氏、曰不先有司、則君行臣職矣、不赦小過、則下無全人矣、不擧賢才、則百職、廢矣、失此三者、不可以爲季氏宰、况天下乎、慶源輔氏曰范氏蓋經筵勸講之說所以推廣其理以感切君心者至矣○蘇氏曰有司既立則責有所歸然當赦其小過則賢才可得而擧也惟庸人與姦人爲無小過張禹李林甫盧杞是也若小過不赦則賢者避罪不暇而此等人出矣○吳氏曰仲弓子貢子路冉有皆事季氏仲弓子貢夫子未嘗責之子路之責又不若冉有之甚此可以見其優劣矣惜乎四子不能如閔子之辭而閔子又不若顔子之賢而康子不得而知也嗟乎若淵騫者其孔門之超絶者乎【備旨】仲弓又獨慮賢才之難盡故問曰賢才之伏處無窮焉能以一人之聞見盡知天下之賢才而擧之乎夫子曰賢才雖不能盡知亦必有所知者但擧爾所知者而用之其或爾所不知者人亦皆盡汲引之公誰其肯舍諸而不擧乎爾雖不盡人而知之而他人之知猶吾知也雖不盡人而擧之而他人之擧猶吾擧也又何以不盡

知爲慮哉

○子路ㅣ 曰衛君이 待子而爲政ᄒᆞ시ᄂᆞ니 子將奚先이시리잇고

子路ㅣ ᄀᆞᆯ오ᄃᆡ 衛君이 子ᄅᆞᆯ 기ᄃᆞ려 政을 ᄒᆞ려 ᄒᆞ시ᄂᆞ니 子ㅣ 쟝ᄎᆞᆺ 므스글 몬져 ᄒᆞ시리잇고

●衛君、謂出公輒也、是時、魯哀公之十年、孔子、自楚反乎衛、備旨夫子時方在衛子路問曰設若衛君虛心欲待子而爲政則子之所設施將以何者爲先也

子ㅣ 曰必也正名乎ᅟᅵᆫ뎌

子ㅣ ᄀᆞᆯᄋᆞ샤ᄃᆡ 반ᄃᆞ시 名을 正ᄒᆞᆯ띤뎌

●是時、出公、不父其父、而禰(乃禮反)其祖、新安陳氏曰蒯聵乃輒之父也蒯聵欲入君衛而輒拒之是不父其父父廟曰禰輒繼靈公是禰其祖 名實、紊(音問)矣、故、孔子、以正名爲先、謝氏、曰正名、雖爲(去聲)衛君而言、然、爲政之道、皆當以此爲先、吳氏曰凡事皆有名不可不正亦不特衛輒父子爲然○齊氏曰祖非禰也而禰之父非讐也而讐之無父之人非君也而君之名之不正孰大於是備旨夫子告之曰政莫大於正倫使我爲政於衛必也先正其君臣父子之名使名稱其實乎是時衛之名不正故夫子言此

子路ㅣ 曰有是哉라 子之迂也ㅣ여 奚其正이시리잇고

子路ㅣ ᄀᆞᆯ오ᄃᆡ 이러홈이 잇다 子의 迂ᄒᆞ심이여 엇디 그 正ᄒᆞ시리잇고

●迂、謂遠於事情、言非今日之急務也、厚齋馮氏曰禮莫大於分分莫大於名夫子正名之論蓋不與輒也時輒已立十二年矣子路之所謂迂者蓋爲輒也備旨子路一聞正名之說乃妄對曰有是哉子之迂而遠於事情也爲政者有救時之急務奚拘拘於名分之正

乎

子ㅣ曰野哉라 由也ㅣ여 君子ㅣ於其所不知에 蓋闕如也ㅣ니라

子ㅣ골ᄋᆞ샤ᄃᆡ 野ᄒᆞ다 由ㅣ여 君子ㅣ 그 아디 몯ᄒᆞᄂᆞᆫ 바애 闕ᄒᆞᄂᆞ니라

●野、謂鄙俗、責其不能闕疑、而率爾妄對也、[備旨]夫子責之曰鄙俗哉由之爲人也君子於家國事或有所不知則姑闕其疑以待問於人豈可率爾而妄對乎由其有愧於君子矣

名不正則言不順ᄒᆞ고 言不順則事不成ᄒᆞ고

名이 正티 아니ᄒᆞᆫ則 言이 順티 아니ᄒᆞ고 言이 順티 아니ᄒᆞᆫ則 事ㅣ 成티 몯ᄒᆞ고

●楊氏、曰名不當其實、則言不順、言不順、則無以考實、而事不成、 新安陳氏曰集註於正名名不正凡三以實字言前云名實紊此云名不當其實又云無以考其實盖名當其實則名正名實紊則名不正名者實之賓實者名之主也實字於名最緊切○問言與事似不相干涉朱子曰如一人被火急取水來救始得却敎他取火來此便是言不順如何得事成○輒以兵拒父以父爲賊是多少不順其何以爲國何以臨民○雙峯饒氏曰夫子謂必也正名是事事皆要正名君臣父子固是正名中之大者然不可專指此大凡一事才不正名便開口有礙說不去了既說不去如何行得去○吳氏曰名正言順即下文禮樂之本名正禮也言順樂也[備旨]我之必先正名非迂也亦以名之所係者大耳使名不當其實而不正則宣之於言有所窒礙而不順言既不順則見之於事自多乖違而不成

事不成則禮樂이 不興ᄒᆞ고 禮樂이 不興則刑罰이 不中ᄒᆞ고 刑罰不中則民無所措手足이니라 中去聲

事ㅣ 成티 몯ᄒᆞᆫ則 禮樂이 興티 몯ᄒᆞ고 禮樂이 興티 몯ᄒᆞᆫ則 刑罰이 中티 몯ᄒᆞ고 刑罰이

中티몯ᄒᆞᆫ則民이手足을措ᄒᆞᆯ배업ᄂᆞ니라

◉范氏、曰事得其序之謂禮、物得其和之謂樂、事不成、則無序而不和故、禮樂、不興、禮樂、不興則施之政事、皆失其道故、刑罰、不中、朱子曰事不成以事言禮樂不興以理言蓋事不成則事上面都無道理了說甚禮樂○大凡事須要節之以禮和之以樂事若不成則禮樂無安頓處禮樂不興則無序不和如此刑罰安得不顚倒○慶源輔氏曰無一事無禮樂禮只是一箇序樂只是一箇和事成而有序則禮樂自興不然則墮壞乖舛又烏得有禮樂哉禮樂不興則凡施於政事者無非私意率皆倒行逆施無序而不和所謂刑罰不中而民無所措手足亦必然之理也○吳氏曰此禮樂非玉帛鐘鼓之謂事事物物得其理而後和之謂也名不正言不順則事物之間顚倒乖戾禮樂何由而起乎事失其理而不和故慶賞刑威無一中節獨言刑罰者賞過則濫利及小人刑過則淫禍及君子擧其害之重者言之刑罰所及非不善之人則民莫知趨避之路矣將安所置其手足乎自名不正推而至於民無所措手足聖人洞燭事情深達治體如此[illegible]事既不成則一身擧動必顚倒無序乖戾不和而禮樂不興禮樂不興則施之政事必科條紊亂獄訟繁興而刑罰不中刑罰不中則爲惡者或得倖免爲善者或罹於禍民不知趨避之路而無所措其手足矣夫名不正其弊一至於此雖欲爲政其可得哉

故로君子ㅣ名之댄必可言也ㅣ며言之댄必可行也ㅣ니君子ㅣ於其言에無所苟而已矣니라

故로君子ㅣ名ᄒᆞᆯ뎐댄반ᄃᆞ시可히言ᄒᆞᆯ꺼시며言ᄒᆞᆯ뎐댄반ᄃᆞ시可히行ᄒᆞᆯ꺼시니君子ㅣ그言에苟ᄒᆞᆫ배업슬ᄯᆞ름이니라

◉程子、曰名實相須、一事、苟則其餘、皆苟矣、新安陳氏曰名指名之言實指可行言謂行事之實也一事苟謂言之苟其餘皆苟謂事不成禮樂不興刑罰不中也夫子所謂名不正以下是反說名之必可言照應前面名不正則言不順言之必可行照應前面言不順則事不成此是正說言無所苟又反說從名正言順來蓋於言苟且即是名不正言不順其餘必無往而不苟且矣○胡氏、曰衛世子蒯苦怪反聵、五怪反恥其母南子滛亂、欲殺之、不果而出奔、左傳定公十四年衛侯爲

夫人南子本宋女召宋朝宋公子 太子蒯聵過宋野人歌之曰既定爾婁豬求子豬也喩南子盍歸吾艾豭艾老也豭牡豕也喩宋朝太子羞之謂戲許宜反陽速曰太子家臣從我而朝少君少君見我我顧乃殺之速曰諾乃朝夫人夫人見太子太子三顧速不進夫人見其色啼而走曰蒯聵將殺余公執其手以登臺太子奔宋盡逐其黨 靈公、欲立公子郢、以井反靈公庶子 郢、辭、公、卒、夫人、立之、又辭、乃立蒯聵之子輒、以拒蒯聵、左傳哀公二年初衛侯遊於郊子南僕郢御車公曰余無子蒯聵奔將立汝對曰郢不足以辱社稷君其改圖衛靈公卒夫人曰命公子郢爲太子君命也對曰郢異於他子言用意不同且君沒於吾手若有之郢必聞之且亡人之子輒在乃立輒晉趙鞅納衛太子于戚 夫音扶蒯聵、五怪反 欲殺母、得罪於父、而輒、據國以拒父、皆無父之人也、其不可有國也、明矣、夫子、爲政而以正名爲先、必將具其事之本末、告諸天王、請于方伯、命公子郢而立之、則人倫正、天理得、名正言順、而事成矣、夫子、告之之詳、如此、而子路、終不喩也、故、事輒不去、卒死其難、去聲下同 徒知食焉、不避其難之爲義、而不知食輒之食、爲非義也、問胡氏說使孔子得政則是出公用之卽謀逐之此豈近於人情意夫子果仕衛必以父子大倫明告出公使自爲去就而立郢之事可議也朱子曰此說得之但聖人之權亦必有非常情所可測度者○問胡氏曰只是論孔子爲政正名合當如此設若衛君輒用孔子孔子既爲之臣則此說亦可通否曰聖人必不肯北面無父之人若輒有意改過遷善則夫子須先與斷約如此做方與他做若輒不能然則夫子決不爲之臣矣○子路爲人粗於精微處多未達合下仕衛便不是了孔悝卽出公之黨他不以出公爲非故其事悝自以爲善而爲之而不知其非義宜其以正名爲迂也○雙峯饒氏曰集註引胡氏說蓋以其辭嚴義正可爲萬世綱常作主使亂臣賊子知所警懼故特著之若眞欲行此須是孔子爲衛世卿而有權力當靈公初死輒未立之時爲之則可備旨故爲政君子知名不正則言不順一有名焉必當其實而可言也知言不順則事不成一有言焉必當其實而可行也夫名必可言是言所以言此名也言必可行是言所以基此行也君子之於言惟其揆之名而正措之行而順無所苟而已矣言不苟則事之成禮樂之興刑罰之中皆因之也不然其能免於弊哉此爲政之所以必先正名也子奈何其迂之

○樊遲ㅣ請學稼ᄒᆞᆫ대 子ㅣ 曰吾不如老農호라 請學爲圃ᄒᆞᆫ대 曰吾不

如老圃호라

樊遲ㅣ稼ᄅᆞᆯ學ᄒᆞ야지라請ᄒᆞᆫ대子ㅣᄀᆞᄅᆞ샤ᄃᆡ내老農만ᄀᆞᆺ디몯호라圃ᄒᆞ욤을學ᄒᆞ야지라請ᄒᆞᆫ대ᄀᆞᄅᆞ샤ᄃᆡ내老圃만ᄀᆞᆺ디몯호라

●種五穀曰稼、種蔬菜曰圃、朱子曰役智力於農圃內不足以成己外不足以治人是濟甚事○新安陳氏曰兩言吾不如雖不顯闢之已婉拒之矣【備旨】昔樊遲以務本力農乃治生之常道請學稼之事夫子婉辭以拒之曰稼之事惟老農知之君不如老農安能爲子言稼也又以圃之事比稼爲易請學爲圃之事夫子亦婉辭以拒之曰圃之事惟老圃知之吾不如老圃安能爲子言圃也

樊遲ㅣ出커늘子ㅣ曰小人哉라樊須也ㅣ여

樊遲ㅣ出커늘子ㅣᄀᆞᄅᆞ샤ᄃᆡ小人이라樊須ㅣ여

●小人、謂細民、孟子所謂小人之事者也、新安陳氏曰此小人是以位而言者下文集註云禮義信大人之事也是自此小人上推廣而對言之南軒曰孟子所謂有大人之事有小人之事正本此意○聞古之聖賢若大舜伊尹皆躬耕畎畝習農圃事何聖人深斥樊遲潛室陳氏曰遇此時則習此事遊聖人之門所學者何事【備旨】何樊遲不悟而出夫子以其志趣卑陋又恐其終不喩也遂從而責之曰稼圃者小人之事須乃以此爲問小人哉其樊須也

上이好禮則民莫敢不敬ᄒᆞ고上이好義則民莫敢不服ᄒᆞ고上이好信則民莫敢不用情이니夫如是則四方之民이襁負其子而至矣리니焉用稼ㅣ리오

好去聲夫音扶襁居丈反焉於虔反

上이禮ᄅᆞᆯ됴히너기면民이敢히敬티아니홀이업고上이義를됴히너기면民이敢히

服디아니홀이업고上이信을됴히너기면民이敢히情을ᄡᅳ디아니홀이업ᄉᆞ리니이러ᄐᆞᆺᄒᆞ면四方엣民이그子를襁으로負ᄒᆞ야니르리니엇디稼를ᄡᅳ리오

●禮義信、大人之事也、好義、則事合宜、情誠實也、敬服用情、蓋各以其類而應也、襁、織縷爲之、以約小兒於背者、慶源輔氏曰在己者皆盡其道在下者各以其類應之所謂正己而物正者非大人之德其孰能之○雙峯饒氏曰居大人之位有大人之德四方之民自歸之而爲之耕稼豈必自耕稼哉○楊氏、曰樊須、遊聖人之門、而問稼圃、志則陋矣、辭而闢之、可也、待其出而後、言其非、何也、蓋於其問也、自謂農圃之不如、則拒之者、至矣、須之學、疑不及此、而不能問、使其疑則必問矣不能以三隅反矣、故、不復扶又反下同及其旣出、則懼其終不喩也、求老農老圃而學焉、則其失、愈遠矣、故、復言之、使知前所言者、二不如意有在也、勉齋黃氏曰貧而爲老圃之事亦未爲過者樊遲之志豈亦有爲許行之說者而慕之歟故夫子以大人之事告之【備旨】抑未聞大人之事乎彼上誠好禮而莊以持己則禮足以肅民心而民莫敢不敬上誠好義而事皆合宜則義足以服民心而民莫敢不服上誠好信而不欺其下則信足以固民心而民莫敢不用情夫能好禮義信而致民之敬服用情如是則居大人之位有大人之德四方之民襁負其子而至以爲之耕稼矣又焉用自耕稼爲哉稼不必爲則圃可知矣須何不以大人自待也

○子ㅣ曰誦詩三百ᄒᆞ되授之以政애不達ᄒᆞ며使於四方애不能專對ᄒᆞ면雖多ㅣ나亦奚以爲리오使去聲

子ㅣ ᄀᆞᆯᄋᆞ샤ᄃᆡ詩三百을誦호ᄃᆡ政으로ᄡᅥ授홈애達티몯ᄒᆞ며四方에使홈애能히專對티몯ᄒᆞ면비록多ᄒᆞ나ᄯᅩ므서싀ᄡᅳ리오

●專、獨也、詩、本人情該物理、可以驗風俗之盛衰、見政治去聲之得失、其言、温厚和平、長於風去聲諭故、誦之者、必達於政、而能言也、

問誦詩三百何以見其必達於政朱子曰其中所載可見如小夫賤隷閭巷之間至鄙俚之事君子平日耳目所不曾聞見者其情狀皆可因此而知之而聖人所以脩德於己施於事業者莫不悉備於其間所載之美惡讀誦而諷詠之如是而爲善如是而爲惡吾之所以自脩於身者如是是合做底事如是是不合做底事待得施以治人如是而當賞如是而當罰莫不備見如何於政不達若讀詩而不達於政則是不曾讀也又問如何使四方必能專對曰於詩有得必是於應對言語之間委曲和平○胡氏曰詩之作也有邪有正皆原於人情其所言於事物之理莫不具載其情合事理之正則可以知風俗之盛政治之得其情背事理之正則可以知風俗之衰政治之失故誦詩而有得則可以達於政矣詩之言温厚則不至於薄和平則不至於訐長於風諭則人易曉故誦詩而有得則能言語○雙峯饒氏曰詩本人情人情有好有惡讀詩而有得則知人情之所好者在甚處所惡者在甚處得之於心施之於政則必能順民之所好而違其所惡其政無不善矣是之謂達詩之言辭多宛曲風諭而不直致使者所以傳君命措辭最難才委靡則流於弱而取侮於人才剛直則又恐激怒而貽禍於國若能善其辭命婉正得體不辱君命非誦詩而有得於詩人命辭之體者不能也春秋諸國往來多尙辭令故夫子併指此爲讀詩之驗問專對曰使有正有介正使不能答則介使助之如正使自能致辭不假衆介之助是謂能專對達與專對非誦詩時便思量要如此誦詩而有得則自然有此效驗以訓用爲字只語助辭

○程子、曰窮經、將以致用也、世之誦詩者、果能從政、而專對乎、然則其所學者、章句之末耳、此、學者之大患也、

程子曰今人不曾讀書如誦詩三百授之以政不達使於四方不能專對既誦詩後須達於政能專對始是讀詩未讀二南時一似面墻到讀後便不面墻方是有驗大抵讀書只是此法○問詩三百篇人未有不讀者也而達於政能專對者何其少耶勉齋黃氏曰亦視其所以讀者之何如耳爲人耶爲己耶誦說耶踐行耶鹵莽耶精切耶二者之不同而能不能判矣驗之於心浹洽而通貫體之於身切實而專確則亦奚不能之足患哉○厚齋馮氏曰讀書必明其理明理必達諸用讀書不明其理記誦之末學也明理而不達諸用章句之腐儒也子删詩在晩年而平日兩言詩三百則知子之删去者無幾特釐正之以系於風雅頌之末云耳○雲峯胡氏曰習温柔敦厚之敎者必能爲慈祥豈弟之政必能爲温厚和平之言要之三百篇固多易三百八十四爻書五十八篇禮三千三百春秋二百四十二年之事皆多也窮經而不能致用皆多而無益者也擧詩以例其餘爾［備旨］夫子示窮經者當求實用曰窮經將以致用也如誦詩三百不爲不多矣其間通於政治長於風諭者亦旣備聞之矣宜達於政而能言也乃授之以政不能通達事理而有昧於施措之宜使於四方

不能專於應對而有待於介紹之助 則誦詩雖多亦奚所用哉窮經 者當求其實用可矣

○子ㅣ曰其身이正이면不令而行ᄒᆞ고其身이不正이면雖令不從이니라

子ㅣᄀᆞᆯᄋᆞ샤ᄃᆡ그몸이正ᄒᆞ면令티아니ᄒᆞ야도行ᄒᆞ고그몸이正티아니ᄒᆞ면비록令ᄒᆞ나좃디아니ᄒᆞᄂᆞ니라

●南軒張氏曰從違之本不系於令係於所以示之何如耳○雙峯饒氏曰身正是身敎令不過言敎以身敎者從以言敎者訛【備旨】夫子論端本之治曰上之敎民不在於令而在於身苟能建極作則而其身正矣則表率有原不假禁令而其化自行如縱欲敗度而其身不正則倡化無本雖有 禁令之煩而民將玩之而弗從矣爲治者可不端其本哉

○子ㅣ曰魯衛之政이兄弟也ㅣ로다

子ㅣᄀᆞᆯᄋᆞ샤ᄃᆡ魯와衛ㅅ政이兄弟로다

●魯、周公之後、衛、康、叔之後、本兄弟之國、而是時、衰亂、政亦相似故、孔子嘆之、蘇氏曰是歲魯哀公七年違出公五年也衛之政父不父子不子魯之政君不君臣不臣卒之哀公孫于邾而死于越出公奔宋而亦死于越其不相遠如此【備旨】夫子感而嘆曰 昔周公封魯康叔封衛本兄弟之國今就其紀綱法度言之其政亦兄弟之政也吾不意周公康叔之遺其相同亦 一至於此也

○子ㅣ謂衛公子荊ᄒᆞ샤ᄃᆡ善居室이로다始有에曰苟合矣라ᄒᆞ고少有에曰苟完矣라ᄒᆞ고富有에曰苟美矣라ᄒᆞ니라

子ㅣ衛ㅅ公子ㅣ荊을닐ᄋᆞ샤ᄃᆡ室에居홈을善히ᄒᆞᄂᆞᆺ다비로소둠애ᄀᆞᆯ오ᄃᆡ잠ᄭᅡᆫ合ᄒᆞ다ᄒᆞ고져기둠애ᄀᆞᆯ오ᄃᆡ잠ᄭᅡᆫ完ᄒᆞ다ᄒᆞ고富히둠애ᄀᆞᆯ오ᄃᆡ잠ᄭᅡᆫ美ᄒᆞ다ᄒᆞ니라

●公子荊、衛大夫、苟、聊、且粗坐五反略之意、合、聚也、完、備也、言其循序而有節、不以欲速盡美。累其心、新安陳氏曰由合而完由完而美既見其循序漸進而無欲速之心而其合完美皆曰苟而已又見其所欲易足而有節曾無盡美之心非賢而能之乎

○楊氏曰務爲全美則累物而驕吝之心生、慶源輔氏曰居室務爲全美是爲外物所累得之則驕心生失之則吝心生 公子荊、皆曰苟而已、則不以外物、爲心、其欲易去聲足故也、新安陳氏曰楊氏只於苟字上見有節不盡美之意不見循序不欲速之意必如上文朱子之說則該備矣○問公子荊善居室也無甚高處聖人稱善何也朱子曰常人居室不極其華麗則墻傾壁倒全不理會子荊自合而完而美循循有序而又皆曰苟而已初不以此累其心在聖人德盛此等事皆化了不足言在公子荊能如此故聖人稱之○問公子荊夫子止稱其居室之善如何曰此亦姑擧其一事之善而稱之又安知其他無所長乎○長樂陳氏曰士庶之家多循理世祿之家多怙侈其勢然也荊爲衛之公子善於居室而未始有累焉此季札所以謂之君子也 備旨 夫子謂衛大夫公子荊善於居室當其財用器物之始有也荊之心則曰吾今已苟合矣不見苟合之外有可願也及其財用器物之少有也荊之心則曰吾今已苟完矣不見苟完之外有可求也及其財用器物之富有也荊之心則曰吾今已苟美矣不見苟美之外有可慕也循序而無欲速之累有節而無盡美之心公子荊之善居室如此世之聞公子荊之風者其亦可以少愧矣

○子ㅣ適衛ᄒᆞ실ᄉᆡ 冉有ㅣ僕이러니

子ㅣ衛예適ᄒᆞ실ᄉᆡ 冉有ㅣ僕ᄒᆞ얏더니

●僕、御車也、備旨 昔夫子適衛冉有爲之御車以行

子ㅣ曰庶矣哉라

子ㅣᄀᆞᆯᄋᆞ샤ᄃᆡ庶ᄒᆞ다

○庶、衆也、備旨 夫子有感於衛民之衆而嘆曰庶矣哉其衛之民乎蓋覩生齒之繁情與俱深矣

冉有ㅣ曰旣庶矣어든又何加焉이리잇고曰富之니라

冉有ㅣ글오ᄃᆡ이믜庶커든또므스거슬加ᄒᆞ리잇고글ᄋᆞ샤ᄃᆡ富케ᄒᆞᆯ띠니라

●庶而不富、則民生不遂故、制田里、薄賦斂、去聲以富之、雙峯饒氏曰田是所耕之田孟子所謂百畝之田勿奪其時是也里是所居之地孟子所謂五畝之宅樹墻下以桑是也田出穀粟里出布帛有穀粟則不飢有布帛則不寒二者富之之道

備旨 冉有遂請曰民患其寡也今旣庶矣又何道以加於庶之後焉夫子告之曰庶而不富則無以遂其生必制田里薄賦斂以富之俾今之衛猶昔日保乂之衛焉而所以保其庶者在是矣

曰旣富矣어든又何加焉이리잇고曰敎之니라

글오ᄃᆡ이믜富커든또므스거슬加ᄒᆞ리잇고글ᄋᆞ샤ᄃᆡ敎ᄒᆞᆯ띠니라

●富而不敎、則近於禽獸故、必立學校、明禮義以敎之、雙峯饒氏曰制田里薄賦斂立學校明禮義各是兩事相因田里是富之之原不制田里則衣食無所從出如何可使之富然田里雖制而不薄賦斂則過取於民非藏富於民矣學校是敎之之地不立學校則敎化無所從施如何可使之知禮義然學校雖設而不明禮義以道之則人心無自而開明學校亦徒設而已所以兩兩相因皆不可廢○南軒張氏曰庶矣則當富之富矣則當敎之聖賢仁民之意無窮而施之爲有序也○新安陳氏曰庶而不富則民雖繁其生而不厚其生富而不敎則民雖厚其生而無以養其生庶而富則民生厚富而敎則民德正此帝王作之君師之事也後世庶而富之者已少況富而敎之者乎○胡氏、曰天生斯民、立之司牧、而寄以三事、慶源輔氏曰父生師敎君治爲三事○或曰庶富敎是也然、自三代之後、能擧此職者、百無一二、漢之文明、唐之太宗、亦云庶且富矣、西京之敎、無聞焉、前漢文帝都長安是爲西京明帝、尊師重傅、臨雍拜老、宗戚子弟、莫不受學、東漢禮儀志明帝永平二年三月上始帥群臣躬養三老五更于辟雍三老老人知天地人之事五更老人知五行更代之事者明帝紀三老謂李躬年耆學明五更謂桓榮授帝尚書也辟雍天子之學名三老五更皆齊于大學講堂其日乘輿先到辟雍禮殿御坐東廂遣使者安車迎三老五更安車坐乘之車以蒲裹輪令老者坐而安穩也天子迎于門屛交禮報拜也道自阼階三老升自賓階至階天子揖如禮三老升東面三公設几九卿正履天子親袒

割牲執醬而饋執爵而酳音胤漱也祝鯁在前祝噎在後老人食多鯁饐故置人於前後祝之使不鯁饐也五更南面三公進供禮亦如之明日皆詣闕謝恩以見禮遇大尊顯故也 唐太宗、大召名儒、增廣生員、唐書儒學傳貞觀六年詔罷周公祀初祀周公爲先聖至此罷更以孔子爲先聖顔氏爲先師盡召天下惇師考德以爲學官數臨幸觀釋菜命祭酒博士講論經義賜以束帛生能通一經者得署吏廣學舍千二百區諸生員至三千二百自玄武屯營飛騎皆給博士受經能通一經者聽入貢限四方秀艾挾策負素坌去聲集京師文治煟于貴反勃興於是新羅高昌百濟吐蕃高麗等酋長並遣子弟入學鼓笥蹹堂者凡八千餘人紆侈袂曳方履誾誾秋秋雖三代之盛所未聞也 教亦至矣、此下總說二君然而未知所以教也、三代之教、天子公卿、躬行於上、言行去聲政事、皆可師法、彼二君者、其能然乎、[備旨]再有又請曰民患其貧也今既富矣又何道以加於富之後焉夫子告之曰富而不教則無以復其性必立學校明禮義以教之俾今之衛猶昔日作新之衛焉而所以保其庶於富後者在是矣惜乎衛有其民夫子有其具而卒不獲一試也可慨也夫

○子ㅣ曰苟有用我者ㅣ면朞月而已라도可也ㅣ니三年이면有成이리라

子ㅣ ᄀᆞᆯᄋᆞ샤ᄃᆡ 진실로 나ᄅᆞᆯ ᄡᅳ리 이시면 朞月ᄯᆞᄅᆞᆷ이라도 可ᄒᆞ리니 三年이면 成ᄒᆞᆷ이 이시리라

●朞月、謂周一歲之月也、可者、僅辭、言紀綱布也、有成、治去聲功成也、朱子曰聖人爲政一年之間想見已前不好底事都革得盡到三年便財足兵强敎行民服聖人做時須一切將許多不好底撤換了方做自家底必三年方可有成也○南軒張氏曰朞月而大綱立三年而治功成然三年之所成者卽其朞月所立之規模也充之而已矣○東陽許氏曰朞月而可謂興衰撥亂綱紀粗立三年有成謂治定功成治道大備○尹氏、曰孔子、歎當時莫能用己也、故、云然、愚、按史記、此蓋爲去聲衛靈公、不能用而發、葉氏少蘊曰因衛不用己而言又論善人王者之功此書所記先後初無序亦有一時之言而併記之者若此編是也所謂用我者非嘗試而使之也擧國委己而聽之也哀公以夫子爲中都宰一年而四方則之夾谷之會攝行相禮齊人遂歸魯侵疆及爲司寇粥羔豚弗飾賈男女行者別於塗每用輒效如此況委國而聽之至於三年之久哉

○雲峯胡氏曰夫子言有用我者二一爲衛不能用一爲魯不能用即此亦可見魯衛之政兄弟矣[備旨]夫子有感而言曰當今之世苟有人焉能用我者雖用至期月一年之間而弊者革廢者興綱紀粗立已可觀也至於三年則治功已定治道大備而有成矣惜乎世莫我用吾亦安能如之何哉

○子ㅣ曰善人이爲邦百年이면亦可以勝殘去殺矣라ᄒᆞ니誠哉라是言也여 勝平聲去上聲

子ㅣᄀᆞᆯᄋᆞ샤ᄃᆡ善人이邦을ᄒᆞᆷ이百年이면ᄯᅩᄒᆞᆫ可히ᄡᅥ殘을勝ᄒᆞ며殺을去ᄒᆞ리라ᄒᆞ니誠ᄒᆞ다이말이여

●爲邦百年、言相繼而久也、勝殘、化殘暴之人、使不爲惡也、去殺、謂民化於善、可以不用刑殺也、蓋古有是言、而夫子、稱之、程子、曰漢自高惠、至于文景、黎民、醇厚、幾平聲致刑措、庶乎其近之矣、問善人之爲邦如何可勝殘去殺程子曰只是能使人不爲不善善人不踐跡亦不入於室之人也○問集註謂民化於善可以不用刑殺乃聖人之事善人未易至此朱子曰聖人比善人自是不同綏之斯來動之斯和殺之不怨利之不庸民日遷善而不知爲之者此聖人事善人定是未便得如此然他做百年工夫積累到此自是亦能使人興於善不陷刑辟如文景幾致刑措豈不勝殘去殺○雙峯饒氏曰勝殘是我之善化足以勝其殘暴去殺是民無極惡大罪可以不用刑殺惟其能勝殘所以可去殺謂之亦可者微寓不足之意似有未能必其殘果盡勝殺果盡去之意蓋亦所謂幾致刑措者也善人力量其極功只到得此地位以上更去不得○尹氏、曰勝殘去殺、不爲惡而已、善人之功、如是、若夫聖人則不待百年、其化、亦不止此、○新安陳氏曰上三句說本章下二句隱然說下章聖人即王者不待百年即一世化不止此即仁澤浹也[備旨]夫子思善人之治曰古語有云善人相繼爲邦積而至於百年之久善政善教感孚已深亦可以勝殘暴之民使不爲惡而去刑殺於不用矣由今觀之誠哉是言也世無善人於是言中遇善人善人無百年於是言中見百年爲是言者慨與慕與何爲使我感懷弗忘也

○子ㅣ曰如有王者도ㅣ라必世而後仁이니라

子ㅣᄀᆞᆯᄋᆞ샤ᄃᆡ만일애王者ㅣ이실ᄯᅵ라도반ᄃᆞ시世ㄴ後에仁ᄒᆞᄂᆞ니라

●王者、謂聖人受命而興也、三十年、爲一世、說文三十年爲一世從世而曳長之仁、謂敎化浹即業反也、程子、曰周自文武、至于成王而後、禮樂興、卽其效也、朱子曰自己之仁而言之這箇道理浸灌透徹自天下言之擧一世之人皆是這箇道理浸灌透徹○所謂仁者以其天理流行融液洞徹而無一物之不體也擧一世而言固無一人之不然卽一人而言又無一事之不然也求之詩書惟成康之世足以當之○雙峯饒氏曰此仁字是敎化浹洽無一人不貫徹底意思與其他仁字不同盖仁者以天地萬物爲一體須漸民以仁摩民以義節民以禮使其化薰蒸透徹融液周徧以至四海之內無一人不歸於善如人一身之間生意貫徹四肢百骸無少痿痺相似故謂之仁且如堯舜之世固是黎民於變比屋可封然苗頑猶未卽工亦是堯舜之化未貫徹處必三苗既格然後東漸西被朔南暨聲敎無處不貫徹方是堯舜致治之仁○或、問三年必世、遲速不同、何也、程子、曰三年有成、謂法度紀綱、有成而化行也、漸將廉反民以仁、摩民以義、使之浹於肌膚、淪於骨髓、而禮樂可興、所謂仁也、此非積久、何以能致、南軒張氏曰使民皆由於仁非仁心涵養之深仁政薰陶之久莫能然也此則非善人所能及矣○雲峯胡氏曰勝殘去殺者如能去人之疾而使之不至於死者也仁則如人元氣渾全而自無疾者也天下無一人非天理之融徹無一處非天理之流通故曰仁【備旨】夫子以王道望天下曰世之論治者孰不稱王者之仁然仁未可以驟致也如有王者受命而興必積而至於三十年之久而後仁漸義摩禮陶樂淑敎化浹洽於無間始可以言仁也王道之無近功如此豈一時之所致哉

○子ㅣ曰苟正其身矣면於從政乎애何有ㅣ며不能正其身이면如正人애何오

子ㅣᄀᆞᆯᄋᆞ샤ᄃᆡ진실로그身을正ᄒᆞ면政을從홈애므스거시이시며能히그身을正티몯ᄒᆞ면人을正홈애엇디료

●問此章與第六章其身正不令而行其身不正雖令不從何異而復出之朱子曰龜氏以爲此章專爲臣而發理或然也○雙峯饒氏曰從政與爲政不同爲政是人君事從是大夫事夫子此言蓋爲大夫而發【備旨】夫子示從政者以端本之化曰從政者苟能不悖綱常不乖憲度而正其身矣則輔上率民於從政以正人也何難之有如不能正其身則未有己不正而能正人者也其如正人何哉然則從政者可不以身爲先務乎

○冉子ㅣ退朝ㅣ어늘子ㅣ曰何晏也오對曰有政이러이다子ㅣ曰其事也ㅣ로다如有政인댄雖不吾以나吾其與聞之니라 朝音潮 與去聲

冉子ㅣ朝로서退ᄒᆞ야놀子ㅣᄀᆞᆯᄋᆞ샤ᄃᆡ엇디晏ᄒᆞ뇨對ᄒᆞ야ᄀᆞᆯ오ᄃᆡ政이잇더이다子ㅣᄀᆞᆯᄋᆞ샤ᄃᆡ그事ㅣ로다만일에政이이실띤댄비록나를ᄡᅳ디아니ᄒᆞ나내그與ᄒᆞ야聞ᄒᆞᆯ이니라

●冉有、時爲季氏宰、朝、季氏之私朝也、厚齋馮氏曰臣見君曰朝故其廷謂之朝廷季氏專魯之政其臣之見季氏亦曰朝僭禮之稱也 晏、晚也、政、國政、事、家事、吳氏曰政事泛言之則通別言之則大曰政小曰事公朝之事曰政私家之事曰事 以、用也、禮、大夫、雖不治事、猶得與音預下文當與音同聞國政、是時、季氏、專魯、其於國政、蓋有不與同列、議於公朝、而獨與家臣、謀於私室者故、夫子、爲不知者而言、此與記檀弓下夫子爲弗聞也者而過之同一文勢 此必季氏之家事耳、若是國政、我嘗爲大夫、雖不見用、猶當與聞、今既不聞、則是非國政也、語意、與魏徵、獻陵之對、略相似、唐書魏徵傳文德皇后太宗之后既葬帝即苑中作層觀以望昭陵后陵引徵同升徵熟視曰臣昏眊不能見帝指示之徵曰臣以爲陛下望獻陵太宗母陵昭陵則臣固見之矣帝泣爲毁觀 其所以正名分、扶問反 抑季氏而教冉有之意、深矣、吳氏曰以夫子此語推之意古者大夫雖致仕國有大政亦必與之共謀蓋詢黃髮之意若小事則不必然爾冉有仕季氏無能改於其德故夫子因其有政之語而深譏之可謂微而顯婉而嚴矣夫子哀公十一年冬反魯年六十九明年爲告老之年左傳哀公十二年春用田賦康子使冉有問曰子爲國老待子而行盖至是不復以告矣【備旨】冉有爲季氏宰自其私朝而退來見夫子夫子問之曰退朝自有常期今日何若是之晏也冉有對曰朝有國政相與議之故不覺其退之晏耳夫子諷之曰此必季氏之家事也如有國政則事出於公必於公朝議之吾嘗從大夫之後雖不吾以而見用吾其當與聞之何其宜聞而不聞也今既不聞則非國政可知矣夫子辨政事之名如此所以抑季氏而教冉有者不亦深乎

○定公이問一言而可以興邦이라ᄒᆞᄂᆞ니有諸잇가孔子ㅣ對曰言不可以若是其幾也ㅣ어니와

定公이묻ᄌᆞ오ᄃᆡ一言에可히ᄡᅥ邦을興ᄒᆞ리라ᄒᆞᄂᆞ니인ᄂᆞ니잇가孔子ㅣ對ᄒᆞ야ᄀᆞᆯ으샤ᄃᆡ言을可히ᄡᅥ이러ᄐᆞ시그幾티몯ᄒᆞᆯ꺼시어니와

●幾、期也、詩、曰如幾如式、(見小雅楚茨篇)言一言之間、未可以如此而必期其效、(詩幾音機)【備旨】定公問於孔子曰善言固足以資治也然有不出於一言而可以期興邦之效果有諸否乎孔子對曰一言至微也興邦大效也一言之間不可以若是其幾必興邦之效也

人之言曰爲君難ᄒᆞ며爲臣不易라ᄒᆞᄂᆞ니(易去聲)

人의言에ᄀᆞᆯ오ᄃᆡ君되옴이어려오며臣되옴이쉽디아니타ᄒᆞᄂᆞ니

當時ㅣ有此言也、【備旨】然亦有之人之言曰爲君者上係天命之去留下係人心之離合其統理之責蓋甚難也爲臣者天命賴以其永人心賴以其保其輔理之責亦不易也時人之言如此

如知爲君之難也ㄴ댄不幾乎一言而興邦乎잇가

만일에君되옴이어려온줄을알띤댄一言애邦을興홈을幾티아니ᄒᆞ리잇가

●因此言而知爲君之難、則必戰戰兢兢、臨深履薄、而無一事之敢忽、然則此言也、

豈不可以必期於興邦乎、爲去聲定公言故、不及臣也、不再拈及爲臣不易一句[備旨]夫所謂爲君難者固一言耳如使爲君者因此言而知爲君之難也則必戰兢以圖不敢怠忽由是而天命固人心歸不幾乎爲君難之一言而可以興邦乎

曰一言而喪邦이라ᄒᆞᄂᆞ니 有諸잇가 孔子ㅣ 對曰言不可以若是其幾也ㅣ어니와 人之言曰予無樂乎爲君이오 唯其言而莫予違也ㅣ라ᄒᆞᄂᆞ니 喪去聲下同 樂音洛

ᄀᆞᆯᄋᆞ샤ᄃᆡ 一言에邦을喪ᄒᆞ리라ᄒᆞᄂᆞ니인ᄂᆞ니잇가孔子ㅣ對ᄒᆞ야ᄀᆞᆯᄋᆞ샤ᄃᆡ言을可히ᄡᅧ이러틋시그幾티몯ᄒᆞᆯ꺼시어니와人의言애ᄀᆞᆯ오ᄃᆡ내君되옴을樂홈이업고오직그言홈애나를違티말라ᄒᆞᄂᆞ니

○言他無所樂、惟樂此耳、[備旨]定公又問曰言固足以僨事也然有不出於一言而即至喪邦者果有諸否乎孔子對曰一言至微也喪邦大禍也一言之間不可以若是其幾於喪邦之禍也然亦有之人之言曰君任至重予無樂乎其爲君也唯其言一出而臣民欽若莫敢於予而或違也此則爲君之樂耳時人之言如此

如其善而莫之違也ㄴ댄 不亦善乎잇가 如不善而莫之違也ㄴ댄 不幾乎一言而喪邦乎잇가

만일에그善커든違티아니홀띤댄ᄯᅩ혼善티아니ᄒᆞ리잇가만일에善티아니커든違티아니홀띤댄一言에邦을喪홈을幾티아니ᄒᆞ리잇가

●范氏、曰如不善而莫之違、則忠言不至於耳、君日驕而臣日諂、(丑驗反)未有不喪邦者也、○謝氏、曰知爲君之難、則必敬謹以持之、唯其言而莫予違、則讒諂面諛之人、至矣、邦未必遽興喪也、而興喪之源、分於此、然、此非識微之君子、何足以知之、

胡氏曰幾舊說或以爲近或以爲微近與不幾乎之義同與若是其幾之幾不協微則其文義皆不可讀故不可從也謝氏說邦未必遽興喪則似以幾爲近又曰興喪之源分於此非識微者不足以知之則又似以幾訓微終取之者豈以其大旨有所發明歟○雙峰饒氏曰聖人說話直是平無些子高低謂一言便能興邦喪邦固不可謂一言不可以興邦喪邦亦不可又如唯其言而莫予違固不是然善而莫之違猶自可故又分兩般說一輕一重之間斟酌劑量不分分毫有偏○吳氏曰定公之問亦可謂有意於治矣使其能用夫子之言兢兢業業以媚己之人爲可畏三子之徒庶其小悛而魯其或興也惜乎女樂之事公旣欲之而桓子又助成之是亦言不善而莫之違之類是以用夫子而不克終也【備旨】夫所謂言莫予違者固一言耳如使爲君者出其言善而臣下莫之違也則都俞於一堂者皆保定之謀不亦善乎如出言不善而臣下亦莫之違也則忠言不至君驕臣諂不幾乎莫予違之一言而可以喪邦乎是則邦不自興也興於君心一念之敬邦不自喪也喪於君心一念之肆凡有邦之責者其亦可以悟矣

葉公이問政ᄒᆞᆫ대 (葉音攝)

葉公이政을묻ᄌᆞ온대

●音義、並見(形甸反)第七篇、

子ㅣ曰近者ㅣ說ᄒᆞ며遠者ㅣ來니라 (說音悅)

子ㅣᄀᆞᆯᄋᆞ샤ᄃᆡ갓가온者ㅣ깃거ᄒᆞ며먼者ㅣ오미니라

●被其澤則說、聞其風則來、然、必近者說而後、遠者來也、

南軒張氏曰近者樂其澤遠者慕其風然未有澤不及於近而能使人慕之者也○勉齋黃氏曰此非有意於求其說且來也有意於求其說且來則必有不說不來者矣行吾之所當行而其效如此乃所謂政○或謂此章言其效而不言其所以致之何也吳氏曰葉公楚名臣或不待贅

言使其再問夫子必更有說夫子入楚接輿輩交議之葉公雖能問而不能相與反復也豈不惜夫○新安陳氏曰近說遠來皆政之驗非媚於民而求其說也失人心之事不行而所行皆不咈民心之事近者自說矣遠者聞其風即聞近者說之風也[備旨]楚葉公問政於夫子夫子告之曰爲政以得民爲貴必使近者之民咸被吾澤而有歡悅之心使遠者之民皆聞吾風而有來歸之心則可謂爲政矣亦思所以悅之來之可也

○子夏ㅣ爲莒父宰라問政ᄒᆞᆫ대子ㅣ曰無欲速ᄒᆞ며無見小利니欲速則不達ᄒᆞ고見小利則大事ㅣ不成이니라 父音甫 莒音擧

子夏ㅣ莒父宰ㅣ되연ᄂᆞᆫ디라政을묻ᄌᆞ온대子ㅣ ᄀᆞᆯᄋᆞ샤ᄃᆡ速고쟈티말며小利를보디마를떠니速고져ᄒᆞ면達티몯ᄒᆞ고小利를보면大事ㅣ이디몯ᄒᆞᄂᆞ니라

●莒父、魯邑名、欲事之速成、則急遽無序、而反不達、見小者之爲利、則所就者、小而所失者、大矣、南軒張氏曰欲速則期於成而所爲必苟故反不達見小利則徇目前而忘久遠之謀故反害大事○勉齋黃氏曰事之久速有自然之次第事之大小有自然之分量循其自然之理而無容心可也一有欲速見小利之心則私心而非正理矣宜其不達而大事不成也○雙峯饒氏曰見小與欲速相因纔要速成便只是見得目前小小利便處所以急要收效若是胸中有遠大規模自然是急不得

程子、曰子張、問政、子、曰居之無倦、行之以忠、子夏、問政、子、曰無欲速、無見小利、子張、常過高而未仁、子夏之病、常在近小故、各以切己之事、告之、○慶源輔氏曰居之而易得倦行之而不盡心此過高而未仁之證也欲速見小利此近小而不及之證也聖人之敎人如良醫之治疾藥雖不同效則一也○新安陳氏曰過於高者藥之以誠實不及而近小者藥之以寬大皆以切己者告之也○胡氏明仲曰聖人之言雖救子夏之失然天下後世皆可爲法兩漢以來爲政者皆未免欲速見小利之病也[備旨]子夏爲莒父之宰乃問政於夫子夫子告之曰爲政有二弊方爲其事旋責其效是爲欲速子必無欲速狃於淺近以爲便圖是爲見小利子必無見小利蓋爲養爲敎凡事有自然之次第有遠大之規模若欲事之速成則刻期旦夕先後失序而政不達見小者之爲利則貪於尺寸忘其遠圖而大事不成此所以不可欲速不可見小利也子爲政其可不

以遠大爲務而以近小爲戒乎

○葉公이語孔子曰吾黨에有直躬者ᄒᆞ니其父ㅣ攘羊이어ᄂᆞᆯ而子ㅣ證之ᄒᆞ니이다 語去聲

葉公이孔子ᄭᅴ語ᄒᆞ야ᄀᆞᆯ오ᄃᆡ우리黨에躬을直히ᄒᆞᆫ者ㅣ인ᄂᆞ니그父ㅣ羊을攘ᄒᆞ야ᄂᆞᆯ子ㅣ證ᄒᆞ니이다

●直躬、直身而行者、有因而盜曰攘、 備旨葉公語於孔子曰自直道之不行人多私其所好今吾黨之中有直躬而行者其父攘人之羊而其子乃從而證之夫親莫親於父猶且無隱如此則其直可知矣

孔子ㅣ曰吾黨之直者ᄂᆞᆫ異於是ᄒᆞ니父爲子隱ᄒᆞ며子爲父隱ᄒᆞᄂᆞ니直在其中矣니라 爲去聲

孔子ㅣᄀᆞᆯᄋᆞ샤ᄃᆡ우리黨에直ᄒᆞᆫ者ᄂᆞᆫ이에다ᄅᆞ니父ㅣ子를爲ᄒᆞ야隱ᄒᆞ며子ㅣ父를爲ᄒᆞ야隱ᄒᆞᄂᆞ니直이그中에인ᄂᆞ니라

●父子相隱、天理人情之至也、故、不求爲直、而直在其中、○謝氏、曰順理爲直、父不爲子隱、子不爲父隱、於理順邪、邪俗作耶 瞽瞍殺人、舜、竊負而逃、遵海濱而處、處上聲 當是時、愛親之心、勝、其於直不直、何暇計哉、 問父子相隱之說朱子曰邢氏引律大功以上得相容隱告言父祖者入十惡以爲得此意善乎其推言之也諸說或本乎情或本乎理各有不同今試以身處之則所謂情者蓋可體而易見所謂理者近於汎而不切然徒徇夫易見之近情而不要之以至正之公理則人情之或邪或正初無準則若之何必順此而皆可以爲直邪苟順其情而皆可

以謂之直則霍光之夫婦相隱可以爲直而周公之兄弟石碏之父子皆咈其情而反陷於曲矣而可乎○胡氏曰是曰是非曰非有謂有無謂無曰直直之常也父爲子隱子爲父隱權也故曰直在其中非指隱而爲直也如學以自脩而祿在其中亦然盖直躬人之細行父子人之大倫伸一己之細行傷人道之大倫非天理也父子主恩委曲以全其恩雖不得正謂之直然亦理所當然順理而行不失其爲直也葉公徒知一偏一曲之異乎人者爲高夫子則合全體大用而觀之也夫一偏一曲之高非不足尙於正理一有所虧尙何言哉○雙峯饒氏曰父子主恩於理當相隱於情亦當相隱故以是順天理合人情而直在其中若是父子相證則天理人情兩有所乖何取其爲直集註順理爲直是說理愛親之心勝是說情○問父當爲子隱而石碏莅殺子厚如何陳氏曰證父家之私事事主恩故見父而不見他人除亂國之大事事主義故見君而不見其子道理不可執一當在父子則父子重當在君臣則君臣重爲子止孝爲臣止忠地位各不同也○吳氏曰直天理也父子之親又天理之大者二者相礙則屈直以伸親非不貴乎直也當是時父子之情勝而直不直固有所不知也陳司敗以隱君之惡爲黨葉公以證父之惡爲直徒知直之爲公黨之爲私而君之義父子之親乃有不察微夫子則一偏一曲之說起而仁義塞矣【備旨】孔子曰吾黨所謂直者則異於是子或有過也而父且爲子隱不以聞之於人父或有過也而子亦爲父隱不以聞之於人夫相隱若非直也然父子相隱於天理爲順人情爲安雖不求爲直而直在其相隱之中矣若父子相證則是拂乎天理人情矣豈得爲直哉

○樊遲ㅣ問仁ᄒᆞᆫ대子ㅣ曰居處恭ᄒᆞ며執事敬ᄒᆞ며與人忠을雖之夷狄이라도不可棄也ㅣ니라

樊遲ㅣ仁을묻ᄌᆞ온대子ㅣᄀᆞᆯᄋᆞ샤ᄃᆡ居處에恭ᄒᆞ며事를執홈이敬ᄒᆞ며人을與홈이忠홈을비록夷狄에갈ᄯᅢ라도可히棄티몯홀꺼시니라

●恭、主容、敬、主事、恭見形甸反於外、敬主乎中、之夷狄、不可棄、勉其固守而勿失也、朱子曰發於外者比主於中者較大蓋必充積盛滿而後發於外然主於中者却是本○敬專言如脩己以敬只偏言是主事○自誠身而言則恭較緊自行事而言則敬爲切○問如何雖之夷狄不可棄曰道不可須臾離可離非道須是無間斷方得若有間斷此心便死了在中國是這箇道理在夷狄也只是這箇道理○勉齊黃氏曰居處指幽獨而言未有事者也執事指應事而言未涉乎人也與人指接物而言則涉乎人矣能恭敬而忠則天理常行而人欲不萌矣又能無適而不然則流行而無間斷仁之爲道孰外乎此○陳氏曰敬工夫細密恭氣象濶大敬意思卑屈恭意思尊嚴但恭只是敬之見於外者敬只是恭之存於中者敬與恭不是二物如形影然未有內無敬而外能恭者亦未有外能恭而內無敬者○雙峯饒氏曰無事時此心無所作爲只可於容貌上著箇恭及至事來則此心便要應事心若不在事上爲事便鹵莽所以著箇敬至於接人則此心須視人猶己不可容些欺僞所以著箇忠○天體物而不遺仁體事而無不在於居處時容貌恭肅則仁便在居處上於執事時此心戰兢惟恐失之則仁便在應事上於與人時能盡此而無所欺僞則仁便在與人上若能常常如此雖之夷狄而不棄此仁便無間斷○新安陳氏曰此與答仲弓問仁章當參看彼以敬恕言此以恭敬忠言蓋居處恭靜時敬也執事敬動時敬也忠即恕之體恕即忠之用也一而已矣動靜恭敬表裏忠恕又能持守而無間斷則私意何所容而仁豈外是哉

○程子、曰此是徹上徹下語、聖人、初無二語也、充之則睟(雖醉反)面盎背、推而達之、則篤恭而天下、平矣、陳氏曰徹上徹下謂凡聖皆是此理小則樊遲可用大則堯舜不過○慶源輔氏曰聖人之言貫徹上下此數言自始學至成德皆不過如此近而睟盎於一身遠而治平乎天下亦不外乎此皆是徹上徹下 胡氏、曰樊遲問仁者、三、此最先、先難、次之、愛人、其最後乎、朱子曰胡氏說三者先後雖無明證看來是如此若未嘗告以恭敬忠則所謂先難者將何從下手乎至於愛人則又以其發於外者言之○雙峯饒氏曰即此三者便是先難底事至於愛人又是從恭敬忠上發出去○覺軒蔡氏曰諸子問仁而所答各異者因其所稟之資而發也樊遲問仁而所答各異者因其所學之至而發也聖人敎人猶化工之妙物各付物於此見之

備旨 樊遲問爲仁之道夫子告之曰仁人心也無時無處而不在也故時乎居處則容止必恭而不敢肆時而執事則始終必敬而不敢忽時而與人則矢念必忠而不敢欺行此三者雖往夷狄亦固守此恭敬忠之理不可棄而失之也斯則心無時而不存理無時而或間仁豈外是哉

○子貢이問曰何如ㅣ라아斯可謂之士矣잇고子ㅣ曰行己有恥ᄒᆞ며使於四方ᄒᆞ야不辱君命이면可謂士矣니라(使去聲)

子貢이묻ᄌᆞ와ᄀᆞᆯ오ᄃᆡ얻더ᄒᆞ야아이에可히士ㅣ라닐ᄋᆞ리잇고子ㅣᄀᆞᆯᄋᆞ샤ᄃᆡ己를行ᄒᆞᆷ이耻이시며四方에使ᄒᆞ야君命을辱디아니ᄒᆞ면可히士ㅣ라닐ᄋᆞᆯ띠니라

●此、其志、有所不爲、而其材、足以有爲者也、慶源輔氏曰志存於隱而才見於顯且志易肆而才難彊故常人之志患在於無所不爲而其才則

患在無所能爲行己有恥則是其志有所不爲也使不辱命則是其才足以有爲也惟其志有所不爲然後其才足以有爲也子貢、能言故、以使事告之、蓋爲使之難、不獨貴於能言而已、新安陳氏曰不獨貴於能言蓋以行己有耻爲本也○朱子曰行己有恥則不辱其身使能盡職則不辱君命○雙峯饒氏曰有耻士之行不辱命士之能有其行又有其能全才也故可謂士[備旨]子貢問於夫子曰士之稱必有其實也必何如盡士之實斯可謂之士矣夫子告之曰士貴才志兼全也必其行之於一己者以廉恥爲大節凡非義之事皆有恥而不爲是其本立矣及其出使於四方則專對諸侯剛柔合體而不辱君所以命我之任是其志既有所不爲而其才又足以有爲可謂之士而無愧矣

曰敢問其次ᄒᆞ노이다 曰宗族이稱孝焉ᄒᆞ며鄕黨이稱弟焉이니라 弟去聲

ᄀᆞᆯ오ᄃᆡ 敢히 그 次를묻ᄌᆞᆸ노이다ᄀᆞᆯᄋᆞ샤ᄃᆡ 宗族이 孝ㅣ라稱ᄒᆞ며鄕黨이弟ㅣ라稱ᄒᆞᆷ이니라

○此、本立、而材不足者、有孝弟爲本立此外無材可見故、爲其次、朱子曰孝弟豈不是第一等人而聖人未以爲士之上者僅能使其身無過而無益於人之國守一夫之私行而不能廣其固有之良心也○雙峯饒氏曰行己有耻是事事不苟且孝弟固是行之大者然只是士行中之一端而又無其能故以爲士之次[備旨]子貢又問曰敢問其士之次者何如夫子告之曰有人於此內而宗族稱其孝焉外而鄕黨稱其弟焉此其才雖有不足然大本已立斯可以爲士之次矣

曰敢問其次ᄒᆞ노이다 曰言必信ᄒᆞ며行必果ㅣ 硜硜然小人哉나 抑亦可以爲次矣니라 行去聲硜苦耕反

ᄀᆞᆯ오ᄃᆡ 敢히 그 次를묻ᄌᆞᆸ노이다ᄀᆞᆯᄋᆞ샤ᄃᆡ 言을반ᄃᆞ시信ᄒᆞ며行을반ᄃᆞ시果ᄒᆞᆷ이 硜硜ᄒᆞᆫ小人이나ᄯᅩᄒᆞᆫ可히ᄡᅥ次ㅣ될이니라

●果、必行也、硜、小石之堅確(克角反)者、小人、言其識量(去聲)之淺狹也、此其本末、皆無足觀、然、亦不害其爲自守也、故、聖人、猶有取焉、下此則市井之人、(言誕行縱)不復(扶又反)可爲士矣、雲峯胡氏曰須看本末二字蓋士之所以爲士者行其本也才其末也志有所不爲而才足以有爲是本末俱有可觀其次則但取其本立又其次則本末皆無足取而猶不失爲自守故曰下此則市井之人不復可爲士矣○朱子曰硜硜小人亦可爲士者其識量雖淺而非惡也至其所守雖規規於信果之小節然與誕謾苟賤之人則不可同日語矣○厚齋馮氏曰言不必信行不必果孟子謂之大人惟義所在而不拘執所應者廣也言必信行必果夫子謂之小人確於自守而不可轉移所成者狹也[備旨]子貢又問曰敢問其士之又次者何如夫子告之曰有人於此言不顧是非而必信行不擇可否而必果硜硜然乃識量淺狹之小人哉此其本末雖無足觀然自守之嚴抑亦可以爲士之次矣

曰今之從政者ᄂᆞᆫ何如ᄒᆞ니잇고子ㅣ曰噫라斗筲之人을何足算也ㅣ리오(筲所交反算亦作筭悉亂反)

ᄀᆞᆯ오ᄃᆡ 이제 政을 從ᄒᆞᄂᆞᆫ 者ᄂᆞᆫ 엇더ᄒᆞ니잇고 子ㅣ ᄀᆞᆯᄋᆞ샤ᄃᆡ 噫라 斗筲ㅅ 人을 엇디 足히 筭ᄒᆞ리오

●今之從政者、蓋如魯三家之屬、噫、心不平聲、斗、量(去聲)名、容十升、筲、竹器、容斗二升、斗筲之人、言鄙細也、算、數(上聲)也、子貢之問、每下故、夫子、以是警之、○程子、曰子貢之意、蓋欲爲皎皎之行、(去聲)聞於人者、夫子告之、皆篤實自得之事、問程子謂子貢欲爲皎皎之行是如此否朱子曰子貢平日雖有此意思然這章却是他大段平實了渠見行己有恥使不辱命不是些小事故又問其次凡此節次皆是要向平實處做工夫每問皆下到下面問今之從政者却問錯了聖人便與他截斷[備旨]子貢又問曰今之從政爲大夫者其於士何如夫子嘆之曰噫斗筲鄙細之人本末旣無足觀言行又無可取何足算其爲士也子欲爲士亦取法乎上可矣

○子ㅣ曰不得中行而與之ㄴ댄 必也狂狷乎ㄴ뎌 狂者ᄂᆞᆫ 進取오 狷者ᄂᆞᆫ 有所不爲也ㅣ니라

子ㅣ글ᄋᆞ샤ᄃᆡ中行을得ᄒᆞ야與티몯ᄒᆞᆯ뗀댄반ᄃᆞ시狂과狷인뎌狂ᄒᆞᆫ이ᄂᆞᆫ進ᄒᆞ야取ᄒᆞ고狷ᄒᆞᆫ이ᄂᆞᆫᄒᆞ디아닐빼인ᄂᆞ니라

●行、道也、南軒張氏曰中行謂中道上行者○胡氏曰道猶路也故行亦道也 狂者、志極高而行去聲下同不掩、狷者、知未及而守有餘、朱子曰狂者知之過狷者行之過○雙峯饒氏曰行不掩非全然行不顧言如說得十分只行得五七分這五七分盖那十分不過耳 蓋聖人、本欲得中道之人而敎之、然、既不可得、而徒得謹厚之人、則未必能自振拔而有爲也、故、不若得此狂狷之人、猶可因其志節、狂者之志狷者之節 而激厲裁抑之、以進於道、非與其終於此而已也、朱子曰謹厚者雖是好又無益於事故有取於狂狷者又各墮於一偏中道之人有狂者之志而所爲又精密有狷者之志而所爲又精密有狷者之節又不至過激此極難得之人○狷者雖非中道然有筋骨其志孤介知善之可爲而爲之知不善之不可爲而不爲直是有節操狂者志氣激昂聖人本欲得中道而與之晚年磨來磨去難得這般恰好底人如狂狷尚可因其有爲之資裁而歸之中道○雙峯饒氏曰或解集註激厲裁抑以爲激厲狷者裁抑狂者是不然狂者志極高是過處行不掩是不及處狷者知未及是不及處守有餘是過處二者各有過不及於過處裁抑之使之俯而就中於不及處激厲之使之跂而及中如此則皆近道矣○狂狷自是病處聖人所以取之者以狂者有進取之志狷者不爲非理之事雖有病處亦有好處尚可敎以中道若徒謹厚者只是怕事底人雖不爲惡亦不足與爲善反不若狂狷之可取也○新安陳氏曰進取進而有爲以取於善也狂者知之過而行不及狷者行之過而知不及得聖人裁抑之激厲之使狂者力行以踐之而其見不荒狷者致知以明之而其守不狹則中道庶乎可得矣 ○孟子、曰孔子、豈不欲中道哉、不可必得故、思其次也、次謂狂者 如琴張、曾皙、牧皮者、孔子之所謂狂也、其志、嘐嘐然曰古之人古之人、夷考其行、而不掩焉者也、以上皆說狂者 狂者、又不可得、欲得不屑不潔之士、而與之、是狷也、是又其次也、又次謂狷者○勉齋黃氏曰孔子之門從遊之士皆極天下之選夫子猶歎中行之難得思狂狷者而與之蓋進道之難如此狂狷雖不同而其力量皆足以進於道者也今持不逮之資而悠悠以進於學是皆夫子之所棄也[備旨]夫子思傳道之人曰道必得所與而後傳也吾不得中行之士志節兼全知行合道者而與之以傳道矣然則吾之所與者必也其狂與狷乎蓋狂者遠大自期進而有爲以取法乎古人狷者自愛其身不義之事斷然有所不爲也夫狂者有其志狷者有其節得是人而激勵裁抑之則今日之狂狷他日亦可與中行同歸於道矣噫微斯人其誰與歸

○子ㅣ曰南人이有言曰人而無恒이면不可以作巫醫라ᄒᆞ니善夫라ㅣ 恒胡登反 夫音扶

子ㅣ ᄀᆞᆯᄋᆞ샤ᄃᆡ 南人이 言을 두어 ᄀᆞᆯ오ᄃᆡ 人이오 恒이 업스면 可히 ᄡᅥ 巫와 醫도 되디 몯ᄒᆞ리라 ᄒᆞ니 善ᄒᆞ다

[圈]南人、南國之人、恒、常久也、巫、所以交鬼神、醫、所以寄死生、故、雖賤役、而尤不可以無常、孔子稱其言而善之、朱子曰恒字古作恆其說象一隻船兩頭靠岸可見徹頭徹尾○慶源輔氏曰無常之人則在我者無定守矣何所用而可巫醫雖賤役然必有常乃可爲之蓋交鬼神而無常則鬼神不之享治疾病而無常則人何敢寄以死生哉孔子稱其言而善之其所以警於人者深矣[備旨]子曰南國之人有言曰人而無常久之心者則誠有不足不可以作巫而交鬼神術有不精不可以作醫而寄死生南人之言如此夫無恒之人即巫醫且不可作況修德立功之大者乎善夫南人之言近而指遠也

不恒其德이면或承之羞ㅣ라ᄒᆞ니

그 德을 恒티 아니ᄒᆞ면 或이 羞를 承ᄒᆞ리라 ᄒᆞ니

[圈]此、易恒卦九三爻辭、承、進也、朱子曰承如奉承之承如人送羞辱與之也○雙峯饒氏曰承字如儀禮皇尸命工祝承致多福于爾孝孫之承言奉而進之也

[備旨]然不獨南人有是言也易之恒卦九三爻辭有曰人苟不能恒久其德則內省多疚而外侮必至人皆得以羞

辱奉之易之所言如此

子ㅣ曰不占而已矣라니

子ㅣ골ᄋᆞ샤ᄃᆡ占디아니ᄒᆞᆯᄯᆞᄅᆞᆷ이니라

●復扶又反 加子、曰以別必列反 易文也、其義未詳、南軒張氏曰不占謂理之必然不待占決而可知也○新安陳氏曰不占如易所謂不占有孚言無常取羞不待占筮而信然矣 楊氏、曰君子、於易、苟玩其占、平聲 則知無常之取羞矣、其爲無常也、蓋亦不占而已矣、意亦略通、朱子曰不占而已此只是不讀書之意○雲峯胡氏曰易爲占筮之書不恒其德或承之羞此恒卦九三占辭也凡其不知不恒之患者由平日不占而已矣○新安陳氏曰此章謂無恒者雖賤役不可爲且羞辱不可免以見人決不可以無恒也[illegible]夫子既引此辭又曰是殆不玩其占而已矣君子於易苟玩其占則知無常取羞而惕然省悟矣人之無恒者可不繹方言而知戒玩易辭而知儆哉

○子ㅣ曰君子ᄂᆞᆫ和而不同ᄒᆞ고小人은同而不和ㅣ니라

子ㅣ골ᄋᆞ샤ᄃᆡ君子ᄂᆞᆫ和ᄒᆞ고同티아니ᄒᆞ고小人은同ᄒᆞ고和티아니ᄒᆞᄂᆞ니라

●和者、無乖戾之心、同者、有阿比毗至反 之意、南軒張氏曰和者和於理同者同其私和於理則不苟同同其私則不能和○勉齋黃氏曰和之與同公私而己公則視人猶己何不和之有惟理是視何同之有私則喜狎昵所以常同樂忌克所以不和○厚齋馮氏曰和如和羹異味而相調爲一也同如雷同隨聲而無分別也和與同近似而公私不同如比周驕泰之類夫子故辨之

○尹氏、曰君子、尙義故、有不同、小人、尙利、安得而和、慶源輔氏曰義有可否故有不同利有爭奪安得而和○朱子曰君子之和乃以其同寅協恭而無乖爭忌克之意其不同者乃以其守正循理而無阿諛黨比之風小人反是此二者外相似而內實相反乃君子小人情狀之隱微自古至今如出一軌如韓富范公上前議論不同或至失色至卒未嘗失和氣王呂章曾蔡氏父子兄弟同惡相濟而其隙無不至亦足以驗聖言之不可易矣○君子之心是大家只理會這一箇公當底道理故常和而不可以苟同小人是這箇私意故雖相與阿比然兩人相聚也便分箇彼己了故有些少

利害便至紛爭而不和也○雙峯饒氏曰論語中說小人有數樣硜硜然小人哉是以其氣量淺狹故謂之小人小人哉樊須也是以其所務者小事故謂之小人毋爲小人儒以其所業雖正而用心則私此是儒者中之小人至於小人比而不周驕而不泰和而不同與夫窮斯濫長戚戚之類是指其心術全然不好底故每每把對君子反說

備旨 夫子辨和同之介曰君子小人心術不同故其處事亦異君子之心公其與人也初無乖戾之心惟視理以爲可否吾見其和也而非苟同於人矣小人之心私其與人也莫非阿比之意惟徇情以爲可否吾見其同也而非和以處衆矣和同之相反如此人安可以無辨哉

○子貢이問曰鄕人이皆好之면何如ㅣ니잇고子ㅣ曰未可也ㅣ니라鄕人ㅣ皆惡之면何如ㅣ니잇고子ㅣ曰未可也ㅣ니라不如鄕人之善者ㅣ好之오其不善者ㅣ惡之니라（好惡皆去聲）

子貢이묻ᄌᆞ와ᄀᆞᆯ오ᄃᆡ鄕人이다됴히너기면엇더ᄒᆞ니잇고子ㅣᄀᆞᆯᄋᆞ샤ᄃᆡ可티아니ᄒᆞ니라鄕人이다아쳐ᄒᆞ면엇더ᄒᆞ니잇고子ㅣᄀᆞᆯᄋᆞ샤ᄃᆡ可티아니ᄒᆞ니라鄕人의善ᄒᆞᆫ者ㅣ됴히너기고그善티아니ᄒᆞᆫ者ㅣ아쳐홈만ᄀᆞᆺ디몯ᄒᆞ니라

●一鄕之人、宜有公論矣然、其間、亦各以類、自爲好惡也、故、善者、好之而惡（如字）者、不惡、則必其有苟合之行、（去聲惡字）者、惡之而善者、不好、則必其無可好之實、

勉齋黃氏曰不以鄕人皆好皆惡而定其人之賢必取決於善者之好不善者之惡蓋善者徇理故所好者如己之循理者也不善者徇欲故所惡者必不如己之徇欲者也此其所以爲賢也○慶源輔氏曰鄕人皆好恐是同流合汙之人鄕人皆惡恐是詭世戾俗之人故皆以爲未可惟鄕人之善者以其同乎己而好之則有可好之實矣不善者以其異乎己而惡之則無苟容之行矣方可必其人之賢也○西山眞氏曰必善者好之不善者惡之是其制行之美足以取信於君子而立心之直又不苟同於小人其爲賢必矣○厚齋馮氏曰子貢方人故所問如此夫人自幼及長知之悉者莫鄕人若也好惡無異辭則賢否宜可決矣然鄕人不能皆善則好惡不能皆當唯善不善各以類合求之於此

一好一惡而賢否定矣○雙峯饒氏曰子貢之問以爲賢者必爲鄕人之所好今鄕人皆好之還可以爲賢乎夫子見有居之似忠信行之似廉潔不免媚世以取譽故謂鄕人皆好未可遽以爲賢子貢又問如此則鄕人皆惡之還可以爲賢乎夫子又見有幼而不遜弟長而無述焉爲鄕黨所不齒者亦豈可以鄕人皆惡而遽謂之賢乎若鄕人之善者皆好之則以類從類不善者皆惡之則其志行不苟同於流俗可以見其必爲賢者而無疑也○覺軒蔡氏曰不如鄕人之善者好之其不善者惡之乃夫子答子貢鄕人皆好之皆惡之之問耳非謂必欲不善者惡之也如明道先生狡僞者獻其誠暴慢者致其恭雖小人趨向之異亦必以先生爲君子則不善者曷嘗惡之耶【備旨】子貢問於夫子曰賢者必見愛於人若盡一鄕之人而皆好之何如可以爲賢乎夫子告之曰鄕人皆好安知非同流合汙者乎未可信其爲賢也子貢又問曰賢者多見忌於人若盡一鄕之人而皆惡之何如可以爲賢乎夫子告之曰鄕人皆惡安知非詭世戾俗者乎未可信其爲賢也蓋好惡之公不在於同而善惡之分各以其類與其以鄕人皆好爲賢不如鄕人中之善者好之之爲得也與其以鄕人皆惡爲賢不如鄕人中之不善者惡之之爲得也夫其志行之美旣足取信君子立心之直又不苟同小人必如是斯可以爲賢耳

○子ㅣ曰君子는易事而難說也ㅣ니說之不以道ㅣ면不說也ㅣ오及其使人也하얀器之ㅣ니라小人은難事而易說也ㅣ니說之雖不以道ㅣ라도說也ㅣ오及其使人也하얀求備焉이니라 易去聲說音悅

子ㅣ갈ᄋᆞ샤ᄃᆡ君子ᄂᆞᆫ事ᄒᆞᆷ이쉽고說케ᄒᆞᆷ이어려우니說케ᄒᆞᆷ을道로ᄡᅥ아니ᄒᆞ면說티아니ᄒᆞ고그人을使ᄒᆞᆷ애미처ᄂᆞᆫ器ᄒᆞᄂᆞ니라小人은事ᄒᆞᆷ이어렵고說케ᄒᆞᆷ이쉬우니說케ᄒᆞᆷ을비록道로ᄡᅥ아니ᄒᆞ야도說ᄒᆞ고그人을使ᄒᆞᆷ애미처ᄂᆞᆫ備ᄒᆞᆷ을求ᄒᆞᄂᆞ니라

●器之、謂隨其材器而使之也、君子之心、公而恕、公故難說恕故易事 小人之心、私而刻、私故易說刻故難事 天理人欲之間、每相反而已矣、朱子曰君子無許多勞攘故易事小人便愛些便宜人便從那罅縫去處奉他故易說○南軒張氏曰易事者平恕之心也難說者正大之情也其所說者義理而已而非說人之說己也故說之不以道則不說與人爲善而取之不求備故使人則器之若小人則徇於一己之私而已故順己則喜而不察其非道也勝己則忌而惟欲責其全也此公私之分也○厚齋馮氏曰君子小人盖指當時卿大夫之得政者而言○雙峯饒氏曰說不以道不說是難說器之是易事說不以道亦說是易說求備是難事○慶源輔氏曰君子持己之道甚嚴而待人之心甚恕小人治己之方甚寬而責人之意甚刻君子說人之順理小人說人之順己君子貴重人材隨才器而使之而天下無不可用之人小人輕視人才故求全責備而卒至無可用之人[備旨]夫子論君子小人用心之異曰君子之人易於服事而難於取說也何則君子心惟其公苟說之不以當然之道而巧於諂媚彼必以理御情而不說也說之不亦難乎及其使人也則待之以恕隨其材而器用之有長皆可效事之又何易也小人之人難於服事而易於取說也何則小人心惟其私則說之雖不以道而曲爲逢迎彼亦徇情忘理而說之也說之不亦易乎及其使人也則待之以刻必求其全備而後快焉責望無已時事之又何難也君子小人之相反如此可不辨哉

○子ㅣ曰君子는泰而不驕ᄒᆞ고小人은驕而不泰니라

子ㅣ ᄀᆞᆯᄋᆞ샤ᄃᆡ 君子ᄂᆞᆫ 泰ᄒᆞ고 驕티 아니ᄒᆞ고 小人은 驕ᄒᆞ고 泰티 아니ᄒᆞ니라

●君子循理故、安舒而不矜肆、小人、逞欲故、反是、胡氏曰循理者泰之本逞欲者驕之根君子惟理是循富貴貧賤安於所遇無入而不自得故常舒泰小人惟欲之逞貪求苟取意得志滿常以自誇故常驕矜○南軒張氏曰泰者心廣而體胖驕者志盈而氣盛也驕則何由泰泰奚驕之有然而能不驕矣而未之泰者亦有之盖雖能制其私而涵養未至未免乎拘迫者也○雲峯胡氏曰驕與泰相似大學曰驕泰以失之章句謂驕者矜高泰者侈肆此則以泰爲安舒驕爲矜肆二字包矜高侈肆四字朱子訓釋之精如此○新安倪氏曰此以泰與驕對言則泰者驕之反本乎循理而安舒大學以泰與驕合言則泰亦驕之類根乎逞欲而侈肆各隨其旨觀之可也[備旨]夫子辨君子小人之氣象曰君子小人存心不同故其見之氣象亦異君子循乎理而心廣體胖常見其安舒而泰而不見其矜肆而驕也小人役於欲而氣溢志盈常見其矜肆而驕而不見其安舒而泰也君子小人其氣象不同有如是

○子ㅣ曰剛毅木訥이近仁이니라

子ㅣ ᄀᆞᆯᄋᆞ샤ᄃᆡ 剛과 毅와 木과 訥이 仁에 갓가오니라

●程子、曰木者、質樸、訥者、遲鈍、四者、質之近乎仁者也、楊氏、曰剛毅則不屈於物欲、木訥則不至於外馳故、近仁、朱子曰剛是體質堅强不軟不屈毅却有奮發作興氣象○近仁之說原聖人之意非是教人於此體仁乃是言如此之人於求仁爲近耳雖有此質正須實下求仁工夫乃可實見近處未能如此即須矯揉到此地位然後於仁爲近可下工夫若只守却剛毅木訥四字要想象思量出仁體來則無是理也○勉齋黃氏曰剛强勁毅堅忍○胡氏曰剛毅則有堅强不已之意木訥則無巧令必飾之資故於仁爲近然非論其問學工夫即其資稟而言也資稟之近若合於仁矣未可以爲仁也盖仁雖出於天生之本然唯上智之資氣命於理自然合於中和而不墮於一偏其不屈於物欲固剛毅矣然待人接物未嘗不溫然而和順也其不至於外馳固木訥矣然威儀文辭未嘗不粲然而宣明也若資質之美則拘於一偏而已大約言之固於仁爲近由學者言之必庶幾其全體可也○王氏曰剛必無欲毅必能行木無令色訥無巧言○雲峯胡氏曰四者天資之近仁者也加以學力則不止於近矣○新安陳氏曰反觀之則柔脆華辨之遠於仁可知矣【備旨】夫子欲人充美質以求仁曰人之氣質有剛焉而强勇不屈毅焉而堅忍有守木焉而質樸無華訥焉而遲鈍不佞此四者皆質之美而未嘗從事於仁也然仁者心無私欲剛毅則不屈於物欲仁者心存不放木訥則不至於外馳要皆近於仁也使因其近仁之質而加以求仁之功不將與仁爲一乎

○子路ㅣ問曰何如ㅣ라아 斯可謂之士矣니잇고 子ㅣ曰切切偲偲ᄒᆞ며 怡怡如也ㅣ면 可謂士矣니 朋友엔 切切偲偲오 兄弟엔 怡怡니라

子路ㅣ묻ᄌᆞ와ᄀᆞᆯ오ᄃᆡ엇더ᄒᆞ야아이에可히士ㅣ라닐ᄋᆞ리잇고子ㅣᄀᆞᆯᄋᆞ샤ᄃᆡ切切ᄒᆞ며偲偲ᄒᆞ며怡怡ᄃᆞᆺᄒᆞ면可히士ㅣ라닐올떠니朋友에ᄂᆞᆫ切切ᄒᆞ며偲偲ᄒᆞ고兄弟에ᄂᆞᆫ怡怡홀떠니라

●胡氏、曰切切、懇到也、偲偲、詳勉也、怡怡、和悅也、皆子路所不足故、告之、又恐其混於所施、則兄弟有賊恩之禍、兄弟切偲則易賊恩 朋友有善柔之損 朋友怡怡則失於善柔 故、又別而 必列反

言之、○朱子曰切切者敎告懇惻而不揚其過偲偲者勸勉詳盡而不强其從二者皆有忠愛之誠而無勁訐之害懇到有苦切之意然一向如此而無浸灌之意又不可須詳細相勉如此方有相親之意○聖人見子路有粗暴底氣象故告之以此又恐子路一向和悅去了又告之以朋友則切切偲偲兄弟則怡怡聖人之言是恁地密○勉齋黃氏曰所謂士者涵泳於詩書禮義之澤必有溫良和厚之氣此士之正也至於發强剛毅則亦隨事而著見耳子路負行行之氣而不能以自克則切偲怡怡之氣常少故夫子箴之○雙峯饒氏曰切切偲偲怡怡如也只是一句總言士之爲士其氣當如此下文又分別其義○覺軒蔡氏曰黃氏云爵有五士居其列民有四士爲之先謂之士者誠可貴也士之爲貴何哉以其記誦之多文辭之工耶則由與賜優爲之矣而二子乃汲汲然以士爲問何也至夫子所以答之者不過於行己事君入孝出弟言信行果與夫處兄弟朋友之間又何耶人之大倫五父子也君臣也兄弟也夫婦也朋友之交也舜命契爲司徒必先於敷五敎三代之學所以明人倫則謂之士者捨是何急焉後世則不然父兄之所告詔師友之所訓誨有司之所論選記誦而已爾人道之大端不暇講也如是則謂之士其果可以當此名耶謂之可貴未見其眞可貴也[備旨]子路問於夫子曰士固超乎凡民者也果何如斯可謂之士矣夫子告之曰士之質性貴於中和必其切切如情意之懇到偲偲如詔告之詳勉而又怡怡如顏色之和悅斯則恩義兼盡而德性不偏可謂之士而無愧矣然又不可混於所施也朋友以義合者則以切切偲偲施之斯處朋友者善而用切偲者亦善也而凡類於朋友者之無不善焉可知矣兄弟以恩合者則以怡怡施之斯處兄弟者得而用怡怡者亦得也而凡類於兄弟者之無不得焉可知矣夫恩義既全而所施有別士之爲士當如是由其知之否

○子ㅣ曰善人이教民七年이면亦可以卽戎矣라니

子ㅣ 골ᄋᆞ샤ᄃᆡ 善人이 民ᄀᆞᄅᆞ침이 七年이면 ᄯᅩᄒᆞᆫ 可히 ᄡᅥ 戎에 卽ᄒᆞ리니라

●教民者、教之以孝弟(去聲)忠信之行、(去聲)務農講武之法、卽、就也、戎、兵也、民知親其上、死其長(上聲)故、可以卽戎、雙峯饒氏曰善人卽善人爲邦之善人天資好善之人也敎民不是專敎之戰敎之孝悌忠信則民知尊君親上之義敎之務農則民知重本足食足兵皆卽戎之本也亦可者僅可之辭○新安陳氏曰善人有忠愛惻怛之心而其敎民又盡本末兼該之法孝弟忠信本也務農亦本也講武之法末也本末兼盡且必七年而僅可卽戎兵其可易言哉 ○程子、曰七年云者、聖人、度(待洛反)其時可矣、如云朞月三年、百年一世、大國五年、小國七年之類、

皆當思其作爲如何、乃有益、問善人敎民七年亦可以卽戎矣如何恰限七年朱子曰如此等他須有箇分明界限如古人謂三十年制國用則有九年之食至班固則推得出那三十年果可以有九年食處料得七年之類亦如此○慶源輔氏曰聖人度其時可矣盖致知格物之極功不啻如燭照而數計非臆度之謂也○厚齋馮氏曰古之敎士七年謂之小成敎民雖不如士之詳而七年亦敎成之節也如稱朞月三年百年一世大國五年小國七年之類是皆以其勢之大小事之難易時之遲速而言非臆度也亦可以云者若王者敎民不待如此之久也善人政事不足若能敎民則有其政矣雖無速效遲之七年亦可也此言不可以不敎之民戰也○雙峰饒氏曰欲論其作爲只前面說底便是朞月而紀綱布三年而政化行一世而敎化浹洽此是聖人作爲久近之效七年而可以卽戎比之三年而有勇知方者有間百年而可以勝殘去殺比之必世而仁者遠甚此是善人作爲久近之效○雲峯胡氏曰敎民本非爲卽戎而設敎之深亦可以卽戎矣[備旨]夫子稱善人之化曰戎兵大事豈可輕使民者惟善人內有實心外有實政其於民也敎之孝弟忠信以養其性敎之務農以厚其生敎之講武以熟其藝積而至七年之久則民之習於其敎者自知親上死長之義亦可以就乎戎兵而慷慨禦侮矣夫以善人敎民之久而後可卽戎卽戎可易言哉

○子ㅣ曰以不敎民戰이면是謂棄之니라

子ㅣ 골ᄋᆞ샤ᄃᆡ ᄀᆞᄅᆞ치디 아니ᄒᆞᆫ 民으로ᄡᅥ 戰ᄒᆞ면 이 닐온 ᄇᆞ림이니라

●以、用也、言用不敎之民以戰、必有敗亡之禍、是、棄其民也、吳氏曰白虎通云敎民者皆里中之老而有道德者爲右師敎里中之子弟以道藝孝弟行義朝則坐於里門弟子皆出就農復罷亦如之若旣成藏皆入敎學立春而就事故無不敎之民非謂敎之戰也然其三時務農一時講武則金鼓旗物之用坐作進退之節亦在所敎矣○南軒張氏曰所謂敎者敎之以君臣父子長幼之義使皆有親其上死其長之心而又敎之以節制如司馬法是也若未之敎而驅之戰則是棄之死地而已矣○厚齋馮氏曰孟子曰不敎民而用之謂之殃民盖本諸此也○新安陳氏曰此章與上章未必一時之言記者以類相從乃承上章之意而反言之也[備旨]夫子爲輕用民者戒也曰民者國之本苟以平日不敎之民而遽使之赴戰則民旣不知坐作擊刺之方又不知親上死長之義而敗亡之禍在所不免是謂自棄其民也然則爲民上者可不以棄民爲鑒哉

原本備旨

論語集註卷之十三

原本備旨 論語集註卷之十四

憲問第十四

胡氏、曰此篇、疑原憲所記、趙氏曰憲問耻不書姓而直書名其爲自記之證一也他章夫子稱弟子則名之曾子有子冉子門人之所記則以子稱非其師者皆稱字如原思爲之宰亦以此稱而此書名其爲自記之證二也下章問克伐怨欲不行不別起端而聯書之其爲自記之證三也○勿軒熊氏曰多記孔門出處言行內雜論春秋人物 凡四十七章

憲이問耻ᄒᆞᆫ대子ㅣ曰邦有道애穀ᄒᆞ며邦無道애穀이耻也ㅣ니라

憲이 耻를 묻ᄌᆞ온대 子ㅣ ᄀᆞᄅᆞ샤ᄃᆡ 邦이 道ㅣ 이숌애 穀만 ᄒᆞ며 邦이 道ㅣ 업숨애 穀만 ᄒᆞᆷ이 耻ㅣ니라

● 憲、原思、名、穀、祿也、邦有道、不能有爲、邦無道、不能獨善、而但知食祿、皆可耻也、憲之狷介、雙峯饒氏曰狷是有執守介是有分辨 其於邦無道、穀之可耻、固知之矣、至於邦有道、穀之可耻則未必知也、故、夫子、因其問而並言之、以廣其志、使知所以自勉、而進於有爲也、朱子曰穀之一字有食祿之義言有道無道只會食祿略無建明豈不可深耻○問憲之狷介安貧豈不知邦有道穀之可耻曰未可知也人到用處方見族黨稱其孝弟夫子未以爲士之至行者僅能持身於無過而無益於人國不足深貴也邦有道而不能有爲只小廉曲謹濟得甚事邦無道而受祿固不可有道而苟祿亦不可也○原憲甘貧守道其志卓然能有不爲者也其爲此問固知邦無道而枉道得祿之爲耻矣特欲質諸夫子以言其志耳夫子深知其然而亦知其學之未足以有爲也則恐其或當有道之時雖無枉道之羞而未免於素餐之愧故以是而幷告之使因其所己知而推之以及其所未知者庶乎其有以廣其業而益充其所爲耳或乃以

謂夫子之意止於無道得祿之可耻以憲能安貧而告之然則是徒以其己能者而瀆告焉豈所以進之於日新耶○梅巖胡氏曰論語中說有道無道凡八出泛論者三指其人而論者五南容伯玉武子史魚原憲是也世有道如南容之不廢武子之知伯玉之仕史魚之直可也如欲志於穀而不能有爲不可也○新安陳氏曰邦有道貧且賤焉耻也邦無道富且貴焉耻也集註云世治而無可行之道世亂而無能守之節其意正與此章同但彼全是平說此亦雖是平說然就原憲分上觀之則重在邦有道穀微不同耳雲峯謂憲爲夫子之宰猶辭其所當得之粟其耻於無道之穀可知然狷介者自守常有餘而見於事爲常不足故夫子猶告之以有道穀之可恥也[備旨]昔原憲以狷介之資問於夫子曰天下事何者爲可恥夫子告之曰君子貴有守之節尤貴有爲之才如邦之有道可以有爲時也乃不能有爲而但知食祿邦之無道可以獨善時也乃不能獨善而但知食祿是世治而無可行之道不免素餐與夫世亂而無能守之節不免貪位二者同歸於可恥也憲也聞此當由有守而進於有爲焉矣

○克伐怨欲을不行焉이면可以爲仁矣잇가

克과伐과怨과欲을行티몯게ᄒᆞ면可히ᄡᅥ仁이라ᄒᆞ리잇가

●此亦原憲、以其所能而問也、克、好去聲勝、伐、自矜、怨、忿恨、欲、貪欲、慶源輔氏曰克只訓勝如克敵克己之爲勝敵勝己是也然單言之則爲好勝如枝克克伐是也伐者傷殘之意自矜乃所以自殘也忿見於外恨藏於中內恨外忿則怨欲有公私貪欲則欲之私也○胡氏曰分言則四事對擧互言則克伐者因己所有而生氣盈也怨欲者因己所無而生氣歉也推本言之又皆由有己而生也○雙峯饒氏曰克伐二者只是一病怨欲二者亦只是一病四件是兩件兩件又只是一件病根在一欲字有所欲則貪多而求勝遂其所欲則誇伐不遂其所欲則怨恨[備旨]原憲以其所能問於夫子曰人有克而好勝伐而自矜怨而忿恨欲而貪欲今制之使不行焉可以爲無私之仁矣乎

子ㅣ曰可以爲難矣어니와仁則吾不知也케라

子ㅣᄀᆞᆯᄋᆞ샤ᄃᆡ可히ᄡᅥ어렵다ᄒᆞ려니와仁은내아디몯게라

●有是四者、而能制之、使不得行、可謂難矣、仁則天理渾上聲然、自無四者之累、不行、不足以言之也、朱子曰克伐怨欲只是自就道理這邊看得透則那許多不待除而自去若實是看得大底道理要求勝做甚麼要去矜誇他人做甚麼求仁而得仁又何怨怨箇甚麼耳目口鼻

四肢之欲惟分是安欲箇甚麼見得大處分明這許多小小病痛都如氷消凍釋無有痕迹矣若只是遏在胷中不行畢竟是有這物在裏才說無便是合下掃去不容他在裏譬如一株草剗去而留其根與連其根剗去此箇意思如何而今人於身上有不好處須是合下便剗去若只是在人面前不行而此箇根苗常留在裡便不得○克伐怨欲不行所以未得爲仁者如面前有一事相觸雖能遏其怒畢竟胷中有怒在所以未得爲仁○南軒張氏曰克伐怨欲不行亦可謂能制其私欲者矣然克伐怨欲之根猶在也若夫仁者之心則克伐怨欲無自而萌焉故制之於流未若澄之於源也○慶源輔氏曰憲兩問夫子答之皆是因其所已能而進之以其所未能

○程子、曰人而無克伐怨欲、惟仁者、能之、有之而能制其情、使不行、斯亦難能也、謂之仁則未也、此、聖人開示之深、惜乎、憲之不能再問也、程子曰人無克伐怨欲四者便是仁也只爲原憲著一箇不行不免有此心但不行也故孔子謂可以爲難此孔子著意告原憲處欲他有所啓發他承當不得不能再發問也孔門如子貢者便能曉得聖人意且如曰汝以予爲多學而識之歟對曰然便問曰非歟孔子告之曰非也予一以貫之原憲則不能也○若無克伐怨欲固爲仁已唯顏子而上乃能之○朱子曰明道說原憲承當不得所以不復問他非獨是這句失問如邦有道穀邦無道穀恥也也失問○問原憲也不是箇氣昏力弱底人何故如此曰他直是有力看他孤潔節介卒未易及只是見識自如此若子路見識較高他問時須問到底然敎原憲去爲宰從政未必如子路冉求之徒若敎子路冉求做原憲許多孤介也做不得孟子曰人有不爲也而後可以有爲原憲卻似只要不爲卻不理會有爲一節○慶源輔氏曰憲之所以僅能其難固以其狷介有守而至於不能復有所問則亦以狷介之守痼之也

或、曰四者不行、固不得爲仁矣、然、亦豈非所謂克己之事、求仁之方乎、曰克去上聲下同己私、以復乎禮、則私欲、不留而天理之本然者、得矣、若但制而不行、則是未有拔去病根之意、而容其潛藏隱伏於胷中也、豈克己求仁之謂哉、學者、察於二者之間、則其所以求仁之功、益親切而無滲所禁反漏矣、朱子曰克己如誓不與賊俱生克伐怨欲不行如薄伐玁狁至于太原但逐出境而已○克己者是從根源上一刀兩斷便斬絕了更不復萌不行底只是禁制他不要出來那欲爲之心未嘗忘也○雙峯饒氏曰拔去病根有兩說一是積漸消磨一是勇猛決去平居莊敬涵養此積漸消磨法也臨事省視克己此勇猛決去法也○胡氏曰制其情而不行與顏子四勿若相似而實不同四勿者分辨於天理人欲之間而一循乎天理不行者禁制於人欲已發之後而不徇乎人欲用力於初分之際者易用力於已發之後者難此所以雖不許其仁而亦許其難也苟志不勝氣則藏伏於內者勃然而出其難也有時而不可恃矣○雲峯胡氏曰克伐怨皆生於欲

仁者純乎天理而無欲者也無欲則自然無克伐怨欲矣顔子私欲淨盡可以爲仁憲之力制其欲者可以爲難【備旨】夫子告之曰常人之情一有克伐怨欲之心萌於中則必形之於外而不能以自制今能制之使不得行可以爲恒情之所難矣若夫仁則天理渾然自無克伐怨欲之累徒以不行者爲仁則吾不得而知之也是則制私不可以爲仁仁則無私之可制學者觀此可以識仁體矣

○子ㅣ曰士而懷居면ㅣ不足以爲士矣니라

子ㅣ ᄀᆞᆯᄋᆞ샤ᄃᆡ 士ㅣ오 居을 懷ᄒᆞ면 足히ᄡᅥ 士ㅣ라 ᄒᆞ디 몯ᄒᆞᆯ꺼시니라

●居、謂意所便安處也、胡氏曰居以爲居室亦可然居室一事所該者狹聖人旣斷其不足以爲士則不止思念其居室之安而已故以爲意所便安處皆是蓋不循理之安而惟徇情之安則趨利背義往往有之安得謂之士○慶源輔氏曰懷吾意所便安處便是利心爲士者正義而不謀利若於意所便安者戀戀而不能忘則於義之所當爲者必不能知所徙矣內則損德外則廢業是尙足以爲士哉○雲峯胡氏曰懷居與小人懷土相似與聖人安土樂天相反安土者隨其身之所處而安無所執著所謂安土敦乎仁其樂也天懷居者戀其身之所便以爲安有所執著其累也人○新安陳氏曰君子當安安而能遷私意戀著是苟安也若是則如輔氏所謂於義所當爲必不能徙矣【備旨】夫子論士當忘物累意曰所貴乎士者以其慕道而忘物也若爲士者於意之所便安戀戀而不舍焉則其識趣卑陋不足以爲士矣然則爲士者可不以道御情以理制欲乎

○子ㅣ曰邦有道앤危言危行ᄒᆞ고邦無道앤危行言孫이니라 行孫幷去聲

子ㅣ ᄀᆞᆯᄋᆞ샤ᄃᆡ 邦이 道ㅣ 이숌앤 言을 危히 ᄒᆞ며 行을 危히 ᄒᆞ고 邦이 道ㅣ 업숨앤 行을 危히 ᄒᆞ고 言은 孫히 ᄒᆞᆯ띠니라

●危、高峻也、孫、卑順也、陳氏曰高峻者廉隅之稱非詭險也卑順者加謙恭之意非阿諛也 尹氏、曰君子之持身、不可變也、至於言則有時而不敢盡、以避禍也、然則爲國者、使士言孫、豈不殆哉、朱子曰洪氏云危非矯激也直道而已孫非阿諛也遠害而已吳氏云言孫者亦非失其正也特少置委曲如夫子之對陽貨王孫賈云爾○南軒張氏曰危高特之意君子非固欲危其言行介然守道不徇於世自世人視之則見其高特耳○慶源輔氏曰

行以持身則終無可變之理言以應物則或有當遜之時◯雙峯饒氏曰行無時而不危所謂國有道不變塞焉國無道至死不變言有時而或遜所謂國有道其言足以興國無道其默足以容◯新安陳氏曰制行無時而可變持身之道也出言有時而不敢盡保身之道也【備旨】夫子論君子處世之道曰君子之言行惟其時而已如邦有道時可以遂其直也則危其言焉而言人之所不敢言危其行焉而行人之所不敢行如邦無道時不可以遂其直也則亦危其行而不變己之守至於言則少加孫順而不激人之怒蓋行無時而可變者持身之節也言有時而不敢盡者保身之哲也君子惟相時而動而已

◯子ㅣ曰有德者ᄂᆞᆫ必有言이어니와有言者ᄂᆞᆫ不必有德이니라仁者ᄂᆞᆫ必有勇이어니와勇者ᄂᆞᆫ不必有仁이니라

子ㅣ ᄀᆞᆯᄋᆞ샤ᄃᆡ 德을 둔ᄂᆞᆫ 者ᄂᆞᆫ 반ᄃᆞ시 言을 둣거니와 言을 둔ᄂᆞᆫ 者ᄂᆞᆫ 반ᄃᆞ시 德을 두디 몯ᄒᆞᄂᆞ니라 仁ᄒᆞᆫ 者ᄂᆞᆫ 반ᄃᆞ시 勇을 둣거니와 勇ᄒᆞᆫ 者ᄂᆞᆫ 반ᄃᆞ시 仁을 두디 몯ᄒᆞᄂᆞ니라

●有德者、和順積中、英華發外、八字出樂記 能言者、或便平聲佞口給而已、仁者、心無私累、見義必爲、勇者、或血氣之强而已、胡氏曰便佞口給無德之言也血氣之强非仁義之勇也 ◯尹氏、曰有德者、必有言、徒能言者、未必有德也、仁者、志必勇、志能帥氣 徒能勇者、未必有仁也、問仁與德如何分雙峯饒氏曰隨所得淺深皆可以爲德皆可見於言仁則德之全也心無私累故能見義必爲德未到此田地未必眞能有勇也【備旨】夫子爲修己觀人者發曰有德之人積厚流光必有言也若徒有言之人或恐爲色莊未必其有德也仁者之人理直氣壯必有勇也若徒有勇之人或憑乎血氣未必其有仁也然則修己者固當以德與仁爲先而觀人者豈可以言與勇爲重哉

◯南宮适이問於孔子曰羿ᄂᆞᆫ善射ᄒᆞ고奡ᄂᆞᆫ盪舟ᄒᆞ되俱不得其死ㅣ어ᄂᆞᆯ然禹稷은躬稼而有天下ᄒᆞ시니이다夫子ㅣ不答이러시니南宮适이出커ᄂᆞᆯ

子ㅣ曰君子哉라若人이여尚德哉라若人이여 适古活反羿音詣奡五報反盪土浪反

南宮适이孔子ᄭᅴ묻ᄌᆞ와ᄀᆞᆯ오ᄃᆡ羿ᄂᆞᆫ射ᄅᆞᆯ善ᄒᆞ고奡ᄂᆞᆫ舟ᄅᆞᆯ盪호ᄃᆡ다그死ᄅᆞᆯ得디몯ᄒᆞ야늘그러나禹와稷은몸소稼호ᄃᆡ天下ᄅᆞᆯ두시니이다夫子ㅣ答디아니ᄒᆞ더시니南宮适이出커늘子ㅣᄀᆞᆯᄋᆞ샤ᄃᆡ君子ㅣ라이러ᄐᆞᆺᄒᆞᆫ사ᄅᆞᆷ이여德을尚ᄒᆞᄂᆞ다이러ᄐᆞᆺᄒᆞᆫ사ᄅᆞᆷ이여

●南宮适、卽南容也、羿、有窮之君、善射、滅夏后相、去聲而簒其位、其臣寒浞、士角反又殺羿而代之、奡、春秋傳、作澆五吊反浞之子也、力能陸地行舟、後爲夏后少去聲康夏后相之子所誅、左傳襄公四年魏絳曰昔有夏之方衰也后羿自鉏遷于窮石因夏民以代夏政恃其射也不脩民事而淫于原獸用寒浞以爲相浞行媚于內宮人而施賂于外愚弄其民而虞羿于田虞樂也樹之詐慝以取其國家羿歸自田家衆殺而亨之靡奔有鬲氏靡夏之臣浞因羿室生澆及豷音戲恃其讒慝詐僞而不德于民使澆用師滅斟灌及斟尋氏二國夏同姓諸侯靡自有鬲氏收二國之燼遺民以滅浞而立少康少康滅澆后杼滅豷后杼少康子有窮遂亡○新安陳氏曰羿奡皆簒賊而殺誅異辭者羿當誅然非浞所得誅也故云殺 禹平水土、暨稷、播種、身親稼穡之事、禹受舜禪、時戰反而有天下、稷之後、至周武王、亦有天下、适之意、蓋以羿奡、比當世之有權力者、而以禹稷、比孔子也、故、孔子、不答、然、适之言如此、可謂君子之人、而有尚德之心矣、不可以不與故、俟其出而贊美之、問夫子不答南宮适朱子曰奡雖非問然其言可取則亦不應全然不答疑其實有貶當世而尊夫子之意夫子不欲承當故不答爾○南軒張氏曰方是時天下以力相高而不知貴德南宮适之言謂强力不可恃而德之爲尊也夫子不答者以其有禹稷之言答之則是己當之也而以其言之善則從而美之使學者知尚德之意也言禹稷之德而獨稱其躬稼者擧其見於行事之實也南宮适亦知言哉○慶源輔氏曰适素號能謹言而以此質於夫子其所以閔世悼俗尊尚聖人之意備見於言外夫子不答於出而美之可見聖人處事之密而取善之周矣○葉氏少蘊曰是時田恒之簒齊六卿之分晋三家之專魯孰非欲爲羿與奡者○雙峯饒氏曰此章意味涵深集註權力二字正指三家而言三家權力盛而有無君之心故以羿奡比之夫子有德而無位故以禹稷比之三家無君必至於亡夫子有德如此異日造物必有以處之而使之得位故微其辭以形容之孔子以其以禹稷比己已難答又以羿奡比三家愈難答所以不答适是孟懿子之兄亦是三家之子孫乃有此等見識尤所難得故夫子俟其出而嘆美之○新安陳氏曰君子尙德小人尙力适恥羿奡尊禹稷是尙德不尙力也故許以君子[備旨]南宮适有感於當時重權力輕道德而問於孔子曰昔者羿以善射見稱奡以盪舟自恃固一時之雄也然羿爲其臣寒浞所殺奡爲夏后少康所誅俱不得其死然是力之不足恃也如此至若禹平水土暨稷播種躬親稼穡之事皆有德於民也然禹親受舜禪稷之後至武王克商俱有天下是大德之食其報也如此适之意蓋以羿奡比當世有權力者以禹稷比孔子也故夫子恐傷時尊已而不答南宮适亦會夫子之意不復問而出子乃嘆美之曰賤權力而貴有德君子哉其若人乎何人品之高也尙德哉其若人乎何心術之正也豈隨今時爲趨向者所可比哉

○子ㅣ曰君子而不仁者는有矣夫ㅣ어니와未有小人而仁者也ㅣ니라 夫音扶

子ㅣ갈ᄋᆞ샤ᄃᆡ君子ㅣ오仁티몯ᄒᆞᆫ者ᄂᆞᆫ잇거니와小人이오仁ᄒᆞᆫ者ᄂᆞᆫ잇디아니ᄒᆞ니라

●謝氏曰君子、志於仁矣、然、毫忽之間、心不在焉、則未免爲不仁也、朱子曰君子譬如純白底物事雖有一點黑是照管不到處小人譬如純黑底物事雖有一兩點白處却當不得那白也○潛室陳氏曰君子容有不仁處此特君子之過爾蓋千百之一二若小人本心既喪天理已自無有何得更有仁在己自頑痺如鐵石亦無醒覺之理甚言小人之不仁也此君子小人指心術邪正言君子存心雖正猶有私意間發之時小人本心既無縱有隙光暫見决不勝其虺蛇之毒此章深惜小人之喪失本心也○雙峯饒氏曰仁是純乎天理而無一毫人欲之私少有間斷便是不仁君子之心雖純是天理然或少有間斷故曰不仁者有矣夫小人間有些天理形見終爲物欲所蔽决不能到純全田地故曰未有小人而仁者也○吳氏曰夫婉辭仁非聖人不能盡小人中雖有天理滅未盡者亦不得以仁稱之云然者勉君子而懲小人也[備旨]夫子勉人爲仁意曰仁者心純乎理而無人欲之私也存之甚難失之甚易如君子固志於仁矣然存省之功少有不到則天理間斷而不仁者容有矣夫若夫小人則失其本心縱天理有時暫萌亦不勝其私欲之擾未有小人而仁者也夫君子者可不密其功彼小人者可安於自棄乎哉

○子ㅣ曰愛之란能勿勞乎아忠焉이란能勿誨乎아

子ㅣ골ᄋᆞ샤ᄃᆡ愛ᄒᆞ야란能히勞케말라忠ᄒᆞ야란能히誨티말라

●蘇氏、曰愛而勿勞、禽犢之愛也、東漢楊彪傳彪子脩爲操所殺操見彪問曰公何瘦之甚對曰愧無日磾讀作密低先見之明猶懷老牛舐神旨反犢之愛操爲之改容 忠而勿誨、婦寺音蒔之忠也、詩大雅瞻卬篇匪敎匪誨時惟婦寺刺幽王嬖褒姒任奄人以致亂之詩寺奄人也 愛而知勞之、則其爲愛也深矣、忠而誨之、則其爲忠也、大矣、慶源輔氏曰愛焉而自不能不勞以成之忠焉而自不能不誨以益之此天理人情之至莫之爲而爲者也觀慈父之於子忠臣之於君則可見矣

蘇氏發兩知字尤有意味蓋人之私情往往不知勞之爲愛誨之爲忠故又言以明之○厚齋馮氏曰人之常情勞之之事難從而勞於前者逸於後豈非愛之深者乎誨之之語難受而長其善以救其失豈非忠之大者乎【備旨】夫子立忠君愛子之則曰父之愛子情也然既有以愛之則必冀其成立而懲創之造就之日置諸憂勤惕厲以勞之雖欲姑息而勿勞也愛之之心能自已乎臣之忠君義也然既盡其忠焉則惟望其聖明而啓沃之規諷之日引於當道志仁以誨之雖欲順承而勿誨也忠之之心能自已乎然則爲父與臣者當各盡其道而爲子與君者亦當各體其情也

○子ㅣ曰爲命애裨諶이草創之ᄒᆞ고世叔이討論之ᄒᆞ고行人子羽ㅣ修飾之ᄒᆞ고東里子産이潤色之ᄒᆞ니라 裨婢之反諶時林反

子ㅣ골ᄋᆞ샤ᄃᆡ命을ᄒᆞᆷ애裨諶이草創ᄒᆞ고世叔이討論ᄒᆞ고行人인子羽ㅣ脩飾ᄒᆞ고東里ㅅ子産이潤色ᄒᆞ니라

●裨諶以下四人、皆鄭大夫、草、略也、創、造也、謂造爲草藁也、世叔、游吉也、春秋傳、作子大叔、討、尋究也、論、講議也、行人、掌使去聲之官、子羽、公孫揮也、修飾、謂增損之、東里、地名、子産所居也、潤色、謂加以文采也、鄭國之爲辭命、必更平聲此

四賢之手而成、詳審精密、各盡所長、是以、應對諸侯、鮮(上聲)有敗事、左傳襄公三十一年北宮文子相衛襄公以如楚過鄭文子入聘子羽爲行人馮簡子與子大叔逆客事畢而出言於衛侯曰鄭有禮其數世之福也其無大國之討乎子產之從政也擇能而使之馮簡子能斷大事子大叔美秀而文貌美才秀公孫揮能知四國之爲知諸侯所欲爲而辨於其大夫之族姓班位貴賤能否而又善爲辭令裨諶能謀謀於野則獲得所謀也謀於邑則否此才性之蔽將有鄭國諸侯之事子產乃問四國之爲於子羽且使多爲辭令與裨諶乘以適野使謀可否而告馮簡子使斷之事成乃授子大叔使行之以應對賓客是以鮮有敗事北宮文子所謂有禮也

孔子、言此、蓋善之也、朱子曰春秋之辭命猶是說義理到戰國遊說則只說利害而已○洪氏曰鄭國能愼重其辭命而信任於賢者如此爲天下者辭命宜益重也而反輕之討論潤色宜益衆也而獨任於一官何哉且古之賢者求辭命之善爾不有其己也故世叔討論而裨諶不以爲歉子產潤色而子羽不以爲羞後世爲命者反是此辭命所以有愧於古也○南軒張氏曰鄭所以能自保者亦以辭命之善而其辭命之善則以夫衆賢之力耳聖人稱之以見爲命猶當假衆賢之力則夫事有大於是者又可知矣○葉氏少蘊曰子產獻入陳之捷於晉晉人問入陳之罪子產對焉士莊伯不能詰趙文子以爲辭順而受之子曰晉爲伯鄭入陳非文辭不爲功愼辭哉辭命之當愼可知矣○雙峯饒氏曰裨諶想是素善造謀故使之草創世叔熟於典故故使之討論子羽行人之官熟於應對故又使之脩飾當時子產當國事皆由之然不自用己見直待三子都了却潤色之合四子之長則全美矣○厚齋馮氏曰鄭以小國介乎晉楚爭奪之衝自僖公十二年用子產爲卿又十年授之以政子產知辭命之不善無以交隣事大解紛息爭也故用是三人者草創討論脩飾之既成乃從而潤色之是以應對諸侯鮮有敗事歷定獻聲公凡五十年間得免兵禍辭命之有益於人國如此哉

[備旨]夫子稱鄭國辭命之善曰命以交隣爲之不可不善也今觀於鄭之爲命以裨諶善謀則使之創爲草藁而立其大意其規模不已定歟然規模於此而定者考辨於此猶未詳也以世叔博聞則使之討究典故以求其合講論義理以求其當其考辨不已詳歟然考辨於此而詳者損益於此猶有待也以行人子羽善筆削則使之修之以去其太繁飾之以增其太簡其審量不已當歟然審量於此而當者文采於此猶有進也惟東里子產又從而潤色之化陳而新易俚而雅而文采無不著焉此應對諸侯鮮有敗事者四臣之力也嗟夫四臣有辭鄭國賴之命之不可以已也如是夫

○或이問子產ᄒᆞᆫ대子ㅣ曰惠人也ㅣ니라

或이子產을묻ᄌᆞ온대子ㅣ골ᄋᆞ샤ᄃᆡ惠ᄒᆞᆫ人이니라

●子產之政、不專於寬、然、其心則一以愛人爲主故、孔子、以爲惠人、蓋擧其重而言也。左傳昭公二十年鄭子產有疾謂子大叔曰我死子必爲政唯有德者能以寬服民其次莫如猛夫火烈民望而畏之故鮮死焉水懦弱民狎而翫之則多死焉故寬難疾數月而卒大叔爲政不忍猛而寬鄭國多盜取人於萑苻之澤萑苻音丸蒲澤名也於澤中刼人大叔悔之曰吾早從夫子不及此與徒兵以攻萑苻之盜盡殺之及子產卒仲尼聞之出涕曰古之遺愛也○朱子曰子產心主於寬雖說道政尙嚴猛其實乃是要用以濟寬爾所以爲惠人○胡氏曰子產爲政黜汰侈崇恭儉作封洫鑄刑書惜幣爭要皆以豐財足用禁姦保民其用法雖深爲政雖嚴而卒歸于愛故夫子以惠人蔽之然孟子以爲惠而不知爲政禮記以爲能食民而不能敎者蓋先王之政之敎子產誠有所未及也○雲峯胡氏曰子產之惠夫子指其心而言之孟子所謂惠而不知爲政不過以其乘輿濟人之一事而言而其愛人之心固可知矣 [備旨] 春秋時鄭有子產楚有子西齊有管仲蓋卓然稱三傑矣故或人問鄭大夫子產其人品何如夫子答之曰子產之德澤歌頌於鄭國乃惠愛其民之人也

問子西한대曰彼哉彼哉여

子西를묻ᄌᆞ온대ᄀᆞᆯᄋᆞ샤ᄃᆡ뎌여뎌여

●子西、楚公子申、能遜楚國、立昭王、而改紀其政、亦賢大夫也、左傳昭公二十六年楚平王卒令尹子常欲立子西子西平王之長庶子曰太子壬弱壬昭王也子西長而好善立長則順建善則治王順國治可不務乎子西怒曰國有外援謂秦不可瀆也瀆漫也王有適嗣不可亂也敗親速讐不立壬秦將來討是速召讎也亂嗣不祥我受其名惡名賂吾以天下吾滋不從也楚國何爲必殺令尹令尹懼乃立昭王○定公六年吳敗楚師楚國大惕懼亡令尹子西喜曰乃今可爲矣言知懼而後可治於是乎遷都於鄀音若地名也而改約其政以定楚國 然、不能革其僭王之號、昭王、欲用孔子、又沮在呂反止之、新安陳氏曰夫子非以私外之集註提此見其不知人不能爲國進人才耳 其後卒召白公、以致禍亂、事見大學或問止至善章內 則其爲人、可知矣、彼哉者、外之之詞、吳氏曰當時有三子西鄭駟夏楚宜申公子申也駟夏未嘗當國無大可稱宜申謀亂被誅相去又遠宜皆所不論者獨公子申與孔子同時 [備旨] 或人又問楚大夫子西其人品何如夫子但應之曰彼哉蓋不置一可否外之之辭也

問管仲ᄒᆞᆫ대曰人也ㅣ奪伯氏駢邑三百ᄒᆞ야飯疏食沒齒호ᄃᆡ無怨言ᄒᆞ니라

管仲을묻ᄌᆞ온대ᄀᆞᆯᄋᆞ샤ᄃᆡ人이伯氏의餠邑三百을아사ᄂᆞᆯ疏食를飯ᄒᆞ야齒ㅣ沒ᄒᆞ도ᄃᆡ怨ᄒᆞᄂᆞᆫ말이업ᄉᆞ니라

●人也、猶言此人也、問管仲曰人也范楊皆以爲盡人道集註以爲猶云此人也如何朱子曰古本如此說猶詩所謂伊人莊子所謂之人也若作盡人道說除管仲是箇人他人便都不是人更管仲也未盡得人道伯氏、齊大夫、駢邑、地名、厚齋馮氏曰駢邑三百伯氏食邑三百家也齒、年也、蓋桓公、奪伯氏之邑、以與管仲、伯氏、自知己罪、而心服管仲之功故、窮約以終身、而無怨言、荀卿所謂與之書社三百、雲峯胡氏曰周禮二十五家爲社書社謂以社之戶口書於版圖者凡三百社而富人、莫之敢拒者、卽此事也、

荀子仲尼篇齊桓公見管仲之能足以託國也是天下之大智也遂立以爲仲父是天下之大決也立爲仲父而貴戚莫之敢妬也與高國之位而本朝之臣莫之敢惡也高氏國氏齊世卿也與之書社三百而富人莫之敢距也距敵也言齊之富人莫有敢敵管仲者貴賤少長莫不秩秩然從桓公而貴敬之是天下之大節也○雙峯饒氏曰此篇凡說管仲夫子每護之孟子排管仲皆是救時而然夫子之時人不知有王仲尊王亦是有功夫子所以護之孟子之時天下之人皆知尊伯術而賤王道孟子恐功利之說熾故於桓文管晏一切抑之○或、問管仲子產、孰優、曰管仲之德、不勝其才、子產之才、不勝其德、然、於聖人之學、則槪乎其未有聞也、新安陳氏曰槪平斗斛之物謂二人平等皆未有聞於聖學也○慶源輔氏曰管仲德不勝才子產才不勝德皆以資質言也故其事業亦各隨其質以爲之使其知聖賢大學之道循序而漸進成己以成物則子產之德當與顏閔同科而仲之才當與伊呂並駕矣○陳氏曰二子皆無大學規模須是有大學規模乃爲王佐才而伊呂周召其人也○雙峯饒氏曰子產才不及仲然却正當過之如有君子之道四之類是也

備旨 或人又問齊大夫管仲其人品何如夫子答之曰此人也相桓公而有功於天下桓公嘗奪其大夫伯氏駢邑三百戶以

與管仲伯氏乃甘窮約飯疏食以至沒齒而無怨言蓋其心服管仲之功也觀其功足服人不可知其爲人乎吁夫子之論出而三子之人品定矣

○子ㅣ曰貧而無怨은難ᄒᆞ고富而無驕ᄂᆞᆫ易ᄒᆞ니라 易去聲

子ㅣ ᄀᆞᆯᄋᆞ샤ᄃᆡ貧ᄒᆞ고怨홈이업슴은어렵고富ᄒᆞ고驕홈이업슴은쉬오니라

●處上聲下同貧難、處富易、人之常情、然、人當勉其難、而不可忽其易也、 朱子曰貧則無衣可著無飯可喫存活不得所以無怨難富則自有衣著自有飯喫但若知義理稍能守分便是無驕所以易二者其勢如此○貧而無怨不及貧而樂者又勝似無諂者○敬夫說亦佳富而無驕不矜於外物者能之貧而無怨非內有所守者不能也或謂世有處貧賤而無失一旦處富貴則失其本心難易之論其不然耶此蓋未知無怨之味也所謂處貧賤而無失者特未見失於外耳又烏保其中之無怨耶蓋一毫有所不平於中皆爲怨也故貧而無諂易貧而無怨難無怨則漸進於樂矣○胡氏曰貧之境逆而多不足之心富之境順而多有餘之意然處不足而心無不足者非無愧怍而眞有得則不能故難處有餘而心未嘗有餘者苟自知收斂矜誇不萌者能之故易聖人因人情事勢而別其難易如此非謂但當勉其難而易者不必言故集註又申明其不可忽之意○問貧而無怨即貧而樂否雙峯饒氏曰能安於義命則能無怨若樂則心廣體胖非意誠心正身脩者不能及此觀子貢以無驕對無諂而夫子以樂對好禮淺深可見【備旨】夫子即常情以勉人曰貧逆境也若處貧而無怨尤之心必其心泰然安於義命者方能之實常情之所難也富順境也若處富而無驕矜之念苟義理自守而略知謹抑者類能之乃常情之所易也然則人當勉其難而不可忽其易矣

○子ㅣ曰孟公綽이爲趙魏老則優ㅣ어니와不可以爲滕薛大夫ㅣ니라

子ㅣ ᄀᆞᆯᄋᆞ샤ᄃᆡ孟公綽이趙魏ㅅ老ㅣ되면優ᄒᆞ려니와可히ᄡᅥ滕薛ㅅ대우ᄂᆞᆫ되디몯ᄒᆞ리니라

●公綽、魯大夫、趙魏、晉卿之家、老、家臣之長、上聲大家、勢重而無諸侯之事、家老、

望尊而無官守之責、優、有餘也、滕薛、二國名、大夫、任國政者、滕薛、國小政繁、大夫、位高責重、然則公綽、蓋廉靜寡欲、而短於才者也、新安陳氏曰下章公綽之不欲廉則不貪欲也靜者恬淡不躁也惟其廉靜寡欲所以優爲趙魏老惟其短於才所以不可爲滕薛大夫○胡氏曰趙魏雖晉卿執國之政而家大如此故勢尊爲家臣之長者苟能正己則居其位有餘矣滕薛雖諸侯孟子言滕絕長補短將五十里則其國之小可知征伐朝聘之事所不容己大夫當國非才智過人則不足以勝其任○雙峯饒氏曰公綽爲魯大夫想不稱職故聖人謂止可爲趙魏老問國小如何政繁曰困於事大國如朝聘會盟征伐貢賦之類應接不暇問何爲如此曰上無王綱大陵小强役弱故至此○楊氏、曰知之弗豫、枉其才而用之、新安陳氏曰用違其才之所長而納之於其所短是之謂枉則爲棄人矣、此、君子所以患不知人也、言此則孔子之用人、可知矣、南軒張氏曰用人之方貴於處之得其當而已○齊氏曰孔子嘗曰君子不器又曰其使人也器之則公綽亦器也而孔子器之者歟【備旨】夫子慨用人不當曰我觀魯大夫孟公綽者廉靜寡欲設以之爲趙魏大家之老取其風貪鎮躁則優乎有餘矣若使爲大夫非有理煩治劇之才者不能公綽未免短於才矣卽滕薛小國亦不可以爲大夫也觀此則魯國用人之失可見矣

○子路ㅣ問成人대ᄒᆞᆫ子ㅣ曰若臧武仲之知와公綽之不欲과卞莊子之勇과冉求之藝예文之以禮樂이면亦可以爲成人矣니라 知去聲

子路ㅣ成人을묻ᄌᆞ온대子ㅣᄀᆞᆯᄋᆞ샤ᄃᆡ臧武仲의知와公綽의欲디아니홈과卞莊子이勇과冉有의藝예文호ᄃᆡ禮樂으로ᄡᅥᄒᆞ면또ᄒᆞᆫ可히ᄡᅥ成人이될이니라

●成人、猶言全人、武仲、魯大夫、名、紇、下沒反莊子、魯下邑大夫、言兼此四子之長、則知足以窮理、廉足以養心、勇足以力行、藝足以泛應、而又節之以禮、和之以樂、

使德成於內、而文見形甸反乎外、則才全德備、渾上聲然不見一善、成名之迹、兼四子之長而然中正和樂、音洛粹然無復扶又反偏倚駁雜之蔽、新安陳氏曰節以禮則中正而無偏倚和以樂則和樂而無駁雜 而其爲人也、亦成矣、然、亦之爲言、非其至者、蓋取子路之所可及而語音御之也、若論其至、則非聖人之盡人道、不足以語此、新安陳氏曰此就亦字上推夫子言外之意○問四子之事朱子曰武仲左氏詳矣公綽前章外他無所見卞莊子事見新序曰莊子養母戰而三北及母死齊伐魯莊子赴闘三獲甲首以獻曰民塞三北遂赴齊師殺十人而死冉求之藝則夫子固嘗稱之矣○知而不能不欲則無以守其知不欲而不能勇則無以決其爲知不欲且勇矣而於藝不足則於天下之事有不能者矣然而是四者而又文之以禮樂始能取四子之所長去四子之所短然此聖人方以爲亦可以爲成人則猶未至於踐形之域也問若聖人之盡人道則何以加此曰聖人天理渾全不待如此逐項說矣○洪氏以爲特以四子爲言者四子皆魯人而莊子與子路皆卞人冉求又朋友也其近而易知者爾胡氏以爲言卞莊子蓋以況子路爾言有是一能而不能兼衆子之長與成於禮樂焉則亦不足以爲成人矣○胡氏曰四子之長各有所偏故必兼四子之長四者相資猶未足以合乎道又必須文之以禮樂禮以節之則其偏倚邪僻者去矣樂以和之則其乖戾矯激者消矣此所以中正和樂渾然粹然而至於成人矣○雙峯饒氏曰文以禮樂則不好亦成好底四件都是資須文之以禮樂蓋節之以禮則凡事都有節制和之以樂則中心和平而所發者中節○雲峯胡氏曰公綽之不欲只是德而其才未備武仲之知卞莊子之勇冉求之藝只是才而其德未全皆有一善成名之迹至於武仲之要君公綽之不可爲滕薛大夫莊子輕死敵而不終於孝冉有爲季氏聚斂皆有偏倚駁雜之蔽非文之以禮樂固未見其渾然粹然也

備旨子路問成人之道夫子告之曰所謂成人者知以窮理必若臧武仲之知兼以養心必若孟公綽之不欲勇以力行必若卞莊子之勇藝以泛應必若冉求之藝兼四子之長而又節以禮和以樂去其偏矯之病則渾然而材全德備粹然而中正和樂以爲成人其亦可矣

曰今之成人者는何必然이리오見利思義ᄒᆞ며見危授命ᄒᆞ며久要애不忘平生之言이면亦可以爲成人矣니라

ᄀᆞᆯᄋᆞ샤ᄃᆡ 이젯 成人은 엇디 반ᄃᆞ시 그러리오 利를 보고 義를 思ᄒᆞ며 危를 보고 命을 授

ᄒᆞ며久要애平生말을닛디아니ᄒᆞ면또ᄒᆞᆫ可히ᄡᅥ成人이될이니라

● 復扶又反下同 加曰字者、既答而復言也、授命、言不愛其生、持以與人也、久要、如字舊約也、平生、平日也、有是忠信之實、則雖其才知去聲禮樂、有所未備、亦可以爲成人之次也、雙峯饒氏曰忠指授命信指久要似遺了思義一句蓋取與不苟亦非忠信者不能○南軒張氏曰見利思義無苟得也見危授命無苟避也久要不忘平生之言不食其言也是雖未有過人之才而亦毅篤忠信之人故在今日論之亦可以爲成人此亦思狂狷之意耳 ○程子、曰知之明、信之篤、行之果、天下之達德也、若孔子所謂成人、亦不出此三者、武仲、知也、公綽、仁也、卞莊子、勇也、冉求、藝也、須是合此四人之能、文之以禮樂、亦可以爲成人矣、然而論其大成、則不止於此、若今之成人、有忠信而不及於禮樂則又其次者也、又曰臧武仲之知、非正也、若文之以禮樂、則無不正矣、慶源輔氏曰此亦擧武仲要君一事以例其餘耳人之資稟雖善然亦不能無偏須學以成之然後協于中正而無弊也 又曰語成人之名、非聖人、孰能之、孟子、曰唯聖人然後、可以踐形、如此、方可以稱去聲成人之名、胡氏、曰今之成人以下、乃子路之言、蓋不復聞斯行之之勇、而有終身誦之之固矣、未詳是否、趙氏曰何必然三字似以前說爲疑三者皆子路之所能故胡氏疑其爲子路之言○胡氏曰此子路所已能夫子方進子路於成人之域豈又取其已能者而重奬之○厚齋馮氏曰子路成人之問夫子蓋以子路之所知者使之捨短集長增益其所未至爾非謂成人之道盡於是也子路猶以爲此古之成人之道居今之世有不必盡然者謂誠能見利思義見危授命久要不忘平生之言雖無禮樂亦云可矣是三者蓋子路之所優爲抑以自許也唯其自許如此故臺下之役卒以身徇終不能明君臣之大義以正衛國之難則亦不足以爲成人矣行行如也若不得其死然則以未能文之以禮樂故也○新安陳氏曰使子路能行夫子之言始於智以知此理終合於禮中樂和之理豈至死於一決之勇而不足以言義乎胡氏以後三節爲子路之言極是備旨子又曰吾所謂成人者自人道之備者言之也若夫今之所謂成人者何必其才知禮樂之兼備然哉惟見利則思義之當否而臨財無苟得見危則授命以舍生而臨難無苟免久要則必踐之而不忘平生之言此雖其才知禮樂有所未備而有是忠信之實則大本已立亦可以爲成人之次矣由今之成人而進之而吾所稱成人者可及也由也勉之

○子ㅣ問公叔文子於公明賈曰信乎夫子ㅣ不言不笑不取乎아

子ㅣ公叔文子를公明賈의게무러ᄀᆞᆯᄋᆞ샤ᄃᆡ진실로夫子ㅣ言티아니ᄒᆞ며笑티아니ᄒᆞ며取티아니ᄒᆞᄂᆞ냐

●公叔文子、衛大夫公孫枝也、公明、姓、賈、名、亦衛人、文子爲人、其詳、不可知、然、必廉靜之士、故、當時、以三者稱之、新安陳氏曰不言笑見其靜不取見其廉[備旨]夫子問衛大夫公叔文子於公明賈曰人有稱爾夫子不言不笑不取者信乎夫子果靜而不言恬而不笑廉而不取乎

公明賈ㅣ對曰以告者ㅣ過也ㅣ로소이다夫子ㅣ時然後言이라人不厭其言ᄒᆞ며樂然後笑ㅣ라人不厭其笑ᄒᆞ며義然後取ㅣ라人不厭其取ᄒᆞᄂᆞ니이다 子ㅣ曰其然가豈其然乎ㅣ리오 樂音洛

公明賈ㅣ對ᄒᆞ야ᄀᆞᆯ오ᄃᆡ ᄡᅥ告ᄒᆞᆫ者ㅣ過ᄒᆞ도소이다夫子ㅣ時ㄴ然後에言ᄒᆞᄂᆞᆫ디라人이그言을厭티아니ᄒᆞ며樂ᄒᆞᆫ然後에笑ᄒᆞᄂᆞᆫ디라人이그笑를厭티아니ᄒᆞ며義ㄴ然後에取ᄒᆞᄂᆞᆫ디라人이그取ᄒᆞᆷ을厭티아니ᄒᆞᄂᆞ니이다子ㅣᄀᆞᆯᄋᆞ샤ᄃᆡ그그러ᄒᆞᆫ가엇디그그러ᄒᆞ리오

●厭者、苦其多而惡(去聲)之之辭、事適其可則人不厭、而不覺其有是矣、是以、稱之、或過而以爲不言不笑不取也、然、此言也、非禮義、充溢於中、得時措之宜者、不能、文子、雖賢、疑未及此、但君子、與人爲善、不欲正言其非也、故、曰其然、(微疑之) 豈其然乎、(深疑之) 蓋疑之也、問夫子疑之何也朱子曰吳氏云文子請享靈公也史鰌曰子富君貧禍必及矣觀此則文子之言豈能皆當而其取豈能皆善乎○惟其人不厭之所以有不言不笑不取之稱也蓋其言合節拍所以雖言而人不厭之雖言而實若不言也這不厭字意正如孟子所謂文王之囿方七十里民猶以爲小相似公叔文子當時人稱之已過及夫子問之而賈所言又愈甚故夫子不信○不言不笑不取似乎小却難眞能如此只是一偏之行然公明賈却說時然後言樂然後笑義然後取似乎易却說得大了蓋能如此則是時中之行也○南軒張氏曰公叔文子意者簡默重厚之士故人稱之如此聖人質之於其門人將以察其然也公明賈之言則善矣然非公叔文子之所及也蓋如賈所言非和順適中發而中節者莫能然不直謂不然而爲之疑辭曰其然豈其然乎聖人辭氣含洪忠厚如此○問時樂義與廉靜相去幾何雙峯饒氏曰廉靜是氣質好時樂義是義理自學問中發出底賈所稱非仁熟義精者不能文子氣質雖美未必能此也○吳氏曰稱其主曰夫子意猶對蘧伯玉使者然公明盛稱文子之賢人反得以疑之蘧伯玉使者但爲謙辭以對益以彰其主之美爲辭令者亦可以觀矣【備旨】公明賈對曰人以不言不笑不取告者乃言過其實也吾夫子非不言也但時可言而後言故人不厭其言而以爲不言也非不笑也但樂當笑而後笑故人不厭其笑而以爲不笑也非不取也但義當取而後取故人不厭其取而以爲不取也信如賈言文子固得時中之道者矣故夫子疑之曰爾之夫子其時言樂笑義取爲子之所云然乎然不言不笑不取固難而時言樂笑義取尤難豈其果能時措之宜信如子之所云然乎蓋不遽斥其不然亦不輕許其然忠厚之意是非之公具見之矣

○子ㅣ曰臧武仲이以防으로求爲後於魯ᄒᆞ니雖曰不要君이나吾不信也ᄒᆞ노라 (要平聲)

子ㅣ ᄀᆞᆯᄋᆞ샤ᄃᆡ 臧武仲이 防으로ᄡᅥ 後삼음을 魯애 求ᄒᆞ니 비록 ᄀᆞᆯ오ᄃᆡ 君을 要티 아니

타ᄒᆞ나내믿디아니ᄒᆞ노라

●防、地名、武仲所封邑也、要、有挾而求也、武仲、得罪奔邾、自邾如防、使請立後而避邑以示、若不得請則將據邑以叛、是要君也、左傳襄公二十三年季武子無適子公彌長(即公鉏)而愛悼子欲立之訪於臧紇臧紇爲立之季氏以公鉏爲馬正(家司馬)孟孫惡臧孫季孫愛之孟莊子疾豐點(孟氏之御)謂公鉏苟立羯(莊子庶子)請讐臧氏孟孫卒公鉏奉羯立之孺子秩(孟孫長子)奔邾臧孫入哭甚哀出孟氏閉門告季孫曰臧氏將爲亂季氏不信臧孫聞之戒(爲備也)孟氏將辟(婢亦反)藉除於臧氏(辟穿藏也於臧氏借人除葬道)臧孫使正夫(隧正)助之除於東門甲從(才用反)己而視之孟孫又告季孫怒命攻臧氏(見其有甲故)臧紇斬鹿門之關以出奔邾臧賈臧爲出在鑄(二人乃宣叔娶鑄國所生與紇兄弟也)臧武仲使告臧賈且致大蔡焉(大龜出蔡因號大蔡)曰紇不佞失守宗祧敢告不弔紇之罪不及不祀子以大蔡納請其可賈再拜受龜使爲以約請遂自爲也臧孫如防使來告曰紇非能害也知不足也(言使甲從從已但慮事淺耳)非敢私請苟守先祀無廢二勳(文仲與宣叔)敢不避邑乃立臧爲臧紇致防而奔齊○范氏、曰要君者、無上、(孝經語)罪之大者也、武仲之邑、受之於君、得罪出奔則立後、在君、非己所得專也、而據邑以請、由其好知(並去聲)而不好學也。慶源輔氏曰凡人溺於智而不知學不鑿以爲私則必蕩而失正武仲二病皆有之且意萌於中迹著於外雖欲欺人而人之視己如見其肺肝然武仲之智而不足以知此則亦以好智而不好學之故也 楊氏、曰武仲、卑辭請後、其跡、非要君者、而意實要之、夫子之言、亦春秋誅意之法也、和靖尹氏曰據邑以請立非要君而何如不知義者將以武仲之存先祀爲賢故夫子正之○雙峯饒氏曰武仲只當請後不當據邑夫子不罪其請罪其據邑也使武仲請後果以防爲言則要君之迹彰而易見唯不以防爲言則要君之心隱而難知既用智以要君又欲以欺世此夫子之言所以爲春秋誅意之法也【備旨】夫子誅武仲無君之心曰臧武仲得罪奔邾不宜有邑矣乃復自邾如防使人請爲後於魯而避邑焉夫請後可也必如防以請者何爲哉特吾有可叛之資而脅君以必從之勢雖曰彼之所請出於不獲已不是有所挾以要求其君吾不信也夫子言此亦春秋誅心之法歟

○子ㅣ曰晉文公은譎而不正ᄒᆞ고齊桓公은正而不譎ᄒᆞ니라 (譎古穴反)

子ㅣ ᄀᆞᆯᄋᆞ샤ᄃᆡ 晉文公은譎ᄒᆞ고正티아니ᄒᆞ고齊桓公은正ᄒᆞ고譎티아니ᄒᆞ니라

●晉文公、名、重平聲耳、齊桓公、名、小白、譎、詭也、二公、皆諸侯盟主、攘夷狄、以尊
周室者也、雖其以力假仁、心皆不正、然、桓公伐楚、仗義執言、不由詭道、猶爲彼善
於此、左傳僖公四年春齊侯以諸侯之師侵蔡蔡潰 蔡自北杏一與中國之會而棄諸姬黨楚國故齊伐楚而先事使蔡潰蔡者先
披楚之黨也遂伐楚楚子使與師言曰君處北海寡人處南海惟是風馬牛不相及也 牝牡相誘曰風言雖馬牛風逸
亦不相及喩地遠不相干也 不虞君之涉吾地也何故管仲對曰昔召康公命我先君大音太公曰五侯九伯女實征之以
夾輔周室賜我先君履 所踐履之界 東至于海西至于河南至于穆陵北至于無棣 索隱 曰淮南有故穆陵門無棣在遼西孤竹
爾貢包茅不入 包裹束也禹貢荊州包匭菁茅蓋取三脊之茅包裹匭匣盛之以貢周 王祭不共音供無以縮酒 祭祀必束茅而灌之以酒
爲縮酒寡人是徵昭王南征而不復 昭王成王孫南巡狩濟漢水船壞而溺死寡人是問對曰貢之不入寡君之罪也敢不供給
昭王不復君其問諸水濱 昭王時漢非楚境故楚不服 師進次于陘楚地夏
楚子使屈完如師 使大夫請盟 師退次于召陵 次于召陵之地以聽楚成
文公、則伐衛以致楚、而陰謀以取
勝、其譎、甚矣、左傳僖公二十七年楚子及諸侯圍宋宋如晉告急狐偃曰楚始得曹而新昏於衛若伐曹衛
楚必救之 則齊宋免矣 前年楚申叔戍穀以逼齊 二十八年晉侯侵曹伐衛衛人出其君以說于
晉晉侯入曹執曹伯分曹衛之田以畀宋人楚子使子玉去宋曰無從晉師子玉使完春告于晉師曰請復衛侯而
封曹臣亦釋宋之圍子犯曰子玉無禮哉君取一 以釋宋圍惠晉侯 臣取二 以復曹衛爲已功 不可失矣言可伐先軫曰
定人之謂禮楚一言而定三國我一言而亡之我則無禮何以戰乎不許楚言是棄宋也救而棄之謂諸侯何 言將爲
諸侯所怪 楚有三施去聲我有三怨怨仇已多將何以戰不如私許復曹衛以携之 私許二國使告絶于楚而後復之携離也 執
宛春以怒楚既戰而後圖之公說乃拘宛春於衛且私許復曹衛曹衛告絶于楚子玉怒從晉師欒枝使輿
曳柴而僞遁楚師馳之原軫以中軍公族 公所率之軍 橫擊之楚師敗績晉師三日館穀 館舍也食楚軍之穀三日 二君
他事、亦多類此 新安陳氏曰上引二事以著其實此即二事以推其餘 故、夫子言此、以發其隱、慶源輔氏曰桓公責楚以包
茅不貢及昭王不復二事進
次而不遂戰既服而與之盟是仗義執言不由詭道也文公始則伐曹衛以致楚師之救終則復曹衛以携二國之
交是伐衛以致楚而陰謀以取勝也就霸者之中論桓文之事則文譎而不正桓正而不譎若較之王者表裏無疵
粹然一出於正者固不可同年而語矣○齊氏曰二公之伯皆以勝楚楚罪莫大於僭王猾夏孔子於春秋書齊曰
侵蔡蔡潰遂伐楚而於晉僅書曰及楚戰于城濮則晉之有歉於聲罪致討也亦已著矣○新安陳氏曰二公心皆
不正論其彼善於此則桓稍優於文耳 晉文固譎齊桓亦非純乎正者若粹然一出於正其惟王道乎 [備旨] 夫子發
桓文之隱曰齊桓晉文心皆不正然以其事較之猶自彼善於此者晉文公則陰謀取勝專事詭譎而不由正道觀

其因楚圍宋則伐曹衛以致楚師之救及楚釋宋則復曹衛以携二國之交至於溫之會則以臣而召君翟泉之盟則以下而凌上他可知矣齊桓公卽仗儀執言猶知正道而不尙詭譎觀其於楚之未服則責以尊王之義於楚之旣服則許以如師之盟至於葵丘之會明王者之大禁首止之盟則定世子之大法他可知矣蓋其功罪雖同而優劣頓異如此然此亦就二公之事論之耳推其心則皆假借仁義同歸於譎而已其於王者之道豈可同日語哉

○子路ㅣ曰桓公이殺公子糾ᄒᆞ야ᄂᆞᆯ召忽은死之ᄒᆞ고管仲은不死ᄒᆞ니曰未仁乎ᅟᅵᆫ뎌 糾居黝反 召音卽

子路ㅣ ᄀᆞᆯ오ᄃᆡ 桓公이 公子糾ᄅᆞᆯ 殺ᄒᆞ야ᄂᆞᆯ 召忽은 死ᄒᆞ고 管仲은 死티 아니ᄒᆞ니 ᄀᆞᆯ오ᄃᆡ 仁티 몯ᄒᆞᆫ뎌

●按春秋傳、齊襄公、無道、鮑叔牙、奉公子小白奔莒、音擧 及無知、弑襄公、管夷吾召忽、奉公子糾奔魯、魯人、納之、未克而小白、入、是爲桓公、使魯、殺子糾而請管召、召忽、死之、管仲、請囚、鮑叔牙、言於桓公、以爲相、去聲○左傳莊公八年齊侯使連稱管至父戍葵丘二人齊大夫戍守也瓜時而往及瓜而代期音基 成公問不至問命也 請代弗許故謀作亂僖公之母弟曰夷仲年生公孫無知有寵於僖公衣服禮秩如適適大子 襄公絀之二人因之以作亂遂殺襄公而立無知初襄公立無常政令不常鮑叔牙曰君使民慢亂將作矣奉公子小白襄公庶子出奔莒亂作管夷吾召忽奉公子糾小白庶弟來奔九年春雍廩齊大夫殺無知夏公伐齊納子糾桓公自莒先入秋師及齊師戰于乾時我師敗績鮑叔帥師來言曰子糾親也請君討之管召仇也請受而甘心焉甘心言欲快意戮殺之乃殺子糾于生竇魯地召忽死之管仲請囚鮑叔受之及堂阜齊地而稅他活反之歸而以告曰管夷吾治於高傒音奚齊卿高敬仲也言管仲治理政事之才多於敬仲使相可也公從之 子路、疑管仲、忘君事讎、忍心害理、不得爲仁也、問集註謂忍心害理不得爲仁忍心之忍是殘忍之忍否朱子曰傷其惻隱之心便是忍心如所謂無求生以害仁害仁便是忍心也○慶源輔氏曰忘君謂不顧糾死事仇謂相桓忍心謂心所當爲而忍之使不爲害理謂理所當然而咈之使不然忘君事仇卽忍心害理也○程子曰桓公兄而子糾弟襄公死則桓公當立此以春秋知之春秋書桓公則曰齊小白言當有齊國也於子糾則止曰糾不言齊以不當有齊也不言子非君之嗣子也公穀幷註四家皆書納糾左傳獨言子糾誤也然書齊人取子糾殺之者齊大夫常與魯盟于莒既納糾以爲君又殺之故書子是罪魯也○問春秋於糾上一無子字一有子字何也雙峯饒氏曰始以納之爲非故去子以明其不當納終以殺之爲非故又稱子以明其不當殺 [備旨] 子路問曰管仲召忽皆子糾之臣也及桓公殺公子糾召忽死其難誠當矣管仲則請囚而不死以由言之忘君事讎忍心害理毋乃未得爲仁乎

子ㅣ曰桓公이九合諸侯호ᄃᆡ不以兵車ᄂᆞᆫ管仲之力也ㅣ니如其仁如其仁이리오

子ㅣ ᄀᆞᆯᄋᆞ샤ᄃᆡ 桓公이 諸侯를 九合호ᄃᆡ 兵車로ᄡᅥ 아니홈은 管仲의 力이니 뉘 그 仁ᄀᆞᄐᆞ리오 뉘 그 仁ᄀᆞᄐᆞ리오

●九、春秋傳、作糾、督也、古字通用、左傳僖公二十六年齊孝公伐我北鄙公使展喜犒師曰昔周公太公股肱周室夾輔成王成王勞之而賜之盟曰世世子孫無相害也載載書在盟府大師職之職主也太公爲太師兼主司盟之官桓公是以糾合諸侯而謀其不協彌縫其闕而匡救其災昭舊職也不以兵車、言不假威力也、如其仁、言誰如其仁者、又再言以深許之、蓋管仲、雖未得爲仁人、而其利澤及人、則有仁之功矣、程子曰管仲不死觀其九合諸侯不以兵車乃知其仁也若無此則貪生惜死雖匹夫匹婦之諒亦無也○朱子曰九之爲糾展喜之詞而糾合宗族之類亦其證也說者不考其然乃直以爲九會諸侯至數桓公之會不止於九則又因不以兵車之文而爲之說曰衣裳之會九餘則兵車之會也公穀以來皆爲是說可謂鑿矣○召忽之失在輔子糾以爭國而不在於死管仲之得在九合之功而不在於不死仲之可以不死正以小白兄而子糾弟耳夫子特以忽之功無足稱而其死不爲過仲之不死亦未嘗害義而其功有足褒爾固非予仲之生而貶忽之死也○仁之一字以德而言則必心無私而事當理乃能當之若言其功則推利澤及人有恩有惠便可稱之初不計德之如何也○仲之仁是粗處至精處則顏子三有之後或違之○如漢高祖唐太宗未可謂之仁人然戰國至暴秦其禍極矣高祖出而平定天下隋末殘虐尤甚太宗出而掃除以致貞觀之治此二君豈非仁者之功耶仲之功亦猶是也○慶源輔氏曰仁者安仁蓋天理渾然無一息不存無一物之不體管仲之於德其遺闕者多矣顧何足以語此然使桓公糾合諸侯攘夷狄尊周室不假威力無所殺傷則利澤及人是亦仁者之功效矣○蔡氏曰子路擧忽之死仲之不死是以忽爲殺身成仁仲爲未仁夫子答以仲有仁之功如此忽豈能如仲之仁乎是以忽仲比而言之非泛許仲以仁也下章匹夫婦之諒亦指忽而言○新安陳氏曰仁有以心術之精微言者非大賢以上之安仁不足以當之有以事功之顯著言者如管仲有仁者之功亦足以爲仁矣子路好勇死非所難而處死爲難故夫子不非仲無死節之義反取仲及人之仁亦所以曉子路而箴之也 備旨 夫子告之曰子以仲之不死爲未仁亦未知其有仁者之功耳彼桓公糾合天下之諸侯率之以尊周攘夷之義當時不過明大義以服之昭大信以一之不假兵甲之威而諸侯莫不率從皆管仲輔相之力也是其功在王室澤及天下仁人之功溥矣從觀列國大夫孰有如其仁者乎孰有如其仁者乎安可因不死之一節遂沒其功而以未仁少之也

○子貢이 曰管仲은 非仁者與ㅣᆫ뎌 桓公이 殺公子糾ㅣ어ᄂᆞᆯ 不能死ㅣ오 又相之온여 與平聲 相去聲

子貢이ᄀᆞᆯ오ᄃᆡ管仲은仁ᄒᆞᆫ者ㅣ아닌뎌桓公이公子糾를殺ᄒᆞ야ᄂᆞᆯ能히死티몯ᄒᆞ고 ᄯᅩ相ᄒᆞ곤여

●子貢、意不死、猶可、相之則已甚矣、慶源輔氏曰子路勇者也故有取於召忽之死而以管仲之不死爲未仁子貢智者也故以仲之不死爲猶可而以其相桓爲已甚而非仁 備旨 子貢問曰吾觀管仲殆非仁者與桓公殺公子糾則桓公乃管仲之仇也不能死子糾之難亦已矣乃又從而相之是忍心害理仁者固如是乎

○子ㅣ 曰管仲이 相桓公霸諸侯ᄒᆞ야 一匡天下ᄒᆞ니 民到于今히 受其賜ᄒᆞᄂᆞ니 微管仲이면 吾其被髮左衽矣러니라 被皮奇反 衽而審反

子ㅣᄀᆞᆯᄋᆞ샤ᄃᆡ管仲이桓公을相ᄒᆞ야諸侯에霸ᄒᆞ야天下를一匡ᄒᆞ니民이이제니르

히그賜를受ᄒᆞᄂᆞ니管仲이업스면우리그髮을被ᄒᆞ며衽을左ᄒᆞ리러니라
●覇、與伯同、長上聲也、匡、正也、尊周室、攘夷狄、皆所以正天下也、微、無也、衽、衣
衿也、被髮左衽、夷狄之俗也、問令尹子文陳文子之事則原其心而不與其仁至管仲則以其功而許其仁若有可疑者朱子曰管仲之功自不可泯沒聖人自許其仁者之功
且聖人論人功過自不相掩功自還功過自還過所謂彼善於此則有之矣若以管仲比伊周固不可同日語若以
當時大夫比之則在所當取當是之時楚之勢駸駸可畏治之少緩則中國皆爲夷狄故曰微管仲吾其被髮左衽
矣○南軒張氏曰只爲子路疑其未仁子貢疑其非仁故擧其功而告之若二子問管仲仁乎則所以告之者異矣
○厚齋馮氏曰劉定公稱禹之功曰微禹吾其魚乎吾與子弁冕端委以治民臨諸侯禹之力也必推至此然後見
禹之有大功夫子稱仲之仁至於被髮左衽則仲之功大矣[備旨]夫子告之曰子疑仲之相桓爲未仁不知仲之仁
在天下後世者正以其相桓也管仲相桓公以經營四十年之國政遂以其君主盟於中夏而霸諸侯當其時尊周
室以正君臣之分攘夷狄以嚴中外之防其一匡天下如此故不特當時之民賴之即民到于今得以相安於衣冠
文物之盛者皆仲一匡之賜也向使微管仲相桓公以匡天下則中國淪於夷狄吾其爲被髮左衽之人矣安得受
今日賜哉

豈若匹夫匹婦之爲諒也ㅣ라自經於溝瀆而莫之知也ㅣ리오

엇디匹夫匹婦의諒홈이라스ᄉᆞ로溝瀆에經ᄒᆞ야사ᄅᆞᆷ이아디몯홈ᄀᆞᆮᄐᆞ리오

●諒、小信也、經、縊壹計反也、莫之知、人不知也、後漢書、引此文、莫字上、有人字、
後漢應劭字仲遠獻帝時奏議曰昔召忽親死子糾之難而孔子曰經於溝瀆人莫之知○程子、曰桓公、兄也、子糾、弟也、前漢淮南厲王長高帝少子也驕恣不用漢法
文帝重自切責之重難也時帝舅薄昭爲將軍尊重上令昭與厲王書諫數之曰昔者周公誅管叔放蔡叔以安周齊桓殺其弟以反國秦始皇殺兩弟遷其母以安秦仲、私於所事、輔之以
爭國、非義也、桓公殺之、雖過而糾之死、實當、去聲仲、始與之同謀、遂與之同死、可
也、知輔之爭爲不義、將自免以圖後功、亦可也、故、聖人、不責其死而稱其功、若使

桓弟而糾兄、管仲所輔者、正、桓奪其國而殺之、則管仲之與桓、不可同世之讎也、若計其後功、而與其事桓、聖人之言、無乃害義之甚、啓萬世反覆不忠之亂乎、如唐之王珪、魏徵、不死建成之難、去聲而從太宗、可謂害於義矣、後雖有功、何足贖哉、

唐書王珪傳建成爲皇太子授中書舍人遷中允禮遇良厚太子與秦王建成弟世民也有隙帝高祖責珪不能輔導流嶲州太子己誅太宗即秦王召爲諫議大夫○魏徵傳太子引爲洗馬官名徵見秦王功高勸勸太子早爲計太子敗世民伏兵於玄武門世民射建成殺之王責謂曰爾鬩吾兄弟柰何王即秦王鬩鬪也答曰太子早從徵言不死今日之禍王器重也其直無恨意即位太宗即位拜諫議大夫

聖人、獨稱其功、王魏、先有罪而後有功、輔太宗致太平則不以相掩、可也、問程子可也亦可也二說朱子曰前說亦是可但自勉以圖功則可之大者又問孟子可以死可以無死始見其可死後細思之又見其可以無死則前之可者爲不可矣曰便即是此意○問仲始同糾謀雖有可死之道而桓兄當立則無不可事之理蓋仲雖糾之傅然非糾之臣乃齊臣也桓公當立則桓乃吾君所當事也但仲之罪乃在不能諫糾之爭而反輔糾以爭耳是其不死殆知前之爭爲不義而非求爭之比也故夫子答子路未仁之問曰如其仁以爲不死之未仁不如九合之仁也答子貢非仁之問則曰豈若匹夫匹婦之爲諒自經於溝瀆而莫之知豈若云者是以仲之不死過於死也故嘗以程子之說爲正而以召忽之死爲守節仲之不死爲改過曰此論甚善但仲之意未必不出於求生然其時義尙有可生之道未至若害仁耳○雲峯胡氏曰管仲相桓公以下答子貢所謂又相之豈若匹夫以下答子貢所謂不能死蓋死則於子糾未有君臣之分當時未足以見其義相則爲天下正華夷之分而天下後世皆得以被其仁仲蓋有以處此矣【備旨】夫仲之不死其功在天下後世如此此天下後世所以皆知有仲也豈若匹夫匹婦之爲諒也少有忿激遂忘遠圖自經於溝瀆之中而天下後世之人竟莫之或知也然則仲之相桓誠賢者自重其死耳而子乃以又相爲不仁此豈欲匹夫匹婦律仲耶

○公叔文子之臣大夫僎이與文子로同升諸公이러니 僎士免反

公叔文子의臣대우僎이文子로더보러ᄒᆞᆫ가지로公에升ᄒᆞ얏더니

●臣、家臣、公、公朝、音潮謂薦之與己同進爲公朝之臣也、【備旨】公叔文子之家臣後爲大夫名僎者與文子同升諸公朝而並列焉

是忘分以薦賢誠無愧於古大臣之風矣

子ㅣ聞之ᄒᆞ시고曰可以爲文矣로다

子ㅣ들ᄋᆞ시고ᄀᆞᆯᄋᆞ샤ᄃᆡ可히ᄡᅧ文이라ᄒᆞ리로다

●文者、順理而成章之謂、諡法、亦有所謂錫民爵位曰文者、見公冶長篇孔文子何以謂之文也章○胡氏曰其才德足以爲大夫而薦之爲大夫順理也以家臣之賤而與之同列無慊焉成章也彼錫民爵位特其迹爾○洪氏、曰家臣之賤而引之、使與己、並有三善焉、知人、一也、忘己、二也、事君、三也、慶源輔氏曰知人智也忘己公也事君忠也有是三者則理順章成而粲然可觀矣安得不謂之文哉然文王之文擧全體而言此與孔文子之文取一事而言○厚齋馮氏曰文子卒其子請諡諡以貞惠文子蓋以脩其班制以與四隣交衛國之社稷不辱故諡以文初不爲薦其臣僎同升諸朝而謂之文也特夫子稱其可以爲文有以見文子之不愧其諡耳○雙峯饒氏曰今之所謂諡法未必果出周公恐後人因經傳所有而傅會之如錫民爵位謂之文直無意義夫子所稱蓋謂文子所爲如此是亦無愧於文之諡矣非指此爲文也孔文子好學下問是以謂之文却是正說所以爲文之義○新安陳氏曰說者以文子得諡之故見諸檀弓夫子聞其與家臣同升諸公則是文子薦僎之時非身後也諡法錫民爵位曰文蓋後人用孔子之意以爲諡爾此過論也蓋孔子於其旣諡之後聞其嘗有此薦賢之美事故稱此一事而謂可以無愧於文之諡耳豈可於其人之身存而預議其諡哉【備旨】夫子聞而稱之曰文者順理成章之謂也今就公叔之得諡爲文我固不知其他然即其薦僎一事觀之則順理成章是即可以爲文矣夫豈有溢美哉

○子ㅣ言衛靈公之無道也ㅣ러시니康子ㅣ曰夫如是로ᄃᆡ奚而不喪이니잇고 夫音扶喪去聲下同

子ㅣ衛靈公의道업ᄉᆞᆷ을닐ᄋᆞ더시니康子ㅣᄀᆞᆯ오ᄃᆡ이러ᄐᆞᆺᄒᆞᄃᆡ엇디喪티아니ᄒᆞᄂᆞ니잇고

●喪、失位也、備旨夫子嘗言衛靈公乃無道之君也季康子因而問曰人君有道則興無道則喪今靈公之無道如是奚爲而不喪其位乎

孔子ㅣ曰仲叔圉ᄂᆞᆫ治賓客ᄒᆞ고祝鮀ᄂᆞᆫ治宗廟ᄒᆞ고王孫賈ᄂᆞᆫ治軍旅ᄒᆞ니夫如是니ㅣ奚其喪이리오

孔子ㅣᄀᆞᆯ으샤ᄃᆡ仲叔圉ᄂᆞᆫ賓客을다ᄉᆞ리고祝鮀ᄂᆞᆫ宗廟를다ᄉᆞ리고王孫賈ᄂᆞᆫ軍旅를다ᄉᆞ리니이러ᄐᆞᆺᄒᆞ니엇디그喪ᄒᆞ리오

●仲叔圉、卽孔文子也、三人、皆衛臣、雖未必賢、而其才可用、靈公、用之、又各當去聲其才、胡氏曰圉卽敏學好問者賈卽問奧竈者鮀卽以佞免於今世者如圉幾矣賈之竊權鮀之善佞治世之罪人也然事神治軍各有所長而用之使各得以盡其所長耳○鄭氏舜擧曰子適衛者五盖有拳拳之意焉亦以靈公善用人庶或可以有爲爾○雙峯饒氏曰治賓客得其人則朝聘往來之際無失禮於鄰國而不至於啓釁召禍治軍旅得其人則緩急有備而敵國不敢窺治宗廟得其人則籩豆靜嘉牲牷肥腯神人胥悅尤繫屬人心之本也三者皆國之大本故得其人亦可以無喪○東陽許氏曰夫子平日語此三人皆所不許、而此章之言乃若此可見聖人不以其所短棄其所長至公之心也用人當以此爲法但欲當其才耳○尹氏曰衛靈公之無道、宜喪也、而能用此三人、猶足以保其國、而況有道之君、能用天下之賢才者乎、詩曰無競維人、四方其訓之、詩大雅抑之篇競强也言莫强於用人則四方其以爲訓矣○南軒張氏曰以衛靈公之無道然所用得其才猶足以無喪雖然僅能維持使之勿喪而已若身正於上而用得其人孰能禦焉備旨孔子告之曰靈公雖無道然能知人而善任使彼仲叔圉長於應對也則用之以治賓客而主送往迎來之事祝鮀長於祀典也則用之以治宗廟而修禴祠烝嘗之禮王孫賈長於師旅也則用之以治軍旅而司簡閱訓諫之方夫三子之才可用而靈公用之又各當其才如是則交隣有道國賴之以强祀神有禮國祚賴之以延禦變有略國威賴之以振奚其至於喪也夫以無道之靈公而能用人猶足以保其國況不爲靈公者乎信乎人才之有益於人國家也

○子ㅣ曰其言之不怍이면則爲之也ㅣ難ᄒᆞ니라

子ㅣ ᄀᆞᆯᄋᆞ샤ᄃᆡ 그 言홈이 怍디 아니ᄒᆞ면 곰홈이 어려우니라

●大言不慙、則無必爲之志、而自不度(音鐸)其能否矣、欲踐其言、豈不難哉、南軒張氏曰易其言者實必不至若聽其言而不怍則知其爲之也難矣故古者言之不出恥躬之不逮而仁者之言必訒○新安陳氏曰輕於言者必不務力於行也此必有爲而言 備旨 夫子戒易言者曰心於必爲者必顧其精神力量如何事勢如何言自有不能放者若或輕肆大言高自稱許略無慙怍之心則是全無必爲之志徒妄言以欺人耳其爲言也不亦難乎然則人何可以易其言也

○陳成子ㅣ弑簡公이어늘

陳成子ㅣ簡公을弑ᄒᆞ야늘

●成子、齊大夫、名、恒、(胡登反) 簡公、齊君、名、壬、事在春秋哀公十四年、左傳齊簡公之在魯也(簡公悼公陽生子壬也時從其父奔在魯) 闞止有寵焉及即位使爲政陳成子憚之驟顧諸朝五月壬申成子殺子我(即闞止)庚辰執公于舒州甲午弑之孔丘三日齊而請伐齊三公曰魯爲齊弱久矣子之伐之將若之何對曰陳恒弑其君民之不與者半以魯之衆加齊之半可克也公曰子告季孫孔子辭(辭不告) 退而告人曰以吾從大夫之後也故不敢不言

備旨 昔齊大夫陳成子弑其君簡公

孔子ㅣ沐浴而朝ᄒᆞ샤 告於哀公曰陳恒이 弑其君ᄒᆞ니 請討之ᄒᆞ쇼서 (朝音潮)

孔子ㅣ沐浴ᄒᆞ시고朝ᄒᆞ샤哀公ᄭᅴ告ᄒᆞ야ᄀᆞᆯᄋᆞ샤ᄃᆡ陳恒이그君을弑ᄒᆞ니請컨댄討ᄒᆞ쇼셔

●是時、孔子、致仕居魯、沐浴齊(側皆反)戒、以告君、重其事而不敢忽也、臣弑其君、人倫之大變、天理所不容、人人得而誅之、況鄰國乎、故、夫子、雖已告老、而猶請哀公討

之、張子曰天子討而不伐諸侯伐而不討故雖湯武之擧不謂之討而謂之伐陳恒弑其君孔子請討之此必因周制隣有弑逆諸侯當不請而討[備旨]是時孔子己致仕乃齋戒沐浴而朝告於哀公曰陳恒弑其君乃王法所不赦也請君興兵討之以伸大義於天下焉

公曰告夫三子ᄒᆞ라 夫音扶下告夫同

公이ᄀᆞᆯ으샤ᄃᆡ三子의게告ᄒᆞ라

●三子、三家也、時、政在三家、哀公、不得自專故、使孔子告之、[備旨]魯政時在三家哀公不得自由乃答曰汝告夫孟孫叔孫季孫之三子是哀公之不振可知而夫子請討之心窮矣

孔子ㅣ曰以吾從大夫之後ㅣ라不敢不告也ᄒᆞ니君曰告夫三子者ㅣ온여

孔子ㅣᄀᆞᆯ으샤ᄃᆡ내대우의後에從홈으로ᄡᅧ라敢히告티아니티몯ᄒᆞ니君이ᄀᆞᆯ으샤ᄃᆡ三子의게告ᄒᆞ라ᄒᆞ시고녀

●孔子、出而自言如此、意謂弑君之賊、法所必討、大夫謀國、義所當告、君乃不能自命三子、而使我告之邪、[備旨]故夫子出而自言曰弑君之賊法所必討以吾嘗從大夫之後不敢不告也君乃不能自命三子而曰告夫三子者何耶夫子此言所以傷其君者至矣

之三子ᄒᆞ야告ᄒᆞ신대不可ㅣ라ᄒᆞ야ᄂᆞᆯ孔子ㅣ曰以吾從大夫之後ㅣ라不敢不告也ㅣ니라

三子의게가告ᄒᆞ신대可티아니타ᄒᆞ야ᄂᆞᆯ孔子ㅣᄀᆞᆯ으샤ᄃᆡ내대우의後에從홈으로

뻐라敢히告티아니티몯ᄒᆞ예니라

◉以君命往告、而三子、魯之强臣、素有無君之心、實與陳氏、聲勢相倚故、沮在呂其謀、而夫子、復扶又反下同以此應之、其所以警之者、深矣、問當是之時魯之兵柄分屬三家哀公雖欲從夫子之言然不告三子則兵不可出而孔子之意乃不欲往告何哉朱子曰哀公誠能聽孔子以討齊亂則亦召夫三子而以大義詔之耳理明義正雖或不從而孰敢違之哉今無成命而反使孔子往而告之則是可否之權決於三子而不決於公也況魯之三家即齊之陳氏其不欲討之必矣是則不惟名義之不正而事亦豈可得而成哉然夫子以君命之重也故不得已而一往焉而冀其萬一之或從也而三子果以爲不可則復正言之以明從違在彼雖不敢必而君臣大倫所係之重雖欲不告而不敢以已其所以警夫三子者亦深矣○夫子初告時眞箇欲討陳恒後人知聖人此言可以警三子非是聖人託討成子以警三子聖人之心不如是迂曲○新安陳氏曰以吾已致仕從大夫之後尙激於義不敢不告則正爲君卿大夫者當何如警之在此

○程子、曰左氏、記孔子之言曰陳恒、弑其君、民之不予與同者半、以魯之衆、加齊之半、可克也、此非孔子之言、誠若此言、是以力、不以義也、若孔子之志、必將正名其罪、上告天子、下告方伯而率與國以討之、至於所以勝齊者、孔子之餘事也、豈計魯人之衆寡哉、當是時、天下之亂、極矣、因是足以正之、周室、其復興乎、魯之君臣、終不從之、可勝平聲惜哉、問程子以左氏所記爲非夫子之言然則夫子之戰將不復計其强弱而獨以大義驅之耶朱子曰程子之意以爲夫子告魯當明君臣之義以見弑逆大惡天下所不容人人得誅之況在隣國而可以不討之乎而其爲討則必請其君以上告天子下告方伯擧天下之兵以誅之以天下之兵討天下之賊彼雖衆强奚以爲哉固不當區區獨較齊魯之强弱而以天下之公義爲一國之私也左氏所記蓋傳聞之謬以衆人之腹爲聖人之心耳○春秋之時三綱淪矣孔子請討弑逆此天下之大義也斯事一正三綱可整天下事可次第擧矣沐浴而朝敬其事以卜天意也

胡氏、曰春秋之法、弑君之賊、人得而討之、仲尼此擧、先發後聞、可也、問程子以爲必告之天子胡氏乃以先發後聞之說何耶朱子曰考之春秋先王之時疑必自有此法凡弑君者人人得而討之如漢所謂天下共誅之者然事非一槪告與不告又在乎時義之如何使其地近於天子而可告事未迫遽而得以告力之不足以敵

而不得不告則告之而俟命以行甚則或不俟命而遂行皆可也使其地之相去也遠其事幾之來也不可少緩吾之力又足以制之而乃區區焉徇請命之小節忘逆賊之大罪使彼得以植其根固其黨或遂奔逸而不可以復得則任其事者亦不免乎春秋之責矣○雲峯胡氏曰程子所謂上告天子者經也胡氏所謂先發後聞者權也然先發後聞謂魯也非謂孔子也○厚齋馮氏曰是年西狩獲麟春秋絕筆焉而不復書陳恒之事蓋有所傷感焉而魯之事不可爲矣○新安陳氏曰沐浴而朝蓋欲齊戒積誠以感君心也獲麟在哀公十四年之春請討在是年之夏使此請聖人得遂其志則三綱復正周室復興春秋可不必作矣惟此請之不遂此春秋所以不得不作也春秋作而亂賊懼雖不得扶植當世之三綱而可以扶植萬世之三綱焉[備旨]由是孔子奉君命以往告三子而三子亦魯之陳恒也皆以爲不可而夫子請討之心益窮矣因復應之曰弒君乃齊之大變討賊實魯之大義吾之所以來告者以吾嘗從大夫之後不敢不以討賊之事爲吾子告也況爲大夫當國政者乃以爲不可何耶夫子此言所以儆其臣者深矣

○子路ㅣ問事君ᄒᆞᆫ대子ㅣ曰勿欺也ㅣ오而犯之니라

子路ㅣ君事ᄒᆞᆷ을묻ᄌᆞ온대子ㅣᄀᆞᆯᄋᆞ샤ᄃᆡ欺티말오犯ᄒᆞᆯ띠니라

●犯、謂犯顏諫爭、去聲○范氏、曰犯、非子路之所難也、而以不欺爲難故、夫子、告以先勿欺、而後犯也、問子路勇於義何難於不欺特其燭理之不明好強其不知以爲知是以陷於斯耳朱子曰以使門人爲臣一事觀之子路之好勇必勝恐未免於欺也○問子路豈欺君者莫只是勇便解恁地否曰是恁地子路性勇凡言於人君要他聽或至於說得太過則近乎欺如唐人諫敬宗遊驪山謂驪山不可行若行必有大禍夫驪山固是不可行然以爲有大禍則近於欺矣要之雖不失爲愛君而其言則欺矣○勉齋黃氏曰僞言不直謂之欺直言無隱謂之犯欺與犯正相反也夫子告子路之辭推其本意乃是一戒一勸此兩面平說之辭若反覆以觀則能無欺而不能犯則未免有回互之失能犯矣而不能勿欺則未免有矯飾之病此又不可不以爲戒也○洪氏曰忠而犯之所謂有犯無隱欺而犯之是犯上也○雙峯饒氏曰事君以不欺爲本然不欺甚難須是平日於愼獨上實下工夫表裏如一方能如此今人自家好色好貨却諫其君勿好色好貨皆是欺君[備旨]子路問事君之道夫子告之曰臣之事君也上下之情睽則易於欺尊卑之分嚴則難於犯若事君者於平日進言宣力必內以盡其心外以盡其分勿以欺爲也而君或未向道志仁必犯顏敢諫雖觸君之怒不恤也事君之道盡於此矣

○子ㅣ曰君子는上達ᄒᆞ고小人은下達이니라

子ㅣᄀᆞᆯᄋᆞ사ᄃᆡ君子는우ᄒᆞ로達ᄒᆞ고小人은아래로達ᄒᆞᄂᆞ니라

●君子、反天理故、日進乎高明、小人、徇人欲故、日究乎汙音烏下、朱子曰上達是曉得透徹到那總頭處不特知到這裏行也到這裏了○凡百事上皆有達處惟君子就中得箇高明底道理小人就中得箇汙下底道理○君子一日長進似一日小人一日沈淪似一日究者究竟之義言究竟至於極也初間只差些子少間究竟將去越差得多今人做錯一件事說錯一句話不肯當下覺悟便改却只管去救其失少間救得過失越大無不是如此○胡氏曰反天理徇人欲上達下達之原也進高明究汙下上達下達之效也人心萬理皆具人欲或得以奪之故有待於反之也能復乎天理而不以一毫私欲自累則高矣不以一毫私欲自蔽則明矣苟徇乎耳目口鼻四肢之欲益趨於貪濁之地則汙矣益流於苟賤之域則下矣進則升而愈崇究則沈而愈卑○南軒張氏曰上達者反本窮理也下達者趨末徇欲也皆云達者如喩義喩利皆云喩也○雲峯胡氏曰夫子嘗曰下學而上達其所謂上下者天理人事之貫此所謂上達下達天理人欲之分也【備旨】夫子別君子小人所造之異曰天理本高明也君子循天理故其知行日進乎高明不其上達乎人欲本汙下也小人徇人欲故其知行日究乎汙下不其下達乎是其所造不同其始惟在於理欲之分耳學者可不審哉

○子ㅣ曰古之學者는爲己러니今之學者는爲人이로다 爲去聲

子ㅣᄀᆞᆯᄋᆞ사ᄃᆡ녯學ᄒᆞᄂᆞᆫ者ᄂᆞᆫ己를爲ᄒᆞ더니이젯學ᄒᆞᄂᆞᆫ者ᄂᆞᆫ人을爲ᄒᆞᄂᆞ다

●程子、曰爲己、欲得之於己也、爲人、欲見知於人也、慶源輔氏曰爲己爲人之學其差只在毫釐之間唯欲得之於己則不必見知於人纔欲見知於人則不必得之於己欲得於己者收斂篤實欲見知於人者輕浮淺露○程子、曰古之學者、爲己、其終、至於成物、今之學者、爲人、其終、至於喪去聲己、問程子兩段不同朱子曰前段是低底爲人只欲見知於人而已後段是好底爲人却是眞箇要爲人然不曾先去自家身己上做得工夫非惟爲那人不得末後連己也喪了 愚、按聖賢、論學者用心得失之際、其說、多矣、然、未有如此言之切而要

者、於此、明辯而日省悉井反下章同之、則庶乎其不昧於所從矣、朱子曰今須先正路頭明辯爲己爲人之別直見得透却旋旋下工夫則意思自通知識自明踐履自正積日累月漸漸熟若見不透路頭錯了則讀書雖多爲文日工終做事不得○雙峰饒氏曰此章當看者字言同此一箇學但學之者用心不同古之學此者其心要得之於己今之學此者其心要求知於人如三年學己自是了但志在於祿則非爲己之學也若如後世刑名術數記誦詞章之學則所學己與古人背馳何必更論其用心之同異孔子之時世敎雖衰其學之陋尙未至此○新安陳氏曰同一學也爲己爲人之間古今之不同於此分焉學者當審其幾於用心之初可也[備旨]夫子別古今學者用心之異曰古今所學之事雖同而其用心則異古之學者致知力行其心惟恐一理之未明一行之未備必欲得之於己而後已焉是其爲己有如此者今之學者亦致知力行其心惟恐一善之不見稱一德之不見揚必欲見知於人而後已焉是其爲人有如此者此古今之所以不相及也學者可不辨哉

○蘧伯玉이使人於孔子ㅣ어ᄂᆞᆯ 使去聲下同

蘧伯玉이사ᄅᆞᆷ을孔子ᄭᅴ브려ᄂᆞᆯ

●蘧伯玉、衛大夫、名、瑗、于眷反 孔子、居衛、嘗主於其家、旣而反魯、故、伯玉、使人來也、[備旨]蘧伯玉衛之賢大夫也孔子在衛與之交好旣而反魯伯玉思之乃使人問候孔子

孔子ㅣ與之坐而問焉曰夫子ᄂᆞᆫ何爲오對曰夫子ㅣ欲寡其過而未能也ㅣ니이다使者ㅣ出커늘子ㅣ曰使乎使乎ㅣ여

孔子ㅣ더블어坐ᄒᆞ야믈어ᄀᆞᆯᄋᆞ샤ᄃᆡ夫子ᄂᆞᆫ므스일ᄒᆞᄂᆞ뇨對ᄒᆞ야ᄀᆞᆯ오ᄃᆡ夫子ㅣ그過ᄅᆞᆯ寡코저ᄒᆞᄃᆡ能티몯ᄒᆞᄂᆞ니이다使者ㅣ出커늘子ㅣᄀᆞᆯᄋᆞ샤ᄃᆡ使ㅣ여使ㅣ여

●與之坐、敬其主以及其使也、夫子、指伯玉也、言其但欲寡過而猶未能、則其省身

克己、常若不及之意、可見矣、雲峯胡氏曰省身常若不及惟恐其身之有過而常加省察也克己常若不及惟恐其過未改而常加克治也 使者之言、愈自卑約而其主之賢、益彰、亦可謂深知君子之心、而善於詞令者矣、故、夫子、再言使乎、以重(直用反)美之、按莊周、稱伯玉、行年五十而知四十九年之非、又曰伯玉、行年六十而六十化、淮南子曰蘧伯玉行年五十而知四十九年之非○莊子則陽篇蘧伯玉行年六十而六十化未嘗不始於是之而卒詘(與屈同)之以非也○朱子曰化是舊事都消融了無固滯○雙峯饒氏曰行年五十而知四十九年之非非是至十歲頓然有悟也化者變化之謂言氣質變化一年勝似一年至於行年六十而猶變化未已也 蓋其進德之功、老而不倦、是以、踐履篤實、光輝宣著、不惟使者知之、而夫子亦信之也、南軒張氏曰伯玉之使其言雖謙而意義永事情稱也夫欲寡過而未能非篤於進德脩業者莫知此味也則伯玉之賢可知矣而其使之才亦可知矣○慶源輔氏曰使者不以伯玉之德著見於外者言而以伯玉之心克治於內者告且曰欲而未能不獨其言謙抑卑下而又深有得於聖賢爲己之學常如不及之意可謂知德而能言矣○雙峯饒氏曰欲寡其過而未能一句意味深長學者常存此心乃進德之本也○新安陳氏曰欲寡過則不自是不謂已能寡過則不自足此檢身常若不及之心也進善其有窮乎非伯玉之賢不能如此存心非使者之賢不能知伯玉此心宜夫子有味其言而深賞之○吳氏曰論語中夫子俟其出而稱之者二南宮适出伯玉使者出是也俟其出而斥之者二宰我出樊遲出是也聖人氣象從容如天地之生物陽舒陰慘無非敎也千載而下猶可想見之【備旨】孔子敬其使乃與使者坐而問焉曰爾夫子近日果何所修爲使者對曰我夫子無他爲也但其心欲自寡其過而猶未能以遽寡也夫曰寡過可見伯玉省察克治之心曰未能又可見伯玉檢身不及之心伯玉有心何意使者能道之哉於是使者出夫子遂美之曰使者可謂知心而善於辭令者矣其眞可謂使乎其眞可謂使乎非伯玉之賢不能如此存心非使者之賢不能知伯玉之存心也

○子ㅣ曰不在其位ᄒᆞ얀不謀其政이니라

●重出、已見泰伯篇

○曾子ㅣ曰君子는思不出其位니라

曾子ㅣᄀᆞᆯᄋᆞ샤ᄃᆡ君子ᄂᆞᆫ思ㅣ그位예出티아니ᄒᆞᄂᆞ니라

●此、艮卦之象辭也、易艮卦大象傳辭曰兼山艮君子以思不出其位 曾子、蓋嘗稱之、記者、因上章之語、而類記之也、○范氏、曰物各止其所、而天下之理、得矣、故、君子所思、不出其位、而君臣、上下、大小、皆得其職也、南軒張氏曰位非獨職位大而君臣父子微而一事一物當其時與地所思止而不越皆不出其位也非有主於中其能然乎○勉齋黃氏曰位身所處之地也爲君則思君道爲臣則思臣道此位也當食則思食當寢則思寢此亦位也越所處而思則爲出其位矣○雙峯饒氏曰上章爲謀政者言不在其位之位指職位而言也此章泛言君子之所思不出其位位字比上章又說得闊如爲人子則思孝爲人臣則思忠素富貴則思所以行富貴素貧賤則思所以行乎貧賤皆是也○雲峯胡氏曰艮止也思不出其位身之所處止其所心之所思亦止其所也[備旨]曾子述艮卦之象辭以示人曰人心莫不有思而思貴範於位之中是故君子觀艮止之象而夙夜圖維只在位之中不在位之外位之所不居之思所不在也夫君子之思止於其所如此然則世之越位以思者蓋亦不占而已矣

○子ㅣ曰君子ᄂᆞᆫ恥其言而過其行이니라 行去聲

子ㅣᄀᆞᆯᄋᆞ샤ᄃᆡ君子ᄂᆞᆫ그言을恥ᄒᆞ고그行을過ᄒᆞᄂᆞ니라

●恥者、不敢盡之意、過者、欲有餘之辭、朱子曰過猶易喪過乎哀用過乎儉之過謂力行也○勉齋黃氏曰言放易故當恥行難盡故當過○胡氏曰或謂恥其言之過於行固通必如集註釋爲兩事斯得夫子立言之本意○雙峯饒氏曰過其行與恥其言對謂行當過於其言如云說七分而行十分相似○厚齋馮氏曰恥之者恐其言之浮於行也過之者欲其行之浮於言也[備旨]夫子勉人致愼於言行曰言易至於有餘也君子則恥其言若有所羞赧而不敢盡行每患其不足也君子則過其行必倍加鼓勵而使有餘此言行所以相顧而爲君子也

○子ㅣ曰君子道者ㅣ三애我無能焉호니仁者ᄂᆞᆫ不憂ᄒᆞ고知者ᄂᆞᆫ不惑ᄒᆞ고勇者ᄂᆞᆫ不懼ㅣ니라 知去聲

子ㅣ ᄀᆞᆯᄋᆞ샤ᄃᆡ 君子의 道ㅣ 三애 내 能ᄒᆞᆷ이 업소니 仁ᄒᆞᆫ 者ᄂᆞᆫ 憂티 아니ᄒᆞ고 知ᄒᆞᆫ 者ᄂᆞᆫ 惑디 아니ᄒᆞ고 勇ᄒᆞᆫ 者ᄂᆞᆫ 懼티 아니ᄒᆞᄂᆞ니라

●自責、以勉人也、三句解見子罕篇○朱子曰道體無窮聖人未嘗見其有餘也亦有勉進學者之意[備旨]夫子自責以勉人曰君子所以爲道者有三反之於我無一能焉仁者處順逆而無憂我未免於憂也則於君子仁之道無能 也知者遇事物而不惑我未免於惑 也則於君子知之道無能也勇者任重大而不懼我未免於懼也則於君子勇 之道無能也敢不勉哉

子貢이 曰夫子ㅣ自道也ㅣ샷다

子貢이 ᄀᆞᆯ오ᄃᆡ 夫子ㅣ 스스로 닐옴이샷다

●道、言也、自道、猶云謙辭、○尹氏、曰成德、以仁爲先、進學、以知爲先、故、夫子之言、其序有不同者、以此、胡氏曰爲學之序以智爲先若德之成則仁又爲百行之首○覺軒蔡氏曰以仁爲先猶自誠而明以智爲先猶自明而誠自誠而明夫子之事故子貢以爲夫子自道也上文我無能焉乃是謙辭○新安陳氏曰覺軒解自道與集註小異未必子貢一時聞夫子之言便以子罕篇語先後次序不同來比並而答以此言也[備旨]子貢曰此特吾夫子之自道如此也以賜觀之夫子固仁之至智之盡不賴勇而裕如若蓋綽綽乎其有餘矣又何君子之道有不能焉者哉

○子貢이 方人ᄒᆞ더니 子ㅣ 曰賜也ᄂᆞᆫ 賢乎哉아 夫我則不暇ㅣ로다 夫音扶

子貢이 人을 方ᄒᆞ더니 子ㅣ ᄀᆞᆯᄋᆞ샤ᄃᆡ 賜ᄂᆞᆫ 賢ᄒᆞ냐 나ᄂᆞᆫ 暇티 몯ᄒᆞ노라

●方、比也、乎哉、疑辭、比方人物、而較其短長、雖亦窮理之事、然、專務爲此則心馳於外、而所以自治者、踈矣、故、褒之而疑其辭、復扶又反自貶、以深抑之、○謝氏、曰聖人責人、辭不迫切、而意已獨至如此、朱子曰學者須思量不暇箇甚麼須於自己體察方可見○齊氏曰孔子之於道也未得之則發憤忘食既得之則樂以忘憂而何

暇於方人○厚齋馮氏曰子貢自視與夫子孰賢而能爲夫子之所不暇爲耶○新安陳氏曰我則無暇及他人言外之意謂方自治也備旨子貢嘗比方人物而較其短長非自治之切務也夫子婉言以儆之曰賜也務於方人必其修於己者旣至而自治有餘力也其賢乎哉若我則躬行未得方汲汲於自治之不暇而猶暇於方人乎夫子此言所以儆子貢者至矣

○子ㅣ曰不患人之不己知오患其不能也ㅣ니라

子ㅣ ᄀᆞᆯᄋᆞ샤ᄃᆡ 人의 己를 아디 몯홈을 患티 말고 그 能티 몯홈을 患홀ᄯᅵ니라

●凡章指同、而文不異者、一言而重(平聲)出也、文小異者、屢言而各出也、此章、凡四見(形甸反)而文皆有異、新安陳氏曰四見者學而篇不患人之不已知患不知人也里仁篇不患莫已知求爲可知也衛靈公篇君子病無能焉不病人之不已知也與此章爲四 則聖人、於此一事、蓋屢言之、其丁寧之意、亦可見矣、胡氏曰失於務外爲學之通患聖人每欲其反己以自力故不一言而已也○雲峯胡氏曰四見之中學而篇是一意重在知人餘三見共是一意重在能字所以求爲可知者求諸我之能而已備旨夫子丁寧學者曰大凡世之知譽與己無涉故不患人之不已知惟其學焉而不能明其理行焉而不能踐其實反之我心而未慊者此深足患也今乃不以此爲患而患人之不已知抑獨何哉君子亦求在我而可也

○子ㅣ曰不逆詐ᄒᆞ며不億不信이나抑亦先覺者ㅣ是賢乎ᆫ뎌

子ㅣ ᄀᆞᆯᄋᆞ샤ᄃᆡ 詐를 逆디 아니ᄒᆞ며 不信을 億디 아니홀개 시나 ᄯᅩ ᄒᆞᆫ 몬져 覺ᄒᆞᄂᆞᆫ 者ㅣ 이 賢인뎌

●逆、未至而迎之也、億、未見而意之也、詐、謂人欺己、不信、謂人疑己、抑、反語辭、朱子曰凡抑字皆略反上文之意 言雖不逆不億、而於人之情僞、自然先覺、乃爲賢也、○楊氏、曰君子、一於誠而已、然、未有誠而不明者故、雖不逆詐、不億不信、而常先覺也、若夫(音扶)不

逆不億、而卒爲小人所罔焉、斯亦不足觀也已、朱子曰逆詐是那人不曾詐我先揣摩道那人必是詐我億不信是那人未有不信底意使道那人必是不信我先覺則分明是見那人已詐已不信○人有詐不信吾之明足以知之是之謂先覺彼未必詐而逆以詐待之彼未必不信而先億度其不信此則不可也○勉齋黃氏曰未見其事而疑其必欺故爲逆詐未見其事而度其必不實故爲億不信然詐不信雖以事見而可以理知故雖不逆不度而以先覺爲賢者理明故也○雙峯饒氏曰不逆不億待物之誠也先覺燭理之明也逆億是有心覺是無心○馮氏曰逆億如人在室外而料室中之虛實先覺如明鏡照物而物無遁形此非格物致知洞然明知者不能也○雲峯胡氏曰逆億是以意見推之先覺是以義理照之○新安陳氏曰逆億者私見之紛擾先覺者眞見之昭徹固不先事而預料小人之爲姦亦不臨事而墮於小人之姦其斯爲誠明之君子乎［備旨］夫子思先覺者意曰天下之人防範過密者多逆億之私其不逆億者又墮小人之計有人於此初不逆料人之我欺不億測人之我疑而於人之我欺我疑抑亦自然先覺者此是心地光明物無遁照豈不爲賢乎然則世之以察爲明者亦當知所取法矣

○微生畝ㅣ謂孔子曰丘는何謂是栖栖者與(平聲)오無乃爲佞乎아

微生畝ㅣ孔子ㅅ긔닐어ᄀᆞᆯ오ᄃᆡ丘ᄂᆞᆫ엇디이栖栖ᄒᆞᆫ욤을ᄒᆞᄂᆞ뇨아니佞을ᄒᆞᄂᆞ냐

●微生、姓、畝、名也、畝、名呼(去聲)夫子而辭甚倨、(居御反)蓋有齒德而隱者、栖栖、依依也、爲佞、言其務爲口給、以悅人也、［備旨］微生畝以退隱爲高見孔子轍環列國謂之曰丘於列國何爲是栖栖然依戀不舍與無乃爲佞以求用於世乎

孔子ㅣ曰非敢爲佞也ㅣ라疾固也ㅣ니라

孔子ㅣᄀᆞᆯᄋᆞ샤ᄃᆡ敢히佞을ᄒᆞᄂᆞᆫ줄이아니라固를疾홈이니라

●疾、惡(去聲)也、固、執一而不通也、聖人之於達尊、禮恭而言直、如此、其警之、亦深矣、胡氏曰不恭則失長幼之序不直則失義理之正○慶源輔氏曰爲佞以說人者失之不及執一而不通者失之過聖人只在中道上行微生之言雖倨而疑夫子之言雖恭而决○雙峯饒氏曰栖栖如鳥之栖木而不去

然畝方以退隱爲高見孔子歷聘疑其以口給取悅殊不知聖人可仕則仕可止則止如天地四時之變化豈若小丈夫之執一而不通耶○新安陳氏曰以夫子而尙謂其栖栖爲佞則畝之耿介固執可想矣故夫子因而箴之夫立身待人自有中道聖人萬不爲柔佞之不及亦不爲固執之太過也 備旨 孔子因答曰丘嘗惡佞所以栖栖者非敢爲佞以徇世也誠以世道汙濁挽回在人不如是則絶人逃世執一不通甚矣是則我之所疾也子其知我乎

○子ㅣ曰驥는不稱其力이라稱其德也ㅣ니라

子ㅣ골ᄋᆞ샤ᄃᆡ驥는그力을稱ᄒᆞᆫ거시아니라그德을稱홈이니라

●驥、善馬之名、德。謂調良也、胡氏曰調者習熟而易控御也良者順服而不蹄齧也 ○尹氏、曰驥雖有力、其稱在德、人、有才而無德、則亦奚足尙哉、南軒張氏曰驥之得稱爲其德不爲其力而況於君子豈不以尙德爲貴乎苟無其德雖曰有才其得謂之君子乎 ○慶源輔氏曰才與德皆本於天然才出於氣德根於理二者雖不可闕一然出於氣者固不若根於理之爲粹也○胡氏曰驥之任重致遠非力不可然有力者不足言必言其調良也故觀人者不當言其才而當言其德人亦不可徒恃其才而當以德爲主也○雙峯饒氏曰驥者良馬之稱馬中之驥如人中之君子驥非無力然其所以得驥之名者以德不以力君子非無才然其所以得君子之名者以德不以才○新安陳氏曰此章與歲寒松栢章皆如詩六義之比實以木與馬比君子非專言木馬也 備旨 夫子借驥以論君子曰驥非不足於力也然名之曰驥者不徒稱其有任重致遠之力惟稱其有調良之德閑習而易控御馴服而不奔逸也觀此則人之所以爲君子者不以才而以德可知矣

○或이曰以德報怨이何如ᄒᆞ니잇고

或이ᄀᆞᆯ오ᄃᆡ德으로ᄡᅥ怨을報홈이엇더ᄒᆞ니잇고

●或人所稱、今見老子書、德、謂恩惠也、老子道德經恩始章曰大小多少報怨以德圖難於其易爲大於其細 備旨 或人以人情讎怨相尋乃爲之問曰人惟恩怨之心太明故忠厚之風日薄若人之有怨於我者我惟以德報之何如

○子ㅣ曰何以報德고

子ㅣᄀᆞᆯᄋᆞ샤ᄃᆡ므서스로ᄡᅥ德을報ᄒᆞ료

●言於其所怨、既以德報之矣、則人之有德於我者、又將何以報之乎、朱子曰以德報怨不是不好但上面更無一件可以報德譬如人以千金與我我以千金酬之便是當然或有人盜我千金而吾亦以千金與之却是何理視與千金者更無輕重斷然是行不得也【備旨】夫子告之曰怨者德之反既報怨而以德則人之有德於我者又將何以報之乎是怨德之報皆不得其平矣

以直報怨이오以德報德이니라

直으로ᄡᅥ怨을報ᄒᆞ고德으로ᄡᅥ德을報홀ᄯᅵ니라

●於其所怨者、愛憎取舍、上聲一以至公而無私、所謂直也、於其所德者則必以德報之、不可忘也、○或人之言、可謂厚矣、然、以聖人之言、觀之則見其出於有意之私、而怨德之報、皆不得其平也、必如夫子之言然後、二者之報、各得其所、然、怨有不讎、新安陳氏曰讎仇也怨有不必報者不以仇待之也而德無不報、則又未嘗不厚也、此章之言、明白簡約、而其指意、曲折反覆、芳服反如造化之簡易、易竝去聲知而微妙無窮、學者、所宜詳玩也、問以德報怨亦可謂忠且厚矣而夫子不之許何哉朱子曰是亦私意所爲非天理之正也夫有怨有德人情所不能忘而所以報之各有所當亦天理之不能己也顧德有大小皆所當報而怨則有公私曲直之不同故聖人敎人以直執怨以德報德以直云者不以私害公不以曲勝直當報則報不必報則止一觀夫理之當然而不以己之私意加焉是則雖曰報怨而豈害其爲公平忠厚哉然而聖人終不使人忘怨而沒其報復之名者亦以見夫君父之仇有不得不報者而伸夫忠臣孝子之心耳若或人之言則以報怨爲薄而必矯焉以避其名故於其所怨而反報之以德若忠厚者而於所德又將何以報之以德之上無復可加若但如所謂報怨者而已則是所以報德者僅適其平而所以報怨者反厚於德且雖君父之仇亦將有時而忘之也是豈不反爲逆人情悖天理之甚哉曰君父之仇亦有當報不當報之別乎曰周禮有之殺人而義者令無仇仇之則死此不當報者也春秋傳曰父不受誅子復仇可也此當報

者也當報而報不當報而止是即所謂直也周公之法孔子之言若合符節於此可以見聖人之心矣曰然則楊氏所謂小加委曲如庾公之斯者如何曰此意善矣而亦有所未盡也蓋天下之事有公義有私恩二者常相得焉委盡其道而不爲私可也不幸而或至於相妨則權輕重而處之使公義行於上而私恩伸於下然後可耳若小加委曲而害天下之公則亦君子所不爲也○以德報怨於怨者厚矣而無物可以報德則於德者不亦薄乎以直報直則不然如此人舊與吾有怨今果賢邪則引薦之果不肖邪則棄之絕之是蓋未嘗有怨矣○雙峯饒氏曰直是則道當報則報不當報則不報是之謂直老氏之說不問道理曲直只是不欲與人結怨而已以德報怨說殺了不若以直報怨之語中間有涵蓄當報而報與不當報而不報皆在其中學者玩味其意觸類而長則可爲處事之權衡矣【備旨】必也人之有怨於我者我不計其怨而惟以直報之使其人可愛可取不以懷私怨而昧與善之公心使其人當憎當舍不以避私嫌而廢除惡之公典是則雖曰報怨而豈害其爲公平忠厚哉至於德有大小皆所當報則以德報之可矣若必以德報怨是亦私意所爲非天理之正也

子ㅣ曰莫我知也夫ᆫ뎌 夫音扶

子ㅣᄀᆞᆯᄋᆞ샤ᄃᆡ날알리업슨뎌

●夫子、自歎、以發子貢之問也、【備旨】夫子自嘆曰當今之世莫有人知我也夫蓋將發子貢之問而進之以達天之學也

子貢이**曰何爲其莫知子也**잇고**子**ㅣ**曰不怨天**ᄒᆞ며**不尤人**이오**下學而上達**ᄒᆞ노니**知我者**ᄂᆞᆫ**其天乎**ᆫ뎌

子貢이ᄀᆞᆯ오ᄃᆡ엇디그子ᄅᆞᆯ알리업ᄉᆞ니잇고子ㅣᄀᆞᆯᄋᆞ샤ᄃᆡ天을怨티아니ᄒᆞ며人을尤티아니ᄒᆞ고下로學ᄒᆞ야上으로達ᄒᆞ노니나ᄅᆞᆯ아ᄂᆞᆫ者ᄂᆞᆫ그天인뎌

●不得於天而不怨天、不合於人而不尤人、但知下學而自然上達、此、但自言其反己自脩、循序漸進耳、無以甚異於人、而致其知也、然、深味其語意、則見其中、自

有人不及知、而天獨知之之妙、朱子曰不怨不尤則不責之人而責之己下學人事則不求之遠而求之近此固無與於人而不駭於俗矣人亦何自而知之也耶及其上達而與天爲一焉則又有非人之所及者此所以人莫之知而天獨知之也○勉齋黃氏曰窮通榮辱天也用舍予奪人也常人之情遺事於淺近索理於渺茫足以惑人之耳目而以爲能此所以人知之也聖人渾然天理窮通榮辱用舍予奪皆理之所不能無者順而受之又何怨尤之有人事之中便是天理又何必捨人事而求之於渺茫哉如是則泊然若不見其所長者然天理流行而聖人與之無間如此所以人不知而天知也○慶源輔氏曰己與天人只是一理在己者既盡則天人無有不應者聖人與理爲一自然無所怨尤

蓋在孔門、唯子貢之智、幾(平聲)足以及此故、特語(音御)以發之、惜乎、其猶有所未達也、朱子曰聖門自顏曾以下唯子貢儘曉得聖人多是將這般話與他說他若未曉聖人豈肯說與但他知得箇頭耳惜乎見夫子說便自住了如予欲無言予一以貫之也只如此住了只是不曾有默契省悟觸動他那意思處他若有所默契須發露出來不但已也如曾子聞一貫語便曰唯子貢便無這處

○程子、曰不怨天、不尤人、在理當如此、又曰下學上達、意在言表、又曰學者、須守下學上達之語、乃學之要、蓋凡下學人事、便是上達天理、然、習而不察、則亦不能以上達矣、問下學而上達者言始也下學而卒之上達云爾今程子以爲下學人事便上達天理何耶朱子曰學者學夫人事形而下者也而其事之理則固人之理也形而上者也學是學而通其理即夫形而下者而得夫形而上者焉非達天理而何哉○問聖人恐不自下學中來曰不要高了聖人高後學者如何企及說得聖人低越有意思聖人雖生知亦未嘗不學如十五志學每事問便是學也○須是下學方能上達然人亦有下學而不能上達者只緣下學得不是當若下學得是當未有不能上達者聖門下學而上達至於窮神知化亦不過德盛仁熟而自至耳如釋氏理須頓悟不假漸脩之云是只說上達更不理會下學然不理會下學如何上達○問下學只是切近處求否曰也不須揀事到面前便與理會且如讀書讀第一章便與理會第一章讀第二章亦然今日撞著這事來便與理會這事明日撞著那事便與理會那事萬事只一理不是揀那大底要理會其他却不管○問有一節之上達有全體之上達否曰不是全體只是造一件理會得透那件又理會得透積累多便會貫通不是別有一箇大底上達又不是下學中便有上達須是下學方能上達今之學者於下學中便要求玄妙則不可○問下學上達意在言表是如何曰如下學只是下學如何便會上達自是言語形容不得下學上達雖是兩件理會得透斷合只是一件下學是事上達是理理在事中事不在理外一物之中皆具一理就那物中見得箇理便是上達如大而化之之謂聖聖而不可知之之謂神然亦不離乎人倫日用之中但

恐人不能盡所謂學耳果能學安有不上達者○方其學時雖聖人亦須下學如孔子問禮問官名未識須問問了也須記及到達處雖下愚也會達便不愚了○孔子當初嘆無有知我者子貢因問何爲莫知子夫子所答辭只是解何爲莫知一句大凡不得乎天則怨天不得乎人則尤人我不得乎天亦不怨天不得乎人亦不尤人與世都不相干涉方其下學人事之卑衆人所共又無奇特聳動人處及其上達天理之妙忽然上達去人又捉摸不著如何能知得我知我者畢竟只是天理與我默契爾以此見孔子渾是天理○問子貢不曾問孔子告之必有深意曰論語中自有如此等處如告子路知德者鮮告曾子一以貫之皆是一類此是大節目要當自得這却是箇有思量底事要在不思量處得○當時不惟門人知夫子別人也知道是聖人今夫子却恁地說時是如何如子貢之聰明想見也大故知聖人但尙有知未盡處故如此說子貢曰何爲其莫知子也子貢也是說他不爲不知夫子所以怪而問之夫子便說下面三句便與葉公問孔子於子路處相似皆是退後一步說不怨天是於天無所逆不尤人是於人無所忤下學只恁地就平易去做上達便是做後自理會得只這平易便是人不能及處如發憤忘食樂以忘憂看著似乎只是恁地平說但是人自不可及人既不能知則只有天知者是道理與天相契合也○南軒張氏曰下學人事而上達天理天理初不外乎人事知我其天所謂天者理而已聖人純乎天理故其自言如此○問何謂下學上達潛室陳氏曰下學人事自然上達天理若不下下學工夫直欲上達則如釋氏覺之之說是也吾儒有一分學問則磨得一分障礙去心裏便見得一分道理有二分學問工夫則磨得二分障蔽去心裏便見得二分道理從此惺惺恁地不分走作則心裏統體光明查滓淨盡便是上達境界【備旨】子貢怪而問之曰夫子之道宜爲人所知何爲其莫知子也夫子告之曰夫人立異以爲高者始足致人之知也我之所爲異於是矣彼窮通出於天也我也遭時之窮不得於天亦惟反己有歉何敢以怨天用舍係於人也我也値時之舍不合於人亦惟反己有歉何敢以尤人但知黽勉於日用之間致力於人事之近理有未知也必求知其所當知事有未能也必求行其所當行由是知焉日精行焉日進此下學而上達要皆無以甚異於人而致其知然則知我者其惟彼蒼之天乎蓋吾惟奉天之理則天理之周旋意者其爲天心之降鑒耳是人莫我知者正在此也

○公伯寮ㅣ愬子路於季孫이어늘 子服景伯이 以告曰 夫子ㅣ 固有惑志於公伯寮ᄒᆞ니 吾力이 猶能肆諸市朝ㅣ니이다 朝音潮

公伯寮ㅣ子路를季孫의게愬ᄒᆞ야ᄂᆞᆯ子服景伯이뻐告ᄒᆞ야ᄀᆞᆯ오ᄃᆡ夫子ㅣ진실로公伯寮의게惑志를두ᄂᆞ니내힘이오히려能히市朝애肆ᄒᆞᆯ이이다

●公伯寮、魯人、子服、氏、景、諡、伯、字、魯大夫子服何也、夫子、指季孫、言其有疑於寮之言也、肆、陳尸也、言欲誅寮、周禮註有罪既殺陳其尸曰肆○吳氏曰市朝不過連言之左傳晉殺三郤尸諸朝殺董安于尸諸市賤者在市也○胡氏曰大夫以上於朝士以下於市○新安陳氏曰愬讒譖也惑志疑心也[通言]昔子路爲季氏宰魯人有公伯寮者乃譖愬子路之行於季氏蓋欲沮其道之行也魯大夫子服景伯以其事告於孔子曰吾夫子季孫固有惑志於公伯寮之言而信任子路將不終矣但吾以大夫之力猶能誅寮陳其尸於市朝以正其誣賢之罪焉

子ㅣ曰道之將行也與도命也ㅣ며道之將廢也與도命也ㅣ니公伯寮ㅣ其如命에何ㅣ리오 與平聲

子ㅣᄀᆞᆯᄋᆞ샤ᄃᆡ道의장ᄎᆞᆺ行홈도命이며道의장ᄎᆞᆺ廢홈도命이니公伯寮ㅣ그命에엇디리오

●謝氏、曰雖寮之愬、行、亦命也、其實、寮無如之何、愚、謂言此、以曉景伯、安子路而警伯寮耳、聖人於利害之際、則不待決於命而後、泰然也、朱子曰聖人不言命凡言命者皆爲衆人言也到無可奈何處始言命如此章命也是爲景伯說如曰有命是爲彌子瑕說聖人用之則行舍之則藏未嘗到無可奈何處何須說命如下一等人不知有命又一等人知有命猶自去計較中人以上便安於命到得聖人便不消得言命○問或以命爲天理何也曰命者天理流行付於萬物之謂也然其形而上者謂之理形而下者謂之氣自其理之體而言之則元亨利貞之德具于一時而萬古不易自其氣之運而言之則消息盈虛之變如循環之無端而不可窮也萬物受命于天以生而得其理之體故仁義禮智之德根於心而爲性其既生也則隨其氣之運故廢興厚薄之變唯所遇而莫逃此章之所謂命蓋指氣之所運爲言以天理釋之則於二者之分亦不察矣○吳氏曰命指氣而言陰陽之氣運行不齊治亂皆有定數如命令然景伯欲肆寮者義之激也夫子歸之於命者分之安也疑季氏有惑志子路遂同子羔仕衛○齊氏曰子路非王佐之才家臣非卿相之位而孔子以公伯寮之愬爲關於吾道之行止何也魯爲公室之蠹者莫如季氏孔子爲政於魯大率欲裁其僭而勇於承命以出藏甲墮郈費者子路也公伯寮愬子路固將假以沮孔子也故孔子不爲子路禍福計而爲吾道興廢計然子服景伯欲肆寮於市朝而孔子以爲寮如

命何盖以吾道行與不行繫於天之祐與不祐而不繫於寮之愬與不愬也景伯尤諸人而孔子委之天孟氏於臧倉之沮魯侯亦歸之天焉◎慶源輔氏曰聖人純是義理義所當行則行義所當止則止處利害之際唯其義而已更不問命之如何今此言命者以曉景伯警伯寮耳◎新安陳氏曰天將使道之行寮不能使之廢使寮之愬得行是天未欲道之行耳聖人不怨天又何尤於寮哉【備旨】夫子曉之曰子不必誅寮也蓋道之興廢有命存焉使時苟用我而道之將行也與是命之通也使時苟不我用而道之將廢也與是命之窮也夫道之興廢由於命如此故今日之命誠通則寮雖愬亦不能使由之道終廢今日之命誠窮則寮雖不愬亦不能使由之道必行矣公伯寮其如命何知此則寮可無愬子路可無憂而景伯亦不必誅寮矣

○子ㅣ曰賢者ᄂᆞᆫ辟世ᄒᆞ고 辟去聲下同

子ㅣ ᄀᆞᆯᄋᆞ샤ᄃᆡ 賢ᄒᆞᆫ者ᄂᆞᆫ 世를 辟ᄒᆞ고

●天下無道而隱、若伯夷太公、是也、辟紂而居東北海之濱【備旨】夫子傷時之衰曰賢者之出處去就惟其時而已有見天下無道則隱而不出以辟世者焉

其次ᄂᆞᆫ辟地ᄒᆞ고

그 次ᄂᆞᆫ 地를 辟ᄒᆞ고

●去亂國、適治邦、去聲 如百里奚去虞之秦【備旨】其有次於辟世者去亂國適治邦以辟地者焉

其次ᄂᆞᆫ辟色ᄒᆞ고

그 次ᄂᆞᆫ 色을 辟ᄒᆞ고

●禮貌衰而去、如衛靈公顧蜚鴈而色不在孔子遂去之【備旨】其有次於辟地者因禮貌衰而去之以辟色者

其次ᄂᆞᆫ辟言이니라

그 次ᄂᆞᆫ 言을 辟ᄒᆞᄂᆞ니라

●有違言而後去也、如衛靈問陳而孔子遂行 ○程子、曰四者、雖以大小次第言之、然、非有優劣也、所遇不同耳、問四者固非優劣然賢者之處世豈不能超然高擧見幾而作乃至發見於言色而後辟之耶勉齋黃氏曰出處之義自非一端隨其所遇之時而酌其所處之宜可也衛靈公顧蜚鴈則辟色矣問陳則辟言矣豈夫子於此爲劣乎此所以不可以優劣言也○厚齋馮氏曰桀溺謂子路豈若從辟世之士夫子爲之憮然至是乃賢辟世則道不行而無仕志也○吳氏曰世與地以地勢廣狹言色與言以人事淺深言若夫子則辟地辟色辟言而終不忍於辟世觀其論沮溺可見矣○雲峯胡氏曰天下爲大邦國爲小辟世辟地是辟其國辟色辟言是辟其人此程子所謂大小次第而非以賢者之德爲有優劣也[備旨]其有次於辟色者或因言語不合而去之以辟言者焉是其所遭或異故其所辟不同歸潔其身而已矣世道之衰不亦深可慨哉

○子ㅣ曰作者ㅣ七人矣로다

子ㅣ ᄀᆞᆯᄋᆞ샤ᄃᆡ 作ᄒᆞᆫ 者ㅣ 七人이로다

●李氏、曰作、起也、言起而隱去者、今七人矣、不可知其誰何、必求其人以實之則鑿矣、慶源輔氏曰凡書所載有當深索者不深索之則失之略有不必過求者過求之則失之鑿所謂當深索者義理是也所謂不必過求者此處是也[備旨]夫子憂世意曰賢者之出處可以驗世道之盛衰今知道不行起而隱去者己七人矣夫賢者隱遯之多如此則世道之衰豈不深可慨哉

○子路ㅣ宿於石門이러니 晨門이 曰奚自오 子路ㅣ曰自孔氏로라 曰是ㅣ知其不可而爲之者與아 與平聲

子路ㅣ 石門에 宿ᄒᆞ더니 晨門이 ᄀᆞᆯ오ᄃᆡ 어ᄃᆡ로브터 오뇨 子路ㅣ ᄀᆞᆯ오ᄃᆡ 孔氏로브테로라 ᄀᆞᆯ오ᄃᆡ 이 그 可티 아닌 줄을 알오ᄃᆡ ᄒᆞᄂᆞᆫ 者가

●石門、地名、晨門、掌晨啓門、蓋賢人、隱於抱關者也、自、從也、問其何所從來也、胡氏、曰晨門、知世之不可而不爲故、以是、譏孔子、然不知聖人之視天下、無不可爲

之時也、問聖人無不可爲之時且以人君言之堯所以處丹朱而禪舜舜所以處父母弟之間與所以處商均 而禪禹以人臣言之伊尹所以處太甲周公所以處管蔡可見聖人無不可爲之時朱子曰然○南軒張氏曰聖人非不知道之不行而皇皇於斯世者天地生物之心也晨門賢而隱於抱關知世之不可爲而遂己而未知道之不可以己然玩其辭意緩而不迫所養有過於荷蕢之果者歟○勉齋黃氏曰晨門見己而不見聖人故云然然無孔子之聖則寧自處於抱關耳其言聖人則非而自處其身則是亦賢也己○慶源輔氏曰賢者之視天下有不可爲之時才力有限也聖人視天下無不可爲之時其道無所不可也【備旨】子路從夫子周流四方偶宿於石門之地時有掌晨啓門者問曰子何所從而來乎子路曰吾自孔氏而來也晨門遂譏之曰子所謂孔氏者是知其世之不可爲猶欲栖栖不舍而爲之者與子之從之亦勞甚矣

○子ㅣ擊磬於衛러시니 有荷蕢而過孔氏之門者ㅣ 曰有心哉라 擊磬乎ㅣ여 荷去聲

子ㅣ磬을衛예서擧ᄒᆞ더시니 蕢를荷ᄒᆞ고孔氏의門에過ᄒᆞᄂᆞᆫ者ㅣ이셔ᄀᆞᆯ오ᄃᆡ 有心ᄒᆞ다 磬을擊ᄒᆞᆷ이여

●磬、樂器、荷、擔也、按韻書負荷之荷在上聲下可反又去聲 蕢、草器也、此荷蕢者、亦隱士也、聖人之心、未嘗忘天下、此人、聞其磬聲而知之、則亦非常人矣、問聞磬聲如何便知夫子之心不忘天下 朱子曰他那人煞高如古人於琴聲中知有殺心耳【備旨】夫子一日在衛偶然擊磬其憂世之心已寓於磬聲中矣乃有隱士適荷草器而過孔氏之門者聞其聲而嘆之曰有心於天下哉斯人之擊磬乎

既而曰鄙哉라 硜硜乎여 莫己知也ㅣ어든 斯己而已矣니 深則厲오ㅣ 淺則揭니라 硜苦耕反莫己之己音紀餘音以揭起例反

이ᄉᆞᆨ고ᄀᆞᆯ오ᄃᆡ 鄙ᄒᆞ다 硜硜ᄒᆞᆷ이여 己를알리업거든이예말ᄯᆞᄅᆞᆷ이니 深ᄒᆞᆫ則厲ᄒᆞ고

淺ᄒᆞᆫ則揭ᄒᆞᆯ띠니라

[註] 硜硜、石聲、亦專確之意、以衣涉水曰厲、攝衣涉水曰揭、此兩句、衛風匏有苦葉之詩也、譏孔子、人不知己而不止、不能適淺深之宜、[備旨]既而譏之曰鄙哉斯人何其擊磬之聲硜硜然專確而不知變通若是乎夫君子之所以出而用世者以世能我用耳今上下無交莫己知也斯與時俱己而己矣不觀之涉水乎水之深者則以衣涉之而爲厲水之淺者則攝衣涉之而爲揭是淺深之用各有其宜也今人莫己知而不己何其不適淺深之宜乎誠哉其硜硜己

子ㅣ曰果哉라末之難矣니라

子ㅣᄀᆞᆯᄋᆞ샤ᄃᆡ果ᄒᆞ다難홈이업스니라

[註] 果哉、嘆其果於忘世也、末、無也、聖人、心同天地、視天下、猶一家、中國、猶一人、不能一日忘也、故、聞荷蕢之言、而嘆其果於忘世、且言人之出處(上聲)若但如此、則亦則無所難矣、慶源輔氏曰果於忘世決去不反者能之何難之有若聖人之出處因時卷舒與道消息而憂世之心終不能己濟世之用其出無窮此豈荷蕢所能與哉○雙峯饒氏曰聖人之道有出有處便如天地有陰有陽荷蕢之徒見得一邊遺了一邊所以只知獨善而果於忘世矣○新安陳氏曰聖人之心不能一日忘天下亦如天地之心不能一日忘萬物天地生物之心不以閉塞成冬之時而息聖人道濟天下之心不以天地閉賢人隱之時而息也聖人不能忘世之心荷蕢初聞其磬聲而知之然觀其旣而曰以下之言則非深知聖人之心者要之果於忘世之人豈能深知聖人所以不能忘世之心哉[備旨]夫子聞其言而嘆曰斯人也其殆浩然長往果於忘世者哉且人之出處所以難者以其當可止之時而猶不能一日忘天下也若但以人莫己知而遂己此少知潔身之義者能之則亦末之難矣然則我之有心正我之不果也而我之硜硜實我之所難也荷蕢亦知之否

○子張이曰書云高宗이諒陰三年을不言이라ᄒᆞ니何謂也잇고

子張이ᄀᆞᆯ오ᄃᆡ書에닐오ᄃᆡ高宗이諒陰에三年을言티아니타ᄒᆞ니엇디닐옴이니잇

고

●[註]高宗、商王武丁也、諒陰、天子居喪之名、未詳其義、問諒陰之說朱子曰孔氏曰諒信也陰默也邢氏釋之曰信謂信任冢宰胡氏釋之曰信能默而不言也二家皆用孔訓而爲說不同鄭氏於禮記又讀作諒闇言居倚廬大抵古者天子居喪之名○覺軒蔡氏曰喪服四制諒闇三年鄭註云諒古作梁楣謂之梁闇讀如鶉鵪之鵪闇謂廬也即倚廬之廬儀禮剪屛柱楣所鄭氏謂柱楣所謂梁闇是也書云王宅憂諒陰言居喪於梁闇也按諒陰之義先人得於先師晩年面命者如此[備旨]子張問曰商書有云商王高宗宅憂諒陰三年不言夫人君天下之主也三年不言則臣下罔攸稟令不知書之所言果何謂也

子ㅣ曰何必高宗이리오 古之人이 皆然ᄒᆞ니 君薨커시든 百官이 總己ᄒᆞ야 以聽於冢宰三年이라ᄒᆞ니

子ㅣ ᄀᆞᆯᄋᆞ샤ᄃᆡ 엇디 반ᄃᆞ시 高宗ᄲᅮᆫ이리오 녯사ᄅᆞᆷ이 다 그러ᄒᆞ니 君이 薨커시든 百官이 己를 總ᄒᆞ야 ᄡᅧ 冢宰의게 聽홈을 三年을 ᄒᆞ니라

●[註]言君薨則諸侯、亦然、總己、謂總攝己職、冢宰、大(音泰)宰也、百官、聽於冢宰故、君得以三年不言也、○胡氏、曰位有貴賤、而生於父母、無以異者故、三年之喪、自天子達、子張、非疑此也、殆以爲人君、三年不言、則臣下、無所稟命、禍亂、或由以起也、孔子、告以聽於冢宰則禍亂、非所憂矣、問胡氏云以聽冢宰則禍亂非所憂然主少國疑之際得人如伊周霍葛則可不幸如莽操之姦豈不大可憂耶雙峯饒氏曰使嗣君剛明而冢宰有莽操之姦則必能易而置之如其不能雖不總己以聽亦何益哉且天下之事有常有變聖人只論其常耳○新安陳氏曰居喪而冢宰攝政則嗣君雖不言亦無失政矣[備旨]夫子告之曰居喪三年不言何必高宗爲然哉古之人爲君者皆然然所以得三年不言者何也蓋君薨而嗣君宅憂百官總攝己職以聽於冢宰處分三年則凡嗣君所當言者冢宰皆代言之矣故君得以三年不言也然則高宗亦猶行古之道耳子又何疑哉

○子ㅣ曰上이好禮則民易使也ㅣ니라 好易皆去聲

子ㅣᄀᆞᆯᄋᆞ샤ᄃᆡ上이禮를好ᄒᆞ면民을使흠이易ᄒᆞ니라

●謝氏曰禮達而分去聲定此句出禮運故、民易使、慶源輔氏曰達謂達於下也上好禮則品節分明而誠意退遜故觀感於下者亦皆安己之分聽上之命而易使○問禮何以使之達雙峯饒氏曰官府之政學校之敎皆所以達之○雲峯胡氏曰禮也者所以辨上下而定民志也民之志定民之力可使也○厚齋馮氏曰聖人言使民曰上好禮曰小人學道使之知上下之分而樂於從命不以勢力强之也[備旨]夫子示崇禮之治曰禮所以辨上下而定民志者也誠使爲上者心誠好之修之於身而視聽言動必以禮敷之於政而型方訓俗必以禮則禮達而分定民皆知事使之當然而處常則趨事赴功處變則從征犯難不待刑驅勢迫而爭先恐後矣有不易使者乎

○子路ㅣ問君子ᄒᆞᆫᄃᆡ子ㅣ曰脩己以敬이니라曰如斯而已乎ㅣ잇가曰脩己以安人이니라曰如斯而已乎ㅣ잇가曰脩己以安百姓이니脩己以安百姓은堯舜도其猶病諸시니라

子路ㅣ君子를묻ᄌᆞ온대子ㅣᄀᆞᆯᄋᆞ샤ᄃᆡ己를修호ᄃᆡ敬으로ᄲᅧ홀ᄯᅵ니라ᄀᆞᆯ오ᄃᆡ이러ᄐᆞᆺᄒᆞᆯᄯᆞᄅᆞᆷ이니잇가ᄀᆞᆯᄋᆞ샤ᄃᆡ己를修ᄒᆞ야ᄲᅧ人을安홀ᄯᅵ니라ᄀᆞᆯ오ᄃᆡ이러ᄐᆞᆺᄒᆞᆯᄯᆞᄅᆞᆷ이니잇가ᄀᆞᆯᄋᆞ샤ᄃᆡ己를修ᄒᆞ야ᄲᅧ百姓을安홀ᄯᅵ니己를修ᄒᆞ야ᄲᅧ百姓을安흠은堯舜도그오히려病ᄒᆞ시니라

●脩己以敬、夫子之言、至矣盡矣、而子路、少之故、再以其充積之盛、自然及物者、告之、無他道也、人者、對己而言、百姓則盡乎人矣、堯舜猶病、言不可以有加於此、

以抑子路、使反求諸近也、蓋聖人之心、無窮、世雖極治、去聲下同然、豈能必知四海之內、果無一物、不得其所哉、故、堯舜、猶以安百姓爲病、若曰吾治已足、則非所以爲聖人矣、朱子曰敬字聖學之所以成始成終者皆由此故曰脩己以敬下面安人安百姓皆由於此只緣子路問不置故夫子復以此答之要之只是箇脩己以敬則其事皆了○問脩己以敬曰敬者非但是外面恭敬而已須是要裏面無一毫不直處方是所謂敬以直內者是也○脩己以敬語雖至約而所以齊家治國平天下之本擧積諸此子路不喩而少其言於是告以安人安百姓之說蓋言脩己以敬而極其至則心平氣和靜虛動直而所施爲無不自然各當其理是以其治之所及者羣黎百姓莫不各得其安也是皆本於脩己以敬之一言其功效之自然及物者耳或問然則夫子之言豈其略無大小遠近之差乎曰脩己以敬貫徹上下包擧遠近而統言之也安人安百姓則因子路之問而以功效之及物者言也然曰安人則脩己之餘而敬之至也安百姓則脩己之極而安人之盡也是雖若有小大遠近之差然皆不離於脩己以敬之一言而非有待於擴之而後大推之而後遠也○勉齋黃氏曰非謂脩己以敬之外又有充積之功也脩己以敬而可謂君子則是充積之盛在其中矣特言其功效之遠則指夫自其充積之盛者而出耳脩己以安人猶曰脩己以敬而可以安人也脩己以安百姓猶曰脩己以敬而可以安百姓也子路疑脩己以敬之一言不足以盡君子故夫子指其效驗之大者而言以見決非君子不足以當之也

○程子、曰君子、脩已以安百姓、篤恭而天下、平、唯上下、一於恭敬、則天地、自位、萬物、自育、氣無不和、而四靈、畢至矣、禮記運四靈以爲畜許又反故飲食有由也何謂四靈麟鳳龜龍謂之四靈此、體信達順之道、聰明睿知、去聲皆由是出、以此、事天饗帝、朱子曰上下一於恭敬這却是上之人有以感發而興起之信是實理順是和氣體信是致中意達順是致和意言能恭敬則能體信達順聰明睿智皆由此出者言能恭敬自然心便開明○體信是實體此道於身達順是發而中節推之天下而無所不通也體信是忠無一毫之僞達順是恕無一物不得其所聰明睿智皆由是出是自誠而明意思○敬則自然聰明人所以不聰不明止緣身心惰慢便昏塞了敬則虛靜自然通達○問上下一於恭敬則天地自位萬物自育四靈畢至如此則敬之功用又不止於安百姓矣雙峯饒氏曰天地位萬物育與安百姓也只是一事初無大小若陰陽不和五穀不熟百姓何由而安○新安陳氏曰夫子爲見子路勇躁輕視脩己以敬之言故推極其功以抑之程子此條亦推贊恭敬之極功以發明夫子之意云○東陽許氏曰聖人言脩己以安百姓而程子乃言上下一於恭敬蓋治道非一人所能獨成必君臣上下皆能恭敬然後有天地位以下之應然下人能敬亦在乎上之人有以感之漸漬而成恭敬以至於天下平程子此段是推極而言以見敬之功用無窮 備旨

子路問何如而後爲君子夫子告之曰人之成德不外自心若能修其在已惟一以敬戒愼恐懼無敢惰放則天理以存人欲以遏是之爲君子也蓋敬該動靜合內外徹上下所以齊家治國平天下之本擧積諸此子路不喩而少之也曰君子之道如斯修己而已乎夫子告之曰敬極其至則心平氣和靜虛動直而施爲自然各當其理是以治之所及人得其安修己以敬而可以安人也子路又不喩而少之也曰君子之道如斯安人而已乎夫子又告之曰施爲當理將華黎百姓莫不各得其安修己以敬而可以安百姓也夫修己以安百姓此其功效之大雖堯舜之心猶以爲病此決非君子不足以當之矣而子何以是爲不足盡君子也

○原壤이夷俟ㅣ러니子ㅣ曰幼而不孫弟ᄒᆞ며長而無述焉이오老而不死ㅣ是爲賊이라ᄒᆞ시고以杖叩其脛ᄒᆞ시다 孫弟並去聲長上聲 叩音口脛其定反

原壤이夷ᄒᆞ야俟ᄒᆞ더니子ㅣ골ᄋᆞ샤졈어셔孫弟티아니ᄒᆞ며ᄌᆞ라述홈이업고늙오ᄃᆡ死티아니홈이이賊이라ᄒᆞ시고杖으로ᄡᅧ그脛을叩ᄒᆞ시다

●原壤、孔子之故人、母死而歌、記檀弓下孔子之故人曰原壤其母死孔子助之沐槨原壤登木曰久矣予之不託於音也歌曰貍首之斑然執女手之卷然夫子爲弗聞也者而過之蓋老氏之流、自放於禮法之外者、夷、蹲踞蹲音存踞音據也、雙峯饒氏曰蹲踞鴟鳥好蹲故謂之蹲鴟又或謂之鴟夷夷卽蹲也俟、待也、言見孔子來、而蹲踞以待之也、述、猶稱也、賊者、害人之名、以其自幼至老、無一善狀、而久生於世、徒足以敗常亂俗則是、賊而已矣、脛、按韻書形定反集註云其定反音小異足骨也、孔子、旣責之、而因以所曳之杖、微擊其脛、若使勿蹲踞然、朱子曰胡氏以爲原壤之喪母而歌孔子爲弗聞者而過之矣今乃責其夷俟何舍其重而責其輕耶蓋數其喪母而歌則壤當絶叩其箕踞之脛則壤猶爲故人盛德中禮見乎周旋此亦可見○鄭氏舜擧曰聖人之接物各稱其情惡之而遜其辭外之也遇陽貨是也惡之而斥其罪親之也遇原壤是也○新安陳氏曰幼壯孝弟者耋好禮則久生可以儀風俗故敬其爲壽幼壯無稱老徒傲惰則久生適以敗風俗故名其爲賊壤良可戒哉**備旨**原壤者孔子之故人也見孔子來而蹲踞以待之孔子責之曰人之生於世方其幼也有長者在上則當孫順以盡弟道長而成人則當有以自立使人得有所稱述汝幼小不孫順於長上及長而無德行可稱述今老則不如早死免得久留身於世爲風俗之蠹而又不死不循禮敎敗常亂俗是爲賊害己耳旣數責之復以杖叩其脛使勿復蹲踞然也

○闕黨童子ㅣ將命이어늘或이問之曰益者與잇가 與平聲

闕黨엣童子ㅣ命을將ᄒᆞ거늘或이묻ᄌᆞ와ᄀᆞᆯ오ᄃᆡ益ᄒᆞᆫ者ㅣ니잇가

●闕黨、黨名、童子、未冠去聲者之稱、將命、謂傳賓主之言、或人、疑此童子、學有進益故、孔子、使之傳命、以寵異之也、備旨闕黨有童子來學於夫子夫子使之傳賓主之命或人疑而問之曰傳命非易事也此童子必學有進益故爲此以寵異之與

子ㅣ曰吾ㅣ見其居於位也ᄒᆞ며見其與先生並行也ᄒᆞ니非求益者也ㅣ라欲速成者也ㅣ니라

子ㅣᄀᆞᆯᄋᆞ샤ᄃᆡ내그位예居홈을見ᄒᆞ며그先生으로더브러ᄀᆞᆯ와行홈을見호니益을求ᄒᆞᄂᆞᆫ者ㅣ아니라섈리일우고자ᄒᆞᄂᆞᆫ者ㅣ니라

●禮、童子、當隅坐、隨行、記檀弓曾子疾童子隅坐而執燭又王制父之齒隨行 孔子、言吾見此童子、不循此禮、漸 非能求益、但欲速成爾、故、使之給使令平聲之役、觀長上聲少去聲之序、安 習揖遜之容、蓋所以抑而敎之、非寵而異之也、陳氏曰居位是不循隅坐之禮並行是不循隨行之禮 南軒張氏曰不止乎童子之所而自進於成人之列有躐等之意無自卑之心烏能以求益乎欲速成而已如物之生循序而生理達焉若速成反害其生矣故聖門之學先之以洒掃應對進退之事所以長愛敬之端防傲惰之萌而使之循序以進也○勉齋黃氏曰禮之於人大矣老者無禮則足以爲人害然少者無禮則

足以自害夫子於原壤童子皆以是敎之述論語者以類相從所以著人無老少皆不可以無禮儀也○慶源輔氏曰求益則浸長而不知欲速則亟進而無序聖門之敎雖以敏行爲先而又以躐等爲戒○雲峯胡氏曰原壤老而爲賊是從幼不遜弟來今童子得以馴揉其氣而閑習於禮則庶可以免於原壤之弊也歟【備旨】夫子告之曰禮童子當隅坐而此童子吾見其居於位也不循隅坐之禮矣禮童子當隨行而此童子吾見其與先生並行也不循隨行之禮矣是非能謙虛下人以求學之益也乃不守童子之分而欲速進於成人之列者也故使之將命亦欲其觀長少之序習揖遜之容以潛消其亢志焉耳是乃抑而敎之豈寵而異之哉

原本
備旨

論語集註卷之十四

原本備旨 論語集註卷之十五

衛靈公第十五

凡四十一章

衛靈公이問陳於孔子ᄒᆞᆫ대孔子ㅣ對曰俎豆之事ᄂᆞᆫ則嘗聞之矣어니라軍旅之事ᄂᆞᆫ未之學也ㅣ라ᄒᆞ시고明日에遂行ᄒᆞ시다 陳去聲

衛靈公이陳을孔子ᄭᅴ묻ᄌᆞ온대孔子ㅣ對ᄒᆞ야ᄀᆞᆯᄋᆞ샤ᄃᆡ俎豆의事ᄂᆞᆫ일즉드럿거니와軍旅의事ᄂᆞᆫ學디몯ᄒᆞ얀노이다ᄒᆞ시고明日에드듸여行ᄒᆞ시다

●陳、謂軍旅行音杭伍之列、俎豆、禮器、尹氏、曰衛靈公、無道之君也、復扶又反有志於戰伐之事故、答以未學而去之、史記世家孔子適衛主蘧伯玉家他日靈公問兵陳于孔子明日與孔子語見蜚鴈仰視之色不在孔子孔子遂行復如陳是歲魯哀公三年孔子年六十矣○問靈公問陳而夫子遽行何也朱子曰爲國以禮戰陳之事非人君所宜問也況靈公無道夫子固知之矣特以其禮際之善庶幾可與言者是以往來於衛爲日最久而所以啓告之者亦已詳矣乃於夫子之言一無所入至是而猶問陳焉則其志可知矣故對以未學而去之然不徒曰未學而已猶以俎豆之事告之則夫子之去蓋亦未有必然之意也使靈公有以發悟於心而改事焉則夫子之行孰謂其不可留哉○南軒張氏曰夫子之在衛靈公雖無道然亦當側聞夫子之所趣矣顧乃以問陳爲言與夫子之意可謂背馳夫子所以答之者則以己之所學者在此而不在彼以其不合也故明日而行焉夫自春秋之時言之諸國以强弱爲勝負軍旅之事宜在所先而俎豆之事疑若不急者矣曾不知國之所以爲國者以夫天叙天秩者實維持之也爲國者志在乎典禮則孝順和睦之風興叶力一心尊君親上其强孰禦焉不然三綱淪斁人有離心國誰與立軍旅雖精果何所用哉俎豆之於禮敎猶陳之於軍旅實理之所寓而敎之所由興也使靈公而有志乎俎豆之間則推而達之必有不可已也○勉齋黃氏曰夫子對靈公以軍旅之事未之學答孔文子以甲兵之事未之聞及觀夾谷之會則以兵加萊人而齊侯懼費人之亂則命將士以伐之而費又北又嘗曰我戰則克夫子豈有未學未聞者哉特以軍旅之事非所以爲訓耳然欲以俎豆之事啓之則夫子之拳拳於衛亦可知矣【備旨】孔子至衛衛方與齊伐晉故衛靈公一見孔子而問兵陳之事孔子對曰臣自幼習禮如宗廟中有俎豆其陳設進退之事則嘗聞其說矣至於軍旅行伍之事則未嘗學也豈敢以未學者妄對乎靈公問非所問其不足有爲可知矣故孔子明日遂行所謂可以速而速也

在陳絕糧ᄒᆞ니從者ㅣ病ᄒᆞ야莫能興이러니 從去聲

陳에겨셔糧이絕ᄒᆞ니從者ㅣ病ᄒᆞ야能티興티몯ᄒᆞ더니

(註)孔子、去衛適陳、興、起也、問明日遂行在陳絕糧想見孔子都不計較所以絕糧朱子曰若計較則不成行矣○齊氏曰孟子曰孔子厄於陳蔡之間考春秋則其時陳服楚蔡服吳吳楚交戰無虛歲孔子蓋爲楚昭王徘徊陳蔡而絕糧於兵間也【備旨】既而去衛適陳絕糧七日當時之從夫子者皆飢病莫能興起

子路ㅣ慍見曰君子ㅣ亦有窮乎잇가子ㅣ曰君子ㅣ固窮이니小人은窮斯濫矣니라 見賢遍反

子路ㅣ慍ᄒᆞ야見ᄒᆞ야ᄀᆞᆯ오ᄃᆡ君子ㅣ또ᄒᆞᆫ窮ᄒᆞᆷ이인ᄂᆞ니잇가子ㅣᄀᆞᆯᄋᆞ샤ᄃᆡ君子ㅣ진실로窮ᄒᆞᄂᆞ니小人은窮ᄒᆞ면이에濫ᄒᆞᄂᆞ니라

(註)何氏、曰濫、溢也、言君子、固有窮時、不若小人、窮則放溢爲非、程子、曰固窮者、固守其窮、亦通、或問固窮有二義朱子曰固守其窮恐聖人一時答問之辭未遽及此蓋子路方問君子亦有窮乎答曰君子固是有窮時不如小人窮則濫耳以固字答上文亦有字文勢乃相應○南軒張氏曰子路之慍以爲夫子之德之盛疑其不當窮也此不幾於不受命乎夫子答之之意以爲命之不齊君子小人皆有窮也特君子能守而小人失其守也○愚、謂聖人、當行而行、無所顧慮、處上聲困而亨、易困卦云困亨貞又云困而不失其所亨無所怨悔、於此可見、學者、宜深味之、慶源輔氏

曰當行而行無所顧慮義之勇也處困而亨無所怨悔義之安也○胡氏曰當行而行惟理是視者無所顧慮不計其後也處困而亨身雖窮而道則通也無所怨悔觀困窮之語可見也學者之進退能於是而取則焉則不爲利害所奪窮達所移矣○雙峯饒氏曰當行而行無所顧慮是說明日遂行處困而亨無所怨悔是說在陳絶糧以下顧是顧後慮是慮前怨是怨人悔是自悔○禮有大於俎豆者夫子且自謙讓說其小者也蓋靈公以軍陳爲問故夫子以禮器爲對君子成德之人安於貧賤若固守其窮似下君子一等矣【備旨】子路當此窮困之時不勝忿怒之意見於顏色曰君子抱道在躬宜乎爲天所祐爲人所助不當得窮也乃亦有時而窮困若此乎夫子告之曰窮通得喪繫乎所遇有不在我者君子固有窮時但不如小人窮斯放濫而爲非耳然則今日之窮亦相與安之而已

○子ㅣ曰賜也아 女ㅣ以予로 爲多學而識之者與아

女音汝識音志 與平聲下同

子ㅣ ᄀᆞᆯᄋᆞ샤ᄃᆡ 賜아 네ㅣ 날로ᄡᅥ 해 學ᄒᆞ야 識ᄒᆞᄂᆞᆫ 者ㅣ라 ᄒᆞᄂᆞ냐

●子貢之學、多而能識矣、夫子、欲其知所本也故、問而發之、新安陳氏曰所本指萬殊之一本處也【備旨】夫子示子貢以探本窮源之學曰賜也爲學有年矣女以予於天下事物之理無不周知爲是專以多爲學而又都記識於心而不忘者與

對曰然ᄒᆞ이다 非與잇가

對ᄒᆞ야 ᄀᆞᆯ오ᄃᆡ 그러ᄒᆞ이다 아니니잇가

●方信而忽疑、蓋其積學功至、而亦將有得也、雲峯胡氏曰集註於曾子曰夫子知其眞積力久將有所得以行言也此則曰積學功至亦將有得以知言也曾子行而將有所得子貢亦知而將有所得亦字是從曾子說來○新安陳氏曰於能疑見其將有得【備旨】子貢對曰天下之理散於事物必多學而識始能周知夫子其殆然矣然理無終窮而聞見有限夫子之學抑或非與此其疑信之間將將達之機矣

曰非也ㅣ라 予ᄂᆞᆫ 一以貫之니라

ᄀᆞᆯᄋᆞ샤ᄃᆡ 아니라 나ᄂᆞᆫ 一로ᄡᅥ 貫ᄒᆞ얀ᄂᆞ니라

●説見形甸反 第四篇、然、彼、以行言而此、以知言也、 朱子曰聖人也不是不理會博學多識只聖人之所以爲聖却不在博學多識而在一以貫之今人博學多識而不能至於聖者只是無一以貫之然不博學多識則又無物可貫孔子實是多學無一事不理會過只是於多學中有一以貫之耳○曾子領會夫子一貫之旨發出忠恕是從源頭上面流下來子貢是從下面推上去○子貢尋常就知識而入道故夫子警之曰予一以貫之蓋言吾之多識不過一理耳但子貢多是曉得了便了更沒收殺曾子尋常自踐履人事親便眞箇行此孝爲人謀則眞箇忠與朋友交則眞箇信故夫子警之曰吾平日之所行者皆一理耳惟曾子領會於片言之下故曰忠恕而已矣以夫子之道無出於此也○新安陳氏曰彼以吾道冠於一以貫之之上此自多學而識說起而但云予一以貫之可見彼言行此言知也 ○謝氏、曰聖人之道、大矣、人不能遍觀而盡識、如字 宜其以爲多學而識之也、然、聖人、豈務博者哉、如天之於衆形、匪物物刻而雕之也、故、曰予、一以貫之德輶如毛、毛猶有倫上天之載、無聲無臭、至矣、 問如天之於衆形匪物物刻而雕之也朱子曰天只是一氣流行萬物自生自長自形自色豈是粧點得如此聖人只是一箇大本大原裏出視自然明聽自然聰色自然溫貌自然恭在父子則爲仁在君臣則爲義從大本中流出便成許多道理只是這箇一便貫將去○問謝氏解此章末擧中庸引詩語只是贊其理之妙耳曰固是到此則無可得說了然此須是去涵泳只恁說過也不濟事多學而識也不可謂不是故子貢先曰然又曰匪與固有當多學而識之者又自有一貫底道理但多學而識之則可說到一以貫之則不可說矣○陳氏曰此以中庸語證乃形容天理自然流行之妙無雕刻之迹即所以結前意耳 尹氏、曰孔子之於曾子、不待其問而直告之以此、曾子、復扶又反 深喩之曰唯、若子貢則先發其疑、而後告之、而子貢、終亦不能如曾子之唯也、二子所學之淺深、於此可見、愚、按夫子之於子貢、屢有以發之、 新安陳氏曰如莫我知也夫及予欲無言之類 而他人、不與音預焉則顔曾以下、諸子所學之淺深、又可見矣、 或問此章之說朱子曰聖人生知不待多學子貢以己觀夫子故以爲亦多學也夫子以一貫告之此雖聖人之事然因已以告子貢使知夫學者雖不可以不多學然亦有所謂一以貫之然後爲至耳蓋子貢之學亦博矣然意其持於一事一物之中各有以知其理之當然而未能知夫萬理之爲一而廓然無所不通也聖人以此告之使之知所謂衆理者本一理也以是而貫通之則天下事物之多皆不外乎是而無不通矣○問語子貢一貫之理謂五常百行人倫物理紛紜雜糅不可名狀是可謂有萬而不同者矣然一體該攝乎萬有而萬殊歸乎一原循其本而觀之則固一矣卽其用而驗之則是其本行乎事物之間斯所謂一以貫之者也聖人生知固不待多學而識學者非由多學則固無以識其全也故必格物窮理以致其博主敬力行以反諸約及夫積累旣久豁然貫通則向之多學而得之者始有以知其一本而無二矣子貢致知之功已至其於事物之間灼然知天理之所在而不疑特未究夫一之爲妙耳夫子嘗其可而聞之發其疑而告之故能聞言而悟不逆於心觀夫子於曾子之外獨以告子貢則其不躐等而施者抑可見矣曰此說亦善○慶源輔氏曰子貢以通達之資聞一知二則其所學固多而能識矣然務博者多徇外如方人屢中之事可見夫子每有以抑之無非使之反求其本者子貢至此則眞積力久亦將有得矣故夫子先設爲疑辭以發之俟其言以觀其志然後告之○或問夫子告子貢以一貫與曾子同朱子謂告曾子以行言告子貢以知言潛室陳氏曰旣是一貫本不可分知行只緣子貢以知識入道故聖人從他明處點化他猶自領會不去以忠恕而明一貫驗得是行以知識而明一貫驗得是知一貫固不可分但向人語處入頭各有塗轍○袁氏曰曾子聞一貫之說卽唯而無疑固已深領聖道之妙子貢雖未能如曾子之唯而亦未始如門人有何謂之問是則子貢蓋亦默會於言下矣○雲峯胡氏曰集註於參乎章引程子曰維天之命於穆不已是以天字釋一字此章引謝氏曰天之於衆形匪物物刻而雕之也亦以天釋一字蓋天之於萬物是一氣之貫聖人之於萬事是一理之貫但彼之所謂貫者曰泛應曲當用各不同是以行言此由博學而識之說來是以知言況曾子之篤實能力於行子貢明達能求其知所以告之者若不同而所謂一者未嘗不同也○新安陳氏曰顏曾以下諸子天資之敏學問之進皆無如子貢更觀其聞性與天道及子張篇末三章稱孔子處足以見矣【備旨】夫子直決之曰吾誠非多學而識之者也蓋萬物原於一本惟本一心之理以貫乎天下萬事萬物之理而已豈必多學而識賜亦求端於一貫可矣

子ㅣ曰由아知德者ㅣ鮮矣니라(鮮上聲)

子ㅣᄀᆞᆯᄋᆞ사ᄃᆡ由아德을아ᄂᆞᆫ者ㅣ젹으니라

●由、呼(去聲)子路之名而告之也、德、謂義理之得於己者、非己有之、不能知其意味之實也、○自第一章至此、疑皆一時之言、此章、蓋爲(去聲)慍見發也、南軒張氏曰知德者鮮以其踐履之未至故不能眞知其味夫子以此告子路使之勉進於德○慶源輔氏曰聖門之學不以徒知爲尙要在實有諸己○覺軒蔡氏曰夫子呼子路以知德者鮮矣之說謂義理有得於己則死生禍福得喪自不能亂其所守所以釋其慍見之惑夫子當造次顚沛之中所以告門人弟子者各隨其所蔽而開發無以異於洙泗雍容講論之素吁此其所以爲聖人也與○雙峯饒氏曰夫子不曰知道而曰知德何也德與道不同知在行先曰知道知在行後則曰知德知在行先則道未爲我有猶未親切知在行後則此道實爲我有而知之也深旣知得這裏面滋味則外面世味自不足以奪之孟子曰飽乎仁義所以不願人之膏粱之味也子路未能實有是德於己所以纔絕糧便慍見○雲峯胡氏曰詳集註之意不徒重在知字而重在德字蓋義理之味無窮必實得於己而後眞知其味之實不然臆度之知非眞知也夫苟眞知之區區窮達豈足爲欣戚哉[備旨]夫子呼子路而告之曰由義理得於心謂之德者能實有是德眞知其意味之所在則內重而見外之輕一切窮通得喪自不足以動其心我求其人蓋亦鮮矣由其勉進於知德哉

○子ㅣ曰無爲而治者는其舜也與신뎌夫何爲哉시리오恭己正南面而已矣시니라　與平聲 夫音扶

子ㅣ ᄀᆞᆯᄋᆞ샤ᄃᆡ ᄒᆞ욤이 업시 治ᄒᆞᆫ 者ᄂᆞᆫ 그 舜이신뎌 무ᄉᆞ 일을 ᄒᆞ시리오 己를 恭ᄒᆞ고 正히 南面ᄒᆞ실ᄯᆞᄅᆞᆷ이시니라

●無爲而治去聲者、聖人、德盛而民化、不待其有所作爲也、獨稱舜者、紹堯之後、而又得人、以任衆職故、尤不見其有爲之迹也、恭己者、聖人敬德之容、旣無所爲、則人之所見、如此而已、或問恭己爲聖人敬德之容以書傳考之舜之爲治朝覲巡狩封山濬川擧元凱誅四凶非無事也此其曰無爲而治者何耶朱子曰即書而考之則舜之所以爲治之迹皆在攝政二十八載之間及其踐天子之位則書之所載不過命九官十二牧而已其後無他事也雖書之所記簡古稀闊然亦足以見當時之無事也○雙峯饒氏曰集註分兩節一節說聖人德盛而民化不待其有所作爲此是衆聖人之所同一節說舜紹堯之後又得人以任衆職故尤不見其有爲之迹此是舜之所獨稱舜與無憂者其惟文王乎相似○新安陳氏曰人不見其有爲之迹可得見者臨御敬德之容耳胡氏謂敬德之容由外而知其內是也[備旨]夫子上嘉舜治之盛曰自古帝王爲治多矣若不待其有所作爲而天下自臻於平治者其虞舜也與蓋以舜之盛德而民化又紹堯之後得人以任重職所以享無爲之治也夫舜果何爲哉惟見其垂衣端拱恭己之容儼然正位於南面之尊人之所見惟此而已矣恭己之外曷見其有爲之迹哉信乎舜之無爲而治也

○子張이問行ᄒᆞᆫ대

子張이行홈을묻ᄌᆞ온대

●猶問達之意也[備旨]子張問於夫子曰人之處世必何如而後行無不利乎

子ㅣ曰言忠信ᄒᆞ며行篤敬이면雖蠻貊之邦이라도行矣어니와言不忠信ᄒᆞ며行不篤敬이면雖州里나行乎哉아 行篤行不之行去聲貊亡百反

子ㅣᄀᆞᆯᄋᆞ샤ᄃᆡ言이忠信ᄒᆞ며行이篤敬ᄒᆞ면비록蠻貊人邦이라도行ᄒᆞ려니와言이忠信티몯ᄒᆞ며行이篤敬티몯ᄒᆞ면비록州里나行ᄒᆞ랴

●子張意在得行於外故夫子反於身而言之猶答干祿問達之意也篤厚也蠻南蠻貊北狄 周禮夏官職方氏四夷八蠻七閩九貉五戎六狄鄭司農註東方曰夷南方曰蠻西方曰戎北方曰貉狄 二千五百家爲州 朱子曰篤有重厚深沈之意敬而不篤則有拘迫之患○南軒張氏曰篤敬者敦篤於敬也言忠信則言有物行篤敬則行有恆以是而行何往不可○雙峯饒氏曰凡事詳審不輕發是篤底意思戒謹恐懼惟恐失之是敬底意思篤自篤敬自敬○問言思忠言而有信此合忠信來言上說如何曰忠信都訓實忠是出於心者信是見於事者如口裏如此說心下不如此是不忠也口裡如此說驗之於事却不如此是不信也忠是前一截事信是後一截事若前一截實後一截虛便不可[備旨]夫子告之曰所謂行者求諸己而已使言焉忠誠而信實行焉篤厚而敬謹則誠能動物言出而人孚之行出而人孚之雖遠而蠻貊之邦亦可行矣若言焉虛誕而不忠信行焉縱肆而不篤敬則不誠未有能動者言出而人違之行出而人違之雖近而州里其能行乎哉可見行之利與不利惟視其心之誠與不誠而已

立則見其參於前也오在輿則見其倚於衡也니夫然後行이니라

[參七南反 夫音扶]

立흔則그前에參홈을見ᄒᆞ고輿에이신則그衡에倚홈을見홀ᄯᅵ니그런後에行ᄒᆞᄂᆞ니라

●其者、指忠信篤敬而言、參、讀如毋往參焉之參、[記曲禮離坐離立毋往參焉離麗也謂兩人相附麗而並坐或並立我無往參之爲三焉]言與我相參也、衡、軛[音厄]也、言其於忠信篤敬、念念不忘、隨其所在、常若有見、雖欲頃刻離[去聲下同]之而不可得然後、一言一行、[去聲]自然不離於忠信篤敬、而蠻貊、可行也、朱子曰參前倚衡只是見得理如此不成是有一塊物事光輝却在那裏○此謂言必欲其忠信行必欲其篤敬念念不忘而有以形於心目之間耳○問參前倚衡何物參倚坐立所見何物可見潛室陳氏曰參前倚衡不是有箇外來物事便是忠信篤敬坐立所見要常常目在之耳此是學者存誠工夫令自家實有這箇道理鎭在眼前不相離去○鄭氏舜擧曰子張務外者也故問干祿問行皆以言行告之忠信篤敬視寡尤寡悔淺深不侔子張之學進矣○新安陳氏曰忠信篤敬乃言行當然之理工夫全在忠信篤敬念念不忘八字上惟念念不忘於心而後常如有見於目忠信篤敬吾心此理也州里之人與蠻貊之人亦皆此心此理也盡吾之心則通乎人心雖遠而可行不盡吾心則無以通乎人心雖近而不可行矣[備旨]然忠信篤敬非可以襲取而强爲也必其於未言未行之先念念不忘時乎立也則若見忠信篤敬之理參於吾之前也時乎在輿也則若見忠信篤敬之理倚於吾之衡也夫然後一言一行自不離忠信篤敬而州里蠻貊無不可行矣

子張이書諸紳ᄒᆞ니라

子張이紳에書ᄒᆞ니라

●紳、大帶之垂者、書之、欲其不忘也、雙峯饒氏曰書紳見他佩服之切子張到晩年儘切實如言執德不弘之類可見○新安陳氏曰書上文夫子所言於紳也

○程子、曰學要鞭辟(音壁)近裏、著(直略反)己而、已博學而篤志、切問而近思、(此致知之鞭辟近裏著己者)言忠信、行篤敬、立則見其參於前、在輿則見其倚於衡、(此力行之鞭辟近裏著己者也)卽此是學質美者、明得盡查滓、(壯里反)便渾(上聲)化、却與天地同體、其次惟莊敬以持養之、及其至則一也、

朱子曰鞭辟近裏此是洛中語辟如驅辟一般一處說作鞭約是要鞭督向裏去今人皆就外面做工夫下云切問近思言忠信行篤敬何嘗有一句說向外去只就身上理會便是近裏著己○天地同體處是義理之精英查滓是私意人欲之未消滅者人與天地本一體只緣查滓未去所以有間隔若無查滓便與天地同體如克己復禮爲仁己是查滓復禮便是天地同體處如曾子不忠不信不習漆雕開言吾斯之未能信皆是有些查滓處只是質美者見得透徹那查滓處便都盡化了若未到此須當莊敬持養旋旋磨擦去敎盡卽此是學只爭箇做得徹與不徹耳○問竊謂切問近思是主於致知忠信篤敬是主於力行知與行不可偏廢而程子謂隨人資質各用其力而其至則一如是則亦有行不假於知者未知如何曰切問忠信只是泛引切己底意思非以爲致知力行之分也質美者固是知行俱到其次亦豈有全不知而能行者但因持養而所知愈明耳○胡氏曰明得盡查滓化却天資高知之卽能行之而私意無所容也莊主容敬主心內外交致其力常常操守以涵養之然後可使私意消釋程子此條專爲學者言不主於釋經也【備旨】子張聞夫子之言而知其切於身也遂書紳以識不忘焉庶忠信篤敬之敎一寓目而存而參前倚衡之見亦因象而顯矣張亦善體聖敎也哉

○子ㅣ曰直哉(라)史魚(여)ㅣ 邦有道(애)如矢(ᄒᆞ며)邦無道(애)如矢(로다)

子ㅣ ᄀᆞᆯᄋᆞ샤ᄃᆡ 直ᄒᆞ다 史魚ㅣ여 邦이 道ㅣ 이숌애 矢ᄀᆞᆮᄐᆞ며 邦이 道ㅣ 업슴애 矢ᄀᆞᆮ도다

【註】史、官名、魚、衛大夫、名、鰌、(音秋)如矢、言直也、史魚、自以不能進賢退不肖、旣死、猶以尸諫、(新安陳氏曰擧此一事可見其餘)故、夫子、稱其直、事見(形甸反)家語、(家語困誓篇衛蘧伯玉賢而靈公不用彌子瑕不肖反任之史魚驟諫而不從病將卒命其子曰吾在衛朝不能進蘧伯玉退彌子瑕是吾生不能正君死無以成禮我死汝置尸牖下於我畢矣禮飯於牖下小斂於戶內大斂於阼殯於客位也其子從之靈公吊焉怪而問焉其子以父言告公公愕然失容曰是寡人

之過也於是命之殯於客位進蘧伯玉而用之退彌子瑕而遠之孔子聞之曰古之諫者死則已矣未有若史魚死而尸諫忠感其君者也可不謂直乎 [備旨] 夫子稱衛之有賢臣曰自諂諛風行直道之不見於天下也久矣直矣哉其衛大夫史魚乎當夫邦之有道也則正言讜論不以世治而有所諱其直固如矢也亦正言讜論不以世亂而有所屈其直亦如矢也是時有變遷而守無屈撓可不謂直乎

君子哉라蘧伯玉이여邦有道則仕ᄒᆞ고邦無道則可卷而懷之로다

君子라蘧伯玉이여邦이道ㅣ이신則仕ᄒᆞ고邦이道ㅣ업슨則可히卷ᄒᆞ야懷ᄒᆞ리로다

●伯玉出處、(上聲)合於聖人之道故、曰君子、卷、(古轉反)收也、懷、藏也、如於孫林父、(音甫)甯殖、(常職反)放弑之謀、不對而出、亦其事也、左傳襄公十四年衛獻公戒孫文子甯惠子食皆服而朝日旰不召而射鴻於囿二子從之不釋皮冠而與之言(皮冠田獵之冠也)二子怒孫文子如戚孫蒯入使公飲之酒使太師歌巧言之卒章蒯懼告文子文子曰君忌我矣弗先必死并帑於戚而入見蘧伯玉曰君之暴虐子所知也大懼社稷之傾覆將若之何對曰君制其國臣敢奸之雖奸之庸知愈乎遂行從近關出公使子蟜子伯子皮與孫子盟于丘宮孫子皆殺之四月公出奔齊衛人立公孫剽孫林父甯殖相之二十年甯惠子卒二十六年衛獻公求復謂甯喜曰苟反政由甯氏祭則寡人甯喜告蘧伯玉伯玉曰瑗不得聞君之出敢聞其入遂行五月甯喜攻孫氏克之殺子叔(衛侯剽也言子叔剽無謚故書曰甯喜弑其君剽言罪之在甯氏也)孫林父以戚如晉書曰入于戚以叛罪孫氏也甲午衛侯衎復歸于衛○新安陳氏曰卷懷皆指此道而言引此事以爲證

○楊氏、曰史魚之直、未盡君子之道、若蘧伯玉然後、可免於亂世、若史魚之如矢則雖欲卷而懷之、有不可得也、朱子曰直固好然一向直便是偏豈得如伯玉之君子○南軒張氏曰史魚只可謂之直能伸而不能屈未盡君子之道若伯玉則能因時屈伸故謂之君子○胡氏曰直者德之一端君子者成德之名○新安陳氏曰史魚之直不以有道無道而變治世雖可行亂世欲卷而不可得矣伯玉有道則仕無道卷懷近於夫子之用則行舍則藏集註以爲出處合於聖人之道蓋謂此也

[備旨] 自功名日盛而君子之難見於天下也久矣君子哉其衛大夫蘧伯玉乎當夫邦之有道也則相時而仕以行其道及乎邦之無道也則知幾而退可以卷而懷之是出處之際有合於因時之宜非君子孰能之

○子ㅣ曰可與言而不與之言이면失人이오不可與言而與之言이면失言이니知者ᄂᆞᆫ不失人ᄒᆞ며亦不失言이니라 知去聲

子ㅣᄀᆞᆯᄋᆞ샤ᄃᆡ可히더브러言ᄒᆞ얌즉호ᄃᆡ더브러言티아니ᄒᆞ면人을失ᄒᆞᆷ이오可히더브러言ᄒᆞ얌즉디아니호ᄃᆡ더브러言ᄒᆞ면言을失ᄒᆞᆷ이니知ᄒᆞᆫ者ᄂᆞᆫ人을失티아니ᄒᆞ며ᄯᅩᄒᆞᆫ言을失티아니ᄒᆞᄂᆞ니라

●勉齋黃氏曰不與之言不知其可與言也與之言不知其不可與言也故惟知者不失人亦不失言○新安陳氏曰惟智者爲能知人知其人之可與言或不可與言不知人則當語而默當默而語非失人則失言矣【備旨】夫子示人語默之宜曰人之語默中節爲難彼其人之可與言也則當與之言矣而乃不與之言是不知其人之可與言也如是則失人若其人不可與言也則當勿與之言矣而反與之言是不知其人之不可與言也如是則失言所以然者由其智不足耳惟知者識見精明權度素定知其人之可與言也則與之言而不至失人又知其人之不可與言也則不與之言亦不至於失言語默各中其節此其所以爲知也

○子ㅣ曰志士仁人은無求生以害仁이오有殺身以成仁이니라

子ㅣᄀᆞᆯᄋᆞ샤ᄃᆡ志士와仁人은生을求ᄒᆞ야ᄡᅥ仁을害ᄒᆞᆷ이업고身을殺ᄒᆞ야ᄡᅥ仁을成ᄒᆞᆷ이인ᄂᆞ니라

●志士、有志之士、仁人、則成德之人也、理當死而求生、則於其心、有不安矣、是、害其心之德也、當死而死、則心安而德全矣、朱子曰志士仁人所以不求生以害仁乃其心中自有打不過處不忍就彼以害此所以成仁者但以遂其良心之所安而已○仁只是吾心之正理求生害仁雖以無道得生却是抉破吾心中之全理殺身成仁時吾身雖死却得此理完全也○求生如何便害仁殺身如何便成仁只是爭箇安與不安而已○問死生是大關節要之工夫却不全在那一節上學者須是於日用之間不問事之大小皆欲即於義理之安然後臨死生之際庶幾不差若平常應事義理合如此處都放過到臨大節未有不可奪也曰然○胡氏曰當死而死於理爲是於心始安故謂之成仁然必曰志士仁人者有志之士慷慨就死成德之人從容就死也○鄭氏舜擧曰志士不以死生爲懼仁人則明死生之理唯曰不懼或未免於徒死故以志士仁人兼言之○饒峯饒氏曰仁人與仁爲一仁爲我有矣志士與仁猶二但有志於爲仁仁人者自然無求生害仁有殺身成仁志士亦能勉而爲之比干是仁人豫讓張巡是志士○新安陳氏曰志士志於仁而勉行不及仁人之安行然不以生死動心而虧此仁則一也○程子曰實理、得之於心自別、實理者、實見得是、實見得非也、古人、有捐軀隕羽敏反命者、若不實見得、惡音烏能如此、須是實見得、生不重於義、生不安於死也、故、有殺身以成仁者、只是成就一箇是而已、或問有殺身以成仁無求生以害仁竊謂苟所利者大一身何足惜也程子曰但看生與仁孰重夫子曰朝聞道夕死可矣人莫重於生至於捨得死道須大段好如生也曰既死矣敢問好處如何曰聖人只睹一箇是○朱子曰曾見人解殺身成仁言殺身者所以全性命之理人當殺身時何暇更思量我是全性命之理只爲死便是生便不是不過就一箇是故伊川說生不安於死至於全其性命之理乃是傍人看他說的話非是其人殺身時有此意也或謂殺身者只是要成這仁曰若說要成這仁却不是只是行所當行而已○或問此章曰仁者心之德而萬理具焉一有不合於理則心不能安而害於德矣順此理而不違則身雖可殺而此心之全此理之正浩然充塞天地之間夫孰得而亡之哉曰其謂殺身成仁而不曰義何也曰仁義體一而用殊故君子之於事有以仁決者有以義決者以仁決者此章之言是也以義決者孟子謂欲有甚於生惡有甚於死是也蓋仁人不以所惡傷所好之體義士不以所賤易所貴之宜○南軒張氏曰人莫不重於其生也君子亦何以異於人哉然以害仁則不敢以求生以成仁則殺身而不避蓋其死有重於生故也夫仁者人之所以生者也苟虧其所以生者則其生也亦何爲哉曾子所以得正而斃者正此義也志士志於仁者與仁人淺深雖有間然是則同也○慶源輔氏曰志士於此二者勉之者也仁人於此二者安之者也心與理一理當死而以生則咈於天理忍於吾心而傷害於吾仁矣心之德卽所謂仁也理當死而死則吾之心順適而無傷吾之仁亦全而無闕矣○潛室陳氏曰謂之成仁則必如是而後天理人倫無虧欠處生順死安無可悔憾當此境界但見義理而不見已身更管甚名譽耶○汪氏曰程子是因夫子之言更推出實見二字謂必先能眞實見得死便定是不死便定不是方肯甘心就死以成就這箇是若不曾眞實得定合如此則必不肯甘心就死矣此又推聖人所以言此之意以曉人也○新安陳氏曰志士仁人能得實理於心方能有實見實見得是與非方能殺身成仁以成就箇是而不求生害仁以成就箇非也○問殺身成仁與舍生取義何別曰仁義一理耳仁以心之全德言義以身之大節言成仁包得取義取義即所以成仁孔子就本心安適處言故曰成仁孟子就切身斷制處言故曰取義其爲成就一箇是則一而已所以程子於此謂實見得生不重於義可見仁與義一理也【備旨】夫子勉人全仁曰好生惡死人之恒情惟有志之士與夫成德之仁人其於綱常倫理之際當死而死於理爲是於心始安決無苟且求生以害仁寧可殺身授命以成仁而已志士仁人之有係於世道也豈淺鮮哉

○子貢이問爲仁ᄒᆞᆫ대子ㅣ曰工欲善其事ᄒᆞᆫ댄必先利其器니居是邦也ᄒᆞ야事其大夫之賢者ᄒᆞ며友其士之仁者ㅣ니라

子貢이仁ᄒᆞ욤을묻ᄌᆞ온대子ㅣ글ᄋᆞ샤ᄃᆡ工이그事를善코쟈ᄒᆞᆯ띤댄반ᄃᆞ시몬져그器를利케ᄒᆞᄂᆞ니이邦애居ᄒᆞ야그태우의賢ᄒᆞᆫ者를事ᄒᆞ며그士의仁ᄒᆞᆫ者를友ᄒᆞᆯ띠니라

●賢、以事言、仁、以德言、勉齋黃氏曰大夫言賢己見於行事者也士言仁方見於脩身者也 夫子、嘗謂子貢、悅不若己者、故、以是告之、欲其有所嚴憚切磋、以成其德也、家語孔子曰吾死之後則商也日益賜也日損曾子曰何謂也子曰商也好與賢己者處賜也好與不若己者處與善人居如入芝蘭之室久不聞其香則與之化矣與不善人居如入鮑魚之肆久不聞其臭亦與之化矣丹之所藏者赤漆之所藏者黑是以君子必愼其所與處焉○朱子曰大夫必要事其賢者士必要友其仁者便是要琢磨勉勵以至於仁如欲克己而未能克己欲復禮而未能復禮須要更相勸勉乃爲有益○事賢友仁也是箇入德之方問事與友孰重曰友爲親切賢只是統言友徑指仁上說○欲爲仁而先親仁賢猶工欲善其事而先利其器欲其取諸仁賢以成其德也○慶源輔氏曰事大夫之賢者則有所觀法而起嚴憚之心友其士之仁者則有所切磋而生勉勵之意則其所以爲仁者力矣○新安陳氏曰嚴憚指事大夫之賢切磋指友士之仁

○程子、曰子貢、問爲仁、非問仁也、故、孔子、告之以爲仁之資而已、汪氏曰此專挑爲字發明之問意重在此字故夫子答之只從此字發明其意也○新安陳氏曰資助也

【備旨】子貢問爲仁於夫子蓋欲求所以用力之方也夫子告之曰子不見百工乎若欲善其能爲之事必先利其所用之器蓋資其利也況爲仁而可無先資乎君子居是邦也上有大夫必要事其賢者下有士必要友其仁者事賢則有所觀法而起嚴憚之心友仁則有所切磋而生勉勵之意而其所以爲仁者力矣不然進修無助是欲善其事而不先利其器也烏乎可

○顔淵이問爲邦ᄒᆞᆫ대

顔淵이邦ᄒᆞ옴을묻ᄌᆞ온ᄃᆡ

●顔子、王佐之才故、問治天下之道、曰爲邦者、謙辭、朱子曰顔子之問有二一問仁一問爲邦須從克己復禮上來方可及爲邦之事【備旨】顔淵天德既修因志在用世而切究王道故問爲邦於夫子

子ㅣ曰行夏之時ᄒᆞ며

子ㅣᄀᆞᆯ오샤ᄃᆡ夏ㅅ時를行ᄒᆞ며

●夏時、謂以斗柄、初昏建寅之月、爲歲首也、天開於子、地闢於丑、人生於寅、故、斗柄建此三辰之月、皆可以爲歲首、而三代迭用之、夏以寅、爲人正、商以丑、爲地正、周以子、爲天正也、朱子曰邵子皇極經世書以元統會十二會爲一元一萬八百年爲一會以會統運以運統世三十年爲一世十二世爲一運三十運爲一會初間一萬八百年而天始開又一萬八百年而地始成又一萬八百年而人始生邵子於寅上方註一開物字蓋初間未有物只是氣塞及天開些子後便有一塊查滓在其中漸漸凝結而成地初則溶軟後漸堅實今山形自高而下便如水漾沙之勢以此知必是先有天方有地有天地交感方始生人物出來邵子言到子上方有天未有地到丑上方有地未有人到寅上方有人子丑寅皆天地人之始故三代建以爲正夫子以寅月人可施功故從其時 然、時以作事、四字出左氏傳 則歲月、自當以人爲紀故、孔子嘗曰吾得夏時焉、而說者以爲夏小正之屬、記禮運子曰我欲觀夏道是故之杞而不足證也吾得夏時焉○夏小正夏時書名今存戴德註 蓋取其時之正、與其令之善、而於此、又以告顔子也、朱子曰陽氣雖始於黃鍾而其月爲建子然猶潛於地中而未有以見其生物之功也歷丑轉寅而三陽始備於是協風乃至盛德在木而春氣應焉古之聖人以是爲生物之始改歲之端蓋以人之所共○者言之至商周始以征伐有天下於是更其正朔定爲一代之制以新天下之耳目而有三統之說然以言乎天則生物之功未著以言乎地則改歲之義不明而凡四時五行之序皆不得其中正此孔子所以考論三王之制而必行夏之時也○所謂行夏時者蓋由歷數以來授時之法如堯典敬民事者至夏而悉備也諸家之曆久而皆差惟夏小正之書授時爲無差故曰行夏時也○問集註斗柄初昏建寅之月何獨取初昏爲定雙峯饒氏曰天

象難捉模只有初昏可見日己落星初明於是時推測方有定若其他時候周流四方無可捉模凡測星辰都用初昏測日景却用日中○行字兼令說了古人每月有政令觀夏小正可見行夏之時不特改正朔乃是兼每月政令行了所以集註說時之正與其令之善以堯曆日中星鳥以殷仲春推之亦是夏時想夏之前皆用建寅之月至湯始改以新天下之觀聽○問春秋書王正月是以十一月爲春如何曰然天時參差自是周制夫子不敢擅改王制但如此書而於對顏子發此言則人見得合用夏時方與天時當對此是夫子微意【備旨】夫子告之曰爲邦之道一法戒焉盡之矣敬天勤民莫大於時爲邦而欲奉天道以授民時汝必行夏時正令善建寅之時焉

乘殷之輅ᄒᆞ며 輅音路亦作路

殷ㅅ輅ᄅᆞᆯ乘ᄒᆞ며

●商輅、木輅也、輅者、大車之名、古者、以木爲車而已、至商而有輅之名、蓋始異其制也、周人、飾以金玉、則過侈而易去聲敗、不若商輅之朴素渾上聲堅、而等威已辨、爲質而得其中也、

或問周輅爲過侈何也朱子曰輅者身之所乘足之所履其爲用也賤矣運用震動任重致遠其爲物也勞矣且一器而工聚焉其爲費也廣矣賤用而貴飾之則不稱物勞而華飾之則易壞費廣而又增費之則傷財此周輅之所以爲過侈歟○正義曰路大也君之所在以大爲號門曰路門寢曰路寢車曰路車左氏傳曰大路越席昭其儉也○勿軒熊氏曰按記明堂位鸞車有虞氏之輅也鉤車夏后氏之輅也大輅殷輅也乘輅周輅也註曰漢祭天乘殷之輅今謂之桑根車周禮春官巾車掌王之五輅曰玉輅金輅象輅革輅木輅註曰金玉象以飾諸末革輅鞔之以革而漆之木輅漆之而已○雲峯胡氏曰商尚質亦有過於質者商之輅則得乎質之中者也【備旨】辨德辨分莫大於輅爲邦而欲備車制汝必乘殷樸素渾堅之輅焉

服周之冕ᄒᆞ며

周ㅅ冕을服ᄒᆞ며

●周冕、有五、祭服之冠也、冠上有覆、敷救反前後有旒、音流黃帝以來、蓋已有之、而制

度儀等、至周始備、何晏曰世本云黃帝作冕周禮弁師掌王五冕其制蓋以木爲幹以布衣之上玄下朱取天地之色阮諶三禮圖云長尺六寸廣六寸天子以下皆同前圓後方前垂四寸後垂三寸鄭云天子之袞冕十二旒鷩冕九旒毳冕七旒絺冕五旒玄冕三旒旒各十二玉公之袞冕九旒九玉侯伯七旒七玉子男五旒五玉孤三旒三玉大夫二旒二玉士以弁庶人以冠○周禮春官司服王之吉服祀昊天上帝則服大裘而冕祀五帝亦如之享先王則袞服享先公饗射則鷩冕祀四望山川則毳冕祭社稷五祀則絺冕祭羣小祀則玄冕六服同冕者首飾尊也大裘羔裘也袞冕卷龍衣也九章初一曰龍次二曰山次三曰華蟲次四曰火次五曰宗彝皆畫以爲繢次六曰藻次七曰粉米次八曰黼次九曰黻皆絺以爲綉則袞之衣五章裳四章凡九章也鷩畫以雉謂華蟲也其衣三章裳四章凡七章也毳畫虎蜼謂宗彝也其衣三章裳二章凡五章也絺刺粉米無畫也其衣一章裳二章凡三章也玄者衣無文裳刺黻而已是以謂之玄焉凡冕服皆玄衣纁裳然、其爲物、小而加於衆體之上故、雖華而不爲靡、雖費而不及奢、夫子取之、蓋亦以爲文而得其中也、或問周冕之不爲侈何也朱子曰加之首則體嚴而用約詳其制則等辨而分明此周冕所以雖文而不爲過也夏商之制雖不可考然意其必有未備者矣○雲峯胡氏曰周尙文則有過於文者周之冕則得乎文之中者也【備旨】肅儀貞度莫大於冕爲邦而欲重元服汝必服我周文而得中之冕焉

樂則韶舞ㅣ오

樂인則韶舞ㅣ오

●取其盡善盡美、問顏子問爲邦孔子止告之以四代之禮樂却不及治國平天下之道莫是此事顏子平日講究有素不待夫子再言否朱子曰固是如此顏子事事了得了只欠這些子故聖人斟酌禮樂而告之○顏子資稟極聰明凡是涵養得來都易如聞一知十如於吾言無所不說如亦足以發如問爲邦一時將許多大事分付與他是他大段了得看問爲邦而孔子便以四代禮樂告之想是所謂夏時商輅周冕韶舞當博我以文之時都理會得了唯是顏子有這本領方做得若無這本領禮樂安所用哉○新安陳氏曰韶舞以樂聲兼樂容而言也【備旨】至於象功昭德莫先於樂爲邦而欲作樂以象功德汝必取之盡善盡美之韶舞焉

放鄭聲ᄒᆞ며遠佞人이니鄭聲은淫ᄒᆞ고佞人은殆니라　遠去聲

鄭聲을放ᄒᆞ며佞人을遠홀띠니鄭聲은淫ᄒᆞ고佞人은殆ᄒᆞ니라

●放、謂禁絶之、鄭聲、鄭國之音、佞人、卑諂辨給之人、殆、危也、雲峯胡氏曰集註前訓佞字但謂其辨給此則先之以卑諂蓋辨給在口卑諂在心此所謂巧言令色孔壬者也○程子、曰問政、多矣、惟顏淵、告之以此、蓋三代之制、皆因時損益、及其久也、不能無弊、周衰、聖人、不作故、孔子、斟酌先王之禮、立萬世常行之道、發此以爲之兆耳、由是求之、則餘皆可考也、朱子曰發此爲之兆兆猶準則也非謂爲邦之道盡於此四者略說四件作一箇準則餘事皆可依倣此而推行之耳○雲峯胡氏曰須看斟酌二字以三代正朔斟酌之不如夏之時得其正輅至周而過侈斟酌之不如從殷之爲得其中冕自黃帝已有之至周而其制始備斟酌之不如從周爲得其中自堯舜湯武皆有樂斟酌之不如韶樂之盡善盡美夫子姑擧此四者以例其餘皆當如此斟酌而行之也張子、曰禮樂、治[去聲下同]之本也、放鄭聲遠佞人、法外意也、一日不謹、則法壞矣、虞夏君臣、更[平聲]相戒飭、意蓋如此、又曰法立而能守、則德可久、業可大、鄭聲佞人、能使人、喪[去聲]其所守故、放遠之、或問鄭衛之音皆爲淫奔夫子獨欲放鄭何也朱子曰衛詩三十九淫奔之詩纔四之一鄭詩四十一淫奔之詩已不翅七之五衛猶男悅女之詞鄭皆女惑男之語衛猶多譏刺懲創之意鄭幾蕩然無復羞愧悔悟之萌鄭聲之淫甚於衛矣夫子獨以鄭聲爲戒而不及衛擧重而言也○張氏好古曰小人之禍國家柔惡尤可畏於剛惡剛惡桀黠强暴中才之主猶畏而遠之爲害猶淺惟柔佞者諂諛側媚使人喜愛親暱聰明之君猶爲所惑有覆亡而終不悟者夫子擧佞人亦以小人之尤者言也是知有百王之大法有萬世之大戒四代禮樂爲百王立此法也戒以鄭聲佞人爲萬世保此法也○慶源輔氏曰治道成於樂鄭聲樂之淫者能搖蕩人之性情以壞其成故放絶之治道係於人才佞人人才之賊也利口辨給能變亂是非以移奪人之心志而喪其所守故屛絶之○雙峯饒氏曰法外意者意在法之表意所以立此法所以用此法亦所以守此法先王有不忍人之心斯有不忍人之政有關雎麟趾之意然後可以行周官之法度即此意也尹氏、曰此所謂百王不易之大法、孔子之作春秋、蓋此意也、孔顏雖不得行之於時、然、其爲治之法、可得而見矣、程子曰擧前代之善者準此以損益之此成法也鄭聲使人淫溺佞人使人危殆放遠之然後可守成法○三王之法各是一王之法故三代損益文質隨時之宜若孔子所立之法乃通萬世不易之法孔子於他處亦不見說獨答顏回云行夏之時乘殷之輅服周之冕樂則韶舞此是於四代中擧這一箇法式其詳細雖不可見而孔子但示其大法使後人就上脩之又曰鄭聲佞人最爲治之害放遠亦人之所難○和靖尹氏曰孔子告顏子以四代禮樂而繼以放鄭聲遠佞人蓋此事易惑人也○問伊川春秋傳序引夫子答爲邦之語惟顏子嘗聞春秋大法何也朱子曰此不是孔子將春秋大法向顏子說蓋三代制作極備矣孔子更不可復作故告以四代禮樂只是集百王不易之大法其作春秋善者則取之惡者則誅之要亦明聖王之大法意亦只是如此故伊川引之爲樣耳○南軒張氏曰聖人監四代之事而損益之以爲百王不易之典此其大綱也其綱見於此而其目則著於春秋以此答顏淵惟顏子可以與於斯也放鄭聲遠佞人以爲邦之大法也以其易溺而難防故重言之鄭聲淫佞人殆聖人每致戒於斯者非聖人必待戒乎此也於此設戒是乃聖人之道也放鄭聲遠佞人而後四代之法度可以興行而無斁矣○或問孔子言王道只言禮樂如夏時商輅周冕是也孟子言王道只言政事如衣帛食肉經界井地是也意者孔子言王道之本孟子言王道之務潛室陳氏曰孔子爲學者言止言經世之大綱孟子爲時君言當論濟時之急務 [備旨]夫大法固所當立而大弊亦所當戒汝當放絕乎害治之鄭聲遠去乎害治之佞人所以然者鄭聲能亂雅樂而淫蕩人之心志佞人能變亂是非而危殆人之邦家也有所戒以保其法爲邦之道盡矣

○子ㅣ曰人無遠慮ㅣ면必有近憂ㅣ니라

子ㅣ ᄀᆞᆯᄋᆞ샤ᄃᆡ 人이 遠慮ㅣ 업ᄉᆞ면 반ᄃᆞ시 近憂ㅣ 인ᄂᆞ니라

● 蘇氏曰人之所履者、容足之外、皆爲無用之地、而不可廢也、故、慮不在千里之外、則患在几席之下矣、

程子曰人無遠慮必有近憂思慮當在事外○南軒張氏曰慮之不遠其憂必至故曰近憂易於履霜即曰堅氷至以見其憂之在近也慮患於履霜之初則有以弭憂矣○覺軒蔡氏曰按蘇氏之說遠近以地言若遠近以時言恐亦可通如國家立一法度若不爲長遠之慮則目前即有近憂矣○雙峯饒氏曰蘇氏只說得地之遠近欠說時之遠近若云慮不及千百年之遠則患在朝夕之近矣意方足○厚齋馮氏曰慮在事未來之先憂在事既至之後慮不遠則備不豫而憂近矣慮遠而備豫則有以弭憂也 [備旨]夫子示人思患預防之意曰大下之事變無常而人之思慮貴審故智者能去患於未萌止禍於無形者惟其有遠慮也人若狃於目前之安而無久遠之慮也則慮事之疎必貽旦夕之禍而有近憂矣然則人可忘遠慮乎哉

○子ㅣ曰已矣乎ㅣ라吾未見好德을如好色者也케라 好去聲

子ㅣ ᄀᆞᆯᄋᆞ샤ᄃᆡ 말올ᄯᅵ라 내ㅣ 德 好홈을 色 好홈ᄀᆞ티 ᄒᆞᄂᆞᆫ 者를 見티 몯게라

●已矣乎、歎其終不得而見之也、南軒張氏曰世之誠於好德者鮮夫子所以歎也○慶源輔氏曰自恐其終不獲見所以警人使知自勉也○新安陳氏曰吾未見好德如好色者也已見子罕篇此加上三字而警人之意愈切[備旨]夫子傷好德者之難意曰好德如好色吾嘗歎之而冀其得見也今其已矣乎吾終未見好德之誠如好色者也寧不爲世道人心慨哉

○子ㅣ 曰臧文仲은 其竊位者與ᄃᆞᆫ뎌 知柳下惠之賢而不與立也ㅣ로다 者與之與平聲

子ㅣ ᄀᆞᆯᄋᆞ샤ᄃᆡ 臧文仲은 그 位를 竊ᄒᆞᆫ 者ㄴ뎌 柳下惠의 賢을 알오ᄃᆡ 더브러 立ᄒᆞ디 아니ᄒᆞ도다

●竊位、言不稱去聲其位、而有愧於心、如盜得而陰據之也、柳下惠、魯大夫展獲、字、禽、食邑柳下、謚曰惠、與立、謂與之竝立於朝、音潮范氏、曰臧文仲、爲政於魯、若不知賢、是不明也、知而不擧、是蔽賢也、不明之罪小、蔽賢之罪大、故、孔子、以爲不仁、張氏存中曰見公冶長篇子産有君子之道四焉章又以爲竊位、慶源輔氏曰爵位天之所以待人才有德者之所宜居也豈一己可得而私有哉如盜得而陰據之則蔽賢抑能悖天行私而不自知其非矣○或謂竊人之物者惟恐人見而奪之竊人之位者惟恐賢者見用而逼己雙峯饒氏曰恐有此等意思竊人物者恐人見得便證出他來臧文仲自居上位亦有所長若與柳下惠竝立便被他形出己之短所以蔽而不進之○勿軒熊氏曰公叔文子與大夫僎同升則稱其文臧文仲知柳下惠而不與立則譏其竊位蓋在上位以薦賢爲重也○新安陳氏曰不明者知識之暗不智也蔽賢則心術之私不仁也豈非偸竊職位以己之私有而不復以職位爲國家待賢之公器歟文仲魯賢大夫夫子不當同而賢之大公至正之心也[備旨]夫子罪文仲蔽賢意曰人臣居乎其位當求其無愧於心若不稱其位而私據之是竊位也若臧文仲其殆竊位者與何以言之蓋人臣必薦賢爲國而後稱其位也文仲既明知柳下惠之賢却抑之下僚而不薦之與己竝立於朝是殆私據其位以爲己有而不復爲國家待賢之公器矣非竊位而何

○子ㅣ曰躬自厚而薄責於人이면則遠怨矣니라 遠去聲

子ㅣ골ᄋᆞ샤ᄃᆡ躬을ᄉᆞᄉᆞ로厚히ᄒᆞ고人에責홈을薄히ᄒᆞ면곤怨을遠ᄒᆞᄂᆞ니라

●責己厚故、身益修、責人薄故、人易從、所以人不得而怨之、朱子曰厚是自責得重責了又責積而不已之意呂伯恭性褊急只因病中讀論語至躬自厚而薄責於人遂一向如此寬厚和易此可爲變化氣質之法○新安陳氏曰此即成湯撿身若不及與人不求備之意脩己待人當然之理也非爲求遠怨而後爲之遠怨乃自然之效耳[備旨]夫子示人寡怨之道曰人情責己常恕責人常刻此怨所由生也若躬自責以厚略無恕己之心而薄責於人初無求備之意夫豈借是以弭怨哉然責己厚則身益修而無可怨責人薄則人易從而不招怨人之怨自然遠矣

○子ㅣ曰不曰如之何如之何者ᄂᆞᆫ吾末如之何也已矣니라

子ㅣ골ᄋᆞ샤ᄃᆡ엇디려뇨엇디려뇨아니ᄒᆞᄂᆞᆫ者ᄂᆞᆫ내엇디려뇨홈이업슬ᄯᆞᄅᆞᆷ이니라

●如之何如之何者、熟思而審處上聲之辭也、不如是而妄行、雖聖人、亦無如之何矣、朱子曰只是要再三反覆思量若率意妄行雖聖人亦無奈他何○雙峯饒氏曰上言如之何是思而處之下言如之何是思之熟而處之審也[備旨]夫子示人詳於處事曰凡人之處事必有熟思審處之心然後人言可入爲謀必臧苟不量度於心口之間而曰此事也將如之何以處將如之何以處之者是率意妄行其事必敗雖救無益吾亦末如之何以爲之謀也已矣人豈可不詳於處事哉

○子ㅣ曰羣居終日에言不及義오好行小慧면難矣哉라 好去聲

子ㅣ골ᄋᆞ샤ᄃᆡ모다居ᄒᆞ야日을終홈애言이義예及디아니ᄒᆞ고小慧行홈을好ᄒᆞ면어렵다

●小慧、私智也、言不及義、則放辟僻同邪侈之心、滋、好行小慧、則行險僥倖之機、

孰、難矣哉者、言其無以入德、而將有患害也、朱子曰下三句雖從第一句帶下來必羣居終日而如此尤見得下二句爲亂道言不及義無學識之材人多如此既言不及義而惟止好行小慧則其爲邪惡傾險之小輩審矣欲免於罪過難矣哉○或問慧固明智之稱曰小慧則不本於義理而發於計較利欲之私耳○南軒張氏曰義者天理之公小慧則繆巧之私而已小慧之好義之賊也○雙峯饒氏曰此雖兩事其實相因○胡氏曰集註所謂滋則其心日甚一日熟則其機日深一日所以至此者以其羣居而終日如此也言不及義故無以入德好行小慧故將有患害焉[備旨]夫子儆學者曰君子所重夫類聚者爲其相與以成德也若羣居且終日之久其所言者惟謔浪游談不及乎義理之正其所行者又同惡相濟好行知小慧之私斯則放僻邪侈之心滋行險僥倖之機熟非惟無以入德而將有患害也不亦難乎其爲人矣哉人當知所以自警矣

○子ㅣ曰君子ㅣ義以爲質이오禮以行之ᄒᆞ며孫以出之ᄒᆞ며信以成之ᄒᆞᄂᆞ니君子哉라 孫去聲

子ㅣ ᄀᆞᆯ으샤ᄃᆡ 君子ㅣ 義로ᄡᅥ 質을삼고 禮로ᄡᅥ 行ᄒᆞ며 孫으로ᄡᅥ 出ᄒᆞ며 信으로ᄡᅥ 成ᄒᆞᄂᆞ니 君子ㅣ라

●義者、制事之本故、以爲質、幹而行之、必有節文、出之、必以退遜、成之、必在誠實、乃君子之道也、○程子、曰義以爲質、如質幹然、禮行此、孫出此、信成此、此四句、只是一事、以義爲本、朱子曰義以爲質是制事先決其當否了其間節文次第須要皆具此是禮以行之然徒知盡其節文而不能孫以出之則亦不可且如人知尊卑之分須當讓他然讓之之時辭氣或不能婉順便是不能遜以出之信以成之者是終始誠實以成此一事却非是遜以出之後方信以成之也○義則是合宜義有剛決意思然不直撞去禮有節文度數故用禮以行之孫以出之是用和爲貴義不和用禮以行之己自和然禮又嚴故遜以出之使從容不迫信是朴實頭做無信則義禮遜皆是僞○問禮行遜出何別曰行是排恁地行出是從此發出禮而不遜則不免矯世以威嚴加人○陳氏曰事到面前便斷可否此在先是義以爲質可否既定或從或違所以區處須中節文無過不及是禮以行之於其區處或出辭氣須遜順而而無峻厲方不忤人是遜以出之其總歸須誠實則此事之成無欠缺可悔處是信以成之四者皆一套事

只於日用間驗之自見○雙峯饒氏曰當然處是義質是箇坯朴了君子以義作箇坯朴却以禮來文這義擺布敎恁地有條理然義有圭角又須遜順以出之便之無圭角然既如此又恐失了義之本眞故又須信以成之不易其當然之則又曰義以爲質而非禮行遜出則質而不文禮行遜出而不成之以信則文勝而滅質皆非君子之道○雲峯胡氏曰義不可以直遂行之出之在禮遜義不可以僞爲成之在信實然非禮遜之後又加以信也曰義曰禮孫始終一實而已矣

又曰敬以直內、則義以方外、義以爲質、則禮以行之、孫以出之、信以成之、

朱子曰義以爲質便是自義以方外處說起若無敬以直內也不如義之所在○南軒張氏曰義以方外是義爲用也而此章則以義爲體蓋物則森然具於秉彝之內此義之所以爲體也必有是體而後品節生焉故禮之所以行此者也其行之也以遜順則和而不失故遜所以出此者也而信者又所以成此者也蓋義爲體而禮與孫所以爲用而信者又所以成終者也信則義行乎事事物物之中而體無不具矣○慶源輔氏曰敬以直內義以方外是從內說出外義以爲質禮以行之孫以出之信以成之是由外說入內○胡氏曰必敬存而後義立義者事之質而敬又義之本推而上之也○潛室陳氏曰敬而直內則義乃方外是敬爲體而義爲用若以義爲質則禮行此義者也孫出此義者也信成此義者也是義爲體而三者爲用矣○新安陳氏曰此章本無敬以直內意程子又推本言之【備旨】夫子明處事之道曰人之處事難於盡善惟君子必以義爲制事之本義之所可則可義之所不可則不可是應事合宜而其質以立矣然義主於斷使行之不以禮則徑情而直遂矣故行之必有節文無太過不及之弊焉直禮亦近於嚴使出之不以孫則自高而傲物矣故出之必以退遜有從容和順之美焉然禮行矣孫出矣使成之不以信則亦卒歸於僞耳故成之必以誠實自始至終皆實心實理之流通焉若然則制事之間盡善盡美而無一之或苟乃君子之道也其眞可謂君子哉

○子ㅣ曰君子는病無能焉이오不病人之不己知也ㅣ니라

子ㅣ ᄀᆞᆯᄋᆞ샤ᄃᆡ 君子ᄂᆞᆫ 能업슴을 病ᄒᆞ고 人의 己아디 몯ᄒᆞᆷ을 病티 아니ᄒᆞᄂᆞ니라

●南軒張氏曰病無能者非他也病夫履行之無其實也○問既謂之君子又緣何病其無能雙峯饒氏曰若自以爲有能則不足以爲君子如云君子道者三我無能焉君子之道四丘未能一焉夫子豈是無能者【備旨】夫子表君子爲己之心曰君子學以爲己其所病者全在德不加進業不加修一無所能而已若德業有諸己而人不己知焉則於己本無所損君子又何病哉

○子ㅣ曰君子는疾沒世而名不稱焉이니라

子ㅣ골ᄋᆞ샤ᄃᆡ君子ᄂᆞᆫ世ㅣ沒토록名이稱티몯홈을疾ᄒᆞᄂᆞ니라

●范氏、曰君子、學以爲去聲己、不求人知、然、沒世而名不稱焉、則無爲善之實、可知矣、

南軒張氏曰有是實則有是名名者所以命其實也終其身而無實之可名君子疾諸非謂求名於人也○雙峯饒氏曰言沒世者蓋棺事乃定生前或可干名沒後却粧點不得公論方定非有可稱之實者必不見稱於人沒後有名可稱則眞有善可知大學沒世不忘亦此意○厚齋馮氏曰病之者病我也疾之者疾人也○齊氏曰求有爲善之名固君子之所羞終無爲善之實亦君子之所惡故長而無述孔子責之四十五十而無聞孔子歎之沒世而無稱孔子疾之然則學者亦可以勉矣[備旨]夫子勉人當有爲善之實曰君子學以爲己固無意於求名然名所以表其實也若夫自幼至老沒世而名不稱於人焉則無爲善之實可知矣豈非君子之疾哉修己者當汲汲焉以求盡其實可也

○子ㅣ曰君子ᄂᆞᆫ求諸己오小人은求諸人이니라

子ㅣ골ᄋᆞ샤ᄃᆡ君子ᄂᆞᆫ己에求ᄒᆞ고小人은人에求ᄒᆞᄂᆞ니라

●謝氏、曰君子、無不反求諸己、小人、反是、此、君子小人、所以分也、○楊氏、曰君子雖不病人之不己知、然、亦疾沒世而名不稱也、雖疾沒世而名不稱、然、所以求者、亦反諸己而已、小人、求諸人故、違道干譽、無所不至、三者、文不相蒙、而意實相足、亦記言者之意、

或問楊氏之說似太巧朱子曰雖巧而有益於學者○以好名爲戒此固然矣然偏持此論將恐廉隅毁頓其弊有甚於好名故君子疾沒世而名不稱焉而又曰君子求諸己詳味此言不偏不倚表裏該備此所以爲聖人之言歟學者要當如此玩心則勿忘勿助之間天理卓然矣○南軒張氏曰君子無適而非求諸己小人無適而非求諸人求諸己則德日進求諸人則欲日肆君子小人之分蓋如此也○胡氏曰范氏合上二章爲一意楊氏於此又合三章爲一意文意反覆互相周備雖非夫子立言之旨記者取而相足也夫[備旨]夫子辨君子小人之心曰君子小人之品不同而其所求亦異君子以爲己爲心故無適而非求諸己小人以爲人爲心故無適而非求諸人夫求諸己則德日進求諸人則欲日肆君子小人之分蓋如此

○子ㅣ曰君子ᄂᆞᆫ矜而不爭ᄒᆞ며羣而不黨이니라

子ㅣ ᄀᆞᆯᄋᆞ샤ᄃᆡ 君子ᄂᆞᆫ 矜ᄒᆞ고 爭티아니ᄒᆞ며 羣ᄒᆞ고 黨티아니ᄒᆞᄂᆞ니라

●莊以持已曰矜然無乖戾之心故不爭和而處上聲衆曰羣然無阿比毗至反之意故不黨程子曰君子以矜莊自持不與人爭○龜山楊氏曰矜者矜莊之矜非謂矜伐也○朱子曰矜是自把捉底意思故書曰不矜細行終累大德○南軒張氏曰矜莊自持易至絕物而失於爭羣居相與易至徇物而失於黨君子非與人異也處已嚴而不失於和故矜而不爭非不與人同也待物平而不失於公故羣而不黨○慶源輔氏曰莊以持已理也然用意或過則便至乖戾之心生而與人爭和以處衆理也然用意或過則便至阿比之意起而與人黨天理存亡只在一息之間夫子言君子如此所以使學者於持已處衆之際戒謹恐懼務盡其理而防私意之或萌也○新安陳氏曰矜也忿戾則矜而爭矣可以羣羣而不流於黨也備旨夫子論君子知已處衆之道曰君子莊以持已固見其矜矣然亦正其在我者而已何嘗至於忿世戾俗以爲爭乎和以處衆固見其羣矣然亦善其待物者而已何嘗至於徇情阿比而爲黨乎此君子所以內不失已外不失人也

○子ㅣ曰君子ᄂᆞᆫ不以言擧人ᄒᆞ며不以人廢言이니라

子ㅣ ᄀᆞᆯᄋᆞ샤ᄃᆡ 君子ᄂᆞᆫ 言으로ᄡᅥ 人을擧티아니ᄒᆞ며 言으로ᄡᅥ 人을廢티아니ᄒᆞᄂᆞ니라

●南軒張氏曰以言擧人則行不踐者進矣此固不可也然而雖使小人言之而善亦不害其爲善者也以人廢之則善言棄矣故君子雖不以言擧人而亦不以人廢言公心無蔽也○新安陳氏曰君子不以其言之善而遽擧用其人以人之行多不及言故也亦不以其人之惡而廢其言之善以一言之善自不可沒故也如孔子因宰予晝寢而聽言必觀行孟子不沒陽虎爲富不仁之言聖人之心公而無蔽故如此備旨夫子表君子用人聽言之公曰君子之心大公而至正者也故其用人不以言之善而遽用其人以人之行多不及言故也其聽言亦不以人之不善而並廢其言以言之善有不可沒故也君子用人聽言之公如此此小人不得以倖進而善言皆得以自效也歟

○子貢이問曰有一言而可以終身行之者乎잇가子ㅣ曰其

恕乎ᆫ뎌己所不欲을勿施於人이니라

子貢이묻ᄌᆞ와ᄀᆞᆯ오ᄃᆡ一言이오可히ᄡᅥ身이終토록行ᄒᆞ얌즉ᄒᆞᆫ者ㅣ인ᄂᆞ니잇가子ㅣᄀᆞᆯᄋᆞ샤ᄃᆡ그恕ㅣᆫ뎌己의欲디아니ᄒᆞᄂᆞᆫ바ᄅᆞᆯ人의게施티말올ᄯᅵ니라

●推己及物、施其不窮故、可以終身行之、○尹氏、曰學貴於知要、子貢之問、可謂知要矣、孔子、告以求仁之方也、新安陳氏曰恕者求仁之方語曰能近取譬可謂仁之方也已孟子曰强恕而行求仁莫近焉 推而極之、雖聖人之無我、不出乎此、終身行之、不亦宜乎、問言恕必兼言忠如何此只言恕朱子曰不得忠時不成恕獨說恕時忠在裏面了○問終身行之其恕乎絜矩之道是恕之端否曰絜矩正是恕○南軒張氏曰人之患莫大於自私恕者所以克其私而擴公理也己所不欲勿施於人恕之方也是所當終身而行之者極其至則仁也忠恕體用也獨言行恕者蓋於其用力處言之行恕則忠可得而存矣○慶源輔氏曰推己及物即己所不欲勿施於人之恕也非有資於人在我施之而已烏有窮盡故可以終身行之此蓋指其用而言之又曰始則推己及物終則爲聖人之無我不出乎一恕字而已終身行之豈不爲宜此又極其效而言之知要之說尤爲有警於學者蓋聖學以仁爲先而恕則求仁之方也○陳氏曰己所不欲勿施於人只就一邊論其實不止勿施所不欲者凡己所欲者須要施於人方可如己欲孝欲弟人亦欲孝欲弟必推己所欲孝欲弟者以及人使人亦得以遂其欲孝欲弟之心便是恕只是推己之心流行到那物而已恕之義甚濶大自漢以來恕字之義不明有謂善恕已量主范忠宣亦謂以恕已之心恕人不知恕字就已上著不得據他說恕字只似饒人的意思恰似今人說且恕之不輕恕之意如此是己有過且自恕人有過又併恕人乃相率爲不肖之歸豈推已如心之義乎○雙峯饒氏曰此問在未聞一貫之先子貢多學欲知博中之約遂發此問一言是一字所以只以一恕字答之○新安陳氏曰視人猶已一視同仁此聖人之無我也惟其略無私己故仁之用自然如此[illegible]子貢有志於反約故問於夫子曰有一言之約而可以終體行之者乎夫子告之曰道雖不盡於一言而實不外乎一心欲求終身可行之理其惟恕之一言乎凡己心所不欲即知人不異己勿以此施之於人所謂恕者如此以此行之雖終身焉可矣

○子ㅣ曰吾之於人也애誰毁誰譽ㅣ오ᄃᆡ如有所譽者ㅣ면其有所

試矣니라 譽平聲

子ㅣᄀᆞᆯᄋᆞ샤ᄃᆡ내人에누를毁ᄒᆞ며누를譽ᄒᆞ리오만일에譽ᄒᆞᆫ배이시면그試ᄒᆞᆫ배인ᄂᆞ니라

●毁者、稱人之惡、而損其眞、譽者、揚人之善、而過其實、夫子、無是也、然、或有所譽者、則必嘗有以試之、而知其將然矣、聖人善善之速、而無所苟如此、若其惡惡、則已緩矣、是以、雖有以前知其惡、而終無所毁也、朱子曰毁者人本未有十分惡將做十分惡說他便是毁若只據他之惡說之不謂之毁如一物本完全今打破了便是毁若那物元破了不可謂之毁譽亦是稱獎得過當有所試者那人雖未有十分善我試之知得將來如此若毁人則不如此也○或問毁譽之說曰毁者惡未著而遽詆之譽者善未著而亟稱之也試者驗其將然之辭聖人之心光明正大稱物平施無毫髮之差故人之善惡稱之未有少有過其實者然以欲人之善也故但有試而知其賢則善雖未顯已進而譽之矣不欲人之惡也故惡之未著者雖有以決知其不善而卒未嘗遽詆之也此所以言譽而不言毁蓋非若後世所謂恥言人過而全無黑白者但有先褒之善而無豫詆之惡則是聖人之心耳曰若有譽而無毁則聖人之心爲有所倚矣曰有譽無毁是乃善善速惡惡緩之意正書所謂與其殺不辜寧失不經罪疑惟輕功疑惟重春秋傳所謂善善長惡惡短孔子樂道人之善惡稱人之惡意而仁包五常元包四德之發見證驗也聖人之心雖至公至平無私好惡然此意未嘗不存是乃天地生物之心也若以是爲有倚而以恝然無情者爲至則恐其高者入於老佛荒唐之說而下者流於申商慘酷之科矣○胡氏曰毁云損其眞若叔孫武叔之毁仲尼是也譽云過其實孟子所謂聲聞過情是也[illegible]夫子見當時之人以愛憎爲毁譽而是非之直道不明故言曰天下本有是非而人多徇其好惡吾之於人也有惡未嘗不稱於誰稱之損其眞而有毁有善未嘗不揚於誰揚之過其實而有譽即如有所譽者其必或於其天資或於其志向有所試焉而知其將來之能然矣譽且不敢輕有而況於毁乎信乎吾之無毁譽也

斯民也는三代之所以直道而行也ㅣ니라

이民은三代의直道로써行ᄒᆞ던배니라

●斯民者、今此之人也、三代、夏商周也、直道、無私曲也、言吾之所以無所毁譽者

蓋以此民、卽三代之時、所以善其善、惡其惡、而無所私曲之民、朱子曰所以字本虛然意味乃在此故、我今亦不得而枉其是非之實也、新安陳氏曰此句繳上一截誰毁誰譽之意○尹氏、曰孔子之於人也、豈有意於毁譽之哉、其所以譽之者、蓋試而知其美故也、斯民也、三代所以直道而行、豈得容私於其間哉、朱子曰斯民是今此之民卽三代之時所以爲善之民聖人說一句話便是恁地濶便是從頭說下來此民乃是三代時直道而行之民我今若有所毁譽亦不得迂曲而枉其是非之實○南軒張氏曰誰毁誰譽謂吾於人初無毁譽之意也而有所譽者必有所試也因其是實而稱之春秋之時風俗雖不美然民無古今之異三代所以直道而行者亦斯民也順理之謂直可毁可譽在彼循其理而已先王命德討罪亦若是也○雙峯饒氏曰下面民字卽上面人字但人對己而言民對君而言緣有三代字在上故言今此之民與三代之民一般但三代化行俗美好惡得其眞後世敎化不明風俗不美直變爲枉所以有稱人惡而損其眞揚人善而過其實者吾之於人則不然蓋視今此之人爲三代直道之民而不視之爲後世枉道之民也○雲峯胡氏曰朱子云所以二字有味盖善善惡惡無所私曲今之民與三代之民皆然是必有所以然者矣○新安陳氏曰尹氏之意略而未明朱子就其說而發明得精切至到耳善善惡惡無所私曲乃人心天理所在萬世如一日也三代之人心如此今日之人心亦如此聖人不得容私於其間也然有先褒之善而無豫詆之惡善善急惡惡緩之心未嘗不行乎其間焉好善忠厚之心與善善惡惡無私曲之心幷行而不相悖也備旨然吾之所以無毁譽者何哉蓋以今斯之民也善則從而好之無有作好惡則從而惡之無有作惡卽三代之時所以善其善惡其惡直道而行之民也是世變雖殊而直道猶在吾亦安得枉其是非之實而妄有所毁譽於其間哉

○子ㅣ 曰吾猶及史之闕文也와 有馬者ㅣ 借人乘之ᄒᆞ니 今亡矣夫ㄴ뎌 夫音扶

子ㅣ ᄀᆞᆯᄋᆞ샤ᄃᆡ 내 오히려 史의 文을 闕홈과 馬둔ᄂᆞᆫ者ㅣ 人을빌여 乘ᄒᆞ욤을及ᄒᆞ니이제 업슨뎌

●楊氏、曰史闕文、馬借人、此二事、孔子猶及見之、今亡亡與無通矣、夫悼時之益偸也、

愚、謂此必有爲去聲而言、意必偶見有此事 蓋雖細故、而時變之大者、可知矣、南軒張氏曰有馬借人乘之已雖有馬不能乘則借人乘之史有闕文以待來者其意亦猶是也言始猶及見而今則亡歎風俗之日趨於薄也○勉齋黃氏曰今亡矣夫歎古人謙厚之意不復見也○葉氏少蘊曰古者六書皆掌於史官班孟堅言古制書必同文不知必闕問諸故老至於衰世是非無正人用其私故子曰吾猶及史之闕文也今亡矣夫雖路去有馬者借人乘之之論其傳必有自矣○齊氏曰三代無乘馬者所謂乘如詩言乘乘鴇乘乘黃蓋四馬駕車而乘之也借人乘之蓋有子路車馬與朋友共之意○雲峯胡氏曰史闕文猶不挾己所見以自是馬借人猶不挾己所有以自私○新安陳氏曰疑以傳疑物與人共皆人心近古處二事雖小而人心之不古亦可見 ○胡氏、曰此章義疑、不可强上聲解、趙氏曰二事大小精粗實不相並故又載胡氏說于後亦闕疑之意 備旨 夫子傷時之意曰欲觀世道之盛衰則觀其習俗之淳澆而可知已吾生之初人心雖已不古然猶及見夫史之闕文也而不挾已見以自是有馬者借人乘之而不挾所有以自私是猶有忠厚之遺意焉而今則亡矣夫時之益偸爲何如哉

○子ㅣ曰巧言은亂德이오小不忍則亂大謀ㅣ니라

子ㅣᄀᆞᆯᄋᆞ샤ᄃᆡ巧ᄒᆞᆫ言은德을亂ᄒᆞ고小를忍티몯ᄒᆞ면大謀를亂ᄒᆞᄂᆞ니라

●巧言、變亂是非。聽之、使人喪去聲其所守、小不忍、如婦人之仁、匹夫之勇、皆是、

或問婦人之仁匹夫之勇强弱不同同爲不忍何也朱子曰忍之義禁而不發之謂婦人之仁不能忍其愛也匹夫之勇不能忍其忿也○慶源輔氏曰婦人之仁失於不斷匹夫之勇失於輕決二者之失不同而皆足以亂大謀蓋大謀雖斷而輕決則又失之○雲峯胡氏曰亂大謀彼自亂彼之事亂德非惟自亂其心術且能亂人之心術是非有定理而彼以是爲非以非爲是使聽者失其所守爲人心之害莫大焉婦人之仁柔惡爲無斷匹夫之勇剛惡爲强梁 備旨 夫子儆人曰是非本有定理彼巧言者以非爲是以是爲非使聽者失其所守是亂德也有忍乃克有濟若小不忍者或以姑息爲仁或以矜氣爲勇則大事去矣是亂大謀也世之聽言謀事者可不知所遠與知所戒哉

○子ㅣ曰衆惡之도라必察焉ᄒᆞ며衆好之도라必察焉이니라 惡好並去聲

子ㅣᄀᆞᆯᄋᆞ샤ᄃᆡ衆이惡ᄒᆞ야도반ᄃᆞ시察ᄒᆞ며衆이好ᄒᆞ야도반ᄃᆞ시察홀띠니라

●楊氏、曰惟仁者、能好惡人、衆好惡之、而不察、則或蔽於私矣、南軒張氏曰天下之善惡有如黑白之易明者衆之好惡固所同也至於事若善而其情則有害事若不善而其情或可取此衆人之所惑而君子之所察也孟子於仲子匡章是也○胡氏曰察者詳審之謂非謂衆人之好惡皆非也特恐其或蔽於私故加詳審爾○雙峯饒氏曰南軒所引仲子匡章事甚切齊人皆以仲子爲廉孟子獨能辨其不廉此其衆好必察處匡章通國皆稱其不孝孟子獨不以不孝目之此是衆惡必察處又曰衆好惡固當察然我心無私意方能察之若有私意則衆好惡之得其當者我反以爲非矣所以惟仁者能好惡人也○新安陳氏曰惟仁者無私心而好惡當於理方能爲衆人之衡鑑焉[備旨]夫子示人好惡當察意曰好惡出於衆似乎公矣然所惡中寧無特立獨行而不合流俗者乎是衆惡未必當也君子必加察焉所好中寧無同流合汙而取悅流俗者乎是衆好未必當也君子必加察焉若是則惡與好皆當而無失矣

○子ㅣ曰人能弘道ㅣ오非道ㅣ弘人이니라

子ㅣᄀᆞᆯᄋᆞ샤ᄃᆡ人이能히道를弘ᄒᆞ고道ㅣ人을弘홈이아니니라

●弘、廓(苦郭反)而大之也、人外無道、(人之身即道之所寓)道外無人、(道即人之所以爲人之理)然、人心、有覺而道體無爲故、人能大其道、道不能大其人也、○張子、曰心能盡性、人能弘道也、性不知檢其心、非道弘人也、問人能弘道朱子曰道如扇人如手手能搖扇扇如何搖手○問性不知檢其心潜室陳氏曰性指道心指人○雙峯饒氏曰此道字是就自家心上說若就道體上說則道自際天蟠地何待人弘又曰四端甚微廣而充之則不可勝用此之謂人能弘道○四如黃氏曰弘有二義人之得是道於心也方其寂然而無一理之不備亦無一物之不該這是容受之弘及感而遂通無一事非是理之用亦無一物而非是理之推這是廓大之弘其容受也人心攬之若不盈掬而萬物皆備於我此弘之體其廓大也四端雖微火然泉達充之足以保四海此弘之用性分之所固有者一一盡收入來職分之所當爲者一一便推出去方是弘[備旨]夫子責人體道曰人之與道本不相離也然人能加致知力行之功推之至於神化之極以弘大其道非道能致人之知翼人之行使充之及於神化而弘大其人也觀此則弘道之功可不專其責於己而徒諉於道哉

○子ㅣ曰過而不改ㅣ是謂過矣니라

子ㅣ골ᄋᆞ샤ᄃᆡ過ㅣ오改티아니홈이이닐온過ㅣ니라

●過而能改、則復於無過、唯不改、則其過遂成、而將及不改矣、新安陳氏曰過而肯改則過泯於無過而不改則過成而有[備旨]夫子勉人改過意曰人有過須急改若過而不能改則無心之差反爲有心之失是謂過矣然則改過不吝豈非人之所貴哉

○子ㅣ曰吾嘗終日不食ᄒᆞ며終夜不寢ᄒᆞ야以思호니無益이라不如學也ㅣ로다

子ㅣ골ᄋᆞ샤ᄃᆡ내일즉日이終토록食디아니ᄒᆞ며夜ㅣ終토록寢티아니ᄒᆞ야ᄡᅥ思호니益이업ᄉᆞᆫ디라學홈만ᄀᆞᆮ지몯ᄒᆞ도다

●此、爲去聲思而不學者言之、蓋勞心以必求、不如遜志而自得也、李氏、曰夫子非思而不學者、特垂語以敎人爾、朱子曰思是硬要去做學是依這本子小著心隨事順理去做○遜志是卑遜其志放退一著寬廣以求之不忒恁地迫窄便要一思而必得○問聖人眞箇終日不食終夜不寢以思否曰聖人也曾恁地來聖人說發憤忘食却是眞箇惟橫渠知得此意嘗言孔子煞喫辛苦來○南軒張氏曰此章非以思爲無益也以思而不學則無益耳○雲峯胡氏曰書說命惟學遜志一句六經言學所從始非特取卑遜之義不凌節而施之謂遜蓋勉勉循循其學有自得之益勞心以必求徒思而未必有得也[備旨]夫子因人有思而不學者故言此以勉人曰吾以天下之理不思則不得固嘗終日不暇食終夜不暇寢以盡夫思索之功宜乎其有益矣然懸空思索不免危殆無益於己不如以所思者驗之於學循習事功以求合乎不如爲有實得也學其可以已哉徒思者可以返矣

○子ㅣ曰君子는謀道ㅣ오不謀食ᄒᆞᄂᆞ니耕也애餒在其中矣오學也

애 **祿在其中矣**니 **君子**는 **憂道**오ㅣ **不憂貧**이니라 餒奴罪反

子ㅣ골ᄋᆞ샤ᄃᆡ君子ᄂᆞᆫ道ᄅᆞᆯ謀ᄒᆞ고食을謀티아니ᄒᆞᄂᆞ니耕홈애餒ㅣ그中에잇고學홈애祿이그中에잇ᄂᆞ니君子ᄂᆞᆫ道ᄅᆞᆯ憂ᄒᆞ고貧을憂티아니ᄒᆞᄂᆞ니라

●耕、所以謀食、而未必得食、學、所以謀道、而祿在其中、然、其學也、憂不得乎道而已、非爲去聲憂貧之故、而欲爲是以得祿也、○尹氏、曰君子、治其本、而不䘏其末、豈以自外至者、爲憂樂音洛哉、朱子曰君子謀道不謀食是將一句統說中又分兩脚說耕也餒在其中學也祿在其中又恐人錯認此意似敎人謀道以求食故下面又繳一句謂君子所以爲學者所憂在道爾非憂貧而學也○學固不爲謀祿然未必不得祿如耕固不求餒然未必得食雖是如此然君子之心却只見道不見祿○凡言在其中蓋言不必在其中而在焉者矣○問耕也餒在其中學也祿在其中兩句似相反潛室陳氏曰耕本謀食却有時而餒學非謀食却可以得祿○雙峯饒氏曰首句重在謀字上末句重在憂字上謀以事言憂以心言憂道自然不憂貧到不憂貧地位也是難事學者縱未能不憂貧也且以此等意思存之胷中久久自別○雲峯胡氏曰凡學而謀食者只爲貧富關打不透爾果不憂貧自不謀食○新安陳氏曰謀食之食以食祿言與祿字相關耕也餒在其中一句自是引喩此章夫子始終敎學者以審內外之輕重也君子惟謀學以明道而不謀食以得祿譬之耕本不求餒而餒自在其中是學本不求祿而祿自在其中學焉而聽祿之自至可也末又申言之憂道以見其謀道不憂貧以見其不謀食憂出於心謀見於事憂之深然後謀之熟無非欲學者知內之重而外之輕耳[備旨]夫子示學者專於求道意曰道以養心食以養身均之不可闕也乃君子則汲汲然謀得乎道而已初不謀得乎食也然食之得不得亦不係乎謀不謀如耕本以謀食也而歲有豊歉餒或在其耕之中矣學本以謀道也而學至君 求祿即在其學之中矣夫學固可以得祿若夫君子之用心惟憂不得乎道豈爲憂貧之故而欲爲學以得祿哉惟 其憂道此謀道之功所以先也惟不憂貧此謀食之計所以後也君子之純心於學如此

○**子**ㅣ **曰知及之**오도 **仁不能守之**면 **雖得之**나 **必失之**니라 知去聲

子ㅣ골ᄋᆞ샤ᄃᆡ知及ᄒᆞ고도仁이能히守티몯ᄒᆞ면비록得ᄒᆞ나반ᄃᆞ시失ᄒᆞᄂᆞ니라

●知足以知如字此理、而私欲、間去聲下同之則無以有之於身矣、程子曰如及之仁不能守之無得也○知及之仁不能守之此言中人以下也若夫眞知未有不能守者○新安陳氏曰好學近乎知力行近乎仁學而知之明則知及而得之矣不能無私力行而守之不固雖得之必失之也[備旨]夫子以全德望天下而詳致其責備之意曰爲學貴有全功必內外本末兼修然後爲至如修己治人之理其知旣足以及之而見於行矣然爲私欲所間而仁不能守之則雖有得之於心亦終不爲己有而必失之矣此知及者必貴守之以仁也

知及之ᄒᆞ며仁能守之오도不莊以涖之則民不敬이니라

知ㅣ及ᄒᆞ며仁이能히守ᄒᆞ고도莊으로ᄡᅥ涖티아니ᄒᆞ면民이敬티아니ᄒᆞᄂᆞ니라

●涖、臨也、謂臨民也、知此理、而無私欲以間之、則所知者、在我而不失矣、然、猶有不莊者、蓋氣習之偏、或有厚於內、而不嚴於外者、是以、民不見其可畏而慢易去聲之、下句放上聲此、張子曰所謂知及之必欲仁守之者恐其難得必失耳知之非艱行之惟艱此守所以貴乎篤也○問知及之仁不能守之固不可仁旣能守之而猶有不莊之戒集註謂有氣習之偏何耶潛室陳氏曰蓋雖是有仁能持守然當臨涖之時擧動之際此心小懈卽妄念便生須是逐時照管令罅縫不開才有罅縫便有氣習之偏此是聖賢點檢身上工夫周密處雖是本體已造醇美猶恐節目上有疵又須逐節照管要令盡善盡美[備旨]若知足以及之仁又能守之則理得於心而大本立矣然於臨民之際不能端莊以涖之則衣冠不正瞻視不尊民將慢易而不敬矣此知及仁守者又當涖民以莊也

知及之ᄒᆞ며仁能守之ᄒᆞ며莊以涖之오도動之不以禮면未善也ㅣ니라

知及ᄒᆞ며仁이能히守ᄒᆞ며莊으로ᄡᅥ涖ᄒᆞ고도動호ᄃᆡ禮로ᄡᅥ아니ᄒᆞ면善티몯ᄒᆞᄂᆞ니라

●動之、動民也、猶曰鼓舞而作興之云爾、禮、謂義理之節文、朱子曰動字不是感動之動是使民底意思謂使民去做這件事亦有禮是使之以禮下梢禮字歸在民身上○動之是指民說如蒐田獮狩就其中敎之少長有序之事便是使之以禮蓋使他以此事此事有禮存也○愚、謂學至於仁、則善

有諸己而大本、立矣。涖之不莊、動之不以禮、乃其氣禀學問之小疵、然、亦非盡善之道也 朱子曰固有生成底然亦不可專主氣質蓋亦有學底○慶源輔氏曰不莊氣質之偏也不以禮學問之闕也 故、夫子、歷言之、使知德愈全、則責愈備、不可以爲小節、而忽之也、 朱子曰知及之如大學知至仁守之如意誠涖不莊動不以禮如所謂不得其正所謂敖惰而辟之類知及仁守是明德工夫下面是新民工夫○問知及仁守到仁是極了却又要莊涖動以禮底工夫如何曰人自有此心純粹不走失而於接物治民時少些莊嚴意思自不足以使人敬此便是未盡善處又問此是要本末工夫兼備否曰固是但須先有知及仁守做箇根本方好去檢點其餘便無處無事不善若根本不立又有何可點檢處○或問知及仁守爲學之事也莊涖禮動爲政之事也然爲學之事雖未及乎爲政至於接物處家之際亦非莊涖禮動不能爲也爲政者雖不專於爲學然非知識之明而持守之固亦無以爲臨政之地矣○此一章當以仁爲主所謂知及之所以求吾仁涖之動之所以持養吾仁者○或問此章曰大抵發明內外本末之序極爲完備而其要以仁爲重仁能守之則大本已立雖臨民不以莊動民不以禮亦其支節之小失耳然亦不可不自警省以求盡善而全其德也○南軒張氏曰知及之仁不能守之則未能保之也仁能守之則在己者實矣又須莊以涖之而動之則以禮動之以禮者以禮敎民則民作興也此雖統言爲政之道至此而後善然所以成己亦一而已○雙峯饒氏曰此章六箇之字要分別及之守之得之失之此四之字指理而言涖之動之此二之字指民而言○雲峯胡氏曰仁者心德之全知及仁守而猶曰不莊以涖之則民不敬者德之全而責之備也知及仁守莊涖而猶曰動之不以禮爲未善者德愈全而責愈備也大本已立固足以見其心德之全小節未善亦足以爲全德之累若備言知及之仁能守之又莊以涖之則身心之間擧無愧矣然見諸行事動作斯民者不以義理節文之禮則禮讓未臻能使敬不能使民化其道猶未至於盡善也此知及仁守莊涖者又貴動民以禮也是可見君子之學德愈全而責愈備隨所至而益求其全則幾矣

○子ㅣ曰君子ᄂᆞᆫ不可小知而可大受也ㅣ오小人은不可大受而可小知也ㅣ니라

子ㅣ ᄀᆞᆯᄋᆞ샤ᄃᆡ 君子ᄂᆞᆫ 可히 小에 知티 몯ᄒᆞ고 可히 大엔 受ᄒᆞᆯ꺼시오 小人은 可히 大엔 受티 몯ᄒᆞ고 小에 知ᄒᆞᆯ꺼시니라

●此、言觀人之法、知、我知之也、受、彼所受也、蓋君子於細事、未必可觀、而材德足以任重、小人雖器量去聲淺狹、而未必無一長可取、朱子曰一事之能否不足以盡君子之蘊然能任天下之重而不懼小人一才之長亦可器使但不可以任大事耳○吳氏曰方舜之耕稼時視之猶人也一旦受堯之天下若素有之小人有立談之間而其材可知者至委以國則未有不敗○南軒張氏曰君子所存者大故不可以小者測知而可以當其大者小人局於狹小其長易見故不可以任大而可以小知之大受如學者之學聖人有爲者之當大任是也事而可以小知之小人用過其量則敗矣○雙峰饒氏曰君子於小事上有拙處小人於小事上有長處所以不可以一節觀之或問君子才全德備何爲於小事上有拙處曰不可以一槪論君子亦有等降但其大體正當雖細微處有未盡亦不害其爲君子又曰此小人是小有才之人非庸常之小人○雲峯胡氏曰小節可以知小人不足以知君子大受可以許君子不可以許小人材之所成爲器德之所充爲量君子之所以可大受者材與德俱大小人之不可大受者器與量俱小故也[備旨]夫子論觀人之法曰君子小人人品不同而材器自異君子之志願高遠不屑於細務不可以小事知其爲人然其材德宏深足任天下之重而可以大者爲彼所承受也若小人之器量淺狹難語於宏圖不可以大者爲彼所承受然其偏端末節未必一無所長而可以小者知其爲人也觀人者大用乎君子而不輕棄乎小人則得矣

○子ㅣ 曰民之於仁也에 甚於水火ᄒᆞ니 水火는 吾見蹈而死者矣어니와 未見蹈仁而死者也케라

子ㅣ ᄀᆞᆯᄋᆞ샤ᄃᆡ 民이 仁에 水火도곤 甚ᄒᆞ니 水火ᄂᆞᆫ 내 蹈ᄒᆞ야 死ᄒᆞᄂᆞᆫ 者ᄅᆞᆯ 보앗거니와 仁을 蹈ᄒᆞ야 死ᄒᆞᄂᆞᆫ 者ᄅᆞᆯ 보디 몯게라

●民之於水火、所賴以生、不可一日無、其於仁也、亦然、但水火、外物、而仁在己、無水火、不過害人之身而不仁則失其心、是、仁有甚於水火、而尤不可一日無者也、況水火、或有時而殺人、仁則未嘗殺人、亦何憚而不爲哉、李氏曰此、夫子、勉人爲

仁之語、下章放上聲此、問夫子言吾未見蹈仁而死者也後又言志士仁人有殺身以成仁者潛室陳氏曰蹈仁者有益無害人何憚而不爲此勉人爲善之語若到殺身成仁處是時不管利害但求一箇是而已學者患不蹈仁爾蹈仁則心無計較之私若義所當死而死雖比干不害爲正命 備旨 夫子勉人爲仁曰人之不用力於仁者豈以仁爲不甚切於人哉試例之水火焉民賴水火以生亦賴仁以生皆不可一日無者然水火屬外物而仁屬性理無水火不過害身無仁則害心是民之於仁也尤甚於水火矣況水火雖能生人亦能殺人吾見蹈水火而死者矣若仁則立命之理隨遇而安未見有蹈仁而死者也人亦何憚而不爲仁哉

○子ㅣ曰當仁ᄒᆞ야不讓於師ㅣ니라

子ㅣ ᄀᆞᆯᄋᆞ샤ᄃᆡ 仁을當ᄒᆞ야 師에讓티아니ᄒᆞᆯ띠니라

●當仁、以仁爲己任也、雖師、亦無所遜、言當勇往而必爲也、蓋仁者、人所自有而自爲之、非有爭也、何遜之有、○程子、曰爲仁在己、無所與遜、若善名、在外則不可不遜、朱子曰當仁擔當之當這仁字是指大處難做處說這般處須著擔當不可說道自家做不得是師長所做底事○弟子於師每事必讓而不敢先至於仁以爲己任則當自勉而勇爲不可以有讓也蓋仁者己所有而自爲之非奪諸彼而先之也何讓之有所謂不讓猶程子所謂不可將第一等事讓與別人做者其事則顏子所謂舜何人也予何人也有爲者亦若是者是己此與上章皆勉人爲仁之辭上章爲凡民都不知仁而憚於爲之者發此章爲學者粗知仁之爲美而不知勇於有爲者發○南軒張氏曰夫子嘗曰有能一日用其力於仁矣乎我未見力不足者又曰我欲仁斯仁至矣又曰爲仁由己於此又明不讓於師之義蓋道不遠人爲之在己雖所尊敬亦無所與讓聖人勉學者使之用其力也○爲仁在我雖師不暇遜此便是仁以爲己任○慶源輔氏曰遜者禮之實也德之善也凡自外來者固不可不遜如善名是也至於爲仁在己則何遜哉蓋非不遜也乃無所與遜也○雲峯胡氏曰當字大有力量不弘者當不起不毅者當不去請事斯語顏子當之仁爲己任曾子當之顏曾遜於夫子之門未嘗以當仁之事而遜於夫子也 備旨 夫子勉人勇於爲仁意曰人皆有仁而爲之不勇者豈爲仁猶有可讓之功耶吾以爲語天下之當讓者必曰師矣若夫以仁爲己任則本吾所自有之理而盡吾所自致之功非爭於彼而先之也雖師亦何以讓哉至於師亦無所讓則天下復有可讓者乎彼夫莫之讓而不爲者其亦不思而已矣

○子ㅣ君子ᄂᆞᆫ貞而不諒이니라

子ㅣ ᄀᆞᆯᄋᆞ샤ᄃᆡ 君子ᄂᆞᆫ 貞ᄒᆞ고 諒티 아니ᄒᆞᄂᆞ니라

●貞、正而固也、諒、則不擇是非、而必於信、問君子不諒可乎龜山楊氏曰惟貞固可以諒所謂貞者惟義所在也○朱子曰貞者見得道理如此便只恁地做去所謂知斯二者弗去是也爲正字說不盡故更如固字如易所謂貞固足以幹事若諒者是不擇是非必要如此故貞者是正而固守之意諒則有固必之意焉○南軒張氏曰貞則信在其中但執小信而於義有蔽則失其正而反害於信矣○覺軒蔡氏曰諒有二訓有止訓信者友諒是也有訓必信者此諒是也諒似貞而實非故夫子特別而言之○雙峯饒氏曰貞者正而固守諒則固而未必正言必信行必果而不知惟義所在者也○厚齋馮氏曰歷萬變而不失其正者貞也諒則固守而不知變者也故曰貞者事之幹也豈若匹夫匹婦之爲諒也[備旨]夫子以信理表君子意曰人之守一也有見於理之正而守之者爲貞無見於理之正而執之者爲諒貞與諒相似而實則大異矣惟君子於事之所在實見其是非之正而固守之不變如是其貞焉己耳何嘗不擇是非有所偏主而諒哉人亦當以君子爲法也

○子ㅣ曰事君호ᄃᆡ敬其事而後其食이니라

子ㅣ ᄀᆞᆯᄋᆞ샤ᄃᆡ 君을 事호ᄃᆡ 그 事를 敬ᄒᆞ고 그 食을 後홀 ᄯᅵ니라

●後、與後獲之後、同、雙峯饒氏曰此後字如先難後獲先事後得之後後獲謂不計其效也蓋爲人臣者但知盡其職分而已祿非所計也所謂正其誼不謀其利之意食、祿也、君子之仕也、有官守者、脩其職、有言責者、盡其忠、皆以敬吾之事而已、不可先有求祿之心也、南軒張氏曰事君者主於敬其事而已官有尊卑位有輕重而敬其事之心則一也後其食猶後獲之意然則爲貧而仕則奈何孔子嘗爲委吏矣亦曰會計當而已矣嘗爲乘田矣亦曰牛羊茁壯長而已矣蓋亦以敬其事爲主也若曰爲貧而仕食焉而已遑恤其事則失其義矣○胡氏曰後其食者蓋委置之不存乎念慮之間非纔任其事而即有得祿之心繼之也若曰先敬其事而後有計祿之心則義利雜糅公私交戰其不爲利心所勝者幾希○勉齋黃氏曰敬事後食臣之道也餼稟稱事君之道也○慶源輔氏曰有官守者脩其職有言責者盡其忠是皆天理之當然而在人之所當爲者也豈可有一毫僥求覬幸之意於其先哉[備旨]夫子表純臣之心曰臣之事君修職盡忠惟以敬吾所當爲之事而已至於食以養廉雖分之所當得亦付之無心而後其食焉不然豈所以語於純臣之道哉

○子ㅣ曰有敎ㅣ면無類ㅣ니라

子ㅣ골ᄋᆞ샤ᄃᆡ敎를두면類ㅣ업ᄉᆞ리니라

●人性皆善、而其類有善惡之殊者、氣習之染也、故、君子有敎、則人皆可以復如字反也於善、而不當復扶又反又也論其類之惡矣、南軒張氏曰人所禀之資雖有不同然無有善惡之類一定而不可變者盖均是人也原其降衷何嘗不善故聖人有敎焉所以反之於善也敎之行愚者可使之明柔者可使之强豈有氣質之不可變者乎然堯舜之子不肖則氣類又若有異何也蓋氣有可反之理人有能反之道而敎有善反之功其卒莫之能反者則以其自暴自棄而已○慶源輔氏曰人之性同乎一理而已然其品類則有善惡之異者何哉蓋於其始生也已有氣禀淸濁之分其少長也又有習染邪正之異苟欲合其理而反其同則在乎敎耳故君師有敎化之妙則人皆可以復其善而自無爲惡之人豈可復論其類之惡哉○洪氏曰聖人之敎如雨露之於萬物夫豈有所擇哉[備旨]夫子明立敎之公心曰人性染於氣習因有善惡之類然君子有敎惟欲使人皆復於善而後已賢智者抑而敎之愚不肖者引而敎之何嘗分類於其間哉蓋大公之心如此

○子ㅣ曰道不同이면不相爲謀ㅣ니라 爲去聲

子ㅣ골ᄋᆞ샤ᄃᆡ道ㅣ同티아니ᄒᆞ면셜ᄋᆞ爲ᄒᆞ야謀티몯ᄒᆞᄂᆞ니라

●不同、如善惡邪正之類、南軒張氏曰君子以義小人以利義利之所趨不同烏能相爲謀乎○新安陳氏曰善惡謂君子小人邪正謂吾道異端如陰陽氷炭之相反此不能爲彼謀彼亦不能爲此謀也[備旨]夫子示人當愼所與謀意曰人惟同道而後能同謀也苟人品有善惡之異學術有邪正之殊而道不同則趨向異致而議論乖方彼此自不能相爲謀以成其濟之功矣欲謀事者當擇夫道之同而後可也

○子ㅣ曰辭는達而已矣니라

子ㅣ골ᄋᆞ샤ᄃᆡ辭는達ᄒᆞᆯᄯᆞᄅᆞᆷ이니라

●辭、取達意而止、不以富麗爲工、勉齋黃氏曰此爲學者喜於工言辭者設然其曰達而已矣則非通於理者亦不能達也聖人之言未嘗有所偏也○胡氏曰富者

欲其贍也麗者欲其華也○新安陳氏曰惟達理者辭能達意達意之外而過求之非以繁多爲富則以華美爲麗正理反爲所蔽本意反以不達矣達之一字命辭之法也東坡與人論文每以夫子此言爲主 [備旨]夫子示人以修辭之法曰今之修辭者類皆以富麗爲工矣自我言之辭何爲也爲意之不可見而託諸辭以達之也故修辭者意之未達固言乎其所不得不言意之旣達則當止乎其所不得不止蓋因意而爲辭者則亦意達而辭盡矣何必以富麗爲工哉修辭者當知所法矣

○師冕이見ᄒᆞᆯ식及階어ᄂᆞᆯ子ㅣ曰階也ㅣ라ᄒᆞ시고及席이어ᄂᆞᆯ子ㅣ曰席也ㅣ라ᄒᆞ시고皆坐ㅣ어ᄂᆞᆯ子ㅣ告之曰某在斯某在斯ㅣ라ᄒᆞ시다 見賢遍反

師ㅣ언冕이見ᄒᆞᆯ식階예미처ᄂᆞᆯ子ㅣᄀᆞᆯᄋᆞ샤ᄃᆡ階라ᄒᆞ시고席에미처ᄂᆞᆯ子ㅣᄀᆞᆯᄋᆞ샤ᄃᆡ席이라ᄒᆞ시고다坐ᄒᆞ야ᄂᆞᆯ子ㅣ告ᄒᆞ야ᄀᆞᆯᄋᆞ샤ᄃᆡ某ㅣ이예잇고某ㅣ이예잇다ᄒᆞ시다

●師、樂師、瞽者、胡氏曰周禮樂師太師皆以師名磬鍾笙鏄韎籥皆曰師○吳氏曰古者樂師皆用瞽以其廢視而聽專且令天下無廢人也 冕、名、再言某在斯歷擧在坐去聲之人以詔之、[備旨]昔夫子正樂之功行於魯時有樂師名冕者亦慕夫子而請見焉夫子迎之方其行而及階夫子則曰此階也欲其知所升也迨其及席夫子則曰此席也欲知其所就也及衆人皆就席而坐夫子則歷擧在坐之人以告之曰某也在斯某也在斯欲其知所與言而無失人也夫子與師言者如此

師冕이出커ᄂᆞᆯ子張이問曰與師言之道與잇가 與去聲

師ㅣ언冕이出커ᄂᆞᆯ子張이묻ᄌᆞ와ᄀᆞᆯ오ᄃᆡ師로더브러言ᄒᆞᄂᆞᆫ道ㅣ니잇가

●聖門學者、於夫子之一言一動、無不存心、省悉井反察如此、吳氏曰論語中子張之問比諸弟子爲多○新安陳氏曰不可以子張之問作閑語看聖人一言一動無非敎也學者善觀之則見得皆出於聖心天理之流行者矣[備旨]及師冕

既出子張因而問曰夫子之於師冕隨其地隨其人而必言之詳者是乃道之所在與

子ㅣ曰然다ᄒᆞ固相師之道也ㅣ니라 相去聲

子ㅣ ᄀᆞᆯᄋᆞ샤ᄃᆡ 그러ᄒᆞ다 본ᄃᆡ 師ᄅᆞᆯ 相ᄒᆞᄂᆞᆫ 道ㅣ니라

●相、助也、古者、瞽必有相、其道如此、周禮春官太師下大夫二人少師上士四人瞽矇三百人眡音示瞭音了明目也三百人眡瞭掌太師之縣音玄鍾磬之類凡樂事相瞽蓋聖人於此、非作意而爲之、但盡其道而已、○尹氏、曰聖人處上聲己爲去聲人、其心一致、無不盡其誠故也、有志於學者、求聖人之心、於斯亦可見矣、范氏、曰聖人、不侮鰥寡、不虐無告、可見於此、推之天下、無一物不得其所矣、南軒張氏曰道無往而不存聖人之動靜語默無往而非道蓋各止於其所而已師冕之見及階則告之階及席則告之席既坐則歷告之以在坐者蓋待瞽者之道當然爾子張竊窺而有問焉夫子以爲固相師之道辭則近而意亦無不盡矣事事物物莫不有其道夫一日之間起居則有起居之道飮食則有飮食之道見是人則有待是人之道遇是事則有處是事之道道不可須臾離也夫惟天下之至誠一以貫之道之所在如影之隨形蓋無往而非是矣○胡氏曰瞽必有相荀子所謂猶瞽無相春秋傳所謂其相曰朝也冕之來見適無相者坐必作過必趨哀矜之念乃聖人之素心至此自不能已也故代相者告之○厚齋馮氏曰使瞽者若能視然是謂相師之道豈特與師言之道如此○新安陳氏曰瞽者之來未必無相夫子自矜之且敬之故節節謹告之有目者待無目者之誠心曲禮也【備旨】夫子答之曰然道之所在也古者瞽必有相我之與師言者固相師之道不足異也子又何疑哉卽此而推可見道無往而不存而聖人動靜語默亦無往而非道矣

原本備旨 論語集註卷之十五

原本備旨

論語集註卷之十六

季氏第十六

洪氏、曰此篇、或以爲齊論、凡十四章、 胡氏曰疑爲齊論以皆稱孔子曰且三友三樂九思等條例與上下篇不同然亦無他左驗○厚齋馮氏曰上篇首衛靈公以識諸侯之失此篇首季氏以識大夫之失下篇首陽貨以識陪臣之失也此篇季氏而後即記禮樂征伐祿去公室之語乃記者以爲篇次之意

季氏ㅣ將伐顓臾ㅣ러니

季氏ㅣ장ᄎᆞᆺ顓臾를伐호려ᄒᆞ더니

●顓臾、國名、魯附庸也、 春秋傳曰顓臾風姓也實司太皡與有濟之祀註云伏羲之後在泰山南武陽縣之東北【備旨】季氏將伐顓臾以自益事雖未行而謀則已定矣

冉有季路ㅣ見於孔子曰季氏ㅣ將有事於顓臾ㅣ로소이다 見賢遍反

冉有와季路ㅣ孔子ᄭᅴ見ᄒᆞ야ᄀᆞᆯ오ᄃᆡ季氏ㅣ장ᄎᆞᆺ顓臾에事를두려ᄒᆞ노소이다

●按左傳史記、二子、仕季氏不同時、此云爾者、疑子路、嘗從孔子、自衛反魯、再仕季氏、不久而復 扶又反 之衛也、 左傳定公十二年仲由爲季氏宰將墮三都○史記定公十三年夏孔子言於公曰臣無藏甲大夫無百雉之城使仲由爲季氏宰將墮三都○左傳哀公十一年齊師伐我季孫謂其宰冉求曰若之何求曰一子守二子從公禦諸境孟孺子洩帥右師冉求帥左師師及齊師戰于郊師入齊軍獲甲首八十齊人遁冉有請從之季孫弗許○史記世家哀公三年孔子年六十矣在陳秋季桓子病輦而見魯城喟然嘆曰昔此國幾興矣以吾獲罪於孔子故不興也顧謂其嗣康子曰我即死若必相魯相魯必召仲尼後數日桓子卒康子代立已葬欲召仲尼公之魚曰昔吾先君用之不終終爲諸侯笑今又用之不能終是再爲諸侯笑康子曰則誰召而可曰必召冉求於是召冉求既去明年孔子自陳遷于蔡冉有爲季氏將與齊戰於郊克之康子曰子之於軍旅學之乎性之乎冉有曰學於孔子康子以幣迎孔子孔子歸魯○趙氏

曰魯哀公十年孔子自楚反乎衛十一年魯以幣召之乃歸子路從孔子反魯當在此時十四年小邾射來奔曰使季路要我吾無盟矣使子路子路辭則子路尙在魯也必是此年復之衛次年死於孔悝之難 備旨 時冉有季路仕於季氏之家相與見於孔子曰季氏將與兵以有事於顓臾盖欲微探其可否也

孔子ㅣ曰求아 無乃爾是過與아 與平聲

孔子ㅣ ᄀᆞᆯ으샤ᄃᆡ 求아 아니 네의 이 過아

● 冉求、爲去聲季氏聚斂、去聲尤用事故、夫子、獨責之、問獨責求何也朱子曰想他與謀較多一向倒在他身上去亦可知也 備旨 孔子以由求雖同仕季氏而求尤用事故獨責之曰求顓臾之伐無乃爾之將順是謀以成其過與

夫顓臾ᄂᆞᆫ 昔者에 先王이 以爲東蒙主ᄒᆞ시고 且在邦域之中矣라 是ㅣ社稷之臣也ㅣ니 何以伐爲리오 夫音扶

顓臾ᄂᆞᆫ 네 先王이 ᄡᅥ 東蒙의 主를 삼으시고 ᄯᅩ 邦域가온ᄃᆡ 인ᄂᆞᆫ디라 社稷ㅅ 臣이니 엇디 ᄡᅥ 伐ᄒᆞ리오

● 東蒙、山名、趙氏曰蒙山在泰山郡蒙陰縣西南 今沂州費縣也○厚齋馮氏曰按禹貢有二蒙徐州蒙羽其藝東蒙也梁州蔡蒙旅平西蒙也 ○洪氏曰魯頌曰奄有龜蒙遂荒大東又云乃命魯公俾侯于東錫之山川土田附庸謂顓臾也 先王、封顓臾於此山之下、使主其祭、在魯地七百里之中、問從孟子地方百里之說則魯地安有七百里朱子曰七百里是禮記說每疑百里如何做得侯國又容得附庸所謂錫之山川土田附庸必不止百里然此處亦難考 社稷、猶云公家、是時、四分魯國、季氏取其二、孟孫、叔孫、各有其一、左傳昭公五年春正月季孫舍中軍卑公室也 罷中軍季孫稱左師孟氏稱右師叔孫氏則自以叔孫爲軍名 初作中軍三分公室而各有其一 各有一軍家屬季氏盡征之無所入於公叔孫氏臣其子弟以父兄歸公孟氏取其半焉復以子弟之半歸公及其舍之也四分公室季氏擇二二子各一皆盡征之而貢于公 獨附庸之國、尙爲公

臣、季氏、又欲取以自益故、孔子、言顓臾、乃先王封國、則不可伐、在邦域之中、則不必伐、是社稷之臣、則非季氏所當伐也、此、事理之至當、(去聲)不易之定體、而一言、盡其曲折如此、非聖人、不能也、慶源輔氏曰不可伐而伐之則不仁不必伐而伐之則不智非所當伐而伐之則悖禮犯義【備旨】且爾亦知夫顓臾乎夫顓臾之爲國也昔者周先王封之於東蒙山之下使主此山之祭則其立國有自來而非私封者比矣且近在魯七百里之內而處於邦域之中則非敵國外患者比矣又附庸於魯是社稷之臣則非季氏所得而予奪者比矣夫先王封國則不可伐在邦域之中則不必伐社稷之臣則尤非季氏所當伐季氏將以何名伐之哉此吾不暇爲季氏責而深爲爾責也

冉有ㅣ曰夫子ㅣ欲之언뎡吾二臣者는皆不欲也ㅣ로이다

冉有ㅣ골오ᄃᆡ夫子ㅣ欲ᄒᆞ건뎡우리二臣은다欲디아니ᄒᆞ노이다

○夫子、指季孫、冉有、實與(去聲)謀、以夫子非之故、歸咎於季氏、【備旨】冉有乃歸咎於季氏曰顓臾之伐乃夫子所心欲之吾與由二臣者雖仕其家皆不欲其有此擧也但力不能救之耳

孔子ㅣ曰求아周任이有言曰陳力就列ᄒᆞ야不能者ㅣ止라ᄒᆞ니危而不持ᄒᆞ며顚而不扶ㅣ면則將焉用彼相矣리오 任平聲焉於虔反相去聲下同

孔子ㅣ골ᄋᆞ샤ᄃᆡ求아周任이言을두어골오ᄃᆡ力을陳ᄒᆞ야列에就ᄒᆞ야能티몯ᄒᆞᄂᆞᆫ者ㅣ止ᄒᆞᆯᄯᅵ라ᄒᆞ니危호ᄃᆡ持티몯ᄒᆞ며顚호ᄃᆡ扶티몯ᄒᆞ면장ᄎᆞᆺ어ᄃᆡ뎌相을ᄡᅳ리오

○周任、古之良史、陳、布也、列、位也、相、瞽者之相也、言二子、不欲則當諫、諫而不聽、則當去也、朱子曰相亦是贊相之義瞽者之相亦是如此○雙峯饒氏曰冉有直與謀子路只是不能諫止危未至於顚故持之使不至顚顚則旣踣須扶起之【備旨】夫子因其諉過於季氏又責之曰求爾爲季氏之臣安得辭其責哉古之周任嘗有言曰爲人臣者能布其匡救之力然後立人本朝而就

人臣之列若不能陳力則止而不容復就其列譬如瞽之有相本爲持危扶顚計也夫危焉而不持顚焉而不扶則將焉用彼相矣然則爲臣而不能盡力則亦何用彼之就列爲哉周任之言如此今爾既不欲則當諫諫不聽則當去不然亦將焉用爾爲哉

且爾言이過矣로다虎兕ㅣ出於柙ᄒᆞ며龜玉이毁於櫝中ㅣ是誰之過與오 兕徐履反柙戶甲反櫝音獨與平聲

또네言이過ᄒᆞ도다虎와兕ㅣ柙에出ᄒᆞ며龜와玉이櫝中에셔毁홈이이뉘過오

●兕、野牛也、趙氏曰兕似牛一角毛靑皮堅可爲鎧 柙、檻也、櫝、匱也、言在柙而逸、在櫝而毁、典守者、不得辭其過、明二子、居其位、而不去則季氏之惡、己不得不任其責也、朱子曰虎在山龜玉在他處不干典守者事今在柙中走了櫝中毁了便是典守者之過○厚齋馮氏曰二子居其位而不去夫子稱爲具臣者以此[備旨]且爾謂二臣皆不欲此言過矣虎兕不在山而逸而出於柙龜玉不在外而毁而毁於櫝中是非典守者之過而誰之過與今爾居其位而不去則季氏之典守者也季氏有過爾安能辭其責哉

冉有ㅣ曰今夫顓臾ㅣ固而近於費ᄒᆞ니今不取면後世에必爲子孫憂ᄒᆞ리이다 夫音扶

冉有ㅣᄀᆞᆯ오ᄃᆡ이제顓臾ㅣ固ᄒᆞ고費에近ᄒᆞ니이제取티아니ᄒᆞ면後世예반ᄃᆞ시子孫의憂ㅣ되리이다

●固、謂城郭完固、費、音秘季氏之私邑、此則冉有之飾辭、然、亦可見其實與季氏之謀矣、勉齋黃氏曰冉有此言但知費爲季氏之邑而爲季氏子孫飾也豈復知有魯哉○齊氏曰孔子之爲司寇也使仲由墮費而求乃謀伐顓臾以益費是孔子弱三家以强公室而求反之故孔子惟深責冉求以爲非

由本意也備旨冉有至此知其責之不容逃也乃爲季氏飾辭曰顓臾之伐非得己也今夫顓臾城郭完固而且近
於費邑固則在彼有可恃之勢近則在我有侵凌之虞若今不乘時以取之以至於後世則必有受其害者寧不爲
季氏子孫憂乎故不得己而伐之也觀於此言求之與謀彰矣

孔子ㅣ曰求아君子는疾夫舍曰欲之오而必爲之辭ㅣ니라 夫音扶 舍上聲

孔子ㅣ ᄀᆞᆯᄋᆞ샤ᄃᆡ求아君子ᄂᆞᆫ欲ᄒᆞ노라닐으디아니코반ᄃᆞ시辭ᄒᆞ욤을疾ᄒᆞᄂᆞ니라

●欲之、謂貪其利、梅巖胡氏曰求以爲夫子欲之吾二臣者皆不欲孔子從欲字發明切責之備旨孔子又
責之曰求季氏伐顓臾本貪其利也而子乃曰爲子孫憂是特以諱季氏之過耳不知君
子深疾夫舍其貪利不言而必爲之飾辭以文其過也今求之所云其能免君子之疾哉

丘也는聞有國有家者ㅣ不患寡而患不均ᄒᆞ며不患貧而患不安이라ᄒᆞ니蓋均이면無貧이오和ㅣ면無寡ㅣ오安이면無傾이니라

丘ᄂᆞᆫ들오니國을두며家를두ᄂᆞᆫ者ㅣ寡를患티아니ᄒᆞ고均티아니홈을患ᄒᆞ며貧을
患티아니ᄒᆞ고安티아니홈을患ᄒᆞᆫ다ᄒᆞ니均ᄒᆞ면貧홈이업고和ᄒᆞ면寡홈이업고安
ᄒᆞ면傾홈이업ᄂᆞ니라

●寡、謂民少、貧、謂財乏、均、謂各得其分、去聲安、謂上下相安、季氏之欲取顓臾、
患寡與貧耳、然、是時、季氏、據國、而魯君、無民則不均矣、君弱臣强、互生嫌隙乞逆反
則不安矣、均則不患於貧而和、和則不患於寡而安、安則不相疑忌、而無傾覆之患、
朱子曰不均不和不安在當時有難顯言者故夫子微辭以告之語雖略而意則詳也○雙峯饒氏曰均無貧以下
文理參差與上文不相當對何也曰上兩句以貧與寡對說下三句又錯綜說大抵貧多起於不均均則彼此皆足
而無貧故曰均無貧不和則爭爭則土地雖廣人民雖衆而心常以爲寡惟和而不爭則雖寡亦不見其爲寡矣故

曰和無寡傾覆生於不安人心苟安則禍亂不作自無傾覆之患矣故曰安無傾均無貧而後能和和無寡而後能安三者又自相因○鄭氏曰有國家者不患民之寡患無上下之分而至於不均不患財之乏而患在失上下之心而至於不安也均則民志定定則不貧和則民志一一則不寡不貧不寡則安矣安則不傾○厚齋馮氏曰夫子稱有國有家者正指魯與季氏言之[備旨]且季氏之欲取顓臾非爲子孫憂也不過患寡與貧耳丘也嘗聞諸侯有國大夫有家者不患人民之寡而患上下之分不均不患財用之貧而患上下之情不安何也蓋人民財用自定分惟均則即其分地而君臣各有所入自無貧也既均而和則即其分民而君臣各有所統自無寡也既和而安則君臣相合而疑忌不生君可長保其國臣可永保其家自無傾覆之患矣此有國家者所以不患寡而患不均不患貧而患不安也

夫(音扶)如是故로遠人이不服則脩文德以來之ᄒᆞ고既來之則安之니라

이러ᄃᆞᆺᄒᆞᆫ故로遠人이服디아니ᄒᆞ면文德을脩ᄒᆞ야ᄡᅥ來케ᄒᆞ고이믜來케ᄒᆞ면安케ᄒᆞᄂᆞ니라

●內治(去聲)脩然後、遠人、服、有不服、則脩德以來之、亦不當勤兵於遠、新安陳氏曰夫如是總包括上三句即所謂內治脩也今不均不安既與內治脩反矣又欲興兵黷武則與脩文德反矣[備旨]夫均無貧和無寡安無傾如是則知遠人服在內治修矣故遠人或有不服則修其文德以招來之不勤兵也及其既來之則撫恤以安之不利其土地人民也所聞於有國家者其道如此

今由與求也ᄂᆞᆫ相夫子호ᄃᆡ遠人이不服而不能來也ᄒᆞ며邦分崩離析而不能守也ᄒᆞ고

이제由와다ᄆᆞᆺ求ᄂᆞᆫ夫子를相호ᄃᆡ遠人이服디아니호ᄃᆡ能히來케몯ᄒᆞ며邦이分崩

ᄒᆞ며離析ᄒᆞ되能히守티몯ᄒᆞ고
●子路、雖不與音預謀、而素不能輔之以義、亦不得爲無罪故、倂去聲責之、遠人、謂顓
臾、或曰顓臾在邦域中如何謂之遠人雙峯饒氏曰遠人不特遠夷中庸柔遠人在懷諸侯之上夫子以蕭牆對顓臾則蕭墻近顓臾遠其爲遠人可知 分崩離析、謂四分公室、
家臣屢叛、左傳定公五年九月陽虎囚季桓子及公父文伯桓子之從父昆弟也虎欲爲亂恐二子不從故囚之而逐仲
梁懷十月丁亥殺公何藐季氏族己丑盟桓子于稷門之內魯南城門庚寅大詛逐公父歜卽文伯及秦
遄皆奔齊八年季寤桓子之弟公鉏極桓子族子公山不狃費宰皆不得志於季氏叔孫輒叔孫氏庶子無寵於叔孫氏叔
仲志叔孫帶之孫不得志於魯故五人因陽虎陽虎欲去三桓以季寤更季氏叔孫輒更叔孫氏己更孟氏十月將享
季氏于蒲圃而殺之陽虎前驅林楚御桓子以適孟氏陽虎刼公與武叔以伐孟氏公斂處父帥成人自上東門入
與陽氏戰于南門之內陽氏敗陽虎說音脫甲如公宮取寶玉大弓以出入于讙陽關以叛 備旨 此正季氏之所當爲
子孫計亦由求之所當爲季氏計者也今由之與求也其相季氏夫子外而遠人不服而不能修文德以懷來之也
內而邦分崩離析而不能修內治以使之均和安也誠異乎吾所聞矣
而謀動干戈於邦內ᄒᆞ니吾ㅣ恐季孫之憂ㅣ不在顓臾而在蕭
墻之內也ᄒᆞ노라
干戈ᄅᆞᆯ邦內예動홈을謀ᄒᆞ니나ᄂᆞᆫ季孫의憂ㅣ顓臾에잇디아니ᄒᆞ고蕭墻ㅅ內예이
실쌔저허ᄒᆞ노라
●干、楯也、楯垂尹反兵器也正作盾戈、戟也、蕭墻、屛也、屛音屛問蕭墻朱子曰據鄭註云諸侯至屛內當有蕭敬之意未知是否○厚齋馮氏曰蕭肅也臣之見君至屛
而加肅故曰蕭墻 言不均不和、內變將作、其後、哀公、果欲以越伐魯、而去上聲季氏、左傳哀公二十七年公患
三桓之移也欲以諸侯去之欲求諸侯師以逐之三桓亦患公之妄也故君臣多間隙
也公欲以越伐魯而去三桓秋八月甲戌公如公孫有陘氏因孫子邾乃遂如越 ○謝氏、曰當是時、三家

强、公室弱、冉求、又欲伐顓臾、以附益之、夫子、所以深罪之、爲去聲 其瘠魯、以肥三家也、洪氏、曰二子、仕於季氏、凡季氏所欲爲、必以告於夫子、則因夫子之言、而救止者、宜亦多矣、伐顓臾之事、不見形甸反 於經傳、去聲 其以夫子之言、而止也與、音余 ○豫章羅氏曰昔季氏伐顓臾孔子曰吾恐季孫之憂不在顓臾而在蕭墻之內也其後陽虎果囚季桓子聖人之言可不爲萬世法哉自三代而下人主不師孔子之言不戒季氏之事而被蕭墻之害者多矣○厚齋馮氏曰聖門紀錄問答多單辭隻語無文章可觀唯此章數百辭折難抑揚優游反覆所宜深味【備旨】顧乃與無名之師而謀動干盾戈戟於邦內之顓臾焉爾言爲子孫憂吾恐其不均不和內變將作季孫之憂在不於顓臾之遠而在蕭墻至近之內也舍近而求遠貪外而遺內在季孫固非善爲謀而由與求亦焉能辭其責哉

○孔子ㅣ曰天下ㅣ有道則禮樂征伐이自天子出ᄒᆞ고天下ㅣ無道則禮樂征伐이自諸侯出ᄒᆞᄂᆞ니自諸侯出이면蓋十世엔希不失矣오自大夫出이면五世에希不失矣오陪臣이執國命이면三世에希不失矣니라

孔子ㅣᄀᆞᆯᄋᆞ샤ᄃᆡ天下ㅣ道ㅣ이시면禮樂과征伐이天子로브터出ᄒᆞ고天下ㅣ道ㅣ업스면禮樂과征伐이諸侯로브터出ᄒᆞᄂᆞ니諸侯로브터出ᄒᆞ면十世예失티아니리듬을고태우로브터出ᄒᆞ면五世예失티아니리듬을고陪臣이國命을執ᄒᆞ면三世예失티니리이듬으니라

●先王之制、諸侯不得變禮樂、專征伐、禮王制變禮易樂者爲不從不從者君流放也革制度衣服者爲畔畔者君討有功德於民者加地進律諸侯賜弓

矣然後征賜鈇鉞然後殺陪臣、家臣也、吳氏曰陪重也大夫於天子家臣於諸侯皆稱陪臣此謂家臣也逆理愈甚、則其失之愈速、大約世數、不過如此、厚齋馮氏曰先王之時五禮六樂掌之以宗伯九伐之法掌之以司馬禮樂征伐之權在上而下莫敢干也至自諸侯出則逆理矣然苟可自諸侯出則亦可自大夫出而逆理甚矣苟可自大夫出則陪臣亦可執國命而逆理愈甚矣○雙峯饒氏曰天下無道先從禮樂上僭起禮樂亂則征伐之權亦爲之下移矣禮樂之中禮先而樂後蓋禮者道之節文有禮則上下之分定禮亂則便不和不和則爭爭則征伐之所從起征是上伐下伐是諸侯互相侵伐是以治天下者先要於禮上整頓○吳氏曰十世五世三世言其極大約不出此故稱蓋以疑之下章戒竊權者此戒失權者【備旨】孔子戒失權者曰天下者勢而已勢在上則治勢在下則亂嘗天下有道之時則五禮六樂掌之宗伯四征九伐掌之司馬其權皆自天子出雖在諸侯不敢干也況下而大夫又下而陪臣乎若天下無道之時則禮樂征伐天子不能操其權而自諸侯出也自諸侯出則諸侯可以僭天子而大夫亦可以僭諸侯蓋十世希不失矣勢必爲大夫所奪也自大夫出則大夫可以僭諸侯而陪臣亦可以僭大夫五世希不失矣勢必爲陪臣所奪也至於陪臣得以執禮樂征伐之國命則逆理愈甚三世希不失矣然此亦在無道之世則然耳

天下ㅣ有道則政不在大夫ᄒᆞ고

天下ㅣ道ㅣ이시면政이태우에잇디아니ᄒᆞ고

●言不得專政、慶源輔氏曰天下有道諸侯既不得變禮樂專征伐則大夫亦豈得而專國政哉【備旨】如使天下有道則禮樂征伐之政既不在諸侯自不在大夫矣大夫且然而陪臣可知矣

天下ㅣ有道則庶人이不議ᄒᆞᄂᆞ니라

天下ㅣ道ㅣ이시면庶人이議티아니ᄒᆞᄂᆞ니라

●上無失政、則下無私議、非箝、其廉反其口、使不敢言也、慶源輔氏曰下無私議此有道之極致大驗使下尙有竊議者則上之人於道猶有慊必至於庶人自然不議方爲有道之極○此章、通論天下之勢、南軒張氏曰禮樂征伐天子之事也天下有道則禮樂征伐自天子出矣蓋天子得其道則權綱在己而在下莫敢干之也所謂自天子出者天子 亦豈敢以己意可專而以私意加於其間 哉亦曰奉天理而已矣此之謂得其

道若上失其道則綱維解紐而諸侯得以竊乘之禮樂征伐將專行而莫顧矣若諸侯可以竊之於天子則大夫亦可以竊之於諸侯而陪臣亦可以竊之於大夫矣其理之逆必至於此也所以有十世五世三世之異者尹氏謂於理愈逆則其亡愈速是也天下有道則政不在大夫者政出于一也庶人不議者民志定於下而無所私議也○止齋陳氏曰此章備春秋之終始禮樂征伐自天子出是春秋以前時節自諸侯出隱桓莊閔之春秋也自大夫出僖文宣成之春秋也陪臣執國命襄昭定哀之春秋也○新安陳氏曰此章自有道及於無道末又因無道而及於有道其欲維持名分挽今而返之古歟 備旨 天下有道則禮樂征伐之權皆出自天子上無失政而庶人不敢有私議矣庶人且然則庶人而上又可知矣此皆有道之世則然也而今安可得乎哉

○孔子ㅣ曰祿之去公室이五世矣오政逮於大夫ㅣ四世矣니故로夫三桓之子孫이微矣니라 夫音扶

孔子ㅣᄀᆞᆯᄋᆞ샤ᄃᆡ祿이公室에去ᄒᆞᆫ디五世오政이대우에逮ᄒᆞᆫ디四世니故로三桓의子孫이微ᄒᆞ니라

● 魯自文公薨、公子遂、殺子赤、立宣公、而君失其政、左傳文公十八年文公二妃敬嬴生宣公敬嬴嬖而私事襄仲公子遂襄仲欲立之叔仲惠伯不可仲見于齊侯而請之齊侯新立而欲親魯許之冬十月仲殺惡及視惡太子視其母弟而立宣公夫人姜氏歸于齊哭而過市曰天乎仲爲不道殺適立庶市人皆哭○新安倪氏曰春秋是年書冬十月子卒公羊傳曰子卒者孰謂謂子赤也何以不日隱之也何隱爾弑也是子卒之書左氏以爲惡公羊以爲赤集註曰子赤本公羊傳也 歷、成、襄、昭、定、凡五公、逮、及也、自季武子、始專國政、歷、悼、平、桓子、凡四世、而爲家臣、陽虎所執、張存中曰見前章集註家臣屢叛下 三桓、三家、皆桓公之後、此以前章之說、推之而知其當然也、○此章、專論魯事、疑與前章、皆定公時語、雙峯饒氏曰此章大意正接前章自大夫出一條而言 蘇氏、曰禮樂征伐、自諸侯出、宜諸侯之强也、而魯以失政、陳氏曰魯雖無桓文之覇然征伐亦不無按春秋可見凡興兵非奉王命及請命而擅興者皆謂之征伐自諸侯出魯豈得爲無僭者 政逮於大夫、宜大夫之强也、而三桓以微、何也、强生於安、安生於上下之分、扶問反定、今諸侯、大夫、皆陵其上、則無以令其下矣、故、皆不久而失之也、或問田恒三晉何以不失朱子曰孔子之言常理也如書言惠迪吉從逆凶易言積善餘慶不善餘殃者也氣數舛戾則當然而不然者多矣孰得而齊之況田恒三晉傳世亦皆不過五六胡氏又以後世簒奪之迹考之如莽懿高歡楊堅五胡十國南朝四姓五代八氏皆得之非道或止其身或子孫四五傳而極矣唯晉祚差永而史謂元帝牛姓猶呂政之紹嬴以此論之常理未嘗不驗也天定勝人其此之謂歟○南軒張氏曰斯言發於魯定之世蓋魯自宣公賴襄仲以立而三家始盛專制魯國之賦而祿去公室矣又一世而政悉移於大夫自成公而下爲國君者拱手聽命而已孔子於祿去公室政在大夫而知三桓子孫之必微以理之順逆勢之陵犯而知之也夫三家視其君而起不奪不厭之心則夫陪臣視之亦何憚而不萌此心乎方三家專公室之祿而竊魯國之政本其私意欲以利其子孫而豈知子孫之微實兆於此哉○慶源輔氏曰此二章想只是一時之言分章者以前章通論天下之勢後章論魯事故於其中加孔子曰三字而折爲二章爾○厚齋馮氏曰昭公之亂樂祁曰魯君必出政在季氏三世矣魯之喪政四公矣以此知當時智者已有此論夫子故述之○洪氏曰前言十世五世理也今言五世四世者實非也非其有而有者必失不宜大而大者必微【備旨】孔子論魯事曰我魯自文公薨殺子赤以立宣公國之貢賦不爲公室所有祿之去也於今已五世矣宣公以後閱一世而季武子始專國政政逮於大夫於今已四世矣夫政出大夫而五世希不失故夫三桓之子孫當已微弱矣然則上下之分其可僭乎哉

○孔子ㅣ曰益者ㅣ三友ㅣ오損者ㅣ三友ㅣ니友直ᄒᆞ며友諒ᄒᆞ며友多聞이면益矣오友便辟ᄒᆞ며友善柔ᄒᆞ며友便佞이면損矣니라 便平聲辟婢亦反

孔子ㅣᄀᆞᄅᆞ샤ᄃᆡ益ᄒᆞᆫ者ㅣ三友ㅣ오損ᄒᆞᆫ者ㅣ三友ㅣ니直을友ᄒᆞ며諒을友ᄒᆞ며多聞을友ᄒᆞ면益ᄒᆞ고便辟을友ᄒᆞ며善柔를友ᄒᆞ며便佞을友ᄒᆞ면損ᄒᆞᄂᆞ니라

●友直則聞其過、友諒信也則進於誠、友多聞則進於明、胡氏曰直者責善而無所回互諒者固執而無所更易多聞者有所參訂而不膠偏見集註言友之之益所謂聞過則眞有所聞所謂進於誠明則猶有待於進也蓋友諒與多聞未即至於誠明而誠明可由是而入耳 便、習熟也、便辟、謂習於威

儀而不直、胡氏曰便順適也字書云安也順適且安故云習熟也便辟書註以爲足恭是也 善柔、謂工於媚悅而不諒、便佞、謂習於口語、而無聞見之實、三者損益、正相反也、雙峰饒氏曰與直者友則有過必聞與諒者友則信實相示與多聞者友則多識前言往行知識日廣三者雖常情所敬憚然友之却有益便辟者威儀習熟善柔者每事阿順便佞者語言可聽三者皆當情所狎悅而友之却有損舉三者爲勸又舉三者爲戒 ○尹氏、曰自天子以至於庶人、未有不須友以成者、而其損益、有如是者、可不謹哉、或問三友之說盡於集註之說而己矣朱子曰是亦釋其文之正意云爾若推而言之則是三者之於人皆有薰陶漸漬之益焉皆有嚴憚畏謹之益焉皆有興起慕效之益焉不但如彼之所言而已也曰損者之友其相反奈何曰便辟則無責善之誠矣善柔則無固守之節矣便佞則無貫通之實矣○南軒張氏曰友者所以輔成己德者直者有過必聞諒者忠信相與多聞者知識可廣是三者友之則使人常懷進脩而不敢自足得不日益乎便辟便佞謂便於辟與佞者善柔謂善爲柔者辟則容止足恭柔則每事卑屈佞則巧言爲悅是三者友之則使人日趨於驕惰焉得不日損乎自天子至於庶人皆當謹乎此也○吳氏曰益者增其所未能損者壞其所本有友道損益豈止於二夫子蓋略言之從是推之皆可求也三樂亦然[備旨]孔子示人取友之當擇曰君子取友凡以求益而去損也然友之於人未必皆有益而無損吾觀益者有三友也損者亦有三友焉何以見之如友乎直而忠告者友乎諒而信實者友乎多聞而該洽古今者將見有過必聞誠心日進知識日廣其爲益大矣非三友之益乎若友乎便辟之習於威儀者友乎善柔之工於媚悅者友乎便佞之習於口語者則是過不得聞誠日以喪明無所資其爲損大矣非三友之損乎然則去其損以就其益取友者安可以不愼哉

○孔子ㅣ曰益者ㅣ三樂오損者ㅣ三樂ㅣ니樂節禮樂ᄒᆞ며樂道人之善ᄒᆞ며樂多賢友ㅣ면益矣오樂驕樂ᄒᆞ며樂佚遊ᄒᆞ며樂宴樂이면損矣니라 樂五敎反

禮樂之樂音岳驕樂宴樂之樂音洛

孔子ㅣ ᄀᆞᆯᄋᆞ샤ᄃᆡ 益ᄒᆞᆫ者ㅣ 三樂ㅣ오 損ᄒᆞᆫ者ㅣ 三樂ㅣ니 禮樂節ᄒᆞᆷ을 樂ᄒᆞ며 人의 善 道ᄒᆞᆷ을 樂ᄒᆞ며 賢友ㅣ 多ᄒᆞᆷ을 樂ᄒᆞ면 益ᄒᆞ고 驕樂을 樂ᄒᆞ며 佚遊를 樂ᄒᆞ며 宴樂을 樂

ᄒ면損ᄒᄂ니라

●節、謂辨其制度聲容之節、新安陳氏曰禮之制度樂之聲容 驕樂則侈肆而不知節、佚遊則惰慢而惡烏故反聞善、宴樂則淫溺而狎小人、三者損益、亦相反也、朱子曰三樂惟宴樂最可畏所謂宴安酖毒是也三者如驕樂只是放恣侈靡最害事到得宴樂便是狎近小人踈遠君子○或問三者之爲益曰君子之於禮樂也講明不置則存之熟是非不謬則守之正存之熟則內有以養其莊敬和樂之實守之正則外有以善其威儀節奏之文與夫道人善而悅慕勉强之意新多賢友而直諒多聞之士集樂是三者而不已焉雖欲不収其放心以進於善亦不可得矣其爲益豈不大哉曰損者之相反奈何曰驕樂則不敬不和矣佚遊則忌人之善矣宴樂則憚親勝己矣○南軒張氏曰樂節禮樂則足以養中和之德樂道人之善則足以擴忠恕之心樂多賢友則足以賴輔成之功是烏得不日益乎樂驕樂則長傲樂佚遊則志荒樂宴樂則志溺是烏得不日損乎損益之源存乎敬肆而已○勉齋黃氏曰節禮樂者欲其循規蹈矩而不敢縱肆也道人善者志於爲善以成其身也多賢友者樂於取友以自規正也驕樂者恃氣以陵物則不復循規蹈矩矣佚遊者怠惰而自適則不復志於爲善矣宴樂者多欲以求安則不復望人之規正矣此其所以相反也○雙峯饒氏曰節禮樂三句都是天理一邊驕樂三句都是人欲一邊心向天理上則德日進而有益心向人欲上則德日退而有損○節禮樂只是謹之於毫釐之際不敎他過亦不敎他不及○驕樂是奢侈如峻宇雕墻之類佚遊如從流上下博奕田獵之類宴樂如飮食聲色之類○吳氏曰驕樂以驕爲樂宴樂以宴爲樂宴合食也易象曰君子以飮食宴樂飮食宴樂之合於禮者何可廢但不可以是爲樂而荒淫耳

○尹氏、曰君子之於好樂、並去聲 可不謹哉、覺軒蔡氏曰三友損益之資於外者三樂損益之發於中者也[備旨]夫子示人好樂之當愼曰人情孰無好樂然情之所向而身心之損益係焉彼情出於天理之公而益者有三樂情出於人欲之私而損者有三樂何謂益樂節乎禮樂而辨其制度聲容樂道人之善而稱揚之不置樂多賢友而博取之無遺如是則禮樂之所陶淑善善之所感發多賢之所夾輔皆有以爲身心之助其爲益也大矣何謂損樂乎驕樂而侈肆放縱樂乎佚遊而惰慢怠荒樂乎宴樂而淫溺玩狎如是則德壞於長傲善喪於志荒而且化於不善之與居皆有以爲身心之害其爲損也多矣是則出乎益則入於損可不愼所好樂哉

○孔子ㅣ曰侍於君子애 有三愆ᄒ니 言未及之而言을 謂之躁오ㅣ

言及之而不言을謂之隱이오未見顔色而言을謂之瞽ㅣ니라

孔子ㅣ갈ᄋᆞ샤ᄃᆡ君子애侍홈애三愆이인ᄂᆞ니言이及디아니ᄒᆞ야셔言홈을躁ㅣ라닐ᄋᆞ고言이及호ᄃᆡ言티아니홈을隱이라닐ᄋᆞ고顔色을보디아니ᄒᆞ고言홈은瞽ㅣ라닐ᄋᆞᄂᆞ니라

●君子、有德位之通稱、胡氏曰不亦君子乎專以德言無君子莫治野人專以位言此章君子兼德位而言 愆、過也、瞽、無目、不能察言觀色、○尹氏、曰時然後言、則無三者之過矣、○朱子曰聖人此言只是戒人言語以時不可妄發 ○南軒張氏曰言而當其可非養之有素者不能然也不然鮮不蹈此三愆者矣○勉齋黃氏曰言有及未及者或數人侍坐長者當先言不言則及少者或君子先有問則承問者當先對不以少長拘也既有及未及而又有未見顔色者雖及之而言亦須觀長者顔色或意他在或有不樂則亦未審言也○洪氏曰時然後言斷盡此章可與言否各有其時時未可言而遽言是躁急而不遜時可以言而不言是隱匿而不發不躁不隱時可以言而或所與言者意不在是則亦非可言之時也不察而強聒之非惟不入其耳或反貽其怒矣謂之瞽可也○雲峯胡氏曰言貴乎時中躁者先時而過乎中隱者後時而不及乎中瞽者冥然不知所謂中者也【備旨】孔子論事上之禮曰人侍於有德位之君子既度吾之可言又度君子可以聽吾之言然後爲無愆也或不之謹則有三者之愆如言未及於我時未可言也而遽言之是失於急迫而不遜謂之躁焉言既及於我時當言也而顧不言是失於藏匿而不宣謂之隱焉或時雖可言而君子之顔色不在於我則亦非可言之時也乃未見顔色而言是無察言觀色之明謂之瞽焉此三愆者皆人之所易犯也侍於君子者當知戒矣

○孔子ㅣ曰君子ㅣ有三戒ᄒᆞ니少之時에血氣ㅣ未定이라戒之在色이오及其壯也ᄒᆞ야血氣ㅣ方剛이라戒之在鬪ㅣ오及其老也ᄒᆞ야血氣ㅣ既衰라戒之在得이니라

孔子ㅣᄀᆞᆯᄋᆞ샤ᄃᆡ君子ㅣ三戒인ᄂᆞ니少ᄒᆞᆫ時예血氣ㅣ定티몯ᄒᆞ얀ᄂᆞᆫ디라戒홈이色에잇고그壯에밋처血氣보야ᄒᆞ로剛ᄒᆞ얀ᄂᆞᆫ디라戒홈이鬪애잇고그老에밋처血氣이믜衰ᄒᆞ얀ᄂᆞᆫ디라戒홈이得에인ᄂᆞ니라

[註] 血氣、形之所待以生者、血、陰而氣、陽也、厚齋馮氏曰血稟於陰行於脉之內而爲榮氣稟於陽行於脉之外而爲衛 得、貪得也、隨時知戒、以理勝之則不爲血氣所使也、○范氏、曰聖人同於人者、血氣也、異於人者、志氣也、血氣、有時而衰、志氣、則無時而衰也、少未定、壯而剛、老而衰者、血氣也、戒於色、戒於鬪、戒於得者、志氣也、君子養其志氣故、不爲血氣所動、是以、年彌高而德彌卲也、朱子曰人之血氣固有强弱然而志氣則無時而衰苟常持得這志縱血氣衰極也不由他又曰到老而不屈者此是志氣血氣雖有盛衰君子常當隨其偏處警戒勿爲血氣所役也人之血氣衰時則義心亦從而衰夫子三戒正爲血氣而言又曰氣只是一箇氣便浩然之氣也只是這箇氣但只是以道義充養起來及養得浩然却又能配義與道也○南軒張氏曰人有血氣則役於血氣有始終盛衰之不同則其所役亦隨而異夫血氣未定則動而好色血氣方剛則銳而好鬪血氣既衰則歉而志得凡民皆然爲其所役者也於此而知戒則義理存義理存則不爲其所役矣此學者所當警懼而不忘者也○勉齋黃氏曰三者自少至老皆所當戒然三者之好又各隨其血氣而有最甚者焉故各指其最甚者而使之深戒也血氣未定不能勝人而志氣尙銳歲月尙長亦未急於貪得故惟色爲可戒蓋男女之欲惟年少爲最甚者也血氣既剛則涉歷既深而貪得之念尙如未定之日惟其剛强有足恃者故惟鬪爲可戒血氣既衰則色與鬪之念皆無足逞者而日暮途遠憂戚百集故於得爲可戒也○慶源輔氏曰人之血氣未定則常動而易流方剛則勇銳而好勝既衰則收歛而多貪此血氣之變也常動而易流則戒色勇銳而好勝則戒鬪收歛而多貪則戒得此志氣之常也常者爲主而使變者不得肆焉此聖賢之學而君子終身之務也○雙峯饒氏曰魂者氣之靈魄者血之靈心是魂魄之合氣屬天血屬地心屬人人者天地之心心是血氣之主能持其志則血氣皆聽命於心不能持其志則心反聽命於血氣○新安陳氏曰三戒皆隨時而就衆人所易犯者言也朱子欲以理勝氣則不爲血氣所使范氏欲以志帥氣則不爲血氣所動意不相遠志亦定向於理而已○新安倪氏曰年彌高德彌卲出揚雄法言卲亦高也

[備旨] 孔子擧君子隨時制欲之功以示則曰血氣之盛衰皆足以役人而非主乎義理者不能以制之也乃君子則

隨時知戒而防之未發者有三焉蓋方其少之時也血氣未定而欲動易流不知所戒則淫溺無不至矣君子則戒之在色使情欲不留焉及其壯也血氣方剛故勇銳好鬪不知所戒則犯難不知止矣君子則戒之在鬪而小忿必懲焉及其老也血氣既衰故志歉貪財不知所戒則營求無厭矣君子則戒之在得而見得思義焉君子隨時有此三戒者如此此所以不爲血氣所使而終其身由於義理之正也

○孔子ㅣ曰君子ㅣ有三畏ᄒᆞ니畏天命ᄒᆞ며畏大人ᄒᆞ며畏聖人之言이니라

孔子ㅣ골ᄋᆞ샤ᄃᆡ君子ㅣ三畏인ᄂᆞ니天命을畏ᄒᆞ며大人을畏ᄒᆞ며聖人의言을畏ᄒᆞᄂᆞ니라

●畏者、嚴憚之意也、天命者、天所賦之正理也、知其可畏、則其戒謹恐懼、自有不能已者、而付畀之重、可以不失矣、大人、聖言、皆天命所當畏、知畏天命、則不得畏之矣、

程子曰畏聖人之言則可以進德○朱子曰大人不止有位者是指有位有齒有德之大人○畏天命三字好自理會得道理便謹去做不敢違便是畏之也如非禮勿視聽言動與夫戒謹恐懼皆所以畏天命○要緊須是知得天命即是天理若不先知這道理自是憒然何由知其可畏纔知得便自不容不畏(備旨)孔子示人知所畏意曰人心以有所畏而存以無所畏而弛乃若君子則有三畏焉天命者民彝物則之理君子知天命當畏也而畏之惟慮棄天褻天也大人是天命所存而行可法者君子知畏天命則必畏大人爲之致敬盡禮也聖言是天命所發而言可則者君子知畏天命則必畏聖人之言爲之篤信力行也此三畏者惟君子則然耳

小人은不知天命而不畏也ㅣ라狎大人ᄒᆞ며侮聖人之言이니라

小人은天命을아디몯ᄒᆞ야畏티아니ᄒᆞᄂᆞᆫ디라大人을狎ᄒᆞ며聖人의言을侮ᄒᆞᄂᆞ니라

●侮、戲玩也、不知天命故、不識義理、而無所忌憚如此、○尹氏、曰三畏者、脩已之

誠當然也、汪氏曰尹氏此說所以別夫衆人怵迫於利害之畏也小人、不務脩身誠己、則何畏之有、南軒張氏曰畏天命奉順而不敢逆也畏大人尊嚴而不敢易也畏聖人之言佩服而惟恐違也然而是三言主於畏天命蓋其畏大人畏聖人之言亦以其知天命之可畏而已小人不知天命之所存有是以冥行而莫之畏不畏天命則其狎大人侮聖人之言亦無所不至矣大人德與位之通稱也○孟子謂說大人則藐之與斯言有以異乎孟子之言謂當正義以告之不當爲其勢位所動耳若夫尊嚴之分則固未嘗不存也言各有所指耳○趙氏曰大人有德位者之稱是天命之所存聖人之言謂方冊之所載是天命之所發也○厚齋馮氏曰此以上五章皆三事皆規誨之辭非必一時之言記者以類相從耳○新安陳氏曰三畏本平說上一節本無知字意然以小人不知天命推之則見得君子所以畏天命者以其知天命也故集註於上一節亦兩以知字言之欲知天命者可不格物以致其知欲畏天者可不誠意以正其心哉

備旨若小人則不知天命賦畀之重故窮欲滅理而不畏也夫天命既不知畏故於大人亦以爲不足憚且從而狎之矣於聖人之言亦以爲不足法且從而侮之矣安能如君子之有三畏哉然則君子小人之異在一念敬肆之間而已矣

○孔子ㅣ曰生而知之者는上也오學而知之者는次也오困而學之ㅣ又其次也ㅣ니困而不學이면民斯爲下矣니라

孔子ㅣᄀᆞᆯᄋᆞ샤ᄃᆡ生ᄒᆞ야知ᄒᆞᄂᆞᆫ者ᄂᆞᆫ上이오學ᄒᆞ야知ᄒᆞᄂᆞᆫ者ᄂᆞᆫ次ㅣ오困ᄒᆞ야學ᄒᆞᆷ이ᄯᅩ그次ㅣ니困ᄒᆞᄃᆡ學디아니ᄒᆞ면民이라이예下ㅣ되ᄂᆞ니라

●困、謂有所不通、言人之氣質不同、大約有此四等、○楊氏曰生知、學知、以至困學、知雖其質不同、然、及其知之、一也、故、君子、惟學之爲貴、困而不學然後、爲下、

朱子曰生知者堯舜孔子也學知者禹稷顏回也困者行有不得之謂知其困而學焉以增益其不能此困而學之之事也亦以卑矣然能從事於斯則其成猶不在善人君子之後不能從事於斯則靡然流於下愚而不知返均之困耳而二者相去之間如是之遠學與不學之異耳○或問氣質四等之說曰人之生也氣質之稟清明純粹絕無查滓則於天地之性無所間隔而凡義理之當然有不待學而了然於胷中者所謂生而知之聖人也其不及此者

則以昏明淸濁正偏純駁之多少勝負爲差其或得於淸明純粹而不能無少查滓者則雖未免乎少有間隔而其間易達其碍易通故於其所未通者必知學以通之而其學也則亦無不通矣所謂學而知之大賢也或得於昏濁偏駁之多而不能無少淸明純粹者則必其窒塞不通然後知學其學又未必無不通也所謂困而學之衆人也至於昏濁偏駁之甚而無復少有淸明純粹之氣則雖有不通而憒然莫覺以爲當然終不知學以求其通也此則下民而已矣○南軒張氏曰困學雖在二者下然而至則一者以其性之本善故爾困而不學是自暴自棄則爲下愚矣又曰中庸言及其知之則一者言其終所至之同也此有三等之分者言其始所進之異也○慶源輔氏曰人之氣質不同然及其知之則一者蓋以人性之本善故耳是以君子唯學之爲貴學則昏濁者可使淸明偏駁者可使純粹惟其昏濁之甚自暴自棄而不自知有學焉此則所謂下愚之民也○凡心思智慮行止動作有所窒塞而不得通則困之謂也○雙峯饒氏曰生知學知困知屬天質學不學屬人事蓋以氣質言之只有三等若民斯爲下則全是人事不盡蓋困是窮而不通之意四面都窒塞行不去了却憤悱奮發轉來爲學如此尙可以勉進於中上若又困而不學則打入下等去更無可出時矣此聖人勉人務學處○雲峯胡氏曰以生知爲上則學知者爲中困知者爲下矣而聖人不以品之下者遽絶之但曰困而不學民斯爲下蓋困而學猶可以進於上困而不學遂爲下而無復上之望矣[備旨]孔子勉人務學以變化其氣質曰人之氣質亦有不同彼生而神靈不待於學而自能知此理者上也或生不能知必待於學而後知此理者次也或始也不知學必困心衡慮而後學此理者又其次也若夫困而不學冥然無覺悍然不顧如此之民斯爲下矣學其可不知乎哉

○孔子ㅣ曰君子ㅣ有九思ᄒᆞ니視思明ᄒᆞ며聽思聰ᄒᆞ며色思溫ᄒᆞ며貌思恭ᄒᆞ며言思忠ᄒᆞ며事思敬ᄒᆞ며疑思問ᄒᆞ며忿思難ᄒᆞ며見得思義니라 難去聲

孔子ㅣᄀᆞᆯᄋᆞ샤ᄃᆡ君子ㅣ九思ㅣ인ᄂᆞ니視예明을思ᄒᆞ며聽에聰을思ᄒᆞ며色에溫을思ᄒᆞ며貌에恭을思ᄒᆞ며言에忠을思ᄒᆞ며事에敬을思ᄒᆞ며疑예問을思ᄒᆞ며忿에難을思ᄒᆞ며得을見ᄒᆞ고義를思ᄒᆞᄂᆞ니라

●視無所蔽、則明無不見、聽無所壅、則聰無不聞、色、見形甸反於面者、貌、擧身而言、思問則疑不蓄、思難則忿必懲、思義則得不苟、朱子曰視不爲惡色所蔽爲明聽不爲姦人所欺爲聰若視聽糊塗是非不辨則下面諸事於當思處皆不知所以思矣有爲氣質所壅蔽有爲私欲所壅蔽有爲讒邪所壅蔽若思明思聰便須去其壅蔽○新安倪氏曰視外明而聽內明蔽是蔽於外壅是壅於內故集註於視之明以無所蔽言於聽之聰以無所壅言也

○程子曰九思各專其一 朱子曰九思不是雜然而思當這一件上思這一件問各專其一是主一之義曰然○雲峯胡氏曰事思敬九思之一九思各專其一則皆主乎敬者也

謝氏曰未至於從七恭反容中去聲道無時而不自省悉井反察也雖有不存焉者寡矣此之謂思誠

朱子曰視聽如何要得他聰明如有物必有則只一箇物自家各有箇道理況耳目之聰明得之於天本來自合如此只爲私欲蔽惑而失其理聖人教人做工夫內外夾持積累成熟便會無些子滲漏○又云忿思難如一朝之忿忘其身及其親此不思難之故也○問人當隨事而思若無事而思則是妄想曰若閑時不思量義理則臨事而思已無及若只塊然守自家箇軀殼直到有事方思閑時却莫思量這却甚易只守此一句足矣何用事事須先理會何故中庸却不先說篤行之却先說博學之審問之謹思之明辯之大學何故不先便說正心誠意却先說致知是如何○南軒張氏曰九思當乎此則思乎此天理所由擴而人欲所由遏也然是九者要當養之於未發之前而持之於方發之際不然但欲察之於流而收之於暫則但見其紛擾而無力矣○勉齋黃氏曰九思固各專其一然隨其所當思而思焉則亦泛然而無統矣苟能以敬義爲主戒懼謹獨而無頃刻之失然後爲能隨其所當思而思矣○雙峯饒氏曰九者之目有次第視聽色貌言是就自身說事疑忿得是就事上說一身之間視聽向前其次則有色貌其又其次言出於口又其次見之行事視與聽對色與貌對言與事對疑與忿對得又是就事上說三者之中疑思問屬知忿思難見得思義屬行○齊氏曰孔子曰吾嘗終日不食終夜不寢以思無益而今乃有九思彼爲思而不學者言此爲不思者而言也○新安陳氏曰君子苟未至於不思而得當隨時隨處而各致其思則處己待人應事接物無不各中其則矣豈但九者而已哉○馮氏謂九者日用常行之要是也

[備旨]孔子示人以慎思之學曰人不可以不思亦不可以泛用其思乃若君子則有九者之思焉彼視之理尙其明而不明者物蔽之耳必思所以去其蔽而求明焉聽之理尙其聰而不聰者物壅之耳必思所以決其壅而求聰焉色之見於面者貴於溫也則思以去其忿戾之氣使溫焉而藹然其顏之輯也貌之形於身者貴乎恭也則思以遠其暴慢之習使恭焉而儼然其儀之正也言不可以不忠一出言必思其忠言如是心不亦如是矣事不可以不敬一執事必思其敬事在是心亦在是矣最難釋者疑也於疑則思問焉不以未決之見而蓄天下之疑也至難平者忿也於忿則思難焉不以一朝之忿而貽莫大之悔也至於利之所得而裁之則有義也見得則思義之所在而無苟得焉此九者皆君子之所思也而作聖不患無基矣

○孔子ㅣ曰見善如不及ᄒᆞ며見不善如探湯을吾見其人矣오吾聞其語矣로라 探吐南反

孔子ㅣ ᄀᆞᄅᆞ샤ᄃᆡ 善을 見ᄒᆞ고 及디 몯ᄒᆞᆯᄃᆞᆺᄒᆞ며 不善을 見ᄒᆞ고 湯을 探ᄃᆞᆺ홈을 내 그 人을 보고 그 語를 드런노라

●眞知善惡、而誠好惡並去聲之、顏曾冉閔之徒、蓋能之矣、語、蓋古語也、 慶源輔氏曰見善如不及則表裏皆好而無一念之不好不患其不爲之矣見不善如探湯則表裏皆惡而無一念之不惡不患其或爲之矣此唯知至意誠者能之故顏曾冉閔之徒足以當之【備旨】孔子有感於所見之殊故致慨曰見一事之善也而好之切有如不及惟恐不得乎善見一事之不善也而惡之嚴有如探湯惟恐或陷於惡其好惡之誠如此求之於今吾見其有此人矣考之於古吾聞其有此語矣所見符於所聞吾於是而知古今之未始不相及也豈不眞可幸哉

隱居以求其志ᄒᆞ며行義以達其道를吾聞其語矣오未見其人也ㅣ로라

隱居ᄒᆞ야ᄡᅥ 그 志를 求ᄒᆞ며 義를 行ᄒᆞ야ᄡᅥ 그 道를 達홈을 내 그 語를 드럿고 그 人을 見티 몯ᄒᆞ얀노라

●求其志、守其所達之道也、達其道、行其所求之志也、 南軒張氏曰其退也所以安其義之所安而其進也所以推其道於天下蓋其所達之道即其所求之志也○新安陳氏曰聞其語可見四句皆古語也 蓋惟伊尹、太公之流、可以當之、當時、若顏子、亦庶乎此、然、隱而未見、形甸反又不幸而蚤死故、夫子、云然、 朱子曰行義以達其道所行之義即所達之道也未行則蘊諸中行則見諸事也○問集

註謂伊尹太公之流可以當之顏子所造所得二賢恐無以過之而云亦庶乎此下語輕重抑揚處疑若於顏子少貶者若云古之人有行之者伊尹太公之流是也若顏子可以當之矣然隱而未見又不幸蚤死故夫子言然不知可否曰當時正以事言非論其德之淺深也然語意之間誠有如所論者○問行義以達其道莫是所行合義否曰志是守所達之道道是行所求之志隱居以求之使其道充足行義是得時得位而行其所當爲臣之事君行其所當爲而已行所當爲以達其所求之志又問如孔明可以當此否曰也是如伊尹耕於有莘之野而樂堯舜之道是隱居以求志及幡然而起使是君爲堯舜之君使是民爲堯舜之民是行義以達其道曰如漆雕開之未能自信莫是求其志否曰所以未能信者但以求其志未說行義以達其道○新安陳氏曰惟伊尹太公可以當之者方其耕莘釣渭則隱居求志也及遇湯文而大用則行義達道也窮達無意體用相須當時如顏子之用則行舍則藏亦庶幾乎此然夫子雖許顏子以此而顏子未用且不試則於行義達道未見顏子之如此也朱子嘗謂以其事言非以其德之淺深言是也前一節眞知善惡而誠好惡此之者此知至意誠之事方篤信自脩未達於用也後一節求志以守所達之道達道以行所求之志者則身脩而推以齊治平之事體用全而爲大人矣此夫子所以有見與未見之分與[備旨]時乎隱居則以求其所達之志而守吾道於一身時乎行義則以達其所求之道而行吾志於天下其體用之全如此稽之於古吾聞其有此語矣質之於今未見其有此人也所聞不符於所見吾於是而歎古今人之不相及也豈不深可惜哉

○齊景公이 有馬千駟호되 死之日애 民無德而稱焉이오 伯夷叔齊는 餓于首陽之下호되 民到于今稱之ᄒᆞᄂᆞ니라

齊景公이馬千駟를두되死ᄒᆞᆫ날애民이德을稱ᄒᆞᆷ이업고伯夷와叔齊는首陽ㅅ下에餓호되民이이제날으히稱ᄒᆞᄂᆞ니라

●駟、四馬也、胡氏曰一車之用兩服兩驂也首陽、山名、胡氏曰在何東蒲阪縣○新安陳氏曰富貴而無善可稱身死而名隨滅貧賤而有善可稱世遠而名愈芳是名之稱不稱初不繫於富貴貧賤也[備旨]昔齊景公有馬千駟之多其富如此宜乎有可稱矣而況身死之日正人心哀慕之時乎夫何君道有虧隨死而泯即死之日民無德而稱焉富之不足恃也如此伯夷叔齊恥食周粟餓於首陽之下其窮如此宜乎無可稱矣而況到今之後又歷世久遠之後乎然而芳聲益著雖死猶生民到於今稱之窮之不可忽也又如此

其斯之謂與인뎌 與平聲

그이를닐음인뎌

●胡氏、曰程子、以爲第十二篇、錯簡、誠不以富、亦祇以異、當在此章之首、今詳文勢、似當在此句之上、言人之所稱、不在於富而在於異也、愚、謂此說、近是、而章首、當有孔子曰字、蓋闕文耳、大抵此書、後十篇、多闕誤、厚齋馮氏曰夫人必有異於流俗而後稱之君子所以疾沒世而名不稱也以千駟之馬校首陽之餓夫貧富貴賤蓋不侔矣而後世稱之者乃在此而不在彼也君子之於斯世其可自同於流俗哉○葉氏少蘊曰伯夷叔齊同隱首陽而孟子不言叔齊者制行立敎以示天下爲之始者伯夷也叔齊則從之而已孟子論敎之所始故獨與伯夷夫子論行之所異故兼稱叔齊也[備旨]夫以千駟之國君較首陽之餓夫蓋不侔矣而稱之者乃在此而不在彼焉然則詩所云人之所稱誠不以其富亦祇以其異其卽斯所稱者不在於景公之富在於夷齊之異之謂與殉財殉名孰得孰失必有能辨之者

○陳亢이 問於伯魚曰子亦有異聞乎아 亢音剛

陳亢이伯魚의게물어ᄀᆞᆯ오ᄃᆡ子ㅣ또ᄒᆞᆫ異ᄒᆞᆫ聞이인ᄂᆞ냐

●亢、以私意、窺聖人、疑必陰厚其子、[備旨]陳亢一日問於伯魚曰子於夫子情則父子之親而非師弟之比亦有異於衆人而獨聞於夫子者乎

對曰未也ㅣ로라 嘗獨立이어시늘 鯉ㅣ趨而過庭이러니 曰學詩乎아 對曰未也ㅣ로이다 不學詩면 無以言이라ᄒᆞ야시늘 鯉ㅣ退而學詩호라

對ᄒᆞ야ᄀᆞᆯ오ᄃᆡ몯ᄒᆞ얀노라일쯕ᄒᆞᆫ자셔거시늘鯉ㅣ趨ᄒᆞ야庭에過ᄒᆞ다니ᄀᆞᆯᄋᆞ샤ᄃᆡ詩를學ᄒᆞ얀ᄂᆞ다對ᄒᆞ야ᄀᆞᆯ오ᄃᆡ몯ᄒᆞ얀노이다詩를學디아니ᄒᆞ면ᄡᅥ言티몯ᄒᆞ리라

ᄒ야시늘鯉ㅣ退ᄒ야詩를學호라

●事理通達、而心氣和平故、能言、慶源輔氏曰詩本人情該物理故學之者事理通達其爲敎溫柔敦厚使人不絞不訐故學之者心氣和平事理通達則無昏塞之患心氣和平則無躁急之失此其所以能言○新安陳氏曰誦詩三百而使能專對亦學詩能言之驗[備旨]伯魚對曰吾未有異聞也夫子嘗獨立鯉趨而過庭此非弟子類聚時也可以有異聞者必將得之於此矣然夫子但問曰汝嘗學詩乎及鯉對曰未學也子則曰人貴於能言而恒自學詩得之不學詩則事理無由通達心氣無由和平其何以能言鯉於是退而學詩而凡誦習乎溫柔敦厚之敎以爲能言之助者皆遵所聞於夫子也

他日에又獨立이어시늘鯉ㅣ趨而過庭이러니 曰學禮乎아 對曰未也ㅣ로이다 不學禮면無以立이라ᄒ야시늘 鯉ㅣ退而學禮호라

닫은날애ᄯᅩ혼자셧거시늘鯉ㅣ趨ᄒ야庭에過ᄒ다니ᄀᆞᆯ오샤ᄃᆡ禮를學ᄒ얀ᄂᆞ다對ᄒ야ᄀᆞᆯ오ᄃᆡ몯ᄒ얀노이다禮를學디아니ᄒ면ᄡᅥ立디몯ᄒ리라ᄒ야시늘鯉ㅣ退ᄒ야禮를學호라

●品節詳明、而德性堅定故、能立、慶源輔氏曰禮有三千三百之目其序截然而不可亂故學之者品節詳明其爲敎恭儉莊敬使人不淫不懾故學之者德性堅定品節詳明則義精而莫之惑性德堅定則守固而莫之搖此其所以能立○新安陳氏曰夫子嘗曰立於禮又學禮能立之證[備旨]他日夫子又獨立鯉趨而過庭此又非一時偶値已也可以有異聞者不得於彼宜必得於此矣然夫子但問曰汝嘗學禮乎及鯉對曰未學也子則曰人貴於能立而恒自學禮得之不學禮則品節無由詳明德性無由堅定其何以能立鯉於是退而學禮而凡服習乎恭儉莊敬之敎以爲能立之資者亦遵所聞於夫子也

聞斯二者ㅣ로라

이二者를들언노라

●當獨立之時、所聞不過如此、其無異聞可知、[備旨]夫獨立者宜者異聞時也而鯉之所聞者始焉不能有外於詩旣焉不能有加於禮惟聞斯二

者而已此固夫子之雅言以敎人者其何異聞之有

陳亢이 **退而喜曰問一得三**호니 **聞詩聞禮**호고 **又聞君子之遠其子也**호라 遠去聲

陳亢이退ᄒᆞ야喜ᄒᆞ야ᄀᆞᆯ오ᄃᆡ 一을聞홈애三을得호니 詩를聞ᄒᆞ며禮를聞ᄒᆞ고ᄯᅩ君子의그子를遠홈을聞호라

●尹氏、曰孔子之敎其子、無異於門人故、陳亢、以爲遠其子、程子曰聖人之敎未嘗私厚其子學詩學禮止可告之若

此學必待其自肯○朱子曰陳亢實以私己之心窺孔子有此問及其聞伯魚之說而又以孔子爲遠其子則以其私意之未忘而以爲聖人故推其子而遠之也殊不知聖人曷嘗有是心哉但其敎人之法不過如此而自世人之私厚其子者觀之則亦可以有警云爾○南軒張氏曰聖人竭兩端之敎於親疎賢愚無以異也其告門人固嘗曰興於詩立於禮而此語伯魚以先之以學詩次之以學禮學之序固當然也不學詩無以言易其心而後能言也不學禮無以立謹其節而後有立也陳亢初疑伯魚之有異聞及聞斯言乃亦夫子之所以敎門人者故有遠其子之言謂不私其子也味伯魚答陳亢之辭氣亦可見其薰陶之所得矣○潛室陳氏曰詩能興起人心禮可固人肌膚之會筋骸之束於初學爲最近故聖人以此爲學者門戶○問陳亢謂聖人遠其子未免以私意窺聖人曰古者易子而敎之父子之間不責善乃天理如此非私意也○問伯魚聖人之子陳亢意其有異聞及止聞詩禮之訓乃知聖人遠其子愚意伯魚之資稟稍劣故聖人止以是告也其有曾顏之資亦當以曾顏者告之矣若一以遠其子則是有心於爲公也聖人然乎哉曰父子主恩義方之訓只說到這處若伯魚天資穎悟即飮食起居無非敎也天何言哉四時行焉百物生焉聖人何隱乎爾曾顏可至伯魚亦可至自是日用不知耳○新安陳氏曰得三謂聞詩聞禮與遠其子爲三也夫子固不私其子亦何嘗遠其子當其可而敎之敎子與敎門人一耳與詩立禮詩禮雅言與此之聞詩聞禮平日敎門人如此敎子亦不過如此陋哉亢之見也味伯魚答亢之辭氣雍容詳密亦可見濡染薰陶之所得矣惜其不壽而不至大成就耳【備旨】陳亢於是退而喜曰問期於有得而已吾之所問者一而所得者實有三聞學詩之可言聞學禮之可立又聞君子之遠其子略無陰厚之意也所得多於所問亢何幸哉要之聖人未嘗私其子亦未嘗遠其子亢之言亦淺之乎窺聖人者矣

〇邦君之妻를君이稱之曰夫人이오夫人이自稱曰小童이오邦人이稱之曰君夫人이오稱諸異邦曰寡小君이오異邦人이稱之에亦曰君夫人이니라

邦君의妻를君이稱ᄒᆞ야ᄀᆞᆯ오ᄃᆡ夫人이라ᄒᆞ고夫人이스스로稱ᄒᆞ야ᄀᆞᆯ오ᄃᆡ小童이라ᄒᆞ고邦人이稱ᄒᆞ야ᄀᆞᆯ오ᄃᆡ君夫人이라ᄒᆞ고異邦에稱ᄒᆞ야ᄀᆞᆯ오ᄃᆡ寡小君이라ᄒᆞ고異邦사ᄅᆞᆷ이稱홈애ᄯᅩᄒᆞᆫᄀᆞᆯ오ᄃᆡ君夫人이라ᄒᆞᄂᆞ니라

●寡、寡德、謙辭、〇吳氏、曰凡語中所載、如此類者、不知何謂、或古有之、或夫子、嘗言之、不可考也、南軒張氏曰此正名之意也春秋時以妾母爲夫人者多矣甚則以妾爲夫人如魯惠晋平之爲者名實之乖一至於此正其名所以責其實也〇覺軒蔡氏曰按記曲禮篇曰天子之妃曰后諸侯曰夫人大夫曰孺人士曰婦人庶人曰妻公侯有夫人有世婦有妻有妾夫人自稱於天子曰老婦自稱於諸侯曰寡小君自稱於其君曰小童自世婦以下自稱曰婢子孔氏正義曰此一節論天子以下妃妾稱謂之法諸侯曰夫人者夫人之名唯諸侯得稱諸侯以敵體一人正者爲夫人畿內諸侯之妻其助祭獻蠶得接見天子故自稱曰老婦其自稱於諸侯曰寡小君者諸侯相饗夫人亦出故得自稱也君之妻曰小君而云寡者從君謙也自稱於其君曰小童者與夫言自謙若未成人言無知也當夫子時諸侯僭天子大夫僭諸侯家臣僭大夫非一日矣以至婢妾亦僭夫人然正名定分當自諸侯始故夫子有志於古禮而嘗言之記者附見於衛靈公之篇末豈因南子而發歟觀此則知君臣夫婦之經不可以不正君臣夫婦之倫正則名實稱矣〇陳氏用之曰國君理陽道而出命正人於其外故謂之君夫人理陰德而出命正人於其內故亦謂之君易曰其君之袂詩曰我以爲君稱女君春秋書小君是也〇厚齋馮氏曰是時嫡妾不正稱號不審必夫子嘗言古禮如此故記之[備旨]夫子寓正名之義曰夫婦人倫之始閨門萬化之原況邦君之妻又非常人比者其於稱謂之際豈可苟焉而已哉故君稱之曰夫人言其與己敵體也夫人自稱曰小童謙言不敢與君敵體也邦人稱之曰君夫人言其相君以主內治者也稱諸異邦曰寡小君言其寡德而恭爲小君以治內者也異邦人稱之亦曰君夫人亦以其能相君以治內者也夫

以邦君之妻一稱謂之間昭然不紊如此名實之際可不謹哉

原本備旨論語集註卷之十六

論語集註卷之十七

陽貨第十七

凡二十六章

陽貨ㅣ欲見孔子ㅣ어늘 孔子ㅣ不見ᄒᆞ신대 歸孔子豚이어늘 孔子ㅣ時其亡也而往拜之러시니 遇諸塗ᄒᆞ시대 歸如字一作饋

陽貨ㅣ孔子를뵈게코져커늘孔子ㅣ보디아니ᄒᆞ신대孔子ᄭᅴ豚을歸ᄒᆞ야늘孔子ㅣ그업슴을時ᄒᆞ야가拜ᄒᆞ더시니길헤遇ᄒᆞ시다

●陽貨、季氏家臣、名虎、嘗囚季桓子、而專國政、左傳哀公五年季平子卒既葬陽虎囚季桓子 欲令平聲 孔子、來見己、而孔子、不往、葉氏少蘊曰虎與南子異南子君夫人可以見而虎可以不見也 貨、以禮、大夫、有賜於士、不得受於其家、則往拜其門故、瞰苦濫反 孔子之亡、而歸之豚、欲令孔子、來拜而見之也、朱子曰貨之歸豚蓋以大夫自處 備旨 昔陽貨以季氏之家臣而專國政欲召見孔子蓋挾己之勢而使助己爲亂耳孔子固守義之正者自不肯往見貨乃爲之計謂大夫有賜於士不得受於其家則禮當往拜其門故瞰孔子之亡而歸孔子蒸豚蓋欲假賜士之名而行致見之術也孔子以禮當往拜故亦時貨之亡也而往拜之不意乃遇諸塗在貨固幸其得見矣在孔子亦豈容於終避哉

謂孔子曰來ᄒᆞ라 予ㅣ與爾言호리라 曰懷其寶而迷其邦이 可謂仁乎아 曰不可ᄒᆞ다 好從事而亟失時ㅣ 可謂知乎아 曰不可ᄒᆞ다 日月

이逝矣라歲不我與ㅣ니라 孔子ㅣ曰諾다吾將仕矣로리라 好亟知並去聲
孔子ᄃᆞ려닐어ᄀᆞᆯ오ᄃᆡ來ᄒᆞ라내널로더블어言호리라ᄀᆞᆯ오ᄃᆡ그寶를懷ᄒᆞ야그邦을迷
케홈이可히仁이라닐으랴ᄀᆞᆯᄋᆞ샤ᄃᆡ可티아니ᄒᆞ다事를從홈을好호ᄃᆡᄌᆞ조時를失
홈이可히知라닐으랴ᄀᆞᆯᄋᆞ샤ᄃᆡ可티아니ᄒᆞ다日月이가ᄂᆞᆫ디라歲ㅣ나를與티아니
ᄒᆞᄂᆞ니라孔子ㅣᄀᆞᆯᄋᆞ샤ᄃᆡ諾다내쟝ᄎᆞᆺ仕호리라

●懷寶迷邦、謂懷藏道德、不救國之迷亂、亟、數音朔也、失時、謂不及事幾平聲之會、將
者、且然而未必之辭、新安陳氏曰將之一字其辭活其意婉不輕絶之亦未嘗輕許之聖人之遠小人所以不惡而嚴也貨語、皆譏孔子、而諷使速
仕、孔子、固未嘗如此、而亦非不欲仕也、但不仕於貨耳、故、直據理答之、不復
扶又反與辯、若不諭其意者、慶源輔氏曰君子未嘗不欲仕曰吾將仕矣此所謂據理而答之也不復與辯者不與辯己固未嘗如此亦非不欲仕直不可仕於貨之意也蓋陽虎雖暴戾
然其與夫子言亦未嘗悖違乎理也曰懷寶則貴之矣曰亟失時則惜之矣曰仁曰知則亦嘗聞其說而非懵然全不曉矣此固聖人盛德之容儀有以感之故夫子亦據直理答之若夫聖人之心事則非虎之可知而可語也○
陽貨之欲見孔子、雖其善意、然、不過欲使助己爲亂耳、慶源輔氏曰觀懷寶失時之語有愛敬聖人之心知其爲善意然意欲其助己
耳故、孔子不見者、義也、其往拜者、禮也、必時其亡而往者、欲其稱去聲也、遇諸塗而
不避者、不終絶也、隨問而對者、理之直也、對而不辨者、言之孫去聲而亦無所詘與屈同
也、新安陳氏曰言遜則易詘惟聖人能遜言而無所詘○問陽貨瞰亡此不足責孔子亦瞰亡不幾於不誠乎朱子曰非不誠也彼以瞰亡來我亦以瞰亡往一來一往禮甚相稱但孔子不幸遇諸塗耳○吳氏曰小人行事
君子豈得效之非謂禮尚往來欲其相稱不往不可往拜則墮小人之計故權衡如此又曰不見正也往拜權也隨問而答辭順禮恭在此無詘而在彼亦無所忤也貨天資小人術既狡深語皆機警而夫子雍容應之曲盡其道貨
終無所施其姦也非聖人而能若是乎○慶源輔氏曰聖人之事雖縱橫曲折千條萬緒然無非義理之當然不自往見者義也其往拜者禮也不終絶者仁也隨問而答對而不辯者知也四者一出於誠信也只此一事而五性具

焉夫然後見聖人之全德楊氏、曰揚雄、謂孔子於陽貨也、敬所不敬、爲詘身以信與伸同道、非知孔子者、揚子法言或問聖人有詘乎曰有曰焉詘乎曰仲尼於南子所不欲見也於陽貨所不欲敬也見所不見敬所不敬不詘如何或曰衛靈公問陳則何以不詘曰詘身將以信道也如詘道而信身雖天下不可爲也蓋道外無身、身外無道、身詘矣而可以信道、吾未之信如字也、朱子曰虎是惡人本不可見孔子乃見之亦近於詘身却不知聖人是禮合去見他不爲詘到與他說話時只把一兩字答他辭氣溫厚而不自失非聖人斷不能如此○或問此章之說曰觀夫子所以告徵生畝與夫辨長沮桀溺之語則聖人之自言未嘗不正其理而明辨之也至於告陽貨則隨其所問應答如響而略無自明之意則亦是陽貨之暴有不足告而姑孫辭以答之然味其旨則亦無非義理之正與其中心之實然者則是初未嘗詘也胡張之說善矣○胡氏曰揚氏謂孔子於陽貨爲詘身以信道雄之意蓋以身與道爲二物也是以其自爲也黽勉莽賢之間而擬論語周易以自附於夫子豈不謬哉○南軒張氏曰陽貨見孔子一節不只是遜詞答他道亦在其中懷其寶而迷其邦固不可謂之仁我却不是迷其邦好從事而亟失時固不可謂之知我却不是亟失時日月逝矣歲不我與我又却不是不仕只是我仕時却與你別聖人之言本末備具○勉齋黃氏曰日月逝矣歲不我與蓋謂夫子既老可以有爲之日月已過矣歲運而往其去甚速豈復與我而爲我少緩乎是亦諷使速仕也○問陽貨欲見孔子孔子不見至於公山弗擾以費畔召子欲往夫陽貨與此人皆一時叛臣孔子不見陽貨而欲見此人何也潛室陳氏曰聖人道大德宏無可無不可雖是惡人苟其一時意向之善交際之誠聖人無不與者陽貨則見之之意不實交際之禮不誠故孔子不欲見之孟子曰苟善其禮際斯君子受之矣○雲峯胡氏曰此一事耳而見聖人一言一動無非時中之妙陽貨欲見孔子而遽見之非中也既有餽而不往拜之非中也不時其亡則中小人之計非中也不幸遇諸塗而又避之則絕小人之甚非中也理之直者其辭易至於不遜非中也辭之遜而或有所詘非中也聖人不徇物而亦不苟異不絕物而亦不苟同愈雍容不迫而愈剛直不詘此其所以爲時中之妙也[備旨]貨遂迎而謂孔子曰爾來前予與爾言曰懷藏其道德之寶而不救邦之迷亂可謂仁乎孔子但答之曰仁者切於救人若懷寶而迷邦誠不可謂仁也貨又曰好從事有爲而屢失事機之會可謂知乎孔子但答曰智者明於相時若好從事而亟失時誠不可謂智也貨又曰日月逝矣年歲日增曾不爲我少留及今不仕更待何時乎孔子答應之曰諾吾將出而仕矣貨語皆譏孔子而孔子答之其辭則孫而無所激其理則直而無所徇此非聖人而能若是乎

○子ㅣ曰性相近也ㅣ나習相遠也ㅣ니라

子ㅣᄀᆞᆯᄋᆞ샤ᄃᆡ性이서르갓가오나習오로서르머ᄂᆞ니라

●此所謂性、兼氣質而言者也、氣質之性、固有美惡之不同矣、然、以其初而言、則皆不甚相遠也、但習於善則善、習於惡則惡、於是、始相遠耳、○程子、曰此、言氣質之性、非言性之本也、若言其本則性卽是理、理無不善、孟子之言性、是也、何相近之有哉、朱子曰性相近是氣質之性若本然之性則一般無相近○性是天賦予人只一同氣質所稟各自有厚薄人有厚於仁而薄於義餘於禮而不足於智便自氣質上來○先有天理了却有箇氣氣積於質而性具焉○質幷氣而言則是形質之質若生質則是資質之質○天命之性若無氣質却無安頓處如一勺之水非有物盛之則水無歸著○稟得木氣多則少剛强稟得金氣多則少慈祥推之皆然○孔子言性雜乎氣質言之故不曰同而曰相近蓋以爲不能無善惡之殊但未至如所習之遠耳○天命之謂性則通天下一性耳何相近之有言相近者是指氣質之性而言孟子所謂犬牛人性之殊者亦指此而言也○南軒張氏曰原性之理無有不善人物所同也論性之存乎氣質則人稟天地之精五行之秀固與禽獸草木異然就人之中不無淸濁厚薄之不同而實亦未嘗不相近也不相近則不得爲人之類矣而人賢不肖之相去或相倍蓰或相什百或相千萬者則因其淸濁厚薄之不同習於不善而日遠耳習者積習而致也善學者克其氣質之遠以復其天性之本而其近者亦可得而一矣○慶源輔氏曰性之本謂不兼乎氣質而言之者也既不兼乎氣質則純以理言耳理則天地人物一而已矣何相近之可言哉○雙峰饒氏曰此章程子專以爲氣質之性朱子以爲兼氣質而言兼字尤精蓋謂之相近則是未免有些不同處不可指爲本然之性然其所以相近者正以本然之性寓在氣質之中雖隨氣質而各爲一性而其本然者常爲之主故氣質雖殊而性終不甚相遠也此是以本然之性兼氣質而言之非專主氣質而言也問如何見得性相近曰如惻隱羞惡人皆有之然有惻隱多於羞惡者亦有羞惡多於惻隱者雖不盡同亦不甚相遠故曰相近○吳氏曰習與性成言性習始此中人上下之質相去本不甚遠唯習於善則日造乎高明習於惡則日淪乎汙下以是而相遠耳上知生知安行何事於習下愚習於惡則有之習於善則無矣上知下愚相去遠矣又豈待習而然哉○雲峯胡氏曰伊尹曰習與性成是專主氣質而言習如此性之成也遂如此所以言性在習之後夫子曰性相近習相遠是兼氣質而言性如此而習則未必皆如此所以言性在習之先若論天命之性則純粹至善一而已矣不可以相近言此所謂性者兼氣氣質而言也天命之性不離乎氣質之性其初猶未甚相遠蓋天命之性猶未漓也亦赤子之生無有五方其聲一也性之相近也如之長則言語不通飮食不同有至死莫能相爲者習之相遠也如此○新安陳氏曰人有此形則有此心有此心則稟受此理性者心中所稟受之理也纔說性字則己寓於氣質中矣非氣質則性安所寓乎性善以天地之性言非天地之性懸空不著乎氣質而自爲一物也就氣質中指出天地本然賦予之理不雜乎氣質而言之耳然天地之性雖不雜乎氣質亦不離乎氣質孟子之言性善指其不雜乎氣質者言之也乃是純言天地之性也孔子之言性相近以其不離乎氣質者言之也乃是兼言氣質之性也兼云者言本然之性夾帶言氣質之性也朱子有云孔子雜乎氣質言之雜即兼也輔氏饒氏推集註兼氣質而言之說終欠透徹不得已而發此云［備旨］夫子欲人愼所習曰天下之人其善惡相去遠矣孰不謂其出於性而不係於習哉不知氣質之性雖有美惡之不同而以其初而言則皆不甚相遠而相近也但習於善則君子習於惡則小人於是始相遠耳是其相遠者習使之然也豈其性本然哉然則人當愼習以復性矣

○子ㅣ曰唯上知與下愚ᄂᆞᆫ不移니라 知去聲

子ㅣ ᄀᆞᆯᄋᆞ샤ᄃᆡ 오직 上知와 다ᄆᆞᆺ 下愚ᄂᆞᆫ 移티 아니ᄒᆞᄂᆞ니라

●此、承上章、而言人之氣質、相近之中、又有美惡一定、而非習之所能移者、慶源輔氏曰二章相承此必一時之言 ○程子、曰人性本善、有不可移者、何也、語其性則皆善也、語其才則有下愚之不移、新安陳氏曰程子此言才字與孟子言天之降才不同孟子以理言程子以氣言也 所謂下愚、有二焉、自暴自棄也、人苟以善自治、則無不可移、雖昏愚之至、皆可漸子廉反磨而進也、惟自暴者、拒之以不信、自棄者、絶之以不爲、朱子曰拒之以不信只是說沒這道理絶之以不爲是知有這道理自割斷了不肯做自暴者有强悍意剛惡之所爲自棄者有懦弱意柔惡之所爲也 雖聖人與居、不能化而入也、仲尼之所爲下愚也、然、其質、非必昏且愚也、往往强戾而才力、有過人者、商辛、是也、史記帝乙之子辛卽帝紂資辯捷疾聞見甚敏材力過人手格猛獸○新安陳氏曰如商紂强足以拒諫智足以飾非固非懵然昏愚往往爲戾氣所蔽錮而不可與入於善耳 聖人、以其自絶於善、謂之下愚、然、考其歸則誠愚也、朱子曰性相近是通善惡知愚說上智下愚是就中摘出懸絶者說○問集註謂氣質相近之中又有一定而不可易者復擧程子無不可移之說似不合曰且看孔子說底各自有不移底人如堯舜不可爲桀紂桀紂不可使爲堯舜之類程子却又推其說須知其異而不害其爲同○習與性成而至於相遠則固有不移之理然人性本善雖至惡之人一日而能從善則爲一日之善人豈有終不可移之理○以聖言觀之則曰不移而己不曰不可移也以程子之言考之則以其不肯移而後不可移耳盖聖人之言本但以氣質之稟而言其品第未及乎不肯不可之辨也程子之言則以稟賦甚異而不肯移非以其稟賦之異而不可移也○問程子謂語其才則有下愚之不移與孟子非天之降才爾殊如何曰孟子說與程子小異孟子專以發於性者言之故以爲才無不善程子兼指其稟於氣者言之則人之才固有昏明强弱之不同矣以事理考之則程子爲密盖才稟於氣氣淸則才淸氣濁則才濁如后稷自幼而岐嶷越椒自幼而惡是氣稟如此孟子謂盡得才之善固是好畢竟氣稟有善惡不同後人看不出所以引惹得許多善惡混等說來自濂溪太極圖始說陰陽五行之變不齊二程始因其說推出氣質之性來○雙峯饒氏曰善底性不肯移而爲惡惡底性不肯移而爲善肯不肯雖屬心其所以肯不肯者才實爲之也又曰性相近是說性上知下愚是說才善惡性也知愚才也性雖相近而才之等級不齊有相去甚縣絕者才旣縣絕則性亦非習之所能移矣○吳氏曰下愚以質言自暴自棄以人事言質雖可移而自不移者暴棄之謂也

或、曰此與上章、當合爲一、子曰二字、蓋衍文耳、

備旨 夫子發明上章未盡之意曰性相近而習相遠固矣然相近之中又有氣極其淸質極其純而爲上知者有氣極其濁質極其駁而爲下愚者唯此上智與下愚之人則善惡一定上知者非習所能移爲不善也下愚者亦非習所能移爲善也夫唯上知不移則凡求到上知者可危唯下愚不移則凡不甘下愚者可勉人其愼所習哉

○子ㅣ之武城ᄒᆞ샤聞弦歌之聲ᄒᆞ시다

子ㅣ武城에가샤弦歌ㅅ 소릐를들으시다

●弦、琴瑟也、時、子游、爲武城宰、以禮樂爲敎故、邑人、皆弦歌也、備旨 昔子游爲魯武城宰能以禮樂敎民夫子之武城而觀風焉適聞絃歌之聲是道行於上而俗美於下之徵也

夫子ㅣ莞爾而笑曰割鷄예焉用牛刀ㅣ리오

莞華版反 焉於虔反

夫子ㅣ莞爾히笑ᄒᆞ야ᄀᆞᆯᄋᆞ샤ᄃᆡ鷄를割홈애엇디牛刀를ᄡᅳ리오

●莞爾、小笑貌、蓋喜之也、因言其治小邑、何必用此大道也、治平聲 備旨 夫子喜見於色遂莞爾笑焉因曰割雞之小

焉用此牛刀之大爲哉蓋謂其以大道而治小邑焉

子游ㅣ對曰昔者애偃也ㅣ聞諸夫子호니曰君子ㅣ學道則愛人이오小人이學道則易使也ㅣ라호이다 易去聲

子游ㅣ對ᄒᆞ야ᄀᆞᆯ오ᄃᆡ녜偃이夫子ᄭᅴ듣ᄌᆞ오니ᄀᆞᆯᄋᆞ샤ᄃᆡ君子ㅣ道ᄅᆞᆯ學ᄒᆞ면사ᄅᆞᆷ을ᄉᆞ랑ᄒᆞ고小人이道ᄅᆞᆯ學ᄒᆞ면ᄇᆞ림이쉽다호이라

●君子、小人、以位言之、子游所稱、蓋夫子之常言、言君子小人、皆不可以不學、故、武城、雖小、亦必敎以禮樂、朱子曰君子學道是曉得那己欲立而立人己欲達而達人底道理方能愛人小人學道不過曉得那孝弟忠信而己故易使也○雙峯饒氏曰君子小人以位言方其學時君子小人猶未分也後來入仕者則用此道以愛人在閭閻畎畝間者亦自知義所以易使

[備旨]子游乃述所聞以正對曰昔者偃也嘗聞諸夫子曰君子以愛人爲職誠學乎道則存之爲中和之德發之爲愷悌之仁自能惠愛乎人矣小人以易使爲分誠學乎道則存之爲和敬之心發之爲效順之義自易於役使矣今武城雖小將爲君子焉將爲小人焉偃所以必敎以禮樂也

子ㅣ曰二三子아偃之言이是也ㅣ니前言은戲之耳니라

子ㅣᄀᆞᆯᄋᆞ샤ᄃᆡ二三子아偃의言이是ᄒᆞ니前言은戲홈이니라

●嘉子游之篤信、又以解門人之惑也、○治有大小、而其治之必用禮樂、則其爲道、一也、但衆人、多不能用、而子游、獨行之故、夫子、驟聞而深喜之、因反其言以戲之、而子游、以正對故、復扶又反是其言、而自實其戲也、朱子曰禮樂之用通乎上下一身有一身之禮樂一家有一家之禮樂一邑有一邑之禮樂以至推之天下則有天下之禮樂亦隨其大小而致其用焉不必其功大名顯而後施之也○南軒張氏曰莞爾而笑者聞弦歌而喜也割雞焉用牛刀者謂其治小以大也君子學道則有以養其仁心故愛人小人學道則

亦和順以服事其上故易使夫子聞子游之語恐學者疑於前言以寡國小民爲可忽也故告二三子以子游之言爲是而謂前言爲戲之辭氣抑揚之間豈弟和平無非敎也○勉齋黃氏曰弦歌弦且歌也合樂曰歌人聲絲聲皆堂上之樂也敎以弦歌而謂之學道者使人人習於和平中正之音以養其心而所歌之詩又皆溫柔敦厚合乎禮義則自然皆趨於人所當行之道乃所謂學道也君子在上者能學道則知撫乎下矣小人在下者能學道則知順乎上矣上撫乎下下順乎上安有不治者乎○慶源輔氏曰治之用禮樂如飢之必用食渴之必用飮豈謂小邑寡民而可以無禮樂爲哉舍禮樂則必將專於刑罰而民無措其手足矣豈聖學之所尙耶○厚齋馮氏曰古之學者春誦夏弦盖御琴瑟歌詠諷誦之耳城以武名乃巖險用武之地以左傳考之可見夫習俗尙武子游乃能以道化其民使習於禮樂變甲胄之俗爲弦歌之聲此夫子所以喜之以戲言發實語也○雙峯饒氏曰弦歌如何見得是學道又弦歌是樂集註如何添禮字說古者敎人春秋敎以禮樂冬夏敎以詩書纔敎便兼詩書禮樂不應只敎以弦歌春習樂夏習詩秋習禮冬習書皆因時以爲敎春夏陽氣發達之時聲屬陽故敎以詩樂想夫子過武城是春夏時也聞弦歌便知其以禮樂爲敎學詩書禮樂即是學道○勿軒熊氏曰子游宰武城之事凡兩見一以人才爲重一以道化爲先皆見其知本○雲峯胡氏曰所謂道者仁義禮樂而已以禮樂爲敎故上焉敎此者知有撫下之仁下焉學此者知有事上之義 備旨 夫子於是呼門人而告之曰二三子偃之所謂君子小人皆不可不學道者其言誠是也吾前割雞焉用牛刀之言特戲之耳豈眞謂小邑不可以大道治哉夫子言此蓋欲二三子以道共易天下也

○公山弗擾ㅣ以費畔ᄒᆞ야召ㅣ이ᄂᆞᆯ子ㅣ欲往이러시니

公山弗擾ㅣ費로써畔ᄒᆞ야召ᄒᆞ야ᄂᆞᆯ子ㅣ往코자ᄒᆞ더시니

●弗擾、季氏宰、與陽虎、共執桓子、據邑以叛、 叛與畔同○厚齋馮氏曰公山氏弗擾名一云不狃字子洩費邑宰也與陽虎共執桓子虎敗出奔弗擾據邑以叛○左傳定公五年事見季氏篇首章集註家臣屢叛下○十二年仲由爲季氏宰將墮三都叔孫氏墮郈季氏將墮費公山不狃叔孫輒帥費人襲魯公與三子入季氏之宮登武子之臺費人攻之不克入及公側仲尼命申句須樂頎下伐之費人北國人追之敗諸姑蔑 備旨 公山名弗擾者爲季氏宰與陽虎其執桓子虎敗出奔弗擾據費邑以畔以聘幣召夫子夫子欲往應之其意蓋有在矣

子路ㅣ不說曰末之也已니何必公山氏之之也ㅣ시리잇고 說音悅

子路ㅣ說티아니ᄒᆞ야ᄀᆞᆯ오ᄃᆡ갈ᄃᆡ업슬ᄯᆞᄅᆞᆷ이니엇디반ᄃᆞ시公山氏의게가시리잇고

●末、無也、言道旣不行、無所往矣、何必公山氏之往也、【備旨】子路不悅夫子之往從而請曰道旣不行無所往也已何必往應公山氏之召乎

子ㅣ曰夫召我者는而豈徒哉리오如有用我者ㅣ댄吾其爲東周乎뎌ㄴ 夫音扶

子ㅣᄀᆞᆯᄋᆞ샤ᄃᆡ나ᄅᆞᆯ召ᄒᆞ는者는엇디ᄒᆞᆫ갓ᄒᆞ리오만일나ᄅᆞᆯᄡᅳᆯ者ㅣ이실딘댄내그東周ᄅᆞᆯᄒᆞᆯ딘뎌

●豈徒哉、言必用我也、爲東周、言興周道於東方、謂東魯○邢氏曰如有用我者我則興周道於東方其使魯爲東周乎○程子、曰聖人、以天下、無不可有爲之人、亦無不可改過之人故、欲往、然而終不往者、知其必不能改故也、程子曰公山弗擾以費叛不以召叛人逆黨而召孔子則其志欲遷善悔過而未知其術耳使孔子而不欲往是沮人爲善也何足以爲孔子○公山召我而豈徒哉是孔子意他雖叛而召我其心不徒然往而敎之遷善使不叛則已此則於義直有可往之理而孔子亦有實知其不能改而不往者佛肸召亦然○朱子曰夫子云吾其爲東周乎興東周之治也孔子之志在乎東周然苟有用我者亦視天命如何耳聖人胷中自有處置非可執定本以議之也○諸家皆言不爲東周集註却言興周道於東方何也曰這是古註如此說其字乎字只是閑字只是有用我便也要做些小事何處是有不爲東周底意這處與二十年之後吳其爲沼乎辭語一般亦何必要如此翻轉文字須寬看子細玩味方見得聖人語言○問弗擾果能用夫子夫子果往從之亦不過勸得他改過自新舍逆從順而已亦如何便興得周道曰聖人自不可測改過不過臣順季氏而已此只是常法聖人須別有措置○蘇氏曰孔子之不助叛人天下之所知也畔而召孔子其志必不在於惡矣故孔子因其有善心而收之使不自絕而已弗擾之不能爲東周亦明矣然而用孔子則有可以爲東周之道故子欲往

者以其有是道也卒不往者知其必不能也○慶源輔氏氏曰魯在周之東故云爾蓋聖人無小成苟就之事如獲用焉不興周道以繼文武不已也○雙峯饒氏曰當時子路更欠一問如何可爲東周夫子必告以爲之之道如問衛君待子而爲政子將奚先夫子便告以正名今聖人不曾說出難爲臆度○雲峯胡氏曰門人豈有不說於夫子者而子路不說者二豈知夫子之於南子其辭不見者義也不得已而見亦有可見之禮也夫子之於公山弗擾其欲往者仁也而卒不往者蓋有知人之知也聖人一動一靜莫非適乎時中而子路未之知也然非子路之疑則聖人之心又孰得以知之乎【備旨】夫子曉之曰夫公山不召他人而召我者豈徒爲虛文哉必將有以用我也當此時如有委我以國授我以政而用我者則吾其必明制度振紀綱復興文武之道而爲東周已乎奈何末之而遂已也

○子張이問仁於孔子ᄒᆞᆫ대孔子ㅣ曰能行五者於天下ㅣ면爲仁矣니라請問之ᄒᆞᆫ대曰恭寬信敏惠니恭則不侮ᄒᆞ고寬則得衆ᄒᆞ고信則人任焉ᄒᆞ고敏則有功ᄒᆞ고惠則足以使人이니라

子張이仁을孔子ᄭᅴ묻ᄌᆞ온ᄃᆡ孔子ㅣᄀᆞᆯᄋᆞ샤ᄃᆡ能히五者를天下에行ᄒᆞ면仁을ᄒᆞ욤이니라請컨댄묻ᄌᆞᆸ노이다ᄒᆞᆫ대ᄀᆞᆯᄋᆞ샤ᄃᆡ恭과寬과信과敏과惠니恭ᄒᆞ면侮티아니ᄒᆞ고寬ᄒᆞ면衆을得ᄒᆞ고信ᄒᆞ면人이任ᄒᆞ고敏ᄒᆞ면功이잇고惠ᄒᆞ면足히ᄡᅥ人을使ᄒᆞ리니라

●行是五者、則心存而理得矣、於天下、言無適而不然、猶所謂雖之夷狄、不可棄者、五者之目、蓋因子張所不足而言耳、任、倚仗也、又言其效、如此、問敏字於求仁工夫似不甚切朱子曰不敏則便有怠忽纔怠忽便心不存而間斷多便是不仁○任是堪倚靠是能爲人擔當事也○勉齋黃氏曰行五者則心存理得何也曰心主乎五者則無非僻之雜而心之德常存以五者施之事則無悖謬之失而事之理常得又言其效通指不侮至使人五者欲其以是驗之如答顏冉問仁亦以歸仁無怨之效言也○慶源輔氏曰五者皆心所具之理而仁之發也恭則仁之著寬則仁之量信則仁之實敏則仁之力惠則仁之澤能行此五者則心存理得而仁不外是也然是心一有間斷之時則亡矣是理一有虧闕之處則失矣故其行是五者必自一家一國以至於天下無適而不然然後其心公平其理周遍而仁之體用備矣夫仁道無不該乃萬善之綱領也今特以此五者言之故以爲因子張所不足而言堂堂乎張疑其不足於恭愛欲生惡欲死疑其不足於寬問行而告以忠信疑其不足於信問政而告以無倦疑其不足於敏色取仁而行違疑其不足於惠也

○張敬夫、曰能行此五者於天下、則其心、公平而周遍、可知矣、然、恭其本與、音余○慶源輔氏曰所謂其心公平而周遍者非體仁之深者不知此味也所謂恭其本與者所以指示學者尤切蓋恭則此心收斂不至於放縱此心收斂不放縱則夫寬信敏惠自有所不能已者○胡氏曰五常百行何莫非仁而獨以是言故疑其爲子張之所不足也語恭其本者四者皆以事言而恭則切於身也併及其效者欲其因是而驗之○雙峯饒氏曰朱子以心存理得爲仁是指能行五者而言南軒以公平周遍爲仁是兼行於天下而言二者互相備必心存理得始能平公周遍又曰南軒於五者以恭爲主亦與胡氏釋千乘之國章謂五者以敬爲主同意恭敬則心存心存然後理得故能行下四者○雲峯胡氏曰子張平日問達問行其志欲得行於彼也故夫子因其問仁而告之以能行乎此者也能行此五者則心存而理得能行之於天下則其心公平而溥遍矣

李氏、曰此章、與六言六蔽五美四惡之類、皆與前後文體、大不相似、朱子曰六言六蔽五美等語雖其意是然皆不與聖人常時言語一樣家語此樣話亦多大抵論語後數篇間不類以前諸篇○厚齋馮氏曰孔門問仁無稱問仁於孔子者抑此其齊論歟[備旨]子張問仁之道於孔子孔子告之曰仁者心之理是心一有間斷之時則亡矣是理一有虧缺之處則失矣誠能行五者於天下而無適不然則心存理得而仁之體用備可以爲仁矣子張請問五者之目夫子告之曰所謂五者非他心之恭而不慢寬而不隘信而不僞敏而不怠惠而不刻是也特患不能行耳苟能行恭則有可畏之威而人自不敢侮予矣能行寬則有容人之量而有以得乎衆心矣能行信則人皆倚賴乎我而不我疑矣能行敏則無因循苟且之病而事不濟矣能行惠則人之蒙其惠者皆有感戴之心而樂爲我用矣蓋功有兼盡則效以類應以行於天下者於此可考也子信能行此五者於天下則仁又豈外是哉

○佛肸이 召어ᄂᆞᆯ 子ㅣ 欲往이러시니 佛音弼肸許密反

佛肸이召ᄒᆞ야ᄂᆞᆯ子ㅣ往코쟈ᄒᆞ더시다

●佛肸、晉大夫趙氏之中牟宰也、中牟趙氏邑[備旨]昔晉趙鞅之家臣佛肸者據中牟以叛使人以禮聘召夫子夫子欲往應其召蓋亦猶應公山弗擾之召也

子路ㅣ曰昔者애由也ㅣ聞諸夫子호니曰親於其身에爲不善者ㅣ어든君子ㅣ不入也ㅣ라ᄒᆞ시니佛肸이以中牟畔이어늘子之往也는如之何잇고

子路ㅣ ᄀᆞᆯ오ᄃᆡ 네 由ㅣ 夫子씌 듣ᄌᆞ오니 ᄀᆞᆯᄋᆞ샤ᄃᆡ 親히 그 몸애 不善을 ᄒᆞᄂᆞᆫ 者ㅣ어든 君子ㅣ 드디 아닌ᄂᆞ니라 ᄒᆞ시니 佛肸이 中牟로ᄡᅥ 畔ᄒᆞ거ᄂᆞᆯ 子의 往ᄒᆞ심은 엇디니잇고

● 子路、恐佛肸之浼汙也、夫子故、問此、以止夫子之行、親、猶自也、不入、不入其黨也、慶源輔氏曰所謂親於其身爲不善而君子不入者正恐其汙己也此固子路之所知也至於人之不善不能浼聖人則非子路之所能知也故引此爲問欲以止夫子之行耳○聖人道大德弘所過者化人之不善一經聖人照臨之則大者革心小者革面之不暇何至有浼於聖人若夫昏頑之至不可以常理化者則聖人又自有以處之在上則或若堯舜之待三苗在下則若夫子之待陽貨公山佛肸亦豈能浼於聖人哉【備旨】予路止夫子之行曰昔者由也嘗聞諸夫子有曰人有親於其身爲不善之事者君子不入其黨以其能浼己也今佛肸以中牟之邑畔是親於其身爲不善也苟子之往也則入其黨矣如之何將不爲其所浼乎

子ㅣ曰然ᄒᆞ다有是言也ㅣ니라不曰堅乎아磨而不磷이니라不曰白乎아涅而不緇니라 磷力刃反 涅乃結反

子ㅣ ᄀᆞᆯᄋᆞ샤ᄃᆡ 然ᄒᆞ다 이 말이 인ᄂᆞ니라 堅타 닐ᄋᆞ디 아녀ᄂᆞ냐 磨ᄒᆞ야도 磷티 아니ᄒᆞᄂᆞ니라 白다 닐ᄋᆞ디 아녀ᄂᆞ냐 涅ᄒᆞ야도 緇티 아니ᄒᆞᄂᆞ니라

● 磷、薄也、涅、染皂物、齊氏曰涅水中黑土今江東皂泥 言人之不善、不能浼己、楊氏、曰磨不磷、涅不

緇而後、無可無不可、堅白、不足而欲自試於磨涅、其不磷緇者、幾平聲希、問公山之召子路不悅夫子雖以東周之意諭之子路意似有所未安也故於佛肸之召又擧所聞以爲問其自信不苟如此學者未至聖人地位且當以子路爲法庶乎不失其身不可以聖人體道之權藉口恐有學步邯鄲之患也朱子曰得之○南軒張氏曰子路之說在子路則當然盖子路以己處聖人而未能以聖人觀聖人也○慶源輔氏曰磨不磷涅不緇而後無可無不可者聖人之事也堅白不足而欲自試於磨涅則後世不度德不量力輕擧妄動始欲自附於聖人而終則陷其身於不義之流也○新安倪氏曰楊氏謂堅白不足以下非夫子所言之本意乃爲子路輩言也【備旨】夫子曉之曰不善不入乃守身之常法其道誠然我昔固有是言也然此特爲堅白之未至者言之耳獨不曰堅之至者乎雖磨之而不能使其磷獨不曰白之至者乎雖涅之而不能使其緇然則堅白在我即自試於磨涅焉可也何患浼己而不往哉

吾ㅣ豈匏瓜也哉라焉能繫而不食이리오 焉於虔反

내엇디匏瓜ㅣ라엇디能히繫ᄒᆞ야食디아니ᄒᆞ리오

● 匏、瓠音互也、匏瓜、繫於一處、而不能飮食、人則不如是也、朱子曰不食謂不求食非謂不可食也今俗猶言無口匏亦此意○勉齋黃氏曰匏瓜繫而不食盖言匏瓜蠢然一物繫則不能動不食則無所知吾乃人類在天地間能動作有思慮自當見之於用而有益於人豈徵物之比哉世之奔走以餬其口於四方者往往借是言以自況失聖人之旨矣此不可以不辨也 ○張敬夫、曰子路昔者之所聞、君子守身之常法、夫子今日之所言、聖人體道之大權也、然、夫子、於公山佛肸之召、皆欲往者、以天下、無不可變之人、無不可爲之事也、其卒不往者、知其人之終不可變、而事之終不可爲耳、一則生物之仁、一則知人之智也、程子曰佛肸召子必不徒然其往義也然不往者度其不足與有爲也○朱子曰公山弗擾佛肸召而欲往者乃聖人虛明應物之心答其善意自然而發終不往者以其爲惡已甚義不復可往也此乃聖人體用不偏道幷行而不相悖處然兩條告子路不同者即其所疑而喩之爾子路於公山氏疑夫子之不必往故夫子言可往之理於佛肸恐其浼夫子也故夫子告以不能浼己之意○夫子於佛肸之召但謂其

不能浼我而已於公山氏之召却眞箇要去做○問佛肸弗擾之召孔子欲往此意如何曰此是一時善意聖人之心適與之契所以欲往然更思之則不往矣盖二人暫時有尊賢向善之誠心故感得聖人有欲往之意然違道叛逆終不能改故聖人亦終不往也譬如雲陰忽略開霽有些光明又被重陰遮蔽了問陽貨欲見却終不許他曰貨全無善意來時便已不好了故亦不能略感聖人○慶源輔氏曰自聖人言之則固無不可爲之時亦無不可爲之事無不可敎之人然其所遇則有不可必者天未欲平治天下則在時者有不可爲也上之人不我用則在事者不可爲也誨之諄諄聽之藐藐則在人者有不可敎也【備旨】夫可往而不往是匏瓜之繫而不食也吾固人也豈匏瓜也哉焉能如彼縣繫一處而不能飮食爲世間無用之物乎此吾之所以欲往也

○子ㅣ曰由也아女ㅣ聞六言六蔽矣乎아 對曰未也ㅣ로이다 女音汝下同

子ㅣ ᄀᆞᆯᄋᆞ샤ᄃᆡ 由아 네 六言에 六蔽ᄅᆞᆯ 드런ᄂᆞᆫ다 對ᄒᆞ야 ᄀᆞᆯ오ᄃᆡ 몯ᄒᆞ얀노이다

●蔽、掩遮也、 胡氏曰如爲物遮掩僅得其一偏而不見其全體也○慶源輔氏曰謂各隨其意之所向以遮掩其正理【備旨】夫子呼子路之名而告之曰人之美德有六言而六言之中有六蔽君子之學於六言固當會其全而於六蔽尤當去其累由也女聞六言之中有六蔽矣乎子路起而對曰由未之聞也

居ᄒᆞ라 吾ㅣ語女호리라 語去聲

居ᄒᆞ라 내ㅣ 너ᄃᆞ려 語호리라

●禮、君子、問更平聲端、則起而對出記曲禮故、夫子、諭子路使還坐而告之、【備旨】夫子因其起對乃命之曰居吾語女以六言六蔽之實焉

好仁不好學이면其蔽也ㅣ愚ㅣ오 好知不好學이면其蔽也ㅣ蕩이오 好信不好學이면其蔽也ㅣ賊이오 好直不好學이면其蔽也ㅣ絞ㅣ오 好勇不好學이면其蔽也ㅣ亂이오 好剛不好學이면其蔽也ㅣ狂이니라 好知並去聲

仁을好ᄒᆞ고學을好티아니ᄒᆞ면그蔽ㅣ愚ᄒᆞ고知를好ᄒᆞ고學을好티아니ᄒᆞ면그蔽ㅣ蕩ᄒᆞ고信을好ᄒᆞ고學을好티아니ᄒᆞ면그蔽ㅣ賊ᄒᆞ고直을好ᄒᆞ고學을好티아니ᄒᆞ면그蔽ㅣ絞ᄒᆞ고勇을好ᄒᆞ고學을好티아니ᄒᆞ면그蔽ㅣ亂ᄒᆞ고剛을好ᄒᆞ고學을好티아니ᄒᆞ면그蔽ㅣ狂ᄒᆞᄂᆞ니라

●六言、皆美德、然、徒好之、而不學以明其理、則各有所蔽、愚、若可陷可罔之類、蕩、謂窮高極廣而無所止、賊、謂傷害於物、朱子曰固執必信而不好學必至於賊害物如證父攘羊便是○雙峯饒氏曰信而不明理則不度事理之可否而欲必踐其言如此者必至於害事如尾生之信是自賊其身者也 勇者、剛之發、剛者、勇之體、朱子曰勇只是敢爲剛有堅强之意○慶源輔氏曰人之資禀得於陰陽者惟有剛有柔勇則剛之發出者也○雙峯饒氏曰剛屬質體也勇屬氣用也 狂、躁率也、慶源輔氏曰此與狂狷之狂不同躁率則近乎剛惡也故特釋之○雙峯饒氏曰躁率輕擧妄動之意○程子曰六言六蔽正與恭而無禮則勞寬而栗剛而無虐之義同蓋好仁而不好學乃所以愚非能仁而愚徒好而不知學乃愚○南軒張氏曰學所以明善也不知學則徒慕其名而莫知善之所以爲善矣好仁不好學之蔽如欲力得自守以爲仁而不知學以明之則其所行所守未免於私意適足以爲愚而已至於好知不好學則用其聰明而不知約之所在故其蔽蕩好信不好學則守其小諒而不知義之所存故其蔽賊好直不好學則務徑情而不知含蓄故其蔽絞絞者訐而已好勇不好學則犯難而不知止故其蔽亂好剛不好學則務勝而不知反故其蔽狂是六者本爲達德善行而不好學則非所以爲德行而反以自蔽學如行大道日闢而通也不學如守暗室終窒而蔽矣○問蔽之爲義何也勉齋黃氏曰集註以爲遮掩言有所不見之謂也學所以明理者學謂效之師友之言行求之方冊之記載皆學也所以學欲觀夫理之所當然者而效法之也○仁知信直勇剛皆美德也又必學以明其理何哉六者德之大目耳輕重淺深當施不當施之間其理固多端也今但見其大目而好之不務學以究其理之曲折則見其一而蔽其一未有不流於一偏者也仁主於愛偏則不分輕重賢否而流於愚智知人所難知偏則竆高極遠而流於蕩信而偏則執一不通而流於賊直而偏則迫切不舒而流於絞勇則直徑而亂剛則堅守而强是皆得其大目而不學有所蔽以至於此也○覺軒蔡氏曰此皆不明理而惑於所似故也格物以致其知則其蔽徹矣 范氏、曰子路、勇於善爲、其失之者、未能好學以明之也、故、告之以此、曰勇曰剛曰信曰直、又皆所以救其偏也、慶源輔氏曰范氏說子路身上發明尤切子路好勇且有何必讀書之說其失正在於未能好學以明善也剛勇直信皆其氣稟之偏故特告之○陳用之曰信直勇剛子路之所好也先之以仁知使之知所好也或曰此子路初見夫子之時[備旨]彼仁美德也苟徒好仁而不好學以明其理則其蔽也必可陷可罔而愚矣知美德也苟徒好知而不好學以明其理則其蔽也必窮高極遠而蕩矣信亦德之美也苟徒好信而不好學以明其理則其蔽也將執小信而妨大計必至傷害於物非賊乎直亦德之美也苟徒好直而不好學以明其理則其蔽也將過於直而忘所諱必至徑情直遂非絞乎至於勇亦美德所不可少也苟徒好勇而不好學以明其理勢必逞其血氣之強而干分犯上則其蔽也不謂之亂乎至於剛亦美德所不能無也苟徒好剛而不好學以明其理勢必任其用剛之私而率意妄行則其蔽也不謂之狂乎所謂六言六蔽者如此然則好學以去其蔽者其容已哉

○子ㅣ曰小子는何莫學夫詩오 夫音扶

子ㅣ골ㅇ、샤ᄃᆡ小子ᄂᆞᆫ엇디詩를學디아니ᄒᆞᄂᆞ뇨

● 小子、弟子也、厚齋馮氏曰何莫云者謂弟子何爲而莫之學也[備旨]夫子示門人以學詩之益曰學者載籍極博猶考信於六藝況詩敎之尤切於人者乎爾小子何爲不學夫詩

詩는可以興이며

詩ᄂᆞᆫ可히ᄡᅥ興ᄒᆞ며

● 感發志意、朱子曰讀詩見不美者令人羞惡見其美者令人興起須是反覆讀使詩與心相乳入自然有感發處[備旨]夫詩何以當學也詩之所載有善有惡而勸戒備焉學之者可以感發吾之志意而興也

可以觀이며

可히ᄡᅥ觀ᄒᆞ며

● 考見得失、勉齋黃氏曰興羣怨皆指學詩者而言觀則似指詩而言謂可考詩人之得失也然以爲觀己之得失亦可通下文旣有多識爲以此識彼則此觀爲觀己然後四語皆一意也○新安陳氏曰觀

詩所美所刺者之得失亦因可以考見我之得失衆此二意方爲盡[備旨]詩之所言有美有刺而得失分焉學之者可以考見己之得失而觀也

可以羣이며

가히 써 羣ᄒᆞ며

●和而不流、新安陳氏曰和而處衆曰羣和而不流故可以處衆若和而流則失於雷同非處衆之道矣[備旨]詩有處衆而和者然不失莊敬之意學之可用以處衆也

可以怨이며

가히 써 怨ᄒᆞ며

●怨而不怒、慶源輔氏曰當怨不怨則失之疏怨而怒則又失之過程子所謂小弁擊鼓皆怨而各當乎理者是也[備旨]詩有處變而怨者然寓有忠厚之思學之可用以處怨也

邇之事父며遠之事君이오

갓가이ᄂᆞᆫ 父를 事홈이며 멀리ᄂᆞᆫ 君을 事홈이오

●人倫之道、詩無不備、新安陳氏曰如關雎言夫婦常棣言兄弟伐木言朋友之類 二者、擧重而言、新安陳氏曰父子君臣人倫中之大者[備旨]子臣之道詩無不備學之者邇而在家可資以事父遠而在國可資以事君也

多識於鳥獸草木之名이니라

鳥獸와 草木의 일홈을 해 알게 시니라

●其緒餘、又足以資多識、○學詩之法、此章、盡之、讀是經者、所宜盡心也、慶源輔氏曰論語之論及詩者多矣而惟此章爲備學者苟於此盡心焉則有以感發其志意而爲善不懈有以考見其得失而於事無感和而不流以處羣居之常怨而不怒以處人情之變孝父忠君而人倫之大者無愧博物洽聞而一物之小者不

遺詩之爲益不旣多乎[備旨]動植之物詩無不載學之者其緖餘可以博物洽聞而多識於鳥獸草木之名也詩之有益於人如此爾小子可不學哉

○子ㅣ謂伯魚曰女ㅣ爲周南召南矣乎아 人而不爲周南召南이면其猶正牆面而立也與인뎌 女音汝 與平聲

子ㅣ伯魚ᄃᆞ려닐어ᄀᆞᆯᄋᆞ샤ᄃᆡ네周南과召南을ᄒᆞ엿ᄂᆞᆫ다사ᄅᆞᆷ이오周南과召南을ᄒᆞ디아니ᄒᆞ면그正히墻을面ᄒᆞ야立ᄒᆞᆷᄀᆞᆮᄐᆞᆫ뎌

●爲、猶學也、厚齋馮氏曰爲如高叟爲詩之爲 周南召實照反南、詩首篇名、所言、皆脩身齊家之事、慶源輔氏曰二南見文王齊家之化於脩身疑未之及蓋身者家之本聖人之化未有不本於身者文王之化自內及外則脩身之事固在其中矣 正墻面而立、言卽其至近之地、而一物、無所見、一步、不可行、程子曰二南人倫之本王化之基苟不爲之則無所自入古之學者必興於詩不學詩無以言故猶正牆面而立○孔子曰不知所以脩身齊家則不待出門便已動不得了所以謂之正牆面者謂其至近之地亦行不得故也○問不知脩身齊家則自然推不去是一步不可行如何是一物無所見曰自一身一家已自都理會不得況其遠者乎此可見知與行相須之義周南之詩言文王后妃閨門之化召南之詩言諸侯之國夫人大夫妻被文王后妃之化而成德之事蓋文王治岐而化行於江漢之域自北而南故其樂章以南名之用之鄉人用之邦國以敎天下後世誠意正心脩身齊家之道蓋詩之正風也○厚齋馮氏曰此疑在伯魚過庭之後已告之學詩恐其未必踐言而復告之也○新安陳氏曰詩有二南猶易有乾坤學詩自此入而脩齊治平之道皆自此出誠學詩先務也孔子過庭之傳既以學詩居學禮之先此又以二南爲學詩之先所以丁寧其子者豈有他說哉○新安倪氏曰書周官曰不學牆面孔子取譬本此[備旨]夫子謂其子伯魚曰詩三百篇皆所當學而其中猶有其要焉者則周南召南是也女當誦習其辭潛玩其義而爲周南召南矣乎夫二南所言皆修身齊家之事也人而不爲周南召南則身無由修家無由齊雖門內之至近而一物無所見一步不可行其猶正牆面而立也與人而不安於面牆也二南其可不爲哉

○子ㅣ曰禮云禮云이나玉帛云乎哉아樂云樂云이나鍾鼓云乎哉

아

子ㅣ갈으샤ᄃᆡ禮라닐으며禮라닐으나玉帛을닐으라樂이라닐으며樂이라닐으나鍾鼓를닐으라

●敬而將之以玉帛、則爲禮、將如幣之未將之將和而發之以鍾鼓、則爲樂、發如英華發外之發遺其本而專事其末、則豈禮樂之謂哉、胡氏曰玉帛五玉三帛禮文之重者也鍾金聲鼓革聲樂器之大者也非玉帛無以爲禮非鍾鼓無以爲樂然禮樂有本有末玉帛鍾鼓末也禮之本在於敬假玉帛以將之樂之本在於和假鍾鼓以發之周末文滅其質但以玉帛鍾鼓爲禮樂耳○南軒張氏曰玉帛固可以行禮也鍾鼓固可以爲樂也謂玉帛鍾鼓爲非禮樂則不可然禮樂豈止乎玉帛鍾鼓之間哉得其本則玉帛鍾鼓莫非吾情文之所寓不然特虛器而已所謂本者反之吾身而求之則知其不遠也○慶源輔氏曰敬者在中之禮禮之本也玉帛則禮之器所以將吾敬而播之於外者也禮之末也和者在中之樂樂之本也鍾鼓則樂之器所以發吾和而播之於外者也樂之末也本末具擧內外兼備夫然後可謂禮樂之全苟惟全務其本而不事於末固爲不可至於徒事其末而反遺其本則又豈所謂禮樂者哉云乎哉者猶言此不得謂之禮樂也○程子、曰禮只是一箇序、樂只是一箇和、只此兩字、含蓄多少義理、天下、無一物無禮樂、且如置此兩椅、一不正、便是無序、無序、便乖、乖便不和、又如盜賊、至爲不道、然、亦有禮樂、蓋必有總屬、必相聽順、乃能爲盜、不然則叛亂無統、不能一日相聚而爲盜也、禮樂、無處無之、學者、要須識得、胡氏曰程子欲人知禮樂之理無所不在學者記其語雜以方言至於盜賊亦有禮樂姑借近且粗者以明之非眞所謂禮樂也序和二字尤親切又見禮爲樂之本○慶源輔氏曰禮樂之本雖細微之事凶惡之人一皆有之不特玉帛鍾鼓之間要之只是箇序與和底道理人能識得此箇禮樂則知天下無一物無禮樂隨處受用然其實不出序與和二字○趙氏曰朱子以敬與和言是就心上說程子以序與和言是就事上說二說相須其義始備○雙峯饒氏曰二說相須其義始備如人而不仁如禮何章集註擧李氏人心亡矣亦是就人心上說擧程子失正理則無序而不和亦是就事理上說○厚齋馮氏曰復曰云者謂人所常言也乎哉疑而反之之辭謂禮樂之所云者止玉帛鍾鼓而已哉蓋禮者天地之序樂者天地之和玉帛有等差所以明其序鍾鼓有聲音所以發其和是時禮樂廢壞皆僭竊其文而不知其本諸侯僭天子大夫僭諸侯則無序矣征伐相尋國異政家殊俗則不和矣夫子之言亦必有爲而發也【備旨】夫子欲人探禮樂之本曰人皆執玉帛以云禮也而不知禮必有爲之本者特假玉帛以將之耳禮云禮云徒玉帛云乎哉人皆執鍾鼓以云樂也而不知樂必有爲之本者特假鍾鼓以發之耳樂云樂云徒鍾鼓云乎哉然則有存於玉帛鍾鼓之先宰於玉帛鍾鼓之內者在矣人奈何不一思也

○子ㅣ曰色厲而內荏을譬諸小人컨댄其猶穿窬之盜也與ㅣᆫ뎌 荏而審反與平聲

子ㅣ ᄀᆞᆯᄋᆞ샤ᄃᆡ 色이 厲ᄒᆞ고 內ㅣ 荏홈을 小人의게 譬컨댄 그 穿窬ᄒᆞᄂᆞᆫ 盜ᄅᆞᆫ뎌

●厲、威嚴也、荏、柔弱也、小人、細民也、穿、穿壁、窬、踰墻、言其無實盜名、而常畏人知也、朱子曰不直心而私意如此便是穿窬之類又曰裏面是如此外面却不如此外面恁地裏面却不恁地○問色厲而內荏何以比之穿窬曰爲他意只在要瞞人故其心常怕人知如做賊然○勉齋黃氏曰穿窬內懷爲盜之實而外飾非盜之狀以欺人故以比夫內本柔弱而外爲嚴厲以欺人者也○雙峯饒氏曰色不止顏色凡形見於外者皆是如前篇以論篤爲色莊是也外示莊厲而內實柔弱譬如穿窬之人日間顯顯處與平人無異而夜間幽暗處則爲盜○王氏曰此有爲之言曰譬諸小人則指當時之大人也○雲峯胡氏曰易泰卦以內健外順爲君子之道否卦以內柔外剛爲小人之道此則厲者外爲剛之容荏者內蘊柔之惡者也【備旨】夫子鄙當時在位者之盜名也曰人必表裏相符然後可謂之君子乃若容色嚴厲似乎確然有守毅然有爲者而內實柔弱而不振利得以誘之害得以怵之不勝其荏焉如此之人無實盜名常畏人知譬諸小人之中其猶穿窬之盜也與蓋盜名而畏人知與盜物而畏人知其爲心一也不亦深可恥哉

○子ㅣ曰鄕原은德之賊也ㅣ니라 原去聲

子ㅣ ᄀᆞᆯᄋᆞ샤ᄃᆡ 鄕의 原ᄒᆞᆫ이ᄂᆞᆫ 德의 賊이니라

●鄕者、鄙俗之意、原、與愿同、荀子、原慤註、讀作愿、是也、荀子正論篇上端誠則下原慤矣謂在上者能端莊

誠實則下知謹愿而純愨也 鄉原、鄉人之愿者也、蓋其同流合汙、以媚於世故、在鄉人之中、獨以愿稱、勉齋黃氏曰既以鄉爲一鄉又以爲鄙俗者鄉之得名本以鄙俗爲言也故曰我猶未免爲鄉人也亦猶都鄙之稱都之爲言美也鄙之爲言俗也然則鄉者亦鄙俗之類歟其稱原人而必加之以鄉者以見其鄙俗非公論之所在故是非錯謬而稱之以爲原也 夫子、以其似德非德、而反亂乎德故、以爲德之賊、而深惡烏故反之、詳見形句反 孟子末篇、朱子曰鄉原者爲他做得好便人皆稱之而不知其有無窮之禍如五代馮道者此眞鄉原也○鄉原最是孟子說得數句好曰生斯世也爲斯世也善斯可矣此是鄉原本情○鄉原無甚見識其所謂原亦未必眞原乃卑陋而隨俗之人耳蘇氏謂其近似中庸而非也故曰德之賊孟子曰一鄉皆稱原人無所往而不爲原人與中庸相近必與狂狷相遠狂者進取狷者有所不爲鄉原者未嘗進取而無所不爲者也狂狷與中庸相遠而孔子取其志之彊可以引而至於道也鄉原與中庸相近而夫子惡之惡其安於陋而不可與有爲也○勉齋黃氏曰德者務合乎理者也鄉原求媚於世則不必皆合乎理而委曲遷就似乎理而實非理使人之爲善者莫知乎理之正是天下之正德反爲鄉原所害也如廉潔理之正也鄉原不以爲廉潔以異俗故亦同乎流俗而外爲說以自蓋使人視之似廉潔然實非廉潔而反以害廉潔之正也故貪夫不足以害夫廉似廉非廉者乃所以害夫廉也此夫子所以深惡之也○雙峯饒氏曰一鄉有君子有小人鄉原都要他說好同流合汙是要媚小人似忠信似廉潔是要媚君子所以人人道他好人見以此得名都去學他最敗風俗故曰德之賊上章言盜盜猶畏人之知此章言賊則肆行無忌矣○新安陳氏曰眞非不足以惑人惟似是而非者最易以惑人故夫子以爲德之賊【備旨】夫子嚴亂德之防曰人之有德者爲君子無德者爲小人不難辨也唯鄉原者同流合汙似忠信而非忠信反亂乎忠信似廉潔而非廉潔反亂乎廉潔豈非德之賊乎立德之君子宜辨之早矣

○子ㅣ曰道聽而塗說이면德之棄也ㅣ니라

子ㅣ갈ᄋᆞ샤ᄃᆡ 道에서聽ᄒᆞ고 塗에서說ᄒᆞ면德을棄홈이니라

●雖聞善言不爲己有、是、自棄其德也、○王氏、曰君子、多識如字前言往行、去聲以畜勅六反其德、新安倪氏曰此易大畜卦大象傳辭引以論此甚切蓋此章所指正與易之說反 道聽塗說則棄之矣、朱子曰此二章賊字棄字說得重而有力蓋蓋鄉原只知偸合苟容似是

而非而人皆稱之故曰德之賊道聽塗說者纔聽來便說了更不能蓄既不能有之於心不能行之於身是棄其德也故曰德之棄○南軒張氏曰聞善者存而體之則其德蓄聚若徒以資口說而已則於德何有哉○勉齋黃氏曰觀此則輕浮淺露者眞不足以爲學也○胡氏曰德之棄與上章德之賊文勢相類彼以似德而亂德故云德之賊此可以進德而不進故云德之棄○鄭氏曰無所得而竊其名故曰賊有所聞而不蓄諸己故曰棄○或云上章言德之賊此章言德之棄語意似相承雙峯饒氏曰是如此但兩箇德字來歷亦自不同上章所謂德是得之於天者此章所謂德是得之於人者有所聞於人而不能蓄之以爲己有是棄其所得於人者鄕原之人似德而非德以人僞亂天理是害其所得於天者也所得於天即仁義禮智之謂○新安陳氏曰人之聞善蘊蓄於不言之表者其德固淺露於輕言之際者其德棄矣[備旨]夫子爲不能畜德者儆曰天下之善言皆吾德之資也故聞善言必存之心而體之身是即吾之德矣乃若聽之於道而即說之於前塗此特爲口耳之資而無身心之益終不爲己有矣是自棄其德也然則聞善言者務默識而力行之可矣

○子ㅣ曰鄙夫는可與事君也與哉아 與平聲

子ㅣᄀᆞᆯᄋᆞ샤ᄃᆡ鄙夫는可히더블어님금을셤기랴

●鄙夫、庸惡陋劣之稱、慶源輔氏曰庸謂凡常惡只是惡陋謂猥瑣劣謂昏弱四者皆鄙也[備旨]夫子窮鄙夫之心不可令其一日容於朝也曰爲人臣者必有忘身之誠而後有事君之義若鄙夫者其資性庸惡全無忠義之心識趣陋劣又乏剛正之節豈可與之其事君也與哉

其未得之也엔患得之ᄒᆞ고既得之ᄒᆞ얀患失之ᄒᆞᄂᆞ니

그得디몯ᄒᆞ얀得홈을患ᄒᆞ고이믜得ᄒᆞ얀失홈을患ᄒᆞᄂᆞ니

●何氏曰患得之、謂患不能得之、胡氏曰患得之語急而文省耳○新安陳氏曰得謂得富貴權利[備旨]夫鄙夫之不可與事君者何也蓋鄙夫不知有君其所志者唯富貴權利以自便耳方其未得之也則患其不能得之日汲汲焉求其必得而已及其既得之也則又患其失之日營營焉求其不失而已

苟患失之면無所不至矣라니

진실로失홈을患ᄒᆞ면至티아니홀빼업ᄂᆞ니라

●小則吮徂兗反癰舐神紙反以舌取物也痔直理反 大則弑父與君、皆生於患失而已、莊子列禦寇篇秦王有病召醫破癰潰痤者得車一乘癰痤皆疽之屬也痤得和反舐痔者得車五乘所治愈下得車愈多子豈舐其痔邪何得車之多也○前漢佞幸傳文帝常病癰鄧通常爲上嗽山角反吮之上不樂從容問曰天下誰最愛我者乎通曰宜莫若太子太子入問疾上使太子齰癰齰仕客反齧也齧出其濃血太子齰癰而色難之已而聞通嘗爲上齰之太子慙恚是深恨通○雲峯胡氏曰吮癰舐痔是柔惡弑父與君是剛惡 故集註不特曰庸陋劣而且以惡之 一字加之○胡氏、曰許昌靳居覲反裁之、有言曰士之品、大概有三、志於道德者、功名、不足以累其心、志於功名者、富貴不足以累其心、新安陳氏曰功名功業聲名也今俗人認貴仕爲功名非矣 志於富貴而已者、則亦無所不至矣、志於富貴、卽孔子所謂鄙夫也、南軒張氏曰自古亂臣賊子其初豈敢遽萌簒弑之心惟患失也蹉跌至此履霜堅氷馴致其道也然則計利自便之萌是乃弑父與君之原也○慶源輔氏曰此解無所不至矣一句甚當夫患得患失則惟利欲是徇而不復顧理義之所在矣其可與之事君也哉然其患得也則求而得之而已雖行險徼幸乘間抵巇然其惡猶有止也至於患失則無不至矣小則吮癰舐痔不惜身命大則弑父與君禍及國家○志於道德則功名不必外求而得其或終無所成則亦全吾道德而已矣在我亦何所損哉若夫志於功名則其心已是謀利計功幸而得之則已矣不然則行險徼幸枉尺直尋殆將不能免志於富貴則患得患失終必至於無所不至矣其爲庸惡陋劣之態亦可想而見也○胡氏曰靳氏三品之說本非此章正意然能推見鄙夫之所以若此志於道德聖賢之徒也志於功名豪傑之士也志於富貴卽鄙夫也聖賢非不事功名也可爲則爲不得爲則不爲不害於道德也豪傑非惡富貴也視功名爲重則富貴爲輕也鄙夫則富貴之外他無所志故得失之患其害至此○厚齋馮氏曰孟子曰鄙夫寬謂所見險陋也所見險陋之人知有富貴而已小用之則敗事大用之則誤國豈容一日得志也哉○齊氏曰古之君子未得之則求之性本之所固有旣得之則安於職分之所當然舜木居鹿遊若將終身則得不足以動其心牛羊倉廩若固有之則亦何失之慮學者以孔子之言觀鄙夫之如彼以孟子之言觀聖人之如此亦可以知所鑒矣【備旨】夫事君而苟至於患失之則凡可以保其得而免其失者亦何所不至哉小而汚辱之行大而簒弑之謀皆將悍然不顧而爲之矣此其流弊所必至者而可與之事君也哉

○子ㅣ曰古者애民有三疾이러니今也앤或是之亡也ㅣ로다

子ㅣ ᄀᆞᆯᄋᆞ샤ᄃᆡ녜民이三疾이잇더니이제ᄂᆞᆫ或이도업도다

●氣失其平則爲疾故、氣稟之偏者、亦謂之疾、慶源輔氏曰氣稟之偏亦謂之疾此以德言之也人身之氣當平和而安寧一失其平則爲疾矣人之德氣稟得中則爲善一失之偏則亦爲疾矣○陳用之曰人之陰陽節適則平偏倚則疾性之有疾猶身之有疾也 昔所謂疾、今亦亡與無通之、傷俗之益偸也、厚齋馮氏曰或是之亡不敢爲决然之辭恐尙亦有之 備旨 夫子致慨曰古今人之不相及也豈特中和之質哉即如古者之民其氣稟之偏駁者謂之疾疾蓋有三焉夫曰疾固己偏矣然觀之於今所趨愈下或併是而亦亡之也

古之狂也는肆ㅣ러니今之狂也는蕩이오古之矜也는廉이러니今之矜也는忿戾오古之愚也는直이러니今之愚也는詐而已矣로다

녜狂은肆ᄒᆞ더니이젯狂은蕩ᄒᆞ고녜矜은廉ᄒᆞ더니이젯矜은忿戾ᄒᆞ고녜愚는直ᄒᆞ더니이젯愚는詐ᄒᆞᆯᄯᆞᄅᆞᆷ이로다

●狂者、志願太高、肆、謂不拘小節、蕩、則踰大閑矣、禮義爲大閑 矜者、持守太高、如不矜細行之矜非矜誇之矜 廉、謂稜角陗厲、陗與峭同 忿戾、則至於爭矣、厚齋馮氏曰君子矜而不爭矜而忿戾小人也 愚者、暗昧不明、直、謂經行自遂、詐、則挾私妄作矣、○范氏、曰末世滋僞、豈惟賢者、不如古哉、民性之蔽、亦與古人異矣、朱子曰廉是側邊廉隅這只是那分處所謂廉者爲是分得那義利去處譬如物之側稜兩下分去○問智則能詐愚者無智巧何故能詐曰如狂而不直侗而不愿之類○南軒張氏曰疾生乎氣稟之偏狂而肆者過於進爲也矜而廉者廉隅露見也愚而直者直情徑行也此雖偏而爲疾然猶爲疾之常至於狂而放則流而爲蕩矜而爭則溢而爲忿戾愚而衒直則變而爲詐是盖世衰俗弊則習益遠故

也言疾則固爲偏而今也幷與古之疾而亡之則益甚矣古者三疾學則可瘳也至於今之疾悖理亂常之甚蓋難反矣然困而能學亦聖人之所不棄也○問古者民有三疾今也或是之亡也晦翁謂氣稟之偏者謂之疾而取范氏末世滋僞豈賢者不如古民性之蔽亦與古異竊謂時固有古今而氣稟之性亦有古今之異歟潛室陳氏曰氣數有淳漓故生物有厚薄只正春時生得物如何迨春末生物便別後世生聖賢旣與古不同卽生暗蔽愚人亦欲如古不得○雙峯饒氏曰語中說古今處皆是歎今之不如古狂肆矜廉愚直是氣質之偏所謂疾也肆變而蕩廉變而忿戾直變而詐是習俗所染乃習與性成而爲惡不止於疾矣○雲峯胡氏曰氣稟之性適乎中則無疾凡過與不及皆疾也狂者知之過矜者行之過愚者不能知而徑行不及者也故古者皆以爲疾○新安陳氏曰古之疾己是氣質之偏今幷與古之疾而無之蓋己流於私欲之僞去古益遠而復乎善益難矣夫子所以傷之歟【備旨】何以之見古之人有志願太高者此是狂之疾然其狂也不過不拘小節肆焉而已若今之狂也則不顧禮義踰於大閑之外而流於蕩焉是無古之狂之疾矣古者人持守太嚴者此是矜之疾然其矜也不過稜角陗厲廉焉而已若今之矜也則逞其剛狠與人乖忤不和而流於忿戾焉是無古者矜之疾矣古之人有暗昧不明者此是愚之疾然其愚也不過徑行自遂直焉而已若今之愚也則反用機關不免挾私妄作而流於詐焉是無古者愚之疾矣習俗之益衰可慨也夫

○子ㅣ曰巧言令色이鮮矣仁이라

●重平聲出、

○子ㅣ曰惡紫之奪朱也ᄒᆞ며惡鄭聲之亂雅樂也ᄒᆞ며惡利口之覆邦家者ᄒᆞ노라（惡去聲覆芳服反）

子ㅣᄀᆞᄅᆞ샤ᄃᆡ紫의朱를奪홈을惡ᄒᆞ며鄭聲의雅樂을亂홈을惡ᄒᆞ며利口의邦家를覆ᄒᆞᄂᆞᆫ者를惡ᄒᆞ노라

●朱、正色、紫、間去聲色、（新安陳氏曰朱南方赤之正色合赤黑而成紫北方之間色）雅、正也、利口、捷給、覆、傾敗也、○

范氏、曰天下之理、正而勝者、常少、不正而勝者、常多、聖人所以惡之也、利口之人、以是爲非、以非爲是、以賢爲不肖、以不肖爲賢、人君、苟悅而信之、則國家之覆也。不難矣、朱子曰紫近黑色過了那朱既爲紫便變做朱不得便是奪了朱雅樂平淡鄭便過而爲淫哇蓋過了雅便是亂雅邦家力勢也甚大然被利口之人說一兩句便有傾覆之慮豈不可畏哉○不正底物事自常易得勝那正底物事且如以朱染紫一染了便退不得朱却不能變得紫也○南軒張氏曰以其似是而非有以惑人之觀聽是以聖人惡之利口所以覆邦家者蓋變其事實使是非邪正率皆紊亂邦家之所由傾覆也○勉齋黃氏曰是非善惡最相反也聖人不之惡者以人心自有正理而正不正之相反易辨也夫惟似是而實非似善而實惡則人心疑惑而足以亂正此孔子所以惡鄉原而又及乎此也○慶源輔氏曰氣數難得相値時節難得常好故邪正相乘之際而正常勝於邪疑似之間每惡其雜亂而致詳焉此亦贊天地之一端也○雙峰饒氏曰紫以間色亂正色以其能悅人之目也鄭衛之樂以淫聲亂正聲以其能悅人之耳也故聖人惡之後世果卒爲二者所勝古人玄衣朱裳今之朝服直以紫爲上至於常服亦皆衣紫所奏之樂莫非鄭衛淫哇之音人心好惡之失其正如此況於聽言之際安得不爲利口者所惑邪○汪氏曰辨朱紫以目辨雅鄭以耳具耳目者能之猶未爲甚難惟利口之覆邦家則當辨之以心人主之心常爲所惑而不能辨故范氏備述其態以曉人苟非自正其心辨之豈不難哉○雲峯胡氏曰前篇以佞人對鄭聲言此又以利口對鄭聲言集註釋佞字曰辨給也釋利口曰捷給也捷則顚倒是非於片言之頃使人悅而信之有不暇於致詳者視佞爲尤甚故覆亡之禍立見有甚於殆焉者矣[備旨]夫子嚴邪正之防曰天下之理有邪有正而邪每易以勝正如色以朱爲正自紫色一出其豔冶足以炫目而朱反爲所奪故惡紫之能奪朱也樂以雅爲正自鄭聲一出其淫哇足以悅耳而雅樂反爲所亂故惡鄭聲之能亂雅樂也至若事理之是非人品之賢不肖本有定論乃有利口之人巧辯惑亂能使人主乖張而邦家以之覆矣故尤惡利口之能覆邦家者要之辨服色審音律紫與鄭聲固可惡矣圖治安之邦家傾自利口其可惡更當何如人君可不痛絕之

○子ㅣ曰予欲無言ᄒᆞ노라

子ㅣ 글ᄋᆞ샤ᄃᆡ 내 言이 업고져 ᄒᆞ노라

●學者、多以言語、觀聖人、而不察其天理流行之實、有不待言而著者、是以、徒得其

言、而不得其所以言故、夫子、發此以警之、慶源輔氏曰此亦有兩意一是天理流行之實凡動靜語默皆是初不待言而著學者惟不察乎此而但以言語觀聖人是以徒得其言而不得其所以言故夫子發此以警之一是以言而教人固聖人之本心因言以進道亦學者之當務但學者心麤氣暴其於聖人之言領略之意常多體察之意常少是以徒得其言而不得其所以言故夫子發此以警之【備旨】學者多觀聖人於言語之間至其天理流行之實有不待言而著者曾不之察故夫子提醒之曰道雖以言顯而顯道者不必盡以言予今而後殆欲無言矣蓋欲學者求於言之外也

子貢ㅣ曰子如不言이시면則小子ㅣ何述焉이리잇고

子貢이ᄀᆞᆯ오ᄃᆡ子ㅣ만일言티아니ᄒᆞ시면곧小子ㅣ므스거슬述ᄒᆞ리잇고

●子貢、正以言語、觀聖人者故、疑而問之、慶源輔氏曰此語必在未聞性與天道之前【備旨】乃子貢疑而問之曰小子得以述夫子之教者正以其有言在也子如不言則小子將何所傳述焉

子ㅣ曰天何言哉시리오四時ㅣ行焉ᄒᆞ며百物이生焉ᄒᆞᄂᆞ니天何言哉시리오

子ㅣᄀᆞᄅᆞ샤ᄃᆡ天이므슴言을ᄒᆞ시리오四時行ᄒᆞ며百物이生ᄒᆞᄂᆞ니天이므슴言을ᄒᆞ시리오

●四時行、百物生、莫非天理發見(形甸反)流行之實、不待言而可見、(如字)聖人、一動一靜、莫非妙道精義之發、亦天而已、豈待言而顯哉、慶源輔氏曰百物生是天理之發見也四時行是天理之流行也發見則自其初而言之流行則併擧其終也妙道言其體精義言其用夫子但言天之理更不及己之事則天人一貫而天即己己即天矣此所以謂聖人之言也○新安陳氏曰輔氏即集註天理發見流行之實而强分之以發見爲百物生流行爲四時行下句雖是上句實非發見流行不必分言也一陰一陽之謂道陰陽非道所以一陰一陽者爲道道形而上者也無形之可見也陰陽形而下者也即道之發見於有形者也四時之氣流行而爲春暖夏熱秋凉冬寒非發見而何若以四時行百物生之序言之必四時之氣流行而後百物之品發生雲行雨施方品物流形乾道變化方各正性命豈有先言百物生而後言四時行之理哉輔氏過於密察反成病敗恐不可以不辨

此亦開示子貢

之切、惜乎、其終不喻也、新安陳氏曰無曾子之唯亦無領會之言見其未喻○程子、曰孔子之言、譬如日星之明、猶
患門人、未能盡曉故、曰予欲無言、若顏子、則便默識、如字其他則未免疑問故、曰小
子何述、又曰天何言哉、四時行焉、百物生焉、則可謂至明白矣、愚、按此與前篇、無
隱之意、相發、學者、詳之、朱子曰此語子貢聞之而未喻故有疑問到後來自云夫子之文章可得而聞也夫子之言性與天道不可得而聞也方是契此旨處顏曾則不待疑問若子
貢以下又不知所疑矣○問予欲無言一章恐是言有所不能盡故欲無言否曰不是如此只是不消得說蓋以都
撒出來了如四時行焉百物生焉天又更說箇甚底若是言不能盡便是有未盡處聖人言處也盡做處也盡動容
周旋無不盡惟其無不盡所以不消得說○問四時行百物生皆天命之流行其理甚著不待言而後明聖人之道
亦猶是也行止語默無非道者不爲言之有無而損益也有言乃不得已爲學者發爾曰甚善○問四時行百物生
兩句自爲體用蓋陰陽之理運行不息故萬物各遂其生聖人之心純亦不已故動容周旋自然中禮曰是此意○
問夫子以子貢專求之言語之間故告之予欲無言以發之子貢未能無疑故曰天何言哉四時行焉百物生焉蓋
欲其察之踐履事爲之實也程子謂猶患門人未能盡曉故曰予欲無言夫恐其不能盡曉當更告之而曰欲無言
何也或云予欲無言一章實兼無隱乎爾之義蓋四時行百物生所謂無隱也程子蓋推明夫子所以啓發子貢之
意欲其求之於踐履事爲之實若未知是否曰恐人不能盡曉而反欲無言疑得甚好更熟玩之當自見得分明也
○新安陳氏曰韜仲之問文公使更熟玩之竊謂聖道明如日星門人猶未能盡曉者以其徒求之言語之間而不
知動作語默無非聖道之形見此所以聖道雖明而其見滯於言語間不能盡曉也苟謂恐其不能盡曉當更告之
聖人方病學者徒求之言語而又益詳於言語言語愈詳如識愈滯未能盡曉者何由而曉耶使能不徒求之言語
而必察聖人之一動一靜莫非妙道精義之發則能知聖人之動靜無非理必悟聖人之語默無非敎也○南軒張
氏曰四時行百物生者天道之流行無息也天雖不言而何隱哉聖人動靜語默之間無非至理之所在再曰天何
言哉所以發之者深矣○覺軒蔡氏曰集註以此章與前篇無隱之意相發蓋四時行百物生莫非天理發見流行
之實正所以發夫子之無隱也學者玩此而有得焉不惟見聖人一動一靜純乎天理之妙不待言而顯便當反之
於踐履事爲之實俛焉孶孶庶幾有得乎希聖希天之事更玩四時行百物生尤見其體用一原陰陽之理運行不
息而萬物各遂其生之妙聖人亦天而已○雙峯饒氏曰予欲無言聖人是要人就他躬行處體認莫只於他言語
上求蓋就躬行處體認便件件把作實事看若只就言語上求只將作空言看了無益於得也此與吾無隱乎爾章
大同小異那是說行處無非至理別無深晦底道理此是說行處都是實理不必於吾言語上求○厚齋馮氏曰夫

子示子貢以一貫之學此又示以無言之天卒於聞性與天道子貢之學可謂日進無彊者矣○雲峯胡氏曰集註妙道精義之發妙道其體也天理之渾然者也精義其用也天理之粲然者也朱子感興末篇始曰玄天幽且默仲尼欲無言萬物各生遂德容自淸溫末曰予昧前訓坐此枝葉繁發憤永刋落奇功收一原三復是詩朱子之學晩年造詣深矣學者宜致思焉○新安倪氏曰按以妙道精義分體用蓋因輔氏之說而申明之學感興末篇則因蔡氏之說而詳言之也蔡氏說此章嘗謂先師於感興卒章特發其義而收奇功於一原其所以勉學者深矣但此能述之尤爲詳明萬物各生遂玄天幽且默而言德容自淸溫接仲尼欲無言而言卽勤靜無非敎之意也又按徽庵程氏嘗提掇欲之一字而講之曰先聖雖欲無言而未得以無言也未以無言期諸子而獨以無言期子貢何哉高於子貢者自能忘言以會道與回言終日而無所不說不必示之以無言也下於子貢者方將因言以求道但敎之以不知言無以知人言及之而不言謂之隱可與言而不與之言失人未可示之以無言也惟天資學力賢如子貢而猶以言語觀聖人不得不示之以無言耳此說就子貢身上發明甚切謹附于此夫子〔備旨〕因其疑而解之曰予之欲無言者亦以道之無待於言耳今夫天惟渾惟穆而已夫何言之有哉乃四時之受氣於天者時催一時而吾見其行焉百物之賦形於天者物各付物而吾見其生焉是行者行矣而不言所以行生者生矣而不言所以生天果何言之有哉然則予之無言亦何病於傳述之難也蓋天理觸處而流故四時百物皆天也卽不言而道已顯矣夫子與道爲體故一動一靜皆敎也卽不言而意已傳矣彼子貢以言求聖人是將以言求天也而可乎

○孺悲ㅣ欲見孔子ㅣ어ᄂᆞᆯ 孔子ㅣ辭以疾ᄒᆞ시고 將命者ㅣ出戶ㅣ어ᄂᆞᆯ 取瑟而歌ᄒᆞ사 使之聞之ᄒᆞ시다

孺悲ㅣ孔子를보ᄋᆞᆸ고져ᄒᆞ거ᄂᆞᆯ孔子ㅣ疾로ᄡᅥ辭ᄒᆞ시고命을將ᄒᆞᆫ者ㅣ戶에出커ᄂᆞᆯ瑟을取ᄒᆞ야歌ᄒᆞ샤ᄒᆞ여곰聞케ᄒᆞ시다

●孺悲、魯人、嘗學士喪禮於孔子、記雜記恤由之喪魯哀公使孺悲之孔子學士喪禮士喪禮於是乎書當是時、必有以得罪者故、辭以疾、而又使知其非疾、以警敎之也、慶源輔氏曰聖人之門來者不拒儻非有故未有却之者然其所以得罪之故不可知矣辭之以疾者義不當見也歌瑟使聞者仁不容絕也夫子於此仁義幷行而不悖然其愛人之心則終無已也程子、曰此、孟子所謂不屑之敎誨、所以深敎之也、南軒張氏曰孺悲之不見疑在棄絕之域矣取瑟而歌使將命者聞之是亦敎誨之而終不棄也聖人之仁天地生物之心歟○胡氏曰聖人無疾而托以疾則雖庸人亦能自省其所以見絕之由是不屑之敎誨也○鄭氏曰於絕之之中不忘敎之之意聖人之心如天地之不棄物也仁矣哉【備旨】魯人孺悲欲見孔子想當時必有得罪處孔子不欲與之見而託疾以辭之蓋拒之也又恐孺悲以爲眞疾而不悟拒之之意故乘將命者方出戶即取瑟而發以聲歌使孺悲聞之而知其非疾焉庶幾因其辭而思其故必能自悟其得罪之由矣此子於絕之之中而寓警之之意也

○宰我ㅣ問三年之喪이期已久矣이로소이다 期音朞下同

宰我ㅣ묻ᄌᆞ오ᄃᆡ 三年ㅅ喪이期ㅣ이믜오라도소이다

● 期、周年也、【備旨】宰我問於夫子曰人子於父母固皆服三年之喪也以予觀之短而爲期亦已久矣何必三年

君子ㅣ三年을不爲禮면禮必壞ᄒᆞ고三年을不爲樂이면樂必崩ᄒᆞ리니

君子ㅣ三年을禮를ᄒᆞ디아니ᄒᆞ면禮ㅣ반ᄃᆞ시壞ᄒᆞ고三年을樂을ᄒᆞ디아니ᄒᆞ면樂이반ᄃᆞ시崩ᄒᆞ리니

● 恐居喪不習、而崩壞也、 慶源輔氏曰此述宰我之意也然禮樂自事親從兄而出不能三年之喪則禮樂之本蹙矣宰我慮其崩壞而急之於玉帛鍾鼓之間則亦不知務甚矣【備旨】夫親喪不必三年者何也蓋禮樂不可斯須去身君子居喪三年不習爲威儀揖遜之禮則禮必壞三年不習爲聲容節奏之樂則樂必崩以三年之喪而至於妨禮樂如之何其可也

舊穀이旣沒ᄒᆞ고新穀이旣升ᄒᆞ며鑽燧改火ᄒᆞ니期可已矣이로소이다 鑽祖官反

舊穀이이믜沒ᄒᆞ고新穀이이믜升ᄒᆞ며燧를鑽ᄒᆞ야火를改ᄒᆞᄂᆞ니期만ᄒᆞ고可히已ᄒᆞ얌즉ᄒᆞ도소이다

●沒、盡也、升、登也、燧、取火之木也、改火、春取楡柳之火、夏取棗杏之火、季夏、取桑柘之火、秋取柞楢(音作由)之火、冬取槐檀之火、亦一年而周也、(周禮夏官司爟古喚反掌行火之政令四時變國火以救時疾行猶用也變猶易也鄒子曰春取楡柳之火夏取棗杏之火季夏取桑柘之火秋取柞楢之火冬取槐檀之火季春出火民咸從之季秋內火民亦如之)已、止也、言期年、則天運一周、時物皆變、喪至此可止也、(問四時取火何爲季夏又取一番朱子曰土旺於未故再取之○慶源輔氏曰時物固皆變矣吾心哀恒之實自有不能已者則不可因彼而變也○雙峯饒氏曰四時取火之木不同楡柳木之靑者故春取之棗杏木之赤者故夏取之桑柘黃柞楢白槐檀黑各隨其時之方色取之盖五行之中各有五行火有五色亦如金有五金之類古人作事件件順天時況水火乃天地間妙用尤不可不順其性水失其性則爲水災火失其性則爲火災旱暵疾疫皆是因時改火以達其氣亦贊化育之一事也故周禮司爟掌四時變國火以救民疾後世都不理會如何得陰陽和萬物育)尹氏、曰短喪之說、下愚、且恥言之、宰我、親學聖人之門、而以是爲問者、有所疑於心、而不敢強(上聲)焉爾、(慶源輔氏曰尹氏說固忠厚然宰我之失終在但其致問之時猶出於情實較之後世匿情行詐而口不相副者則猶爲無隱耳[備旨]且以期年言之穀之舊者旣沒穀之新者旣升而食物變矣鑽燧以取火又改乎四時之木而用物變矣是期年天運爲之一周人子之喪亦可已矣夫宰我知禮樂之崩壞而不知居喪尤禮樂之本知時物之皆變而不知人子有因時之感此短喪之說誠非君子之存心仁人之所不爲也)

子ㅣ曰食夫稻ᄒᆞ며衣夫錦이於女에安乎아曰安ᄒᆞ이다(夫音扶下同衣去聲女音汝下同)

子ㅣ ᄀᆞᆯ으샤ᄃᆡ 稻를食ᄒᆞ며錦을衣홈이네게安ᄒᆞ냐ᄀᆞᆯ오ᄃᆡ安ᄒᆞ이다

●禮、父母之喪、旣殯、食粥麤衰、(音催)旣葬、疏(平聲)食(音嗣)水飮、受以成布、(朱子曰成布是稍細成布初來未成布也八十縷爲一升古尺一幅只濶二尺二寸算成斬衰三升如今漆布一般所以爲未成布)期(音朞)而小祥、始食菜果、練冠縓(取絹反)緣、(去聲○朱子曰縓今淺絳色小祥以縓爲緣一入爲縓禮有四入之說亦是漸漸加深色耳)要(平聲)絰(音迭)不除、無食稻衣錦之理、夫子、欲宰我反求諸心、自得其所以不忍者故、問之以此、而宰我、不察也、記間傳父母之喪既殯食粥未殯之前勺水不入口既殯則三日矣方食粥朝一溢米二十兩爲一溢以爲粥莫音暮一溢
米齊衰之喪疏食水飲不食菜果大功之喪不食醯醬可以食菜果矣小功緦麻不食醴酒可以食醯醬矣父母之喪既虞
卒哭疏食水飲可以不食粥矣不食疏果期而小祥期而服練謂之小祥食菜果又期而大祥再期而服縞謂之大祥食醯醬中月
而禫大感反禫而飲醴酒醴酒味薄故得飲之始飲酒者先飲醴酒始食肉者先食乾肉【備旨】夫子特醒之曰三年之喪
食必疏食衣必衰麻禮也今子以期年而止使期年之外遽食夫稻衣夫錦於汝之心其果以爲安否乎宰我不察
而應之曰安蓋深信夫期之己久而食稻衣錦爲無傷也

女ㅣ安則爲之ᄒᆞ라夫君子之居喪애食旨不甘ᄒᆞ며聞樂不樂ᄒᆞ며居處不安故로不爲也ᄒᆞᄂᆞ니今女ㅣ安則爲之ᄒᆞ라樂上如字下音洛

네安ᄒᆞ거든ᄒᆞ라君子의喪애居ᄒᆞᆷ애旨를食ᄒᆞ야도甘티아니ᄒᆞ며樂을聞ᄒᆞ야도樂디아니ᄒᆞ며居處ᄒᆞ욤애安티아니ᄒᆞᆫ故로ᄒᆞ디아니ᄒᆞᄂᆞ니이제네安ᄒᆞ거든ᄒᆞ라

● 此、夫子之言也、旨、亦甘也、旨美也初言女安則爲之、絶之之辭、又發其不忍之端、以警其不察、新安陳氏曰四不字皆是發其不忍之端而再言女安則爲之、以深責之、厚齋馮氏曰夫子之門子夏子張既除喪而見予之琴和之而或和或不和彈之而或成聲或不成聲一則曰先王制禮不敢過也一則曰先王制禮不敢不至焉其於三年之喪如此宰我與二子相處久矣豈不習聞其槪而安於食稻衣錦也夫魯莊公之喪既葬不入庫門士大夫既卒哭麻不入然則三年之喪不行久矣至是而夫子擧行之宰我門人高流也日聞至論而猶以期爲安況斯世乎其後滕世子欲行三年喪父兄百官皆不欲然則三年之喪獨行於孔孟之門而朝廷未嘗行也甚至以日易月無復聽於家宰三年不言之制而三年之喪迄今行之天下者宰我一問之力也【備旨】夫子復儆之曰喪之所以不止於期者正以心之有不安故耳今汝既安於食稻衣錦而無不忍之心矣又孰禁女而不爲期乎夫君子居親三年之喪設使食旨而心不甘設使聞樂而心不樂設使居處而心不安故不爲期而喪必三年也今女既安於食稻衣錦而異於君子之用心矣又何憚而不爲期乎

宰我ㅣ出커늘子ㅣ曰予之不仁也여ㅣ子生三年然後에免於父母之懷ᄒᆞᄂᆞ니夫三年之喪은天下之通喪也ㅣ니予也ㅣ有三年之愛於其父母乎아

宰我ㅣ出커늘子ㅣ글ᄋᆞ샤ᄃᆡ予의不仁홈이여子ㅣ生ᄒᆞᆫ三年인然後에父母의懷예免ᄒᆞᄂᆞ니三年ㅅ喪은天下앳通ᄒᆞᆫ喪이니予ㅣ三年ㅅ愛를그父母에둔ᄂᆞ냐

●宰我、既出、夫子、懼其眞以爲可安而遂行之故、深探他覃反其本而斥之、言由其不仁故、愛親之薄、如此也、新安陳氏曰不安於食稻衣錦者由其不忍也不忍之心仁也安則忍忍則不仁矣懷、抱也、又言君子所以不忍於親、而喪必三年之故、使之聞之、或能反求而終得其本心也、新安陳氏曰予發短喪之問又以食稻衣錦爲安是始已失其本心矣今夫子拳拳之意猶冀其反求而終得其本心也本心卽愛親之仁心○范氏、曰喪雖止於三年、然、賢者之情則無窮也、特以聖人、爲之中制、而不敢過故、必俯而就之、非以三年之喪、爲足以報其親也、記三年問君子三年之喪二十五月而畢若駟之過隙然而遂之是無窮也故先王爲之中制○檀弓子思曰先王之制禮過之者俯而就之不至焉者跂而及之故君子執親之喪水漿不入口者三日杖而後能起所謂三年然後、免於父母之懷、特以責宰我之無恩、欲其有以跂而及之耳。問宰我遊聖人之門而有短喪之問不類學者氣象諸家之說或謂至親以期斷而宰我欲質其所知有疑而不敢隱所以爲宰我蓋欲文其過也竊以爲宰我在聖門雖列於言語之科然哀公問社而有使民戰栗之對方晝而寢夫子有朽木糞土之譏觀其地位如此則宜有短喪之問也朱子曰短喪固是不仁然其不隱不害爲忠信此一事而兼有得失得失又有輕重○聖人尋常未嘗輕許人以仁亦未嘗絕人以不仁今言予之不仁乃予之良心死了也○或問此章之說有謂宰我之問蓋聞禮家至親期斷之言故以質之夫子非自執喪而欲斷之也如何曰此蓋以宰我爲聖人之徒不應問此而欲爲之文其過也其意則忠且厚矣然三年之喪生於人心非由外至而禮家固亦已有加隆之說矣設使宰我實聞期斷之說而不能察其是非盡其曲折則其愛親之薄亦可知矣雖不自斷其喪然其情亦何以異耶曰又有以宰予爲不察理不知仁而不知愛親之道者信乎曰是其意若曰予非不愛親也特不察理而不知其道也非不仁也特不知仁也是亦爲之文其過之言耳然人子有三年之愛於父母蓋心之不能已者而非有難明之理也是其存焉則爲仁失之則爲不仁其間蓋不容髮而其存不存又不待於知之而後能勉也亦係於吾心之厚薄如何耳宰我食稻衣錦自以爲安則其無愛親之心可見而夫子所以斥之者亦明矣說者乃與曲爲之諱而少減其不仁不孝之罪是以其說徒爲辭費而不足以掩其實也曰或謂宰我非不知短喪之爲薄直以有疑故不敢自隱於夫子只此無隱便是聖人作處如何曰言宰我之心雖薄而其不敢自隱者猶有聖門氣象可也謂之無隱而直以聖人作處許之則又激於世俗矯情飾詐之私而不自知其言之過矣然此章正意在於問喪而喪之主於哀者又非自外而至今不論此而摘其旁支瑣細之說以爲已死之人文不可贖之過亦何益哉曰或謂夫子之言女安則爲之爲不與人爲僞者信乎曰是因無隱之說而又失之之甚也夫聖人固不與人爲僞矣然不曰不肖者跂而及之乎其曰安則爲之者乃深責而痛絶之之辭也豈使之眞以爲安而遂爲之也哉若如其言則聖人之所以垂世立敎者初無一定之則直徇世俗情意之厚薄使人自以爲禮而不慮夫壞法亂紀之原自我始也○南軒張氏曰人子之致哀於其親蓋其心之不可以已者先王以禮爲之而斷之以三年是謂天之則也宰我論喪禮而欲止乎期夫子反覆告之以女安則爲之夫其食旨不甘聞樂不樂居處不安果何哉以其有所不忍於心故也宰我聞夫子斯言而出其必有以惻於中矣○慶源輔氏曰子生三年然後免於父母之懷此君子所以不忍於親而喪必三年之故自天子達於庶人而爲天下之通喪也至於使之聞之或能反求而終得其本心則聖人之仁也始也問之以食稻衣錦於女安乎所以使宰我反求諸心自得其所以不忍及宰我不察則又言君子居喪之禮皆出於自然以發其不忍於親而喪必三年之故使之聞之尙庶幾其能反求而得其本心不至於終迷而不返也然則聖人之心所以愛人無已者於此亦可得而見矣○范氏發明非以三年之喪爲足以報其親之說尤爲忠厚所謂喪三年以爲極亡則弗之忘矣者是也至於聖人既於此爲之中制則賢者必當俯而就不肖者必當跂而及夫如是然後其說始圓而宰我之失夫子之意始皆坦然明白矣○厚齋馮氏曰宰我之所惜者禮樂也夫子之所以責者仁也仁人心而愛之理也孩提之童生而無不知愛其親者故仁之實事親是也禮所以節文之樂所以樂之豈有不仁而能行禮樂者乎抑聞之聖人未嘗面折人以其過其於門人宰我樊遲之失皆於其既出而言之使之有聞焉而改其長善救失待人接物忠厚蓋如此【備旨】及宰我既出夫子又深探其本而斥之曰甚矣予之不仁故愛親之薄如此也夫父母之喪必三年者蓋以子生三年然後免於父母之懷故喪必三年僅以報其懷抱之勞耳夫三年之

喪凡爲人子者皆然乃天下之通喪也予亦人子也曾有三年之愛於其父母乎旣有三年之愛而顧不爲三年之喪以報之亦獨何心哉甚矣予之不仁也

○子ㅣ曰飽食終日ᄒᆞ야 無所用心이면 難矣哉라 不有博奕者乎아 爲之猶賢乎己니라

子ㅣ ᄀᆞᆯᄋᆞ샤ᄃᆡ 飽히 食ᄒᆞ고 日을 終ᄒᆞ야 ᄆᆞᄋᆞᆷ을 ᄡᅳᆯ ᄇᆡ 업ᄉᆞ면 難ᄒᆞᆫ디라 博奕ᄒᆞ리 잇디 아니ᄒᆞ냐 ᄒᆞᆷ이 오히려 已ᄒᆞᆷ도곤 賢ᄒᆞ니라

●博、局戲也、奕、圍棊也、魯齋王氏曰博說文作簙局戲也六箸十二棊也古烏曹作簙說文奕從廾言竦兩手而執之圍棊謂之奕 己、止也、李氏、曰聖人、非敎人博奕也、所以甚言無所用心之不可爾、朱子曰心若有用則心有所主只看如今纔讀書則心便主於讀書纔寫字則心便主於寫字若是悠悠蕩蕩未有不入於邪僻者○此非啓博奕之端乃假此以甚彼之辭○南軒張氏曰飽食而無所用心則放越而莫知其極凡惡之所由生也博奕雖不足道然方其爲之意專乎此比之放越而莫知其極者猶爲愈焉此章大抵言無所用心則長惡爲可畏耳○或問伊川嘗敎人靜坐若無所用心只靜坐可否雙峯饒氏曰靜坐時須主敬即是心有所用若不主敬亦靜坐不得心是活底物若無用則放僻邪侈無不爲己聖人說難矣哉所該甚廣[備旨]夫子儆人用心曰人生德業由勤心進修而後有成若飽食終日優游自安於凡當爲之事無所用其心將神昏志惰日流匪僻難矣哉其人乎不有博弈者乎博弈之事雖不可爲然爲之則必用其心猶賢於己而一無所用其心者甚矣心之不可無所用也

○子路ㅣ曰君子ㅣ尙勇乎ㅣ잇가 子ㅣ曰君子ㅣ義以爲上이니 君子ㅣ有勇而無義면 爲亂이오 小人이 有勇而無義면 爲盜ㅣ니라

子路ㅣ ᄀᆞᆯ오ᄃᆡ 君子ㅣ 勇을 尙ᄒᆞᄂᆞ니잇가 子ㅣ ᄀᆞᆯᄋᆞ샤ᄃᆡ 君子ㅣ 義로ᄡᅥ 上을 삼ᄂᆞ니

君子ㅣ勇이잇고義업스면亂을ᄒᆞ고小人이勇이잇고義업스면盜를ᄒᆞᄂᆞ니라

●尙、上之也、君子爲亂、小人爲盜、皆以位而言者也、尹氏、曰義以爲尙、則其爲勇也、大矣、子路。好去聲勇故、夫子。以此。救其失也、胡氏、曰疑此、子路、初見孔子時問答也。朱子曰子路之勇夫子屢箴誨之是其勇多有未是處若知勇於義爲大勇則不如此矣又其勇有見得到處便行將去如事孔悝一事却是見不到蓋不以出公之立爲非觀其謂正名爲迂斯可見矣又曰若是勇於義必不仕季氏○此章言君子者有三其上二者以德言也其對小人者則以位言耳○南軒張氏曰徒知勇之務至於犯義者有之尙義則義所當爲勇固在其中矣○慶源輔氏曰尙義而勇義理之勇也勇而無義血氣之勇也爲血氣所使而不以義理制之則其爲害隨所居而爲大小故在上則逆理而爲亂在下則肆欲而爲盜味子路之言有自負其勇之意而疑聖門或不以勇爲尙也若後來進德高必不復以此爲問矣[備旨]子路好勇故問於夫子曰天下之事惟勇足以任之君子亦尙勇乎夫子告之曰君子之人於義所當行則奮然而必行於義所當止則毅然而必止惟義爲上而已矣若勇則非所尙也何則有位之君子徒有其勇而無義以制之則必因其勇逆理犯分而爲亂無位之小人徒有其勇而無義以制之則必因其勇肆欲妄行而爲盜徒勇之弊一至於此此君子之所尙者在義而不在勇與

○子貢이曰君子ㅣ亦有惡乎ㅣ잇가子ㅣ曰有惡ᄒᆞ니惡稱人之惡者ᄒᆞ며惡居下流而訕上者ᄒᆞ며惡勇而無禮者ᄒᆞ며惡果敢而窒者ㅣ니라 惡去聲下同唯惡者之惡如字訕所諫反

子貢이ᄀᆞᆯ오ᄃᆡ君子ㅣ또ᄒᆞᆫ惡ᄒᆞᆷ이인ᄂᆞ니잇가子ㅣᄀᆞᆯᄋᆞ샤ᄃᆡ惡ᄒᆞᆷ이인ᄂᆞ니人의惡을稱ᄒᆞᄂᆞᆫ者를惡ᄒᆞ며下流의居ᄒᆞ야上을訕ᄒᆞᄂᆞᆫ者를惡ᄒᆞ며勇ᄒᆞ고禮업ᄉᆞᆫ者를惡ᄒᆞ며果敢ᄒᆞ고窒ᄒᆞᆫ者를惡ᄒᆞᄂᆞ니라

●訕、謗毀也、窒、不通也、稱人惡則無仁厚之意、下訕上則無忠敬之心、勇無禮

則爲亂、果而窒則妄作故、夫子、惡之、朱子曰勇是以氣加人故易至於無禮果敢是率然敢爲蓋果敢而不窒則所爲之事必當於理窒而不果敢則於理雖不通然亦未敢輕爲惟果敢而窒者則不論是非而率然妄作此聖人所以惡之也○問果敢與勇相類如何分別雙峯饒氏曰果敢卽前章之剛果敢屬性質勇屬血氣果敢者有學以開明之則不窒勇者有禮以節文之則不暴

[備旨]子貢問於夫子曰君子於人無所不愛不知亦有惡於人乎夫子曰好善惡惡人心之公君子雖以恕心容天下亦不能不以公心待天下惡誠有之也彼隱惡不揚仁厚之道也君子故於稱人之惡者惡之爲尊者諱忠敬之道也君子故於居下流而訕上者惡之勇而有禮勇斯大矣君子故於勇而無禮以節文之者惡之果而能通果斯善矣君子故於果敢而窒於理者惡之君子之所惡如此

曰賜也ㅣ亦有惡乎아惡徼以爲知者ᄒᆞ며惡不孫以爲勇者ᄒᆞ며惡訐以爲直者ᄒᆞ노이다 徼古堯反知孫並去聲訐居謁反

ᄀᆞᆯᄋᆞ샤ᄃᆡ賜ㅣ또ᄒᆞᆫ惡홈이인ᄂᆞ냐徼홈으로ᄡᅥ知를삼ᄂᆞᆫ者를惡ᄒᆞ며不孫으로ᄡᅥ勇을삼ᄂᆞᆫ者를惡ᄒᆞ며訐로ᄡᅥ直을삼ᄂᆞᆫ者를惡ᄒᆞ노이다

●惡徼以下、子貢之言也、徼、伺音笥察也、訐、謂攻發人之陰私、○楊氏、曰仁者、無不愛、則君子、疑若無惡矣、子貢之有是心也故、問焉、以質其是非、侯氏、曰聖賢之所惡、如此、所謂惟仁者、能惡人也、朱子曰夫子所惡以戒人子貢所惡以自警○南軒張氏曰君子者惟其愛人故惡稱人之惡者爲其薄也惟其順德故惡居下流而訕上者爲其逆也惟其循禮故惡勇而無禮者爲其陵犯也惟其達義故惡果敢而窒者爲其冥行也此惡不善之公心亦天下之通義也以子貢之有問恐其專以惡人爲心則反有害故又從而叩之子貢之惡惡其近似而害於知勇與直者也子貢惡乎此則所以檢身者抑可知矣○慶源輔氏曰楊氏說得子貢所以發問之意出侯氏說得聖賢不能無惡當於理之意明然夫子因子貢之問而又以賜也亦有惡乎發之使之得以盡其說又見聖人氣象從容誠意審密有以盡人之情如此○鄭氏曰子貢雖方人亦不從事於徼訐也疑與子路之問同時故問答雖切子貢方人之病而亦有諷子路之勇者稱惡訕上警子貢也徼訐子貢自警也至於勇而果敢則爲子路而

發夫聖賢之所惡如此惟仁者能惡人夫子以之惡不仁者其爲仁矣子貢有焉○雲峯胡氏曰聖賢之所惡若有不同然子貢所謂徼訐者因夫子所謂稱人之惡與訕上者而推之也所謂不遜者因夫子所謂無禮與窒者而言之也[備旨]夫子因問子貢曰君子固有惡矣不知賜也亦有惡乎子貢對曰賜亦有之彼明覺自然者智也賜則惡其徼焉而窺人動靜自以爲知者見義必爲者勇也賜則惡其不孫而犯上凌長自以爲勇者順理無私者直也賜則惡其訐焉而攻私發伏自以爲直者賜之所惡如此由夫子之惡凡人世徑行執己不循道理之事皆所必絕也由子貢之惡凡人世逞機用察不由本心之事亦皆所必絕也聖賢之所惡皆至公無私與

○子ㅣ曰唯女子與小人이爲難養也ㅣ니近之則不孫ᄒᆞ고遠之則怨이니라 近孫遠並去聲

子ㅣ ᄀᆞᆯᄋᆞ샤ᄃᆡ 오직 女子와 다ᄆᆞᆺ 小人이 養ᄒᆞ기 어려오니 갓가이ᄒᆞ면 孫티 아니ᄒᆞ고 멀니ᄒᆞ면 怨ᄒᆞᄂᆞ니라

●此小人、亦謂僕隷下人也、問何以知其爲僕隷下人朱子曰若爲惡之小人則君子遠之唯恐不嚴怨亦非所恤矣 君子之於臣妾、莊以莅之、慈以畜許六反之、則無二者之患矣、南軒張氏曰女子陰質小人陰類其所望於人者常深故難養知其難養如此則當思所以待之之道其惟和而有制與夫不惡而嚴乎○慶源輔氏曰此等雖有難養之情君子則有善養之道莊以莅之則禮有以消其不孫之心慈以畜之則仁有以弭其易怨之意莊慈其不近不遠之中道乎[備旨]夫子示人以御臣妾之道曰天下之人凡其近之而可以恩勝遠之而可以威勝者無不易養也惟女子之與小人雖曰使令自我駕馭自我而實爲難養也何則吾而親昵以近之也則彼玩心生而不孫於我矣吾而嚴厲以遠之也則彼懼心生而致怨於我矣夫近之不可遠之又不可此其所以難養也然則養之道奈何亦曰莊以涖之慈以畜之則可矣

○子ㅣ曰年四十而見惡焉이면其終也已니라 惡去聲

子ㅣ ᄀᆞᆯᄋᆞ샤ᄃᆡ 年이 四十이오 惡홈을 보면 그 ᄆᆞᄎᆞᆷ ᄯᆞᄅᆞᆷ이니라

●四十成德之時、見惡於人、則止於此而已、勉人及時、遷善改過也、蘇氏、曰亦有爲去聲下同而言、不知其爲誰也、問此章聖人立言之意固是勉人及時進德然鄉人之善者好之其不善者惡之苟有特立獨行之士不徇流俗衆必群嘲共罵何爲而不見惡學者亦不可不知也未知是否朱子曰見惡亦謂有可惡之實而得罪於能惡人者非不善者惡之之謂也○南軒張氏曰此又甚於四十無聞者有惡可惡又下於無善可聞也○吳氏曰終止也其終也已哀其不復有進也○厚齋馮氏曰人之血氣三十而壯四十而定過此則神日衰怠少能精進故古人以四十爲成德之時無聞見惡皆以是爲斷也蓋世有晚而知道者焉得而絕之故知其爲有爲之言○雙峯饒氏曰古人多說四十如四十不惑四十不動心四十五十無聞之類蓋至是血氣盛極將衰之年於此無成則亦已矣後生不可不痛自警省也【備旨】夫子勉人及時以有爲曰成德以四十爲期若年至於四十猶然有善不遷有過不改而見惡於人焉則漸向於衰而善之未遷者終不及遷過之未改者終不及改亦終於此而已矣蓋旣不能勵於四十之前又安有望於四十之後此君子所以貴及時以有爲也

原本備旨

論語集註卷之十七

原本備旨

論語集註卷之十八

微子第十八

此篇、多記聖賢之出處上聲凡十一章、

微子는去之ᄒᆞ고箕子는爲之奴ᄒᆞ고比干은諫而死ᄒᆞ니라

微子는去ᄒᆞ고箕子는奴ㅣ되고比干은諫ᄒᆞ야죽으니라

●微箕、二國名、子、爵也、微子、紂庶兄、箕子、比干、紂諸父伯叔父也、微子、見紂無道、去之、以存宗社、箕子比干、皆諫紂、殺比干、囚箕子、以爲奴、箕子、因佯音羊狂而受辱、史記宋世家微子者殷帝乙之首子而紂之庶兄也紂既立不明淫亂於政微子數諫不聽度終不可諫遂亡箕子者紂親戚也紂始爲象箸箕子歎曰彼爲象箸必爲玉盃爲玉盃則必思遠方珍怪之物而御之矣輿馬宮室之漸自此始不可振也紂淫泆箕子諫不聽乃被髮佯狂而爲奴王子比干者亦紂之親戚也見箕子諫不聽而爲奴則曰君有過而不以死爭則百姓何辜乃直言諫紂紂怒曰吾聞聖人心有七竅信有諸乎乃遂殺比干刳視其心微子曰父子有骨肉而臣主以義屬故父有過三諫不聽則隨而號之人臣三諫不聽則其義可以去矣於是遂行周武王伐紂克殷微子乃持其祭器造軍門於是武王乃釋微子復其位如故[備旨]昔殷紂無道微子諫之不聽則引其身而去之箕子諫之不聽因佯狂受辱而爲之奴比干盡力極諫觸其怒剖心而死是三人者或去或奴或死其行之不同如此

孔子ㅣ曰殷有三仁焉ᄒᆞ시니라

孔子ㅣ ᄀᆞᆯᄋᆞ샤ᄃᆡ殷에三仁이인ᄂᆞ니라

●三人之行、去聲不同、而同出於至誠惻怛當葛反之意故、不咈乎愛之理、而有以全其

心之德也、楊氏曰此三人者、各得其本心、故同謂之仁、問微子之去欲存宗社比干之死欲紂改行可見其至誠惻怛處不知箕子至誠惻怛何以見朱子曰箕子比干都是一樣心箕子偶然不衝著紂之怒不殺他然見比干恁地死若更死諫無益於國徒使君有殺諫臣之名他處此最難微子去却易比干一向諫死又却索性箕子在半上落下最是難處被他監繫在那裏不免佯狂所以易中特說箕子之明夷可見其難處故曰利艱貞晦其明也內難而能正其志箕子以之他外雖狂心則定也○或問按殷記微子先去比干乃諫而死然後箕子佯狂爲奴爲紂所囚蓋微子帝乙元子當以先王宗社爲重義當早去又決知紂之不可諫也故遂去之而不以爲嫌比干少師義當力諫雖知其不可諫而不可已也故遂以諫死而不以爲悔箕子見比干之死則知己之不可諫且不忍復死以累其上也見微子之去則知己之不必去且不忍復去以背其君也故佯狂爲奴而不以爲辱此可見三仁之所爲易地皆然或以爲箕子天畀九疇未傳而不敢死則其爲說迂矣同謂之仁者以其皆無私而各當理也無私故得心之體而無違當理故得心之用而不失此所以全心之德而同謂之仁歟史記三子之事與夫子此言先後不同者史所書者事之實此以事之難易爲先後耳○張氏庭堅曰死者非沽名生者非懼禍而引身以求去者非要利以忘君仁之所存義之所主其去就死生不在於一身而在於天下國家也○勉齋黃氏曰或問言仁與集註不同者先師言仁之義則固以心之德愛之理爲主矣言人之所以至於仁則以爲無私心而皆當理也或問之言指三子之所以至於仁而言也集註之言正指仁之義而言也然其曰不咈乎愛之理而有以全其心之德曰全曰不咈則或問之意亦在其中矣讀者默而識之可也○慶源輔氏曰愛之理分言之仁也心之德專言之仁也不咈乎愛之理指惻怛而言有以全其心之德指至誠而言也○厚齋馮氏曰三人者不特爲國大臣又有親屬之愛存焉使爲大臣而已也以道事君不可則止惟其有親屬之愛宗社存亡寔同休戚故或死或去或囚而不辭是以謂之仁○雙峯饒氏曰前二句門人因孔子殷有三仁一句却記上三事爲提頭然當時所記必有次序當箕子未奴比干未死時微子已有去志書曰我其發出狂吾家髦遜于荒箕子又勉其去曰詔王子出迪王子弗出我乃顚隮則微子之去在先無疑其次箕子之奴比干之死雖未知孰先孰後竊意箕子之諫必在先是時紂尙能容止囚奴之而已乃比干繼之則忿嫉已甚故竟殺之三人之行雖不同皆非有所爲而爲之也或問據史記殷紀以爲箕子之奴在比干既死之後次序與此不同疑當以論語爲正又曰集註於伯夷叔齊求仁得仁章曰合乎天理之正即乎人心之安於此則云不咈乎愛之理此處便有差等蓋合字即字是順說不咈則似有所咈而實無所咈且如微子是紂之兄箕子比干是紂之諸父皆同姓之親今或去或奴或諫死皆似傷乎愛之理然其本心只是愛君憂國皆有至誠惻怛之意故曰不咈乎愛之理中庸稱舜曰大德必得其名至武王只說不失天下之顯名蓋武王殺紂似乎失名其實不失○雲峯胡氏曰至誠惻怛蓋謂三仁愛君憂國皆非有所爲而爲也一有所爲而爲之則雖有惻怛之意而非出於至誠矣至誠者仁之存惻怛者仁之發集註特下不咈二字盖自上文不同字生來三子之行不同其跡似相違以去者爲仁則不去者似咈乎仁矣以死者爲仁則不死者似咈乎仁矣惟其皆有至誠惻怛之意則其去就死生雖不同而皆不咈乎愛之理即所以全其心之德也[備旨]孔子原其心而斷之曰殷有微子箕子比干之三臣者吾以爲三仁焉蓋其去以非忘君也以身存先世之統爲殷去也其奴非懼禍也以身俟吾主之悔爲殷奴也其死非沽名也以身挽社稷之墟爲殷死也迹雖不同而其愛君憂國之心同出於至誠惻怛之意一而已矣謂之三仁夫何愧哉吁夫子之言一出而三子之心始白天下之論始定矣

○柳下惠ㅣ爲士師ᄒᆞ야 三黜이어ᄂᆞᆯ 人이 曰子ㅣ未可以去乎아 曰直道而事人이면 焉往而不三黜이며 枉道而事人이면 何必去父母之邦이리오 三去聲焉於虔反

柳下惠ㅣ士師ㅣ되여셔 세번 黜ᄒᆞ여ᄂᆞᆯ 사ᄅᆞᆷ이 ᄀᆞᆯ오ᄃᆡ 子ㅣ可히ᄡᅥ 去티 몯ᄒᆞ랴 ᄀᆞᆯ오ᄃᆡ 道ᄅᆞᆯ 곧게ᄒᆞ야 사ᄅᆞᆷ을 셤기면 어ᄃᆡ가 세번 黜티 아니ᄒᆞ며 道ᄅᆞᆯ 구펴 사ᄅᆞᆷ을 셤기면 엇디 반ᄃᆞ시 父母의 邦을 去ᄒᆞ리오

● 士師、獄官、魯齋王氏曰舜命皐陶汝作士士之名始見於刑官周禮秋官司寇之屬有士師之職刑官曰士其長曰師故士師之下有鄉士遂士縣士方士訝士皆掌獄詞者 黜、退也

柳下惠、三黜不去、而其辭氣、雍容如此、可謂和矣、然、其不能枉道之意、則有確乎不可拔者、是則所謂必以其道、而不自失焉者也、○胡氏、曰此必有孔子斷丁亂反之之言而亾之矣、問柳下惠三黜雖可以見其必以其道而不失焉者然亦便有箇不恭底意思故記者以孔子兩事序於其後觀孔子之事則知下惠之事亦未得爲中道朱子曰也是如此惟是孟子說得好曰聖人之行或遠或近或去或不去歸潔其身而已矣下惠之行雖不比聖人合於中道然而歸潔其身則有餘矣○問柳下惠三黜而不去其言若曰苟以直道事人雖適他國終未免三黜若肯枉道事人自不至三黜又何必去父母之邦觀其意蓋自信其直道而行不以三黜爲辱也此其所以爲和而介歟若徒知其不去之爲

和而不知其所以三黜者之爲有守未足以議柳下惠也未知是否曰得之○或問柳下惠仕而屢黜黜而復仕至於三黜而又不去焉何也曰進不隱賢必以其道不以三公易其介所以屢黜而至於三降志辱身援而止之而止雖袒裼裸裎於我側不以爲浼所以黜而復仕旣三黜而遂不去也或曰惠知直道之必黜而不去然則其將枉道以事人乎曰不然也惠之意若曰我但能直道事人則固不必去魯而適他國矣其言泛然若無所指蓋和者之氣象如此而其道則固自信其不能枉道而事人矣是以三黜之後雖不屑去然亦意其遂不復仕故孔子列之於逸民之目○南軒張氏曰柳下仕則仕黜則黜而未嘗枉其道也若枉道則害於和之理矣至於孔子道不行父母之邦可以去而亦去雖周行天下而未嘗苟仕也則與下惠異矣此篇記柳下惠於三仁之後以明其趨之一下文又詳著孔子之事以見聖人之爲至矣如楚狂耦耕荷蓧之徒則陷於一偏而不足以知聖人者夷齊之下雖各得其道而未盡其至者終之以孔子之無可無不可蓋於是無以加矣此孟子集大成之意也○勉齋黃氏曰列二章於篇首以見古人出處不同亦各有義然後著孔子之事以見聖人之出處也○洪氏曰是時三家漸己用事其於獄必有以私意行之者禽不曲法以徇之所以三黜也然悅佞而惡直者天下皆是何必去哉○雙峯饒氏曰柳下惠謂直道事人焉往而不三黜是欺天下無一君之可事無一國之可往此便是他不恭處若夫子則歷聘侯國何嘗以天下爲無可有爲之人但辭氣雍容不迫而不枉道之意自在其中此所以爲聖之和也胡泳嘗云蚳鼃辭靈丘而請士師士師在邑宰之下官小可知惠三爲之不卑小官可見三黜亦想因諫諍刑罰不中而然○新安陳氏曰直道難容雖他國皆然枉道易合雖吾國亦可言終不能枉道以求合則姑守道而不去也其三黜不去雖見其和而不能枉道則不失其介可謂和而不流强哉矯者矣【備旨】柳下惠爲魯典獄之士師道不合至三黜而猶不去或人諷之曰君子之仕也合則留不合則去今子三黜不用尙未可去之他邦乎惠曰吾之所以三黜者爲吾事人以直道而不枉道耳惟以直道而事人則勢必難容焉往而不三黜雖去之他邦亦猶之吾魯也若以枉道而事人則勢必易合卽父母之邦可以仕矣何必舍此而去耶夫直道終不可貶枉道終不可爲此我所以三黜不去也子又何疑哉

○齊景公이待孔子曰若季氏則吾不能이어니와以季孟之間오로待之호리라ᄒᆞ고曰吾ㅣ老矣라不能用也ㅣ라혼대孔子ㅣ行ᄒᆞ시다

齊景公이孔子를待ᄒᆞ욤을ᄀᆞᆯ오ᄃᆡ만일季氏ㄴ則내能티몯ᄒᆞ려니와季孟ㅅ ᄉᆞ이로ᄡᅧ待호리라ᄒᆞ고ᄀᆞᆯ오ᄃᆡ내늘근디라能히ᄡᅳ디몯ᄒᆞ리로다혼대孔子ㅣ行ᄒᆞ시다

●魯三卿、季氏最貴、孟氏、爲下卿、孔子去之、事見形甸反世家、史記孔子世家齊景公復問政於孔子曰政在節財景公說音悅將欲以尼谿田封孔子晏嬰進曰夫儒者滑稽而不可軌法索隱曰滑謂亂也稽同也以言辯捷之人言非若是言是若非能亂同異也言儒者滑稽而不爲法度也倨傲自順不可以爲下崇喪遂哀破產厚葬不可以爲俗游說乞貸不可以爲國自大賢之息周室既衰禮樂缺有間索隱曰息者生也言上古大賢生則有禮樂至周室微而始缺有間也今孔子盛容飾繁登降之禮趨詳之節累世不能殫其學當年不能究其禮君欲用之以移齊俗非所以先細民也後景公敬見孔子不問其禮異日景公止孔子曰奉子以季氏吾不能以季孟之間待之齊大夫欲害孔子孔子聞之景公曰吾老矣弗能用也孔子遂行反乎魯 然、此言、必非面語音御孔子、蓋自以告其臣、而孔子、聞之爾、○程子、曰季氏、强臣、君待之之禮極隆、然、非所以待孔子也、以季孟之間、待之則禮亦至矣、然、復扶又反曰吾老矣、不能用也、故、孔子、去之、蓋不繫待之輕重、特以不用而去爾、慶源輔氏曰景公之言雖實而失於率易聖人德盛道尊見必加敬而盡禮況景公素知聖人者必不敢以是言而面瀆之所謂自以告其臣而孔子聞之之說當矣○趙氏曰苟以利心觀則必以爲聖人之去有繫乎待之輕重也故程子特釋之○厚齋馮氏曰此與其臣議所以處子之辭子魯人也故議以魯君所以待三卿者待之是時諸侯之賢而國勢富强者宜莫如齊之景公此子之所以願仕焉者也晏平仲得政已三世矣景公至魯與子語而說之其後子不得志於魯遂之齊景公數問政而說嬰之所深忌也所以欲害子而進間言也方責效於期月之間而嬰乃謂累世不能殫其學此景公所以謂吾老而不可俟也○新安陳氏曰景公初欲用孔子蓋本心之暫明終不能用乃蔽於私意之昏弱終於亂亡宜矣【備旨】昔孔子在齊齊景公與其臣私議待孔子之禮曰孔子魯人也彼固習見魯君所以待季孟之禮矣吾待孔子以上卿之禮若魯季氏則爲最隆而吾力不能若以待孟氏者待之則又太簡就中斟酌吾欲以季孟二者之間待之庶禮得其中而孔子可以留矣旣而又曰孔子之道當年莫究累世莫殫吾今年已老矣不能以有限之年用之而行其道也夫旣無待之之誠又無用之之意其不足與有爲可知矣孔子豈肯虛拘哉於是接淅而行蓋可以速而速也

○齊人이歸女樂이어늘季桓子ㅣ受之ᄒ고三日不朝ᄒ대孔子ㅣ行ᄒ시다

歸如字或作饋朝音潮

齊ㅅ사름이女樂을歸ᄒᆞ야늘季桓子ㅣ받고三日을朝티아니ᄒᆞᆫ대孔子ㅣ行ᄒᆞ시다

●季桓子、魯大夫、名、斯、按史記、定公十四年、孔子、爲魯司寇、攝行相(去聲)事、齊人、懼、歸女樂以沮、(在呂反)之、史記世家定公以孔子爲中都宰一年四方皆則之由中都宰爲司空由司空爲大司寇定公十四年孔子年五十六由大司寇攝行相事於是誅魯大夫亂政者少正卯與聞國政三月粥羔豚者弗飾賈男女行者別於塗塗不拾遺四方之客至于邑者不求有司(有司常供其職客求而有在也)皆予之以歸齊人聞而懼曰孔子爲政必覇覇則吾地近焉我爲之先幷矣盍致地焉犂鉏曰請先嘗沮之沮之不可則致地庸遲乎於是選齊國中女子好者八十人皆衣文衣而舞康樂文馬三十駟遺魯君陳女樂文馬於魯城南高門外季桓子微服往觀再三將受乃語魯君爲周道遊觀終日怠於政事子路曰夫子可以行矣孔子曰魯今且郊如致膰於大夫則吾猶可止桓子卒受齊女樂三日不聽政郊又不致膰俎於大夫孔子遂行 尹氏、曰受女樂、而怠於政事如此、其簡賢棄禮、不足與有爲、可知矣、新安陳氏曰於用孔子之時而如此簡賢也三日不朝棄禮也 夫子所以行也、所謂見幾(平聲)而作、不俟終日者與、音余此引易繫辭之語○問史記載魯今且郊如致膰于大夫則吾可以止設若致膰則夫子果止否朱子曰也須去只是不若此之速必別討一事故去且如致膰亦不是大段失禮處聖人但因此且求去爾○孔子於受女樂之後而遂行若言之似顯君相之過不言則己爲苟去故因膰肉不至而行則吾之去國以其不致膰爲得罪於君耳○南軒張氏曰去讒遠色賤貨而貴德所以勸賢也今好色而忘敬賢之心則道之不行可見矣是以去之○吳氏曰夫子嘗適齊矣己不能用及反而仕魯又沮人用之怠己而忘人愚不肖之通患也桓子受制陽貨四五年幾不免死一旦得脫虎口而與夫子從事此其發憤自强之日也而境順於前心即驕逸夫子方欲輔桓子以有爲而桓子所爲若是固不得不行也孟子曰孔子於季桓子見行可之仕此曰季桓子不朝孔子行其仕其行皆以桓子而定公徒擁虛名於其上也悲夫○雙峯饒氏曰魯受女樂夫子已有去志若遽然便去非惟顯君之過且中齊人之計適然魯郊又不致膰肉故因此微過遂不稅冕而行○齊人婦女樂只說箇歸字畢竟是歸其女樂於魯君相皆有之不是專獻於桓子三日不朝亦是君臣皆不朝緣當時辭受之權盡出於季氏想是他既自受又爲定公受之又曰樂女亦說得不一一說陳女樂於城南季桓子君臣共往觀之三日不朝一說召女樂而受之三日不朝這兩說不同然無可考證處未詳孰是○新安陳氏曰萃淫聲美色而爲一者女樂也爲國家禍其有甚於此哉 范氏、曰此篇、記仁賢之出處(上聲)而折中以聖人之行、(去聲)所以明中庸之道也、慶源輔氏曰仁謂三仁賢謂柳下惠及下章逸民之類夫子於齊魯非不欲仕亦未嘗必於仕但可仕則仕可止則止此所以爲中庸之道也接輿以下則未免於偏而過之矣 備旨 當定公時季桓子當國孔子爲魯司寇攝行相事三月而魯國大治齊人懼其將霸用犂鉏之計以女樂歸焉蓋以沮用賢之志也使執國政者察其謀而亟反之則齊人雖智安能間無欲之主哉夫何季桓子先微服往觀而語魯君受之由是君臣之間溺於聲色而怠於政事君不臨朝臣不往朝蓋二日焉夫方用賢之日而受女樂是簡賢也三日不朝是棄禮也其不足與有爲可知矣故孔子遂行蓋可以去則去也

○楚狂接輿ㅣ歌而過孔子曰鳳兮鳳兮여何德之衰오往者는不可諫이어니와來者는猶可追니已而已而어다今之從政者ㅣ殆而니라

楚앳狂인接輿ㅣ歌ᄒᆞ고孔子를過ᄒᆞ야ᄀᆞᆯ오ᄃᆡ鳳이여鳳이여엇디德이衰ᄒᆞ뇨往ᄒᆞᆫ者ᄂᆞᆫ可히諫티몯ᄒᆞ려니와來ᄒᆞᄂᆞᆫ者ᄂᆞᆫ오히려可히追ᄒᆞᆯ띠니마롤띠어다마롤띠어다이제政을從ᄒᆞᄂᆞᆫ者ㅣ殆ᄒᆞ니라

●接輿、楚人、佯狂避世、邢氏曰接輿姓陸名通昭王時佯狂不仕時人謂之楚狂 夫子、時將適楚故、接輿、歌而過其車前也、鳳、有道則見、形甸反 無道則隱、慶源輔氏曰鳳靈物也有道則見無道則隱鳳固然也至於無道而不隱則鳳之德衰矣然以此論君子守身之常法則可至於聖人體道之大權則又不可以此例論也○雙峯饒氏曰鳳世治則生亂則不生即是有道則見無道則隱之義蓋麟鳳皆不是有種之物惟聖王在上天地泰和所以元氣之會鍾爲麟鳳如鶴生鶴馬生龍駒之類 接輿、以比孔子、而譏其不能隱、爲德衰也、來者可追、言及今尙可隱去、已、止也、而、語助辭、殆、危也、接輿、蓋知尊夫子、而趨不同者也、慶源輔氏曰觀接輿之言旣比之以鳳而又疑其衰旣幸其或止而又慮其殆語意慇懃諄復是誠知尊聖人者矣然其所趨則在於絕人逃世以遠害全身而已其與聖人之心蓋不啻如氷炭白黑之不同也○胡氏曰趨不動者接輿有避世之心而無救世之志有堅持之操而無變通之學也 備旨 昔孔子將適楚楚狂接輿者歌而過孔子之車前曰鳳兮鳳兮有道則見無道則隱其爲德也盛矣今時何時而猶不隱是何其德之衰耶夫往者之不隱固不可諫而來者之當隱則猶可追也已而止之已而止之可以速隱矣今之天下無道其仕而從政者皆不免於危殆尙何栖栖而不隱乎夫尊之以鳳而又譏其德之衰諷之以去而又懼其禍之及是隱士與聖人之趨不同也

孔子ㅣ下ᄒᆞ샤欲與之言이러시니趨而辟之ᄒᆞ니不得與之言ᄒᆞ시다 辟去聲

孔子ㅣᄂᆞ리샤더브러말ᄒᆞ고져ᄒᆞ더시니趨ᄒᆞ야辟ᄒᆞ니시러곰더브러말ᄒᆞ디몯ᄒᆞ시다

●孔子下車、蓋欲告之以出處上聲之意、接輿、自以爲是故、不欲聞而辟之也、問楚狂接輿等伊川謂荷蓧稍高朱子曰以其尙可告語若接輿則全不可曉問當亂世必如孔子之才可以救世而後可以出其他亦何必出曰亦不必如此執定君子之仕行其義也亦不可一向滅跡山林然仕而道不行則當去耳○南軒張氏曰接輿之意蓋欲夫子隱居以避世耳觀其知鳳德之衰且辭氣舒暢不迫其爲人天資亦高矣故夫子意其可以告語而欲與之言其趨而辟蓋匿其聲跡而已[備旨]孔子聞其歌而知其爲隱者不以其所趨之異而棄之遂下車欲與之言蓋將其濟夫天下也乃接輿趨而避之若不欲聞其說者夫子遂不得與之言由此觀之豈非遯世之士與濟世之士其趨不同而不相爲謀也哉

○長沮桀溺이耦而耕이어늘孔子ㅣ過之ᄒᆞ실시使子路로問津焉ᄒᆞ신대 沮七余反 溺乃歷反

長沮과桀溺이耦ᄒᆞ야耕ᄒᆞ거늘孔子ㅣ過ᄒᆞ실석子路로ᄒᆞ여곰津을무ᄅᆞ라ᄒᆞ신대

●二人、隱者、耦、幷耕也、時、孔子、自楚反乎蔡、津、濟渡處、吳氏曰接輿書楚故沮溺丈人不復書楚蓋皆楚人○雙峯饒氏曰兩耜同隊而耕謂之耦耕[備旨]昔楚蔡間有隱士長沮桀溺二人者相與爲耦而耕孔子過其所耕之地將以濟渡而未知其處因使子路問津焉

長沮ㅣ曰夫執輿者ㅣ爲誰오子路ㅣ曰爲孔丘ㅣ시니라曰是ㅣ魯孔

丘與아 曰是也ㅣ시니라 曰是ㅣ知津矣니라 夫音扶 與平聲

長沮ㅣᄀᆞᆯ오ᄃᆡ輿에執ᄒᆞᆫ者ㅣ누고子路ㅣᄀᆞᆯ오ᄃᆡ孔丘ㅣ시니라ᄀᆞᆯ오ᄃᆡ이魯人孔丘가ᄀᆞᆯ오ᄃᆡ이시니라ᄀᆞᆯ오ᄃᆡ이津을아ᄂᆞ니라

●執輿、執轡在車也、蓋本子路、御而執轡、今下問津故、夫子、代之也、知津、言數音朔周流、自知津處、

[備旨]長沮不以津告乃指孔子問曰夫執轡而在車與者其人爲誰子路曰爲孔丘其人也長沮曰爾所謂孔丘者是魯國之孔丘與子路曰是也長沮遂譏之曰在他人容有不知津者旣爲魯國孔丘則爲東西南北之人也無不至之國亦無不至之津是知津矣長沮此言蓋託辭以拒子路實譏夫子之不隱也

問於桀溺ᄒᆞᆫ대 桀溺이 曰子ㅣ爲誰오 曰爲仲由ㅣ로라 曰是ㅣ魯孔丘之徒與아 對曰然ᄒᆞ다 曰滔滔者ㅣ天下ㅣ皆是也ㅣ니 而誰以易之리오 且而ㅣ與其從辟人之士也론 豈若從辟世之士哉리오ᄒᆞ고 耰而不輟ᄒᆞ더라 徒與之與平聲 滔吐刀反 辟去聲 耰音憂

桀溺의게물은대桀溺이ᄀᆞᆯ오ᄃᆡ子ㅣ누고ᄀᆞᆯ오ᄃᆡ仲由ㅣ로라ᄀᆞᆯ오ᄃᆡ이魯人孔丘의徒가對ᄒᆞ야ᄀᆞᆯ오ᄃᆡ그러ᄒᆞ다ᄀᆞᆯ오ᄃᆡ滔滔ᄒᆞᆫ者ㅣ天下ㅣ다이니눌로더브러易ᄒᆞ리오ᄯᅩ네그사ᄅᆞᆷ辟ᄒᆞᄂᆞᆫ士를조ᄎᆞᆷ으로더브러론엇디世ㅣ辟ᄒᆞᄂᆞᆫ士를조ᄎᆞᆷᄀᆞᆮᄐᆞ리오ᄒᆞ고耰ᄒᆞ고그치디아니ᄒᆞ더라

●滔滔、流而不反之意、以、猶與也、言天下皆亂、將誰與變易之、而、汝也、辟人、謂

孔子、辟世、桀溺自謂、耰、覆敷救反種上聲也、新安倪氏曰韻會註布種後以耰摩田使土開處復合以覆種亦不告以津處、南軒張氏曰謂當世滔滔一律誰肯以夫子之道易己所爲言其徒勞耳○慶源輔氏曰桀溺以夫子爲辟人而天下皆滔滔不反則人無一不可避者故絕人逃世以爲潔而自謂其能避世○雙峯饒氏曰言擧世趨於不善今雖欲易之無可與爲善之人也【備旨】子路既不得於長沮又問津於桀溺桀溺亦不以津告乃問曰子爲誰子路曰我爲仲由也桀溺曰既爲仲由是魯孔丘之徒與子路對曰然桀溺乃責之曰孔丘周流其意豈謂天下猶有可易耶今滔滔日趨於亂者天下皆是也雖欲變亂爲治而上無可與之君下無可與之民固亦末之何矣將誰與變易之夫既無以變易則周流亦何爲也且而與其從辟人之士於此不可則去之彼而徒勞無益也豈若從辟世之士忖理亂於不知而優游自樂哉於是耰而不輟若不喻其問津之意焉

子路ㅣ行ᄒᆞ야以告ᄒᆞᆫ대夫子ㅣ憮然曰鳥獸는不可與同羣이니吾ㅣ非斯人之徒를與ㅣ오而誰與ㅣ리오天下ㅣ有道ㅣ면丘ㅣ不與易也ㅣ니라 憮音武與如字

子路ㅣ行ᄒᆞ야뻐告ᄒᆞᆫ대夫子ㅣ憮然ᄒᆞ야ᄀᆞᆯᄋᆞ샤ᄃᆡ鳥獸는可히더브러同羣티몯ᄒᆞᆯ꺼시니내이사ᄅᆞᆷ의徒를與티아니ᄒᆞ고누를與ᄒᆞ리오天下ㅣ道ㅣ이시면丘ㅣ더브러易디아니ᄒᆞᆯ떠니라

●憮然、猶悵然、惜其不喻己意也、言所當與同羣者、斯人而已、豈可絕人逃世、以爲潔哉、天下、若已平治、去聲則我無用變易之、正爲去聲天下無道故、欲以道易之耳、程子曰桀溺言天下衰亂無道者滔滔皆是也孔子雖欲行其敎而誰可以化而易之孔子言如使天下有道我則無所治不與易之也今所以周流四方爲時無道故也○慶源輔氏曰天之生聖賢欲其平治天下者理之常也其或雖

生聖賢而未欲平治天下者理之變也然旣曰聖賢則必以天地之常者爲心而其所以平治天下之道又備盡於己擧而措之易亂爲治易危爲安固必有自然之應而天果未欲平治天下也則亦安於理而己若天下旣己平治則亦何用聖人以易之哉○新安陳氏曰溺沮以賢人自守之心而量聖人濟世之心宜其不足以知聖人也 ○程子、曰聖人、不敢有忘天下之心故、其言、如此也、張子、曰聖人之仁、不以無道、必天下而棄之也、 朱子曰說聖人無憂世之心固不可謂聖人視一世未治常恁地戚戚憂愁無聊過日亦非也但要出做不得又且放下其憂世之心要出仕者聖人愛物之仁至於天命未至亦無如之何○雲峯胡氏曰聖人不敢有忘天下之心則沮溺忘天下者也聖人之仁不以無道必天下而棄之則沮溺棄天下者也仁者以天地萬物爲一體民胞物與何忍忘之又何忍棄之於此見沮溺之爲忍聖人之爲仁沮溺之爲過聖人之爲中歟【備旨】子路於是遂行以沮溺之言告夫子夫子聞之惜其不喩己意憮然興歎曰彼謂與其從辟人不若從辟世是謂斯世之人皆不可與同羣也不知鳥獸異類旣不可與同羣則所當與同羣者斯人而已吾非斯人之徒與而誰與哉彼謂天下無道誰與易之不知若天下有道則丘不用變易之矣丘之栖栖不息欲以道易之者正爲天下無道故也滔滔之說彼何其不諒吾之心也耶

○子路ㅣ從而後ㅣ러니 遇丈人이 以杖荷蓧ᄒᆞ야 子路ㅣ問曰子ㅣ見夫子乎아 丈人이 曰四體를 不勤ᄒᆞ며 五穀을 不分ᄒᆞᄂᆞ니 孰爲夫子오ᄒᆞ고 植其杖而芸ᄒᆞ더라 蓧徒吊反、植音値

子路ㅣ從ᄒᆞ야後ᄒᆞ얏더니丈人이杖으로ᄡᅥ蓧메니를만나子路ㅣ물어ᄀᆞᆯ오ᄃᆡ子ㅣ夫子를보냐丈人이ᄀᆞᆯ오ᄃᆡ四體를勤티아니ᄒᆞ며五穀을分티몯ᄒᆞᄂᆞ니뉘夫子오ᄒᆞ고그杖을植ᄒᆞ고芸ᄒᆞ더라

● 丈人、亦隱者、蓧、竹器、分、辨也、五穀不分、猶言不辨菽麥爾、左傳成公十八年晉厲書中行偃使程滑弑

公使荀罃士魴逆周子于京師而立之悼公周也生十四年矣周子有兄無慧不能辨菽麥故不可立菽大豆也豆麥殊形易別故以爲癡者之候不慧蓋世所謂白癡 責其不事農業、而從師遠遊也、植、立之也、芸、去上聲草也、

備旨 昔夫子自楚反蔡子路從之而偶相失在後適遇高年之丈人以杖荷其蓧而來子路迎而問曰子曾見吾夫子乎丈人知子路爲從孔子遊者乃正言責之曰今之時固稼穡食力時也汝於四體則不勤於耕於五穀亦不分其類而徒然從師遠遊顧問夫子於我我安知行路之人孰爲爾之夫子乎於是植其杖而芸更不答他

子路ㅣ拱而立ᄒᆞᆫ대

子路ㅣ拱ᄒᆞ고立ᄒᆞᆫ대

● 知其隱者、敬之也、備旨 乃子路聞丈人之言遂拱而立以敬之蓋不敢以待己之倨而亦以倨待之也

止子路宿ᄒᆞ야殺雞爲黍而食之ᄒᆞ고見其二子焉이어늘明日에子路ㅣ行ᄒᆞ야以告ᄒᆞᆫ대子ㅣ曰隱者也ㅣ로다ᄒᆞ시고使子路로反見之ᄒᆞ시니至則行矣러라

食音嗣見賢遍反

子路를止ᄒᆞ야재여鷄를殺ᄒᆞ며黍를爲ᄒᆞ야먹키고그두아ᄃᆞᆯ을뵈여ᄂᆞᆯᄇᆞᆰᄂᆞᆫ날애路子ㅣ行ᄒᆞ야ᄡᅥ告ᄒᆞᆫ대子ㅣᄀᆞᆯᄋᆞ샤ᄃᆡ隱者ㅣ로다ᄒᆞ시고子路로ᄒᆞ여곰反ᄒᆞ야보라ᄒᆞ시니至ᄒᆞᆫ則行ᄒᆞ얏더라

● 孔子、使子路反見之、蓋欲告之以君臣之義、而丈人、意子路必將復扶又反來故、先去之、以滅其跡、亦接輿之意也、備旨 丈人於是止子路宿於其家殺雞爲黍而食之野人之供具可謂優厚矣復見其二子焉敬長之儀文可謂有禮矣夫丈人前倨而

後恭若此固有感於子路之敬亦以示避世之爲可樂也

子路ㅣ曰不仕ㅣ無義ᄒᆞ니長幼之節을不可廢也니君臣之義를如之何其廢之리오欲潔其身而亂大倫이로다君子之仕也는行其義也니道之不行은已知之矣시니라 長上聲

子路ㅣ굴오ᄃᆡ仕티아니홈이義ㅣ업ᄉᆞ니長幼의節을可히廢티몯ᄒᆞ거니君臣의義를엇디그廢ᄒᆞ리오그몸을潔코쟈ᄒᆞ야큰倫을亂ᄒᆞᄂᆞᆺ다君子의仕홈은그義를行홈이니道의行티몯홈은이믜아ᄅᆞ시ᄂᆞ니라

●子路、述夫子之意如此、慶源輔氏曰夫子所以使子路反見之豈徒然哉必有以也而丈人絶人逃世藐然不復知有君臣之義則夫子之欲告之宜莫先於此也觀子路所述夫子之意固可見矣○趙氏曰子路所言雖未可卽以爲夫子之語然使之反見則必授以見之之意矣故知其述夫子之意無疑也 蓋丈人之接子路、甚倨、居御反 而子路、益恭、慶源輔氏曰此亦子路學力之所至 丈人、因見其二子焉、則於長幼之節、固知其不可廢矣、故、因其所明、以曉之倫序也、人之大倫、有五、父子有親、君臣有義、夫婦有別、長幼有序、朋友有信、是也、新安陳氏曰大倫備於五者此所謂潔身而亂大倫只是說廢君臣之大倫 仕、所以行君臣之義故、雖知道之不行、而不可廢、然、謂之義、則事之可否、身之去就、亦自有不可苟者、是以、雖不潔身以亂倫、亦非忘義以徇祿也、新安陳氏曰潔身亂倫沮溺丈人之儔過乎中庸者也忘義徇祿苟仕饕富貴之徒不及乎中庸者也 福州、有國初時寫本、路下、有反子二字、新安陳氏曰朱子嘗爲福之同安簿意必自見此寫本也 以此、爲子路反、而夫子言之也、未知

是否、問集註云仕所以行義末云亦非忘義以徇祿似是兩意朱子曰只是一意纔說義便是總去就都說道合
則從不合則去即是此義惟是出仕方見得不仕便無了這義聖人憂世之心固是急欲得君行道到靈公
問陳遂行景公不能用又行桓子受女樂又行無一而非義○或問道之不行矣而徒仕可乎曰仕所以行義也義
則有可不可矣義合而從則道固不患於不行不合而去則道雖不行而義亦未嘗廢也是以君子雖知道之不行
而未嘗不仕然亦未嘗懷私徇祿而苟於仕也由此觀之道義之未嘗相離亦可見矣○君子之仕也行其義也義
便有進退去就在裏如丈人直是截斷只見一邊○南軒張氏曰丈人見二子是長幼之節不可得而廢也既不可
廢則夫君臣之義又烏得以廢之乎彼蓋欲潔其身而不知亂倫之害於人道爲大也君子之仕豈爲他哉行吾義
而已道之不行君子豈不知乎而汲汲於斯世者固有不可以已者也○慶源輔氏曰丈人之接子路雖倨而子路
益恭丈人因見其二子蓋因子路之敬長有以感發其心而知長幼之節不可廢耳夫長幼之節君臣之義皆天叙
之典人之所不能無也丈人知長幼之節不可廢而不知君臣之義不可廢是其心必有所蔽故一得一失或明或
暗而不自知其然也聖人於此因其所明而曉之○君臣之義雖本乎天而具乎我者也道雖存乎我而其行止則
繫乎天者也具乎我者不可廢而繫乎天者則非敢必也故孔子雖卒老于行而終不敢深藏固閉以自潔而廢君
臣之義然義之爲言宜也既曰義則事便有可否身便有去就可則就之否則去之固有截然不可移易者故聖人
之法君子之行既不可以潔身而亂倫如隱者之爲亦不可以忘義而徇祿如世俗之仕者也○雙峯饒氏曰前章
說天下有道不與易可見聖人救世之仁此章說君臣之倫不可廢可見聖人出仕之義問行其義與道之不行道
義如何分曰只一般道指全體言義指一事言如父子親君臣義至朋友信總言皆道也聖人之道行於天下則人
人共由此道如義只是君臣有義一件而已然道必遇賢君而後行義
則是我自家行底孔子雖知當時道之不行而自家却不可不行其義

○范氏、曰隱者、爲高故、往而不返、仕者、爲通故、溺而不止、不與鳥獸同羣、則決性命之情、以饕音叨富貴、莊子駢拇篇不仁之
人決性命之情而饕富貴 決破壞也貪財曰饕○雙峯饒氏曰爲是作爲之爲隱者事要做那高尚底事所以甘於
長往而不返仕者專要做那通達底事所以溺於下流而不止也爲高者絕物忘世爲通者患得患失二者皆非中
道決如決水壞了堤防便走了水性原於命發爲情皆天理發見出來者所以謂之性命
之情若心貪溺於富貴必壞了性所發爲四端之情如決去水之隄防如何留得水住

此二者、皆惑也、是以、依乎中庸者爲難、惟聖人、不廢君臣之義、不潔身以亂倫而必以其正、不忘義而徇祿所以或出或處、上聲而終不離去聲於道也、
道即中庸之道○問接輿歌而過孔子蓋欲以諷切孔子孔子欲與言之則
趨而避之孔子使子路問津於長沮桀溺固將有以發之而二人不答所問

傲然有非笑孔子之意至於荷蓧丈人知子路之賢則止子路宿殺雞爲黍而食之見其二子焉其親之厚之如此孔子使子路反見之則先去而不願見矣數子者若謂其無德而隱則佯狂耕耘以避亂世澹然不以富貴利達動其心而確然自信不移若有所得者若謂其無故而隱則危邦濁世道既不行亦未見其必可以仕也特其道止於歸潔其身而不知聖人所謂仕止久速者知所謂無可者矣而未知所謂無不可者也故其規模氣象不若聖人之正大若以索隱行怪視之恐意未知是否朱子曰無道而隱如遽伯玉柳下惠可也被髮佯狂則行怪矣沮溺荷蓧亦非中行之士也○勉齋黃氏曰列接與以下三章於孔子之後以明夫子雖不合而去然亦未嘗恝然忘世所以爲聖人之出處也然即三章讀之此見四子者律以聖人之中道則誠不爲無病然味其言觀其容止以想見其爲人其淸風高節猶使人起敬起慕彼於聖人猶有所不滿於心如此則其視世之貪利祿而不知止者不啻若犬彘耳是豈非當世之賢而特立者歟以子路之行行而拱立丈人之側若子弟然豈非其眞可敬故歟嘗謂若四人者惟夫子然後可以議其不合於中道未至於夫子者未可以妄議也貪祿嗜利之徒求以自便其私亦借四子而詆之欲以見其不可不仕多見其不知量也○雙峯饒氏曰勉齋此段發集註之未發四子皆賢人他纔見世亂便以避世爲高是甚次第但孔子之意則又謂當此世若人人如此避世天下誰與治者故不得不行其義勉齋又嘗云在今日救世之道正當扶起沮溺等人此眞名言○雲峯胡氏曰接與沮溺丈人章首冠以楚狂二字皆楚之狂者也狂者志行之過集註此篇之末謂夫子於此四人有惓惓接引之意在陳之歎蓋亦如此然魯之狂士何幸而得在聖人陶冶之中楚之狂者又何不幸而自棄於聖人造化之外也哉【備旨】及止宿之明日子路行及夫子以丈人所責之辭所接之禮而備告於夫子夫子聞而歎之曰此賢而隱者也惜不明出處之大道耳因使子路反見之蓋欲挽之以共濟天下也而丈人逆知子路之復來故先去之及子路至則己行矣子路因述夫子之意而言於其家曰君臣之義無所逃於天地之間故仕則義行而不仕則無義矣夫長幼之節君臣之義均不容以偏廢者向者見我以二子則長幼之節既知其不可廢也至於君臣之義如之何其獨廢之是欲潔其一身之小節而不知亂乎君臣之大倫也亦未觀之君子耳彼君子之惓惓於仕也豈貪位慕祿乎哉正以君臣之義不可廢故出而行其以臣事君之義也若夫道之不行固己知之早矣豈可諉於道之不行而遂絕人逃世以廢此義哉子路述夫子之意如此而惜乎趨之不同也

○逸民은 伯夷와 叔齊와 虞仲과 夷逸과 朱張과 柳下惠와 少連이니라

少去聲下同

逸ᄒᆞᆫ民은伯夷와叔齊와虞仲과夷逸과朱張과柳下惠와少連이니라

●逸、遺、逸民者、無位之稱、虞仲、卽仲雍、與泰伯、同竄荊蠻者、夷逸朱張、不見形甸反下同經傳、去聲少連、東夷人、備旨記者因夫子品第夷齊以下七人之行故先紀其人曰古之人有以逸民稱者七人曰伯夷曰叔齊曰虞仲曰夷逸曰朱張曰柳下惠曰少連之七人者立心制行雖異而以賢見逸於世則同故皆謂之逸民也

子ㅣ曰不降其志ᄒᆞ며不辱其身은伯夷叔齊與ㄴ뎌與平聲

子ㅣ ᄀᆞᆯᄋᆞ샤ᄃᆡ 그 ᄠᅳᆺ을降티 아니ᄒᆞ며 그 몸을辱디 아니홈은伯夷와叔齊ㄴ뎌

●新安陳氏曰非其君不事不降志可見不立惡人之朝不辱身可見備旨夫子嘗稱贊而論列之曰逸民中有立志之高不肯少屈於人持身之潔不肯少汚於世者其惟伯夷叔齊與此特立獨行之士蓋淸而逸者乎

謂柳下惠少連ᄒᆞ샤ᄃᆡ降志辱身矣나言中倫ᄒᆞ며行中慮ᄒᆞ니其斯而已矣니라中去聲下同

柳下惠와少連을닐ᄋᆞ샤ᄃᆡ ᄠᅳᆺ을降ᄒᆞ며몸을辱ᄒᆞ나말이倫에마ᄌᆞ며行이慮에마ᄌᆞ니그이ᄯᆞ름이니라

●柳下惠事、見上、李氏曰惠不辭小官降志也不羞汙君辱身也倫、義理之次第也、慮、思慮也、中慮、言有意、義合人心、少連事、不可考、然、記、稱其善居喪、三日不怠、三月不解、居隘反朞悲哀、三年憂、記雜記下孔子曰少連大連善居喪三日不怠三月不解朞悲哀三年憂東夷之子也言其生於夷狄而知禮也則行之中慮、亦可見矣、慶源輔氏曰慮對倫而言倫是義理次第則慮亦人之正思慮也中倫謂所言合倫理中慮謂所行當人心人心乃人之公心卽義理所在也或以謂中我之思慮者誤矣○雙峯饒氏曰降志辱身行似卑汙但其言中倫行中慮異乎他人之降志辱身

所可取者如此而已矣使不中倫慮則降志辱身便不好了【備旨】謂柳下惠少連不擇君而仕降其志矣不相時而出辱其身矣但其所言者則中乎義理之倫次其所行者則中乎人心之思慮蓋雖降志而不枉己雖辱身而不求合則惠連之所可取者在斯中倫中慮而已矣玆非和而逸者乎

謂虞仲夷逸ᄒᆞ샤ᄃᆡ **隱居放言**ᄒᆞ나 **身中淸**ᄒᆞ며 **廢中權**이니라

虞仲과夷逸을닐ᄋᆞ샤ᄃᆡ隱居ᄒᆞ야말ᄉᆞᆷ을放ᄒᆞ나몸이淸에마ᄌᆞ며廢ㅣ權에마ᄌᆞ니라

●仲雍、居吳、斷（音短）髮文身、裸（力果反）以爲飾、（左傳襄公七年子貢曰泰伯端委以治周禮仲雍嗣之斷髮文身羸以爲飾）隱居獨善、合乎道之淸、放言自廢、合乎道之權、（慶源輔氏曰仲雍退處句吳以獨善其身所以合乎道之淸淸卽伯夷之淸也放言自示其不可用所以合乎道之權放）言雖無所考然觀其斷髮文身之爲則放言自廢固宜有之○雙峯饒氏曰中淸中權是合道理底淸權故集註皆以合道釋之【備旨】謂虞仲夷逸隱居以遯世行未必中慮矣放言而無忌言未必中倫矣然其隱居而身不汚也有合於道之淸放言以示自廢也有合於道之權蓋雖潔身而未嘗亂倫雖高蹈而未嘗害義矣玆非放而逸者乎

我則異於是ᄒᆞ야 **無可無不可**호라

나ᄂᆞᆫ이에달라可홈도업ᄉᆞ며可티아니홈도업소라

●孟子、曰孔子、可以仕則仕、可以止則止、可以久則久、可以速則速、所謂無可無不可也、（南軒張氏曰無可者不以可爲主也無不可者不以不可爲主也夫子之心當可則可當不可則不可其曰無者言其不存乎心也若夷齊之心則未免有不可下惠少連則未免有可也○致堂胡氏曰無可無）不可以五字成文當渾全以會其意不當分析以求其義設有人焉絕世離俗無一可者有是理乎行之而善亦孤介一隅之士耳設有人焉和光同塵無一不可者有是理乎行之而善亦委隨苟合之人耳聖人無可而無不可則非固也聖人無不可而無可則非流也言之如平常行之實未易聖人從容中道無所偏倚德盛仁熟自然發諸言語者如此○雙峯饒氏曰方其事未定之時則此心無可無不可及其事己斷之後則有可有不可矣○

謝氏、曰七人、隱遯不汙則同、其立心造行（去聲）則異、伯夷叔齊、天子、不得臣、諸侯、不得

友、蓋已遯世離去聲羣矣、下聖人一等、此其最高與、音余○雙峰饒氏曰夷齊遯世離羣與沮溺之徒不同遯國而逃父子兄弟之倫厚矣其諫伐而餓君臣之倫厚矣此便見他不是全然忘世底人 柳下惠少連、雖降志而不枉己、雖辱身而不求合、其心、有不屑也故、言能中倫、行能中慮、虞仲夷逸、隱居放言、則言不合先王之法者多矣、然、淸而不汙也、權而適宜也、與方外之士、害義傷敎、而亂大倫者、殊科、是以、均謂之逸民、慶源輔氏曰遯世離羣出乾卦文言伯夷惟於淸之一德極於聖耳他固有未盡也故曰下聖人一等然視數子之性行則固爲高矣隱居則非君子庸行然身中乎淸而不汙然不汚而已去伯夷之淸則有逕庭矣放言雖不合先王之法然自廢則中乎權而得宜權而得宜則權不失正也方外之士蓋指接輿沮溺丈人之徒然此兩言實出莊子所謂遊方之外不可拘於禮法也故其弊必至於害君臣之義傷先王之敎而賊亂人之大倫也 尹氏、曰七人、各守其一節、而孔子、則無可無不可、所以常適其可、而異於逸民之徒也、新安陳氏曰常適其可如學記當其可之謂時之可謂合乎理之當然也 楊雄、曰觀乎聖人、則見賢人、是以、孟子、語夷惠、亦必以孔子斷丁亂反之、南軒張氏曰七人者皆爲逸民而制行則異亦有深淺固不同也不降其志不辱其身其淸之至與下惠少連雖立於惡人之朝未免乎降志辱身然道則未嘗枉也故言不失於倫理而行不違其思慮此所謂由由然與之偕而不自失者也至於虞仲夷逸則又其次也放言謂其言放而不拘也異乎中倫者矣然而其持身亦合於淸者之所爲而其退而廢也亦非索隱行怪之爲有合於權爲可取也若夫孔子之無可無不可則異乎七子者之撰矣 備旨 夫七人之行如是是其所不爲者皆其心之有所不可也其所爲者皆其心之有所可也若我則異於是也當可則可當不可則不可可與不可蓋不存乎心也我其爲逸民否耶

○大師摯ᄂᆞᆫ適齊ᄒᆞ고 大音泰 摯音志

大師ㅣ 언摯ᄂᆞᆫ齊에適ᄒᆞ고

註 大師、魯樂官之長、去聲摯、其名也、備旨 魯自夫子正樂之後一時諸伶官皆識樂之正及魯事日非三桓僭越彼樂官之長太師名摯者則去魯而適齊焉及太師既去而相率以行者不一其人矣

亞飯干은 **適楚**ᄒᆞ고 **三飯繚**는 **適蔡**ᄒᆞ고 **四飯缺**은 **適秦**ᄒᆞ고 飯扶晩反 繚音了

亞飯이언干은楚에適ᄒᆞ고三飯이언繚는蔡에適ᄒᆞ고四飯이언缺은秦에適ᄒᆞ고

●亞飯以下、以樂侑食之官、周禮春官大司樂王大食三宥皆令奏鐘鼓 註大食朔日與月半以樂宥食時也宥勸也 干、繚、缺、皆名也、朱子曰白虎通曰王者平旦食晝食晡食暮食凡四飯諸侯三飯大夫再飯故魯之師官自亞飯以下盖三飯也○齊氏曰魯諸侯故止三飯然不言一飯豈周公錫天子樂而魯僭之孔子正樂而去其一邪記者起數以亞其仍魯之舊以見其昔之僭邪○厚齋馮氏曰天子諸侯皆以樂侑食每食樂章各異各有樂師 備旨 由是以樂而侑亞飯之食者名干因太師之去而亦適楚焉以樂而侑三飯之食者名繚因太師之去而亦適蔡焉以樂而侑四飯之食者名缺因太師之去而亦適秦焉雖其所適之國不同而其潔身之志一太師之志也

鼓方叔은 **入於河**ᄒᆞ고

鼓ᄒᆞᄂᆞᆫ方叔은河에入ᄒᆞ고

●鼓、擊鼓者、方叔、名、河、河內 備旨 樂必有鼓司擊鼓之官而名方叔者亦因太師之去而入於河焉

播鼗武는 **入於漢**ᄒᆞ고 鼗徒刀反

鼗를播ᄒᆞᄂᆞᆫ武ᄂᆞᆫ漢에入ᄒᆞ고

●播、搖也、鼗、小鼓、兩旁有耳、持其柄而搖之、則旁耳、還自擊、武、名也、漢、漢中、備旨 樂必有鼗司播鼗之官而名武者亦因太師之去而入於漢焉

少師陽과 **擊磬襄**은 **入於海**ᄒᆞ니라 少去聲

少師ㅣ언陽과磬을擊ᄒᆞᄂᆞᆫ襄은海에入ᄒᆞ니라

●少師、樂官之佐、陽襄、二人名、襄、卽孔子所從學琴者、海、海島也、史記世家孔子學鼓琴師襄子十日不進師襄子曰可以益矣孔子曰丘已習其曲矣未得其數也有間曰已習其數可以益矣孔子曰丘未得其志也有間曰已習其志可以益矣孔子曰丘未得其爲人也有間曰有所穆然深思焉有所怡然高望而遠志焉曰丘得其爲人黯然而黑頎然而長眼如望羊望羊視也如王四國非文王其誰能爲此也師襄子避席再拜曰師蓋云文王操也○此、記賢人之隱遁、以附前章、然、未必夫子之言也、末章放上聲此、張子、曰周衰樂廢、夫子、自衛反魯、一嘗治之、其後伶音靈人、賤工、識樂之正、及魯益衰、三桓僭妄、自大師以下、皆知散之四方、逾河蹈海以去亂、聖人、俄頃之助、功化如此、如有用我、期月而可、豈虛語哉、勉齋黃氏曰列此於逸民之後以嘆魯之末世決不可以復仕也○慶源輔氏曰自太師而下皆傷時之衰禮樂僭妄去而辟難者故以記逸民之後○潛室陳氏曰上失其道下擅其權大義不明正論不行則禮樂不可作今也魯既衰矣三家强僭王綱爲之掃地生民且塗炭矣若是固可以作禮樂乎夫既不可以作樂禮則太師以下諸官尚可以擧其職乎夫既不可以擧其職安得不散之四方逾河蹈海以去亂乎○雙峯饒氏曰賢者仕於伶官已是衰世之事到夫子時伶官亦不可仕想是時專尚淫哇之樂正樂不行是以皆散之四方○汪氏曰記此篇者先齊歸女樂後此章不無微意蓋魯之君臣惑溺於女樂樂官失職盡無所用矣奔迸駭散無一人留樂工皆去樂音絶矣夫子初心欲定禮樂以示來世乃廢絶如此此章所記雖若汎及其實深有感也夫○新安陳氏曰魯末樂崩賢人而隱於樂官者皆散之四方魯之衰微可知矣夫子自衛反魯而正樂故師摯之始有洋洋盈耳之盛彼一時也及其末年而樂衰故自師摯之去諸賢皆有望望潔身之高此一時也諸賢之去固見魯政衰微之極然諸賢知出處之義而能去亦見夫子道化之功也【備旨】至於樂官之佐爲少師而名陽與夫擊磬之官而名襄者亦因太師之去而入於海焉雖所入之地不同而其避亂之心一太師之心也噫樂官去而樂存固夫子正樂之功然而魯其衰矣

○周公이 謂魯公曰 君子ㅣ 不施其親ᄒᆞ야 不使大臣으로 怨乎不以ᄒᆞ며 故舊ㅣ 無大故則不棄也ᄒᆞ며 無求備於一人이니라

周公이魯公다려닐어골ᄋᆞ샤ᄃᆡ君子ㅣ그親을施티아니ᄒᆞ며大臣으로ᄒᆞ여곰ᄡᅳ디아니홈을怨케아니ᄒᆞ며故舊ㅣ大故ㅣ업거든棄티아니ᄒᆞ며一人의게備홈을求티말롤띠니라

●施、陸氏本、作弛、詩紙反福本同、○魯公、周公子伯禽也、弛、遺棄也、以、用也、大臣、非其人則去上聲之、在其位則不可不用、大故、謂惡逆、李氏、曰四者、皆君子之事、忠厚之至也、胡氏曰不弛其親親也不使大臣怨乎不以任賢也故舊無大故不棄敬故也無求備於一人用才也親親而不違任賢而不貳敬故而不忘用才而不苛皆忠厚之意○胡氏、曰此、伯禽受封之國、周公訓戒之辭、魯人、傳誦、久而不忘也、其或夫子、嘗與門弟子、言之歟、勉齋黃氏曰列此於樂工之後以嘆周之盛世其待親賢如此則豈有樂工相率而去也哉○雙峯饒氏曰前章逾河蹈海是魯末世事此章是魯初立國時其待親賢也如此忠厚末後却使樂工不能安其身豈不可歎○雲峯胡氏曰周家以忠厚立國周公告魯公字字皆是忠厚之意使此意無盡則太師以下何爲而去哉門人記述相次固有意也[備旨]昔魯公受封之始周公訓戒之曰立國以忠厚爲本今汝享有國矣亦知君子忠厚之道乎君子於一本九族之親則篤其親愛而不至於廢弛焉大臣不信用則怨必信任之不使怨乎不以也故舊之家先世有功德於民者有大故或在所棄無大故則賢世官不賢世祿不棄之也人不能皆全才各有所長過求之則一得者皆在所棄矣無求全責備於一人此數者皆立國之本君子之事不可以不勉也汝往欽哉

○周有八士ᄒᆞ니伯達와伯适와仲突와仲忽와叔夜와叔夏와季隨와季騧ㅣ니라騧烏瓜反

周에八士ㅣ이시니伯達과伯适과仲突과仲忽과叔夜와叔夏와季隨와季騧ㅣ니라

●或曰成王時人、或曰宣王時人、蓋一母、四乳而生八子也、然、不可考矣、乳音孺說文人

及鳥生子曰乳獸曰產○胡氏曰謂母孕乳而二人也古者以伯仲叔季爲長少之次如仲孫叔孫之類今重複命名故意其四乳也○雙峯饒氏曰四乳皆雙生固爲異事八子皆賢尤異事也故孔子稱之可見周時氣數之盛

○張子、曰記善人之多也新安陳氏曰記魯末賢人之隱遯而終以周盛時賢人之衆多其有傷今思古之心乎 愚、按此篇、孔子於三仁、逸民、師摯、八士、旣皆稱贊、而品列之、於接輿、沮溺、丈人、又每有惓惓音權 接引之意、皆衰世之志也、其所感者、深矣、在陳之歎、蓋如此、三仁、則無間去聲然矣、其餘數君子者、亦皆一世之高士、若使得聞聖人之道、以裁其所過、而勉其所不及、則其所立、豈止於此而已哉、新安陳氏曰所過謂離人以爲高所不及謂不能成物以見於用○勉齋黃氏曰此篇多記仁賢之出處列於論語將終之篇盖亦嘆夫子之道不行以明其出處之義也其次第先後亦有可言者君子之用於世其或去或不去莫不有義焉三仁柳下惠是也孔子於齊魯知其不可仕而遂行者義也知其不可仕也而猶往來屑屑以救斯世接輿溺荷蓧丈人未免有疑焉者亦義也列逸民之目而斷之以無可無不可所以見夫子出處之義也至於樂工相率而去之則又以明夫子不可以有爲也稱周公之言以見古之親親而尊賢敬故而器使一出於仁厚之意則安有望望而去之者哉此周之人才所以盛而擧一姓八士以終之所以傷今思古而嘆夫子之道窮也

[備旨]昔我周盛時以歷世培植人才之澤發之爲英賢輩出之祥即一家之中有八士焉初乳所生則伯達伯适其人也再乳所生則仲突仲忽其人也雖以伯仲爲次第均之爲宅俊之才矣三乳所生則叔夜叔夏其人也四乳所生則季隨季騧其人也雖以叔季爲先後均之爲邦家之光矣夫四乳而生八子己足異矣而八子皆賢豈不爲尤異乎非我周氣運之盛何以得此惜乎今不可復覩矣

原本備旨 論語集註卷之十八

論語集註卷之十九

子張第十九

此篇、皆記弟子之言、而子夏、爲多、子貢、次之、勉齋黃氏曰此篇所記不過五人曰子張子夏子游曾子子貢皆孔門之高弟蓋論語一書記孔門師弟子之答問於其篇帙將終而特次門人高弟之所言自爲一篇亦以其學識有足以明孔子之道也○新安陳氏曰所記五人子張二章子夏十一章子游二章曾子四章子貢六章 蓋孔門、自顏子以下、穎悟、莫若子貢、自曾子以下、篤實、莫若子夏故、特記之詳焉。慶源輔氏曰穎悟篤實皆以資質言二子資質次於顏曾顏曾學力有非二子所能及者顏之穎悟知之固徹行之又至曾之篤實行之固至知之又徹子貢則穎悟於知而不足於行子夏則篤實於行而不足於知焉○胡氏曰以顏子之明睿則穎悟不足言以曾子之純誠則篤實不足言故但以稱子貢子夏也 凡二十五章、

子張이曰士ㅣ見危致命ᄒᆞ며見得思義ᄒᆞ며祭思敬ᄒᆞ며喪思哀면其可已矣라니

子張이ᄀᆞᆯ오ᄃᆡ士ㅣ危ᄅᆞᆯ보고命을致ᄒᆞ며得을보고義ᄅᆞᆯ思ᄒᆞ며祭예敬을思ᄒᆞ며喪에哀ᄅᆞᆯ思ᄒᆞ면그可ᄒᆞᆯᄯᆞᄅᆞᆷ이니라

●致命、謂委致其命、猶言授命也、四者、立身之大節、一有不至、則餘無足觀故、言士能如此、則庶乎其可矣、朱子曰致命猶送這命與他不復爲我之有○或問其可已矣與前篇可也之說曰可則同然曰可也則其語抑曰其可已矣則其語揚○勉齋黃氏曰大節固所當盡然斷之以其可已矣則似失之太快而不類聖人之言集註以爲庶乎其可則固惡其言之太快矣○潛室陳氏曰士者一男子之事古人說士處多如此不要將君子小人雜看只此等事豈易非奇男子不能

子張語病在末稍一句○西山眞氏曰義敬哀皆言思致命獨不言思者死生之際惟義是徇有不待思而決也○新安陳氏曰見危致命者處變而決之於一旦也思義敬哀者處常而思之於平時也平時能此三者而行之則其人好義謹厚己養之有素矣一旦臨大變故庶能於當死而必死焉否則臨財利而苟得臨喪祭而苟且何望其臨變故而能死哉[備旨]子張論士曰所貴乎士者貴有立身之大節耳如果見君父之危則委致其命而臨難無苟免見所得之利則思義之當取與否而臨財無苟得祭祀則思敬而致如在之誠居喪則思哀而極悲痛之切士能如此則大節無虧其可已矣

○子張이曰執德不弘ᄒᆞ며信道不篤이면焉能有爲ㅣ며焉能有亡ㅣ리오

焉於虔反亡讀作無同下

子張이ᄀᆞᆯ오ᄃᆡ德을執홈이弘티몯ᄒᆞ며道ᄅᆞᆯ信홈이篤디몯ᄒᆞ면엇디能히잇다ᄒᆞ며엇디能히업다ᄒᆞ리오

●有所得、而守之太狹、則德孤、有所聞、而信之不篤、則道廢、慶源輔氏曰德孤言不能兼有衆德而孑然固守一節者也德得諸己而居之不弘則輕喜易足有一善則自以爲天下莫己若矣道有所聞而信之不篤則亦或作或輟銳始怠終亦必亡而已矣焉能爲有亡、猶言不足爲輕重、朱子曰弘是廣大之意若信道不篤則容受太廣後隨人走作反不能守正理信道篤而不弘則是確信其一說而或至於不通故須著幷說弘篤猶言弘毅相似○有此人亦不當得是有無此人亦不當得是無言皆不足爲輕重○弘之爲寬廣以人之量言也人所以體道者存乎德所以執德者存乎量量有大小之不同故人所以執德有弘有不弘也非其量之大則所以執德者孰能寬廣而不迫哉信道之貴乎堅確者此以人之志言也人所以進德者由乎道而所以信道者存乎志志有强弱之不同故人所以信道者有篤有不篤也非其志之强則所以信道者孰能堅確而不移哉觀此二言爲學之道信非褊心狹量質薄氣弱者所能及也○問執德不弘言其不廣也纔狹隘則容受不得故纔有片善必自矜見人之善必不喜人告之以過亦不受從狹隘上生萬般病痛○問如何是執德不弘底樣子曰子貢若只執貧而無諂富而無驕之德而不聞夫子樂與好禮之說子路若只執不耻縕袍之德而不聞夫子何足以臧之說則其志皆未免止於此盖義理無窮心體無限○雙峯饒氏曰執德弘者器局大信道篤者志操堅如此方是世間一箇卓然底人若執德旣不能弘信道又不能篤這般人雖有之亦不足以爲當世重無之亦不足以爲當世輕如此說方透○厚齋馮氏曰觀此二章皆躬行切己之論則知子張之學異於前日矣[illegible]子張示人以弘篤之學曰所貴乎人者 道德有諸己而已苟執守其所得之德安於小成而不能含弘以大其量則德孤矣信從其所聞之道惑於疑似而不能篤實以定其見則道廢矣如此之人有之不足以爲重焉能爲有無之不足以爲輕焉能爲亡然則君子之於 道德也可不擴其量而專其志也哉

○子夏之門人이問交於子張ᄒᆞᆫ대子張이曰子夏ㅣ云何오對曰子夏ㅣ曰可者를與之ᄒᆞ고其不可者를拒之라ᄒᆞ더이다子張이曰異乎吾所聞이로다君子ᄂᆞᆫ尊賢而容衆ᄒᆞ며嘉善而矜不能이니我之大賢與ㄴ댄於人에何所不容이며我之不賢與ㄴ댄人將拒我ㅣ니如之何其拒人也ㅣ리오 賢與之與平聲

子夏의門人이交를子張의게무론대子張이ᄀᆞᆯ오ᄃᆡ子夏ㅣ엇디닐으더뇨對ᄒᆞ야ᄀᆞᆯ오ᄃᆡ子夏ㅣᄀᆞᆯ오ᄃᆡ可ᄒᆞᆫ者를與ᄒᆞ고可티아니ᄒᆞᆫ者를拒ᄒᆞᆯ띠라ᄒᆞ더이다子張이ᄀᆞᆯ오ᄃᆡ내드론바애다ᄅᆞ도다君子ᄂᆞᆫ賢을尊ᄒᆞ고衆을容ᄒᆞ며善을嘉ᄒᆞ고不能을矜ᄒᆞᄂᆞ니내大賢일뗸댄人에어ᄂᆞ를容티아닐빼며내賢티몯ᄒᆞᆯ뗸댄人이쟝ᄎᆞᆺ나를拒ᄒᆞ리니엇디그人을拒ᄒᆞ리오

[註]子夏之言、迫狹、子張、譏之是也、但其所言、亦有過高之弊、蓋大賢、雖無所不容、然、大故、亦所當絕、不賢、固不可以拒人、然、損友、亦所當遠、學者、不可不察、和靖尹氏曰子張所言泛交之道也 子夏所言擇交之道也泛交而不能擇取 禍之道也○朱子曰泛交而不擇取

禍之道子張之言泛交亦未嘗不擇蓋初無拒人之心但其間自有親疏厚薄爾和靖非以子張爲不擇也○初學大略當如子夏之言然於其不可者但亦疏之而已拒之則害交際之道成德大略當如子張之說然於有大故者亦不得而不絶也以此處之其庶幾乎○慶源輔氏曰可者與之言美矣若曰不可者拒之則傷亟過中而害義理之正矣迫則不寬狹則不廣必如集註大故亦所當絶損友亦所當遠之說然後得義之中無掠虛務高之意而有切於學者爲己之資○齊氏曰拒則太迫何所不容則幾於無別○雲峯胡氏曰子張容字矜字是破子夏一拒字然論交之道不必拒而拒之其交也不廣當拒而不拒其交也不正必如集註之言則盡乎交之道矣○勉齋黃氏曰以上三章子張之言皆有過高之病 一章以致命思義祭敬喪哀爲高故有其可已矣之言則其於察理必有所不周二章以執德弘信道篤爲高故有焉能爲有亡之言則其於待人必有所太薄三章以能容人爲高故有不拒人之言則其於善惡必有所不察夫子嘗稱其過曾子嘗稱其難能又稱其堂堂則是其資禀趨向未免有過高之病也【備旨】昔者子夏子張皆學於夫子之門 一則篤信謹守而交主於嚴一則才高意廣而交主於寬其見不同而特以敎人亦異故子夏之門人問交於子張蓋必有疑於其師之說而欲得子張之說以折衷之也子張不遽以己意告之而先詰之曰爾師子夏必有論交者所云何如對曰子夏曰人有賢否而可不可別焉於可者則與之友其不可者拒之而勿友子夏所云者若此子張曰子夏之所云異乎吾所聞也君子之交於賢而有德者則崇奉敬事而尊之而其衆之未必賢者亦在所容而無棄絶之意焉於有善可取者則褒美樂道而嘉之而其無善而不能者亦在所矜而加憫恤之意焉夫尊賢嘉善是可者固與之也容衆矜不能其不可者亦不拒也吾所聞於君子之交固如此信如子夏之論而拒人也其將居己於大賢而拒人乎抑將居己於不賢而拒人乎不知我而誠大賢與則可者常在我以我之可自能化人之不可於人何所不容我而誠不賢與則不可者常在我以我之不可方將拒於人之可即欲拒人如之何其拒人也論交者何必以拒爲哉要之子夏之論失於隘子張之論失於濫惟以主善之心辨賢否以含弘之度待天下自無隘濫之弊而交道得矣

○子夏ㅣ曰雖小道나 必有可觀者焉이어니와 致遠恐泥라 是以로 君子ㅣ不爲也ㅣ니라 泥去聲

子夏ㅣ갈오ᄃᆡ비록쟈근道ㅣ나반ᄃᆞ시可히보암즉ᄒᆞᆫ者ㅣ잇거니와遠에致ᄒᆞ욤애泥ᄒᆞᆯ까恐ᄒᆞ다라일로ᄡᅥ君子ㅣᄒᆞ디아니ᄒᆞᄂᆞ니라

●小道、如農圃醫卜之屬、泥、不通也、○楊氏、曰百家衆技、猶耳目鼻口、皆有所明而不能相通、莊子天下篇曰天下大亂賢聖不明道法不一天下多得一察焉以自好譬如耳目口鼻皆有所明不能相通猶百家衆技也皆有所長時有所用雖然不該不徧一曲之士也 非無可觀也、致遠則泥矣、故、君子、不爲也、朱子曰小者對大之名正心脩身以治人道之大者也專一家之業而治於人道之小者也然皆用於世而不可無者其始固皆聖人之作而各有一事一物之理焉是以必有可觀然能於此或不能於彼而不可以通於君子之大道也○勉齋黃氏曰農圃醫卜施之目前淺近不爲無益然求如聖人之道無所不通則不可也小道安知非指楊墨佛老之類邪曰小道合聖人之道而小者也異端違聖人之道而異者也小者猶可以施之近異端不可以頃刻施也彼之無父無君又何待致遠而後不通哉○新安陳氏曰大道愈遠而愈通小道致遠而不通是以君子於大道盡心焉而於小道不屑用其心也【備旨】子夏示人以務本之意曰君子以遠大爲務豈徒以可觀者自限哉苟徒取其可觀雖一技一藝之小道於理亦無不該於用亦各有濟必有可觀者也然一節之能僅足以周一節之用推而致之修齊治平遠大之事恐泥焉而不通是以君子務其遠者大者而於此有所不爲也此其所以能致之遠而無不通歟

○子夏ㅣ曰日知其所亡ᄒᆞ며月無忘其所能이면可謂好學也已矣니라 亡讀作無 好去聲

子夏ㅣ ᄀᆞᆯ오ᄃᆡ 날로 그 업슨바ᄅᆞᆯ알며 ᄃᆞᆯ로 그 能ᄒᆞᄂᆞᆫ바ᄅᆞᆯ 닛디아니ᄒᆞ면 可히 學을 好ᄒᆞᆫ다 닐엄즉ᄒᆞᆫᄯᆞᄅᆞᆷ이니라

●亡、無也、謂己之所未有、○尹氏、曰好學者、日新而不失、程子曰日知其所亡月無忘其所能此可以爲人師法矣非謂此可以爲人師道○朱子曰日知其所亡便是一日之間知所未知月無忘其所能便是長遠在這裏○知其所亡無忘所能檢校之意○問月無忘其所能還是溫故否曰此章與溫故知新意却不同溫故知新是溫故之中而得新底道理此却是因知新而帶得溫故漸漸溫習如得一善則拳拳服膺而不失之矣子路有聞未之能行惟恐有聞若是如此則子路只做得一件事○樂庵李氏曰日知其所亡者凡欲學而未至者也月無忘其所能者已學而

得之者也君子教人於其所未學則切切然日以爲念於其所已學則一月之間須常自省也如此則學安得不進○南軒張氏曰致其知而不舍故其知日新保其有而不違故其有常存此之謂好學○勉齋黃氏曰求之敏則能日新守之篤則能不失進學之道無以復加於此矣○汪氏曰此章當與時習章參看此以每日每月言時習以時時言朱子有云而今學者今日知得過幾日又忘了便是不長在此做工夫如何會到一月後記得由此論之學者誠不可不時習也能從事於子夏之言而加以時習之功其庶幾乎○雲峯胡氏曰日者月之積月無忘其所能惟恐失其日新之所積者也○新安陳氏曰爲學當日有所進而知其所未得又能月有所守而不忘其所已得知其所無則識愈長而日新保其所有則得愈堅而不失既日新而且不失非好學能如是乎[備旨]子夏勉人好學曰人之爲學未得則有急求之心既得則有遺忘之失皆不可謂之好學也若有人於此於每日之間將理之所未知未行者汲汲以求之然又恐學久以遺忘也又必於每月之間將理之所已知已行者孜孜以習之夫知所亡既有日新之益無忘所能又有不失之功則學無間而心益純洵可謂之好學也已矣然則君子之學可不與時而俱進哉

○子夏ㅣ曰博學而篤志ᄒᆞ며切問而近思ᄒᆞ면仁在其中矣니라

子夏ㅣ 글오ᄃᆡ 學을 博히ᄒᆞ고 志를 篤히ᄒᆞ며 切히 問ᄒᆞ고 近히 思ᄒᆞ면 仁이 그 中에 인ᄂᆞ니라

[註]四者、皆學問思辨之事耳、未及乎力行而爲仁也、然、從事於此、則心不外馳而所存、自熟故、曰仁在其中矣、朱子曰此全未是說仁處方是尋討箇求仁門路當從此去漸見效在其中謂有此理耳又曰此四事只是爲學工夫未是爲仁必如夫子所以語顏冉者乃正言爲仁耳然人能博學而篤志切問而近思則心不放逸天理可存故曰仁在其中○問博學與近思亦不相妨否曰博學是都要理會過近思是注心著力處博學是箇大規模近思是漸進工夫如明明德於天下是大規模其中格物致知誠意正心脩身齊家等便是次序問篤志未說到行處否曰篤志只是至誠懇切以求之不是理會不得又掉了若只管汎汎底外面去博學更無懇切之志便成放不知求底心便成頑麻不仁惟篤志又切問近思便有歸宿處這心便不汎濫走作仁便在其中○問仁在其中矣如何謂之仁曰非是便爲仁大抵如聖人說在其中矣之辭祿在其中直在其中意曰言行寡尤悔非所以干祿而祿其在中父子相爲隱非所以爲直而直在其中博學而篤志切問而近思非所以爲仁然學者用力於此仁在其中矣○勉齋黃氏曰集註初本謂心不外

馳而事皆有益蓋以博篤切近爲心不外馳學志問思爲事皆有益夫以學志問思爲有益於事乃是有所求而得之不可以爲求此而得彼也後乃以所存自熟易之則專主於心之所存而言人惟無所用其心則其心放逸而不收學之博則此心常有所繫著而不放逸矣人惟所志苟簡而不堅也則其心汎濫而不一志之篤則此心常有定向而不汎濫矣問不切思不近則其所用心皆在吾身之外矣切問近思則皆求其在己者而無復外馳之患矣人能盡此四者則雖學問思辨之事而自有得夫操存涵養之効所以謂仁在其中矣○潛室陳氏曰心存則仁便存心便喚做仁固不可但離了心外更何處求仁○胡氏曰力行固所以爲仁然學問思辨皆所以求爲仁之方心存乎學問思辨則雖未見於行而已不外馳矣心不外馳則所存自熟是乃力行之本故曰仁在其中矣○西山眞氏曰切問謂以切己之事問於人也近思謂不馳心高遠就其切近者而思之也外焉問於人內焉思於心皆先其切近者則一語有一語之益一事有一事之切不比汎然馳騖於外而初無補於身心也○雲峯胡氏曰中庸以學問思辨爲智之事此章所謂學問思未及乎爲仁也而曰仁在其中者仁人之心也心存於內則爲仁馳於外則非仁矣惟學之博而志之篤問之切而思之近則心不馳於外矣不馳於外則存於中者自熟矣夫仁亦在乎熟之而已矣熟之者力行而爲仁也自熟云者未及乎力行而仁自在其中也

○程子、曰博學而篤志、切問而近思、何以言仁在其中矣。學者、要思得之了、此、便是徹上徹下之道、

問程子謂徹上徹下底道理朱子曰於是四者也見得箇仁底道理便是徹上徹下之道也○徹上徹下是這箇道理深說淺說都效此○雲峯胡氏曰徹上徹下集註兩述程子之言樊遲問仁章曰徹上徹下初無二語此則曰了此便是徹上徹下之道彼所言者仁也言仁是徹下言粹面盎背篤恭而天下平是徹上此章未及力行爲仁之事學問思是徹下仁在其中是徹上○新安陳氏曰程子欲人思而得之乃引而不發朱子謂從事於此則心不外馳而所存自熟盡發以示人矣

又曰學不博、則不能守約、志不篤、則不能力行、切問近思、在己者、則仁在其中矣、

慶源輔氏曰必先盡乎博然後有而得其約而守之不然則寡聞謏見將何以識其約必先立其志則自然住不得須著去力行不然則若有若亡何能見於行所謂切與近只是在己之事

又曰近思者、以類而推、

朱子曰以類而推只是傍易曉底挨將去如親親便推類去仁民仁民便推類去愛物如這一件事理會得透了又因這件事推去理會那一件事只管恁地挨將去只管見易不見其難前面遠處只管近如第一級便要跳到第三級舉步闊了便費力只見難只見遠○或問此章以爲心不外馳而事皆有益者何也曰程伯子之言心不外馳之謂也叔子之言事皆有益之謂也心不外馳則仁之體無不存事皆有益則仁之用無不得矣曰如子之言凡言在其中者皆爲求此而得彼之辭則此四者亦不爲求仁之事耶曰四者之效雖卒歸於得仁而其言則講學之事初非有求仁之意也聖賢之言求仁必本於實踐

而非空言之所可與然於講學之間能如子夏之云則於吾之心有所制而不放於事之理有所當而不差矣志於講學而可以爲仁亦何害其爲求此而得彼哉曰然則視聽言動之必以禮居處執事之必以恭且敬與人之必以忠亦其理之所當爲而非有求仁之意也則亦可以爲求此而得彼乎曰吾固嘗言之矣彼以踐履之實事告此以講習爲言而非本有求仁之心也盖亦不得而同矣蘇氏、曰博學而志不篤、則大而無成、泛問遠思、則勞而無功、雙峰饒氏曰志字要粘上面學字說切問亦須從近處思量起則可見端的方不流於虛遠以序求之則博學在先自是一類篤志切問近思在後自是一類學博矣而志不篤問不切思不近則泛濫而不著已如何可至於仁○新安陳氏曰博學先提其綱篤志切問近思是分其目盖就所博學者而志之篤問之切思之近也學不博固失之狹隘志不篤問不切思不近則又失之泛濫亦徒博耳【備旨】子夏示人以求仁之方曰人惟無所用其心則其心放逸而不存矣誠能博以學之以廣其聞見而又篤其志焉以求必得切以問之以致其精詳而又近以思焉以求在己此皆致知之事非所以力行而爲仁也然從事於此則此心有所收斂天理卽此存人欲無由肆不期仁而仁自在其中矣有志於仁者勉之

○子夏ㅣ曰百工이居肆ᄒᆞ야以成其事ᄒᆞ고君子ㅣ學ᄒᆞ야以致其道니라

子夏ㅣ ᄀᆞᆯ오ᄃᆡ 百工이 肆에 居ᄒᆞ야 ᄡᅥ 그 事ᄅᆞᆯ 成ᄒᆞ고 君子ㅣ 學ᄒᆞ야 ᄡᅥ 그 道ᄅᆞᆯ 致ᄒᆞᄂᆞ니라

●肆、謂官府造作之處、致、極也、工不居肆、則遷於異物、而業不精、君子不學、則奪於外誘、而志不篤、新安陳氏曰此重在居肆與學尹氏、曰學、所以致其道也、百工居肆、必務成其事、君子之於學、可不知所務哉、新安陳氏曰此重在成事與致道愚、按二說相須、其義始備、朱子曰百工居肆方能做得事成君子學方可以致其道然居肆亦有不能成其事如閑坐打閑過日底學亦有不能致其道如學小道與中道而廢之類故後說云居肆必須務成其事學必須務致其道故必二說相須而義始備○慶源輔氏曰由朱子之說則見君子之欲致道不可不由於學由尹氏之說則君子之學必當務致乎道夫欲致道而不由學則心志爲外物所

遷誘而不能專一固不足以致其道然學而不足以致道則其所學者又不過口耳之習耳欲致其道則必由學旣曰由學則必務致道然後爲君子之事也○胡氏曰前說則重在居肆與爲學後說則重在成事與致道一主於用功一主乎立志然知所以用功而志不立不可也知所以立志而功不精亦不可也故二說相須而備非如他章存兩說之比也○雲峯胡氏曰工必居肆則耳目之所接者在此心思之所爲者在此而其事卽成於此君子之居於學也亦然集註二說相須然前說尤重盖居肆而不務成其事者有之矣未有不居肆而能成其事者也學而不知所務者有之矣未有不學而能致其道者也○新安陳氏曰前說是子夏本意觀二以字可見後說是發子夏餘意而於警戒學者尤切[備旨]子夏勉人專務於學曰天下有其事不相類而其功則無不同者如百工皆以成事爲要然百工必居於肆一心專業乃以成其事之精工百工且然而況於君子乎君子皆以致道爲期然必勤於學求知其理而行其事乃以造乎道之極致然則有志於道者可不以學爲專務哉

○子夏ㅣ曰小人之過也는 必文이니라 文去聲

子夏ㅣ 갈오ᄃᆡ 小人의過ᄂᆞᆫ 반ᄃᆞ시 文ᄒᆞᄂᆞ니라

[註]文、飾之也、小人、憚於改過、而不憚於自欺故、必文以重其過、南軒張氏曰有過則改之而已小人耻過而憚改故必文文謂飾非以自欺○勉齋黃氏曰有過過也憚改而文以爲欺又增益其過也故曰重其過○胡氏曰憚於改過而不憚於自欺者以改悔爲難而自昧其本然之善心反不以爲難重其過者始焉不能審思而遂與理悖過矣而又飾之以爲欺是再過也○雲峯胡氏曰此章當與後章子貢所謂君子之過也參看盖君子有過幸人知之非惟不敢自欺亦不欺人故其過也卒改而爲善小人之過惟恐人知之不惟欺人徒以自欺其過也卒流而爲惡[備旨]子夏警文過者曰過貴於改若小人之人其有過也必曲爲文飾以重其過焉此所以不能遷善而終爲小人也

○子夏ㅣ曰君子ㅣ有三變ᄒᆞ니 望之儼然ᄒᆞ고 卽之也溫ᄒᆞ고 聽其言也厲ㅣ니라

子夏ㅣ 갈오ᄃᆡ 君子ㅣ 三變이 인ᄂᆞ니 望홈애 儼然ᄒᆞ고 卽홈애 溫ᄒᆞ고 그 言을 聽홈애

厲ᄒᆞ니라

● 儼然者、貌之莊、溫者、色之和、厲者、辭之確、○程子、曰他人、儼然則不溫、溫則不厲、惟孔子、全之、謝氏、曰此非有意於變、蓋幷行而不相悖也、如良玉、溫潤而栗然、記聘義昔者君子比德於玉焉溫潤而澤仁也縝密以栗知也○南軒張氏曰望之儼然敬而重也即之也溫和而厚也聽其言也厲約而法也 夫其望之儼然若不可得而親也及其即之則溫若可得而親也而聽其言則厲焉其爲三變豈君子之强爲之哉禮樂無斯須而去身故其成就發見如此○勉齋黃氏曰儼者手恭而足重溫者心平而氣和厲者義精而辭確○雙峯饒氏曰聖人本無三變但自他人觀之則遠望是一般近就之是一般聽其言又是一般似乎有三變耳問厲只當訓嚴而云確何也曰厲也有嚴意但曰嚴恐人認做猛烈確者是是非非確乎不易之義形容言厲最切○新安陳氏曰儼然而溫剛中有柔也溫而厲柔中有剛也剛柔不偏陰陽合德惟夫子有之人見其然以爲三變聖人自然而然豈有意於變哉【備旨】子夏形容中和之象曰君子盛德積中而光輝發外其容貌辭氣之間自人見之則若有三變焉方其遠而望之也則矜莊之貌儼然不可犯是一變也及其近而即之也則和厚之色溫然其可親若與儼然不同矣是又一變也及其有言而聽之也則嚴正之辭厲然而可憚又若與溫不同矣是又一變也夫此一君子也即之已不同於望聽之已不同於即不可謂其非三變也然變生於人之觀聽而非出於君子之有心此有道之氣象所以自然與

○子夏ㅣ曰君子ㅣ信而後에勞其民이니 未信則以爲厲己也ㅣ니라 信而後에諫이니 未信則以爲謗己也ㅣ니라

子夏ㅣ ᄀᆞᆯ오ᄃᆡ 君子ㅣ 信ᄒᆞᆫ 後에 그 民을 勞ᄒᆞᆯᄯᅵ니 信티 몯ᄒᆞ면 ᄡᅥ 己를 厲ᄒᆞᆫ다 ᄒᆞ리니라 信ᄒᆞᆫ 後에 諫ᄒᆞᆯᄯᅵ니 信티 몯ᄒᆞ면 ᄡᅥ 己를 謗ᄒᆞᆫ다 ᄒᆞ리니라

● 信、謂誠意惻怛、而人信之也、厲、猶病也、事上使下、皆必誠意交孚而後、可以有爲、南軒張氏曰信在使民諫君之先若使民而民以爲厲己諫君而君以爲謗己是在我孚信未篤而已○慶源輔氏曰信謂上下交孚己雖有信而人或未之信猶未可謂之信也 若上下未交孚則君之勞民所以安

其生也而反以爲厲己也臣之諫君所以成其德也而反以爲謗己也如湯武之使民則可謂信而後勞之矣如伊傅之告君則可謂信而後諫之矣○雙峯饒氏曰誠意惻怛是說人所以信之之由惻怛屬愛大抵君之於民臣之於君皆當以愛爲主君愛其民惟恐其有勞民平日己信之一旦不得已而勞之亦何所怨臣愛其君惟恐其有過君平日己信之一旦不得已而諫之亦何所嫌我以誠意惻怛感彼必以誠意孚又安有以爲厲謗者乎[illegible]子夏勗居官者曰君子以一身處上下之間未有忠愛不孚而遽可以有爲者其使民也必其愛民之誠意己積於平日俾民心允孚乎我而信之矣而後興當爲之役以勞其民斯民祗見其愛而忘其勞焉苟未信而遽勞之則民不諒其上之愛我惟見其事之不堪將以爲虐下而厲乎己也其事君也必其忠君之誠意己裕於平時俾君心素諒夫我而信之矣而後進讜直之言以諫其君斯君惟嘉其忠而行其諫焉苟未信而遽諫之則君不諒其臣之納忠惟見其言之逆耳將以爲訕上而謗乎己也然則有事上使下之責者當知所先矣

○子夏ㅣ曰大德이不踰閑이면小德은出入이라도可也ㅣ니라

子夏ㅣ골오ᄃᆡ큰德이閑에踰티아니ᄒᆞ면자근德은出入ᄒᆞ야도可ᄒᆞ니라

●大德、小德、猶言大節、小節。閑、闌也、所以止物之出入、言人能先立乎其大者、則小節、雖或未盡合理、亦無害也、朱子曰子夏之言謂大節既是了小小處雖未盡善亦不妨然小處放過只是力做不徹不當道是可也○問伊川謂小德如援溺之事如何曰援溺事却是大處嫂溺不援是豺狼這處是當做更有甚麽出入如湯武征伐三分天下有其二都將做可以出入恁地都是大處非聖人不能爲豈得謂之小德乃是道之權也○勉齋黃氏曰子夏此語信有病矣然大德小德皆不踰閑者上也大德盡善而小德未純者乃其次也若夫拘拘於小廉曲謹而臨大節則顚倒錯亂者無足觀也矣子夏之言豈有激而云乎此又學者不可不察○胡氏曰書以細行對大德而言細行即小德大節小節蓋以其所關有大小也父子君臣等之大倫大德所在也一動靜一語默與凡應對進退之文小德所在也觀人之道取大端而略小失猶可也若立心自處但曰謹其大者而小節不必致意則將併其大者失之矣○慶源輔氏曰道理無空缺處亦無間斷時一有空缺間斷便是欠少了是以君子之學戰戰兢兢無時無處不然豈有大小久近之間邪子夏篤實次於曾子而有小德出入可也之論此其所以不及曾子歟○雙峯饒氏曰此章用之觀人則可用之律己則不可但觀人不可責備且只看他大節大節既立而小小節目或有出入亦未可瑣屑議之若律己之道又與觀人不同雖一毫亦不可放過微有背理便成欠缺如何聽他出入得 ○吳氏、曰此章之言、不能無弊、學者、詳之、朱子曰大節既定小節有差亦所不免然吳氏謂此章不能無弊學者正不可以此自恕一以小差爲無害則於大節必將有枉尋而直尺者矣○新安陳氏曰書曰不矜細行終累大德畢公懋德克勤小物越小大德小子惟一以此律之此章之言信不能無弊也[備旨]子夏欲人崇大節曰人於綱常倫理之間凡大節所繫而爲大德者能不踰其矩度之閑則立身之大本已不虧矣至於日用細微之小德雖或少有出入未盡合理亦無害也苟不務先立其大而徒拘拘小廉曲謹之爲奚足貴哉

○子游ㅣ曰子夏之門人小子ㅣ當灑掃應對進退則可矣나抑末也ㅣ라本之則無ᄒᆞ니如之何오 灑色賣反 掃素報反

子游ㅣ갈오ᄃᆡ子夏의門人小子ㅣ灑掃와應對와進退에當ᄒᆞ얀可ᄒᆞ나末이라本ᄒᆞᆫ則업ᄉᆞ니엇더ᄒᆞ뇨

●子游、譏子夏弟子、於威儀容節之間則可矣、然、此、小學之末耳、推其本、如大學正心誠意之事則無有、雲峯胡氏曰集註推子游之言本末者如此然小學大學時節可分先後不可分本末也[備旨]昔者子夏以篤實爲學故教人先從下學用功子游不知而譏之曰道有本有末今子夏之門人小子當其洒掃及應對進退之間儀節詳習則有可觀矣抑此不過小學之末務也若大學正心誠意之事爲本之所在則全未能有如之何其可也

子夏ㅣ聞之曰噫라言游ㅣ過矣로다君子之道ㅣ孰先傳焉이며孰後倦焉이리오譬諸草木컨댄區以別矣니君子之道ㅣ焉可誣也ㅣ리오有始有卒者는其惟聖人乎ㄴ뎌 別彼列反 焉於虔反

子夏ㅣ듣고갈오ᄃᆡ噫ㅣ라言游ㅣ過ᄒᆞ도다君子의道ㅣ어늬를先이라ᄒᆞ야傳ᄒᆞ며

어늬를後ㅣ라ᄒᆞ야倦ᄒᆞ리오草木에譬컨댄區로ᄡᅥ別홈이니君子의道ㅣ엇디可히誣ᄒᆞ리오始를두며卒을둠은그오직聖人인뎌

●倦、如誨人不倦之倦、區、猶類也、厚齋馮氏曰區丘域也別分也古者以園圃毓草木盖植藝之事各分區域藝一區畢復藝一區不相淩躐 言君子之道、非以其末、爲先而傳之、非以其本、爲後而倦敎、但學者所至、自有淺深、此二句補足上下文意 如草木之有大小、其類、固有別矣、若不量其淺深、不問其生熟、而槪以高且遠者、强(上聲)而語(音御)之、此三句又補足上下文意 則是誣之而已、君子之道、豈可如此、若夫(音扶)始終本末、一以貫之、則惟聖人爲然、豈可責之門人小子乎、朱子曰非以灑掃應對爲先而傳之非以性命天道爲後而倦焉但道理自有先後之殊不可誣人以其所未至惟聖人然後有始有卒一以貫之無次第之可言耳須知理則一致而其敎不可缺其序不可紊惟其理之一致是以其敎不可缺其序不可紊也○子夏對子游之語以爲譬之草木區以別矣何嘗如此備侗來惟密察於區別之中見其本無二致者然後上達之事亦在其中矣雖至於堯舜孔子之聖其自處常只在下學處也上達處不可著工夫更無依泊處日用動靜語默無非下學聖人幾曾離此來今動不動便先說箇本末精粗無二致此說大誤○問有始有卒曰此不是說聖人敎人事乃是聖人分上事惟聖人道頭便知尾下學便上達不是自始做到終乃是合下便始終皆備若敎學者則須循其序也 ○程子、曰君子、敎人有序、先傳以小者近者、而後敎以大者遠者、非先傳以近小、而後不敎以遠大也、朱子曰理無大小而無不在是以敎人者不可以不由其序而有所遺子游不知理之無大小則以灑掃應對爲末而無本不知敎人之有序故於門人小子而欲直敎之精義入神之事○若不觀明道說君子敎人有序四五句也無緣看得出○雲峯胡氏曰此第一條說敎人有序是發子夏之意後第二至第五條說理無二致是矯子游之偏也 又曰 灑掃應對、便是形而上(上聲)者、理無大小故也、故、君子、只在謹獨、朱子曰不能謹獨只管理會大處小小底事便照管不到理無大小小處大處都是理小處不到理便不周匝

○洒掃應對所以習夫形而下之事也精義入神所以究夫形而上之理也此其事之大小固不同矣然以理言則未嘗有大小之間而無不在也程子之言意盖如此但方擧洒掃應對之一端未及乎精義入神之云者而通以理

無大小結之惟理無大小故君子之學不可不由其序以盡夫小者近者而後可以進夫大者遠者耳故曰其要只
在謹獨此甚言小者之不可忽也其曰便是云者亦曰不離乎是爾非即以此爲形而上者也○理無大小無乎不
在本末精粗皆要從頭做去不可揀擇此所以敎人有序也非是謂洒掃應對便是精義入神更不用做其他事也
○洒掃應對是事所以灑掃應對是理事即理理即事道散在萬事那箇不是若事上有毫髮蹉過則理上便有間
斷欠缺故君子直是不放過只在謹獨但不知無事時當如何耳謹獨須貫動靜做工夫始得○勉齋黃氏曰形而
上謂超乎事物之表專指事物之理言也洒掃應對事雖至粗其所以然者便是至精之理其曰理無大小者非以
洒掃應對爲小形而上者爲大也蓋不但至大之事方
有形而上之理雖至小之事亦有之故曰理無大小也

又曰聖人之道、更無精粗、從灑掃應對、與精義入神貫通、只一理、雖灑掃應對、只看所以然如何、朱子曰此言洒掃應對與精義入神是一樣道理洒掃應對
必有所以然精義入神亦有所以然其曰貫通只一理言二者之理只一般非謂洒掃應對便是精義入神固是
精義入神有形而上之理而洒掃應對亦有形而上之理○洒掃應對精義入神事有大小而理無精粗事有大小
故其敎有等而不躐理無精粗故惟其所在而皆不可不用其極也○須是就事上理會道理非事何以識理洒掃
應對末也精義入神本也不可說這箇是末不足理會只理會那本這便不得又不可說這末便是本但學其末則
本便在此也○勉齋黃氏曰精究義理極其微妙以至於入神神者理之妙而不可測者也所精之義
至於入神義理之至精者程子引易中此語與洒掃應對對言洒掃應對所以然者即至精之義也

又曰凡物、有本末、不可分本末爲兩段事、灑掃應對、是其然、必有所以然、朱子曰治心脩身是本洒掃應對是末皆其然
之事至於所以然則理也理無精粗本末皆是一貫○或問其然所以然之說曰洒掃應對之事其然也形而下者
也洒掃應對之理所以然也形而上者也自形而下者而言則洒掃應對之與精義入神本末精粗不可同日而語
矣自夫形而上者言之則未嘗以其事之不同而有餘於此不足於彼也曰其曰物有本末而本末不可分者何也
曰有本末者其然之事也不可分者以其所以然之理也○勉齋黃氏曰然猶云如此也其如此者洒掃應對之節
文所以如此者謂有此理而後其節文之著見者如此也○雲峯胡氏曰按朱子謂有本末者事也不可分者其所
以然之理也饒氏却謂已然者爲末所以然者爲本蓋朱子解程子之言以本末爲事而不可分爲兩段事者是理
饒氏解程子之言以末爲
事而本爲理不可不辨也

又曰自灑掃應對、上便可到聖人事、問聖人事是甚麼樣子朱子曰如云下學而上達當其下學便上達
天理是也○勉齋黃氏曰洒掃應對雖至小亦由天理之全體而著見於事物之節文聖人之所以爲聖人者初不

外乎此理特其事事物物皆由此理而不勉不思從容自中耳○雲峯胡氏曰程子此四條皆所以破子游抑末也本之則無七字

愚、按程子第一條、說此章文意、最爲詳盡、其後四條、皆以明精粗本末、其分扶問反雖殊、而理則一、學者、當循序而漸進、不可厭末而求本、蓋與第一條之意、實相表裏、非謂末卽是本、但學其末、而本便在此也、

朱子曰孔門除曾子外只有子夏守得規矩定故敎門人皆先洒掃應對進退所以孟子說孟施舍似曾子北宮黝似子夏○事有大小理却無大小不問大事小事合當理會處便用與他理會不可說箇是粗底事不理會只理會那精底又不可說洒掃應對便是精義入神洒掃應對只是粗底精義入神自是精底然道理却一般須是從粗底小底理會起方漸而至於精者大者或曰洒掃應對非道之全體只是道中之一節曰合起來便是道之全體非大底是全體小底不是全體也○勉齋黃氏曰所引程子四段首言理無大小以見事有大小而理則一也次言道無精粗以見學有精粗而道則一也又次言是其然必有所以然所以發明上二段所以無大小無精粗之意又次言便可到聖人事則亦以其所以然而無大小精粗者爲之也亦足以見其編次之意至精而不苟矣○慶源輔氏曰窮理之至知言之極則學者所得之淺深不啻白黑之易見故如草木之有大有小其類各不同而無不昭然在吾之目中然後循其次第等級而敎之若夫先傳後倦則君子無是心也但時其可而已至於言之未知知之未至不察學者淺深生熟之異而一槪以子游之所謂本者强而聒之則學者漫而聽之實不知其味勉而行之終不得其方則是誣之而已君子敎人之道豈有誣之之理○雙峯饒氏曰子游以正心誠意爲本洒掃應對爲末子夏謂小子且當敎以洒掃應對及入大學却敎以誠意正心就二說觀之子游欲人於根本上做來則末底自然中節施敎無序把大小學袞作一事非也子夏之說自合聖人之敎但只言事而不及理則小學大學分爲兩截而無以貫通之至程子方以理爲本事爲末謂事有大小精粗而理無大小粗精小子未能窮理謹獨且把洒掃應對以維持其心雖學至粗至小之事而至精至大之理寓焉年寖長識旣開却敎之窮理以致其知謹獨以誠其意前日之習洒掃應對者卽爲精義入神之地今日之精義入神實不離乎洒掃應對之中也程朱所論本末不同朱子以大學之正心誠意爲本程子以理之所以然爲本朱子是以子游之意而推之○雲峯胡氏曰學者之病有二謂末不當理會只當理會本者不知理之一也謂末卽是本但學其末而本便在此者不知分之殊也朱子政慮學者差認程子之意故有是說趙氏除去非謂二字却謂學其末而本便在此者理貫於萬事不以事之近小而理有不該則誤矣○饒氏謂小學未能窮理愼獨且把洒掃應對以維持其心年寖長却愼獨以誠其意蓋以大學誠意章方有愼獨工夫然程子第二條云君子只在謹獨蓋程朱二子之意政謂小學是至微之事愼獨正要愼其微若從念慮之微說小學灑掃在長者之前能謹長者不在前不能謹便是不能愼獨饒氏此語竊

恐有誤後學不可不辨○新安陳氏曰程子此處說謹獨與大學中庸之謹獨小異此只是謹小事無人所不知己所獨知之意饒氏所云謹獨以誠其意與程子此語不相妨非以解程語也【備旨】子夏聞之而嘆曰噫言游謂我敎門人以末而不敎其本斯言過矣據游之言得無見我之先傳而遂疑我之後倦乎亦未觀之君子耳君子敎人之道有先以末者亦其敎之不得不先而非有心於先之也孰先傳焉有後以本者亦其敎之不得不後而非有心於後之也孰後倦焉但學者所至有可告以本者有未可告以本者譬諸草木之有大小其區類固有別矣若不量其造詣之淺深工夫之生熟槪以本之高遠者强而語之是誣之而已君子敎人之道正欲成就後學而焉可誣也彼洒掃應對小學之始事也正心誠意大學之卒事也若夫有始而即有卒學始終本末一以貫之者其惟生安之聖人然後能之乎以聖人之所能者而遽責之門人小子誣耶非耶噫游之言誠過矣

○子夏ㅣ曰仕而優則學ᄒᆞ고學而優則仕ㅣ니라

子夏ㅣ ᄀᆞᆯ오ᄃᆡ 仕ᄒᆞᆷ애 優ᄒᆞᆫ則學ᄒᆞ고 學ᄒᆞᆷ애 優ᄒᆞᆫ則仕ᄒᆞᆯ띠니라

●優、有餘力也、新安陳氏曰行有餘力餘力猶言暇日是也仕與學、理同而事異故、當其事者、必先有以盡其事而後、可及其餘、慶源輔氏曰仕所以行其學而學所以基其仕故曰理同然仕則以陳力就列致君澤民爲事學則以誦詩讀書格物致知爲事故曰事異○胡氏曰仕與學理同者皆所當然也事異者有治己治人之別也學以爲仕之本仕以見學之用特治己治人之異耳以理言則學其本也以事言則當其事者隨所主而爲之緩急必先盡心於所主之事有暇日則及其餘非有所輕重於其間也○新安陳氏曰仕者先盡仕之事有餘力則益及於學學者先盡學之事有餘力則始及於仕然、仕而學、則所以資其仕者、益深、學而仕、則所以驗其學者、益廣、問仕優而不學則無以進德學優而不仕則無以及物仕優而不學固無足議者學優而不仕亦非聖人之中道也故二者皆非也仕優不學如原伯魯之不說學是也學優不仕如荷蓧丈人之流是也子夏之言以爲時而發其言雖反覆相因而各有所指或以爲仕而有餘則又學學而有餘則又仕如此則其序當云學而優則仕仕而優則學今反之則知非相因之辭也朱子曰舊亦嘗疑兩句次序顚倒今云各有所指甚佳○南軒張氏曰大學之道在明明德在新民成己成物之無二致也古之人學以終其身故仕優則學學優則仕其從容暇裕如此終始于學而無窮己也○潛室陳氏曰學是講此道理仕是行此道理學有餘暇則可入仕仕有餘暇又當講學主學而言則仕爲餘用主仕而言則學爲餘功互相發也○慶源輔氏曰仕而優則學爲己仕者言也謂仕有餘力則不可以不學不學則無知新之益以資其仕學而優則仕爲未仕者言也謂學有餘力則不可以不仕不仕則無行道之功以驗其學是終始事○雲峯胡氏曰聖賢之言固自有因上句而生下句者如夫子本言晉文公譎而不正因而曰齊桓公正而不譎若獨言下句則齊桓豈正而不譎者哉此亦因當時有仕優而不學者故以下句意足之獨言下句則學之優固自有可仕不可仕者矣○新安陳氏曰學以明其理者體也仕以行其事者用也體者用之本用者體之驗仕有餘力而不學則將徇己蠹人是有無體之用學有餘力而不仕則將愛身忘世是有無用之體矣子夏爲見當世多有仕而不學觀孔子以今之從政者爲斗筲之徒則可想見故首以仕優而學警世人夫已仕者倘不可以不學則未仕者必學優而後始可以仕蓋可知矣下句人所易知上句人所易忽故以人所易忽者先言之〔備旨〕子夏論仕與學者當各知所重也曰當仕之時則仕爲重必致君澤民待職業閒暇而優乎其有餘力焉則用其功於學以稽乎典籍之間是其學也非以妨乎仕而適以資乎仕矣當學之時以學爲重必修德明道待涵養純熟而優乎其有餘力焉則推其學於仕以見諸行事之實是其仕也非以妨吾學而適以驗吾學矣有仕與學之責者其可不知所重哉

○子游ㅣ曰喪은致乎哀而止니라

子游ㅣ골오ᄃᆡ 喪은 哀를 致ᄒᆞ고 止ᄒᆞᆯᄯᅵ니라

●致極其哀、不尙文飾也、楊氏、曰喪、與其易也、寧戚、不若禮不足、而哀有餘之意、愚、按而止二字、亦微有過於高遠、而簡略細微之弊、學者、詳之、南軒張氏曰喪主乎哀致者自盡之謂若毁生滅性則是過乎哀者也○勉齋黃氏曰觀游夏論學章胡氏所謂子游脫略小物者則宜其言之出乎此終亦足以見孔門高弟重本務實之意可法也○慶源輔氏曰子游有簡忽禮文之意要之喪固貴於哀而禮之節文亦不可廢故曰直情而徑行戎狄之道也立言之難蓋如此○雙峯饒氏曰子游平日各自考究喪禮不是廢禮而專事哀戚之人考之禮記可見其意怕人事末忘本姑爲之抑揚耳〔備旨〕子游崇本意曰世人多趨於末以吾觀之於居喪者但於其哀痛之心推之以致其極而止何以文飾爲哉不然哀有未至吾恐其餘不足觀矣爲人子者其知所重乎

○子游ㅣ曰吾友張也ㅣ爲難能也ㅣ나然而未仁이니라

子游ㅣ골오ᄃᆡ 내 友張이 難히 能ᄒᆞᆯ꺼시나 그러나 仁티 몯ᄒᆞ니라

○子張、行去聲過高、而少誠實惻怛之意、雙峯饒氏曰行過高解難能少誠實惻怛解未仁無誠實則不能全心之德無惻怛則不能全愛之理○趙氏曰不誠實則無眞切之意不惻怛則無隱痛之情子張務外好高故於此四字皆有所不足○新安陳氏曰行仁惟務內平實著能之子張務外好高此其所未仁也[備旨]子游箴子張之失曰吾友若張也有過高之才其所爲皆人所不能爲是難能也然而少誠實惻怛之意未免心馳於外其於仁則未也曷若返諸切近乎

○曾子ㅣ曰堂堂乎ㅣ라張也ㅣ여難與幷爲仁矣로다

曾子ㅣᄀᆞᆯᄋᆞ샤ᄃᆡ堂堂ᄒᆞ다張이여더브러ᄒᆞᆫ가지로仁을ᄒᆞᆷ이어렵도다

○堂堂、容貌之盛、言其務外自高、不可輔而爲仁、亦不能有以輔人之仁也、新安陳氏曰堂堂以貌言難能以才言皆自高之意並猶共也○范氏、曰子張、外有餘而內不足故、門人、皆不與其爲仁、子、曰剛毅木訥、近仁、寧外不足、而內有餘、庶可以爲仁矣、程子曰子張既除喪而見予之琴和之而和彈之而成聲作曰先王制禮不敢不至焉推此言之子張過於薄故難與幷爲仁矣○南軒張氏曰仁必深潛縝密親切篤至而後可以進故如愚之顔聖人許其不違仁而堂堂之張曾子以爲難與幷爲仁也○勉齋黃氏曰以上兩章皆言子張之難爲仁既足以見子張好高之病又有以見仁之爲德根於人心惟求之至近而修其在內者爲足以至之今也尙難能之行飾堂堂之容則其去仁遠矣孔門以求仁爲先而所言如此可謂知爲仁之方也已○慶源輔氏曰務外好高則於己無體認密察之功人不可輔之爲仁於人無切偲觀感之助己亦不能輔人之仁也[備旨]曾子規子張之務外曰朋友所以輔仁若堂堂乎盛於容貌之張也其務外自高之氣象如此則於己無體認密察之功人固不可輔之爲仁於人無切偲觀感之助己亦不能輔人爲仁蓋難與之並爲仁矣夫以張之賢而難與並爲仁惟誠之不足耳張可不急反其所習哉

뎐ㅣ

○曾子ㅣ曰吾ㅣ聞諸夫子호니人未有自致者也ㅣ니必也親喪乎

曾子ㅣ골ᄋᆞ샤ᄃᆡ 내 夫子ᄭᅴ 듣ᄌᆞ오니 사ᄅᆞᆷ이 ᄉᆞᄉᆞ로 致ᄒᆞᆫ 者ㅣ 잇디 아니ᄒᆞ나 반ᄃᆞ시 親喪인뎌

●致、盡其極也、蓋人之眞情、所不能自已者、新安陳氏曰眞情乃愛親之人心天理所發見者 ○尹氏、曰親喪、固所自盡也、孟子語 於此、不用其誠、惡乎用其誠、禮記檀弓曰自吾母而不得吾情吾惡乎用吾情 惡音烏 ○南軒張氏曰人於他事未能自盡於親喪其可不自盡乎若於此不能自盡則何事能盡若於此能自盡則於其他亦推是心而已○胡氏曰上智之資於理所當然者固不待勉强而皆極其至中人以下則罕能之惟父母之喪哀痛慘怛蓋其眞情之不能自已者聖人指以示人使之自識其良心非專爲喪禮發也○雙峯饒氏曰乎字有感動人底意思事親莫大於死生之際人之所當自盡者也人當如此而猶有不能如此此聖人所以寓微意而感動之若不看聖人微意所在只說箇人人能如此自盡則聖人之發此言似乎無味[備旨]曾子欲人自識其眞心曰吾聞諸夫子云人之用情未有不待人勉而自盡其極者也若自盡其極而不容已者必也親喪乎蓋他事尙待人勉只有親喪出於人之眞情不待人勉也

○曾子ㅣ曰吾ㅣ聞諸夫子호니 孟莊子之孝也ㅣ 其他는 可能也어니와 其不改父之臣과 與父之政이 是難能也ㅣ니라

曾子ㅣ골ᄋᆞ샤ᄃᆡ 내 夫子ᄭᅴ 듣ᄌᆞ오니 孟莊子의 孝ㅣ 그 他ᄂᆞᆫ 可히 能ᄒᆞ려니와 그 父의 臣과 다ᄆᆞᆺ 父의 政을 改티 아니ᄒᆞᆷ이 이 能ᄒᆞᆷ이 어려우니라

●孟莊子、魯大夫、名、速、其父、獻子、名、蔑、獻子、有賢德、而莊子、能用其臣、守其政故、其他孝行、去聲 雖有可稱、而皆不若此事之爲難、朱子曰人固有用父之臣者然稍拂他私意便自容不得亦有行父之政者於私欲稍有不便處自行不得古今似此者甚多如唐太宗爲高宗擇許多人如長孫無忌褚遂良之徒高宗因立武昭儀事便不能用又季文子相三君無衣帛之妾無食粟之馬到季武子便不如此便是不能行父之政以此

知孟莊子豈不爲難能○獻子歷相君五十年魯人謂之社稷之臣則其臣必賢其政必善矣莊子年少嗣立又與季孫宿同朝宿父文子忠於公室宿不能守而改之莊子乃獨能不改父之臣與父之政而終身焉是孔子之所謂難也○南軒張氏曰以爲難能特曰爲之不易云耳蓋父之臣與父之政誠善矣固當奉而篤之若不幸而悖於理害於事則當察而更之是乃致其誠愛於親也孟莊子之所以終不改者意者其事雖未爲盡善亦不至於悖理害事之甚故有所其不忍於改也○雙峯饒氏曰夫子以莊子之不改父臣父政爲孝見得三年無改於父之道正是不改其父道之善處○雲峯胡氏曰二章皆曰吾聞諸夫子饒氏以爲曾子尊其所聞如此尹和靖作論語解所謂愚聞之師曰亦如此愚謂朱子得於延平者亦然[備旨]曾子述孟莊子繼述之孝曰吾聞諸夫子云孟莊子之孝也其他事生喪死雖足爲孝然猶可能也惟於父沒之後不改父所用之臣與父所行之政是眞難能也蓋人情多惡老成而喜新進作聰明而亂舊章而況於得以自專之日乎獻子有賢德爲魯社稷臣則其臣必賢其政必善而莊子嗣立不以己私而悖父德其孝不誠難能也哉吾所聞於夫子者如此是則莊子之孝得夫子而益彰矣

○孟氏ㅣ使陽膚로爲士師ㅣ라問於曾子ᄒᆞᆫ대曾子ㅣ曰上失其道ᄒᆞ야民散이久矣니如得其情則哀矜而勿喜니라

孟氏ㅣ陽膚로ᄒᆡ여곰士師를삼은디라曾子ᄭᅴ묻ᄌᆞ온ᄃᆡ曾子ㅣᄀᆞᆯᄋᆞ샤ᄃᆡ上이그道를失ᄒᆞ야民이散ᄒᆞᆫ디오라니만일에그情을得ᄒᆞ야든哀矜ᄒᆞ고喜티말롤띠니라

●陽膚、曾子弟子、民散、謂情義乖離、不相維繫、謝氏、曰民之散也、以使之無道、敎之無素故、其犯法也、非迫於不得已、則陷於不知也、故、得其情、則哀矜而勿喜、朱子曰生業不厚敎化不脩內無尊君親上之心外無仰事俯育之賴是以恩疎義薄不相維繫而日有離散之心○南軒張氏曰先王之於民所以養之敎之者無所不用其極故民心親附其上服習而不違如是而猶有不率焉而後刑罰加之蓋未嘗不致哀矜惻怛也若夫後世禮義衰微所以養之敎之者皆蕩而不存矣上之人未嘗心乎民也故民心亦渙散而不相屬以陷於罪戾而陷於刑戮此所謂上失其道民散久矣方是時任士師之職者獄訟之際其可以得情爲喜乎蓋當深省所以使民至於此極者以極其哀矜之意焉可也能存此心則有以仁乎斯民矣○勉齋黃氏曰得情而喜則太刻之意或溢於法之外得情而矜則不忍之意常行於法之中仁人之言蓋如此○慶源輔氏曰民之犯罪有二迫於不得已則使之無其道故也陷於不自知則敎之無其素故也後世治獄之官每患不得其情苟得其情則喜矣豈知哀矜而勿喜之味哉且人喜則意逸逸則心放放則哀矜之意不萌其於斷獄剖訟之際必至於過中失正有不自知者惟能反思夫民情之所以然則哀矜之意生而喜心忘矣詳味曾子之言至誠惻怛而體恤周盡如此嗚呼仁哉○雲峯胡氏曰集註情義乖離不相維繫八字釋一散字情相維繫不忍離義相維繫不可離上之人何忍使之離而至於犯法也哉虞書曰欽哉欽哉惟刑之恤哉欽恤是形容帝堯好生之心欽則自然有哀矜之心恤則自然無喜之意○新安陳氏曰後世之民犯刑多上失其道之所致未必皆其民之罪刑獄固在得其情而不可喜得其情欲得其情固在於悉其聰明而哀矜勿喜尤在於致其忠愛歟

[備旨]魯大夫孟氏使陽膚爲典獄之士師陽膚以士師之道問於曾子曾子告之曰汝爲士師亦知民犯法之由乎蓋今之爲民上者失其所以使民敎民之道故其尊卑上下之際情義乖離各相爭訟其來久矣是其犯法也非迫於饑寒而不得已則陷於罪戾而不自知汝於折獄之時如得其犯法之情實則當念其不得已之故與其不自知之由而哀憐矜恤之愼勿喜己之明察爲能發奸摘伏也如此則用法平恕而士師之任無忝矣

○子貢이曰紂之不善이不如是之甚也니是以로君子ㅣ惡居下流니ᄒᆞᄂᆞ天下之惡이皆歸焉이니라 惡居之惡去聲

子貢이ᄀᆞᆯ오ᄃᆡ紂의善티아니ᄒᆞᆷ이이러ᄐᆞ시甚티아니ᄒᆞ니일로ᄡᅥ君子ㅣ下流에居ᄒᆞᆷ을惡ᄒᆞᄂᆞ니天下읫惡이다歸ᄒᆞᄂᆞ니라

●下流、地形卑下之處、衆流之所歸、喩人身有汙賤之實、亦惡名之所聚也、子貢、言此、欲人常自警省、悉井反不可一置其身於不善之地、非謂紂本無罪、而虛被惡名也、

南軒張氏曰紂不道極矣其始亦未至若是之甚惟其爲不善而天下之惡皆歸之日累月成以至貫盈豈不猶川澤居下而衆水歸之乎○雙峯饒氏曰子貢非爲紂分疏其意在下兩句○厚齋馮氏曰紂名辛字受紂謚也後世定論謂殘義損善曰紂[備旨]子貢儆人之爲不善曰古今之言不善者必曰商紂甚矣自我言之紂之不善不至人言如是之甚也特以紂自置身於不善之地而居天下之下流耳蓋地之下者衆流所歸人之下者亦衆惡所聚是以君子不敢爲惡而惡居下流正以一居下流則天下之惡皆歸焉亦如人之所以歸紂惡名者矣人可不惕然自

省哉

○子貢이曰君子之過也는如日月之食焉이라過也에人皆見之ᄒᆞ고更也에人皆仰之니라 更平聲

子貢이골오ᄃᆡ君子의過ᄂᆞᆫ日月의食홈ᄀᆞᆮᄐᆞᆫ디라過홈애사ᄅᆞᆷ이다見ᄒᆞ고更홈애사ᄅᆞᆷ이다仰ᄒᆞᄂᆞ니라

●南軒張氏曰人皆見之者君子不文飾掩蔽其過日月之食旋而復矣無損其明也故君子改過不吝而德愈光焉○勉齋黃氏曰過也明白而無掩覆故人皆見更也瑩徹而無瑕疵故人皆仰○雙峯饒氏曰君子無掩覆之意有過則人之所共知旣改又脫然更無蒂絆或問君子如何獨能用心如此曰君子所以能如此者只是純乎天理之公而無人欲之私若此心猶有分毫私累在人欲上便做君子事不得○新安陳氏曰君子不諱過故方過而人見速改過故無過而人仰如日月雖或不免於食而明還何損於明若小人則諱過而掩匿不改過而固吝益重其過而愈晦愈甚矣豈有日月明白瑩徹之氣象哉[備旨]子貢論君子之善處過曰人孰能無過若君子之過也一如日月之食焉方其有過也不自隱諱人皆得而見之及其更也則復於無過人又皆仰之夫過而人皆見一日月之暫晦也更而人皆仰一日月之旋復也不猶日月之食而無傷於明乎人不當以過棄君子矣

○衛公孫朝ㅣ問於子貢曰仲尼는焉學고 朝音潮焉於虔反

衛人公孫朝ㅣ子貢의게무러골오ᄃᆡ仲尼ᄂᆞᆫ어ᄃᆡ學ᄒᆞ시뇨

●公孫朝、衛大夫、[備旨]昔衛公孫朝慕聖人而不知故問於子貢曰吾觀仲尼禮樂文物古今事變無所不通必有所從學也不知果焉學乎蓋意夫子有常師也

子貢이曰文武之道ㅣ未墜於地ᄒᆞ야在人이라賢者ᄂᆞᆫ識其大者ᄒᆞ고不賢者ᄂᆞᆫ識其小者ᄒᆞ야莫不有文武之道焉ᄒᆞ니夫子ㅣ焉不學이시며而

亦何常師之有시리오 識音志下焉字於虔反

子貢이ᄀᆞᆯ오ᄃᆡ文武의道ㅣ地예墜티아니ᄒᆞ야人에인ᄂᆞᆫ디라賢ᄒᆞᆫ者ᄂᆞᆫ그大ᄒᆞᆫ者를識ᄒᆞ고賢티몯ᄒᆞᆫ者ᄂᆞᆫ그小ᄒᆞᆫ者를識ᄒᆞ야文武의道를두디아니리업ᄉᆞ니夫子ㅣ어ᄃᆡ學디아니ᄒᆞ시며ᄯᅩᄒᆞᆫ엇디덛덛ᄒᆞᆫ師ㅣ이시리오

●文武之道、謂文王武王之謨訓功烈、與凡周之禮樂文章、皆是也、在人、言人有能記之者、識、記也、朱子曰文武之道只指先王之禮樂刑政敎化文章而已若論道體則不容如此立言矣未墜地只是說未墜落於地而猶在人耳大者是禮之大綱領小者是零碎條目孔子雖生知然何嘗不學亦何所不師然則能無不學無不師者是乃聖人所以爲生知也○在人之人正指老聃萇弘郯子師襄之儔耳若入太廟而每事問焉則廟之祝史亦其一師也○問仲尼祖述堯舜憲章文武如何子貢不說堯舜之道只說文武之道雙峯饒氏曰堯舜遠文武近子貢是就其近者而言要之道非文武之所得專文武之道即堯舜之道堯舜之道即文武之道○不賢者只指衆人而言不是不好底人○新安陳氏曰焉學問何所從學焉不學謂何所不從學此論夫子之學而專言文武之道者蓋列聖道統傳在文武而文武之道統傳在孔子故也文武之道無往不在夫子於文武之道無往不學惟善是主初無常師此所以備斯文之大全集列聖之大成歟(備旨)子貢曰子疑夫子之焉學亦未知其得統於文武耳文王武王之道盡於謨訓功烈散於禮樂文章至今尙未墜於地在人猶得而傳之如才智敏達而賢者則識其綱領之大者即才智稍劣而不賢者亦識其條目之小者蓋莫不有文武之道存焉識大識小皆有道夫子或從賢者而學之或從不賢者而學之焉往而不學即焉往而非師而亦何常師之有然則能無不學無不師者是乃夫子之所以爲夫子耳

○叔孫武叔이語大夫於朝曰子貢이賢於仲尼ᄒᆞ니라 語去聲 朝音潮

叔孫武叔이朝에대우ᄃᆞ려닐어ᄀᆞᆯ오ᄃᆡ子貢이仲尼두곤賢ᄒᆞ니라

●武叔、魯大夫、名、州仇、朱子曰子貢賢於仲尼聖人固自難知如子貢在當時想是大段明辨果斷通曉事務歆動得人孔子自謂達不如賜○葉氏少蘊曰子貢晚見用於魯懼吳之强大曉宰嚭而舍衛侯伐齊之謀詰陳成子而反其侵地魯人賢之此武叔所謂賢於仲尼者也(備旨)叔孫武叔

語衆大夫於朝曰人皆以仲尼爲聖人自我觀之子貢之聰明才辨殆賢於仲尼斯言也不惟不知仲尼抑亦不知賜矣

子服景伯이 以告子貢혼대 子貢이 曰譬之宮墻컨댄 賜之墻也는 及肩이라 窺見室家之好ㅣ어니와

●子服景伯이뻐子貢의게告혼대子貢이골오ᄃᆡ宮墻에譬ᄒᆞ건댄賜의墻은肩에及ᄒᆞᆫ디라室家의好홈을여어보려니와

●墻、卑、室、淺、朱子曰古人宮外只是墻無今人廊屋 [備旨]子服景伯述其言以告子貢蓋不足武叔之言也子貢曰凡人之造詣其高下淺深各有不同譬之內宮外墻之間可見焉賜之道阻於上達猶夫墻之卑也止於及肩而已墻卑則室淺而中之所有可一覽而盡也故人皆得窺見其室家之好固不必入門而後知矣

夫子之墻은 數仞이라 不得其門而入이면 不見宗廟之美와 百官之富ㅣ니

夫子의墻은數仞이라그門을得ᄒᆞ야드디몯ᄒᆞ면宗廟의美홈과百官의富홈을보디몯ᄒᆞ리니

●七尺曰仞、不入其門、則不見其中之所有、言墻高而宮廣也、[備旨]若夫子之墻也道隆於峻極而莫踰蓋有數仞之高也墻高則宮廣是必入其門而後見其所有而苟不得其門而入則不得見其壯麗中藏輝乎宗廟之美與其森列內蘊廓乎百官之富焉

得其門者ㅣ 或寡矣라 夫子之云이 不亦宜乎아

그門을得ᄒᆞᆫ者ㅣ或젹은디라夫子의닐옴이또ᄒᆞᆫ맛당티아니ᄒᆞ나

●此夫子、指武叔、或問夫子之墻數仞不得其門而入也朱子曰不然顔子得入故能仰之彌高鑽之彌堅至于在前在後如有所立卓爾曾子得入故能言夫子之道忠恕子貢得入故能言性與天道不可聞文章可得而聞他人自不能入耳非高遠也七十子之徒幾人入得譬如與兩人說話一人理會得一人理會不得會得者便是入得會不得者便是入不得且孔子之敎衆人與敎顔子何異顔子自入得衆人自入不得多少分明○雙峯饒氏曰聖人之道雖曰難入然其入亦自有方且如仰彌高鑽彌堅此是數仞難入處夫子循循善誘博我以文約我以禮這便是從入之門學者須從此門路入方有所見○新安陳氏曰賢人之道卑淺易見聖人之道高深難知此子貢以牆室取譬之意也要之觀乎賢人則見聖人使叔孫果知子貢之所以爲子貢則亦必略知孔子之所以爲孔子豈至爲此言哉叔孫非特不知孔子亦不知子貢也

【備旨】今之人皆宮牆外望者也求其得入夫子之門而觀其美且富者蓋或寡矣若夫子正不得其門而入者也求之旣無其端望之莫得其際其云賜賢於仲尼而以室家之好加美富之上也不亦宜乎藉令得門而入於數仞之中而縱觀乎美富當爽然自失敢云賜賢乎哉

○叔孫武叔이毁仲尼어늘子貢이曰無以爲也라ᄒᆞ仲尼ᄂᆞᆫ不可毁也ㅣ니他人之賢者ᄂᆞᆫ丘陵也ㅣ라猶可踰也ㅣ니와仲尼ᄂᆞᆫ日月也ㅣ라無得而踰焉이니人雖欲自絕이나其何傷於日月乎ㅣ리오多見其不知量也ㅣ로다 量去聲

叔孫武叔이仲尼를毁ᄒᆞ야늘子貢이ᄀᆞᆯ오ᄃᆡ뻐ᄒᆞ디말라仲尼ᄂᆞᆫ可히毁티몯ᄒᆞᆯ거시니他人의賢ᄒᆞᆫ者ᄂᆞᆫ丘와陵이라오히려可히踰ᄒᆞ려니와仲尼ᄂᆞᆫ日과月이라시러곰踰티몯ᄒᆞ리니사ᄅᆞᆷ이비록스스로絕코쟈ᄒᆞ나그엇디日과月에傷ᄒᆞ리오마좀그量을아디몯ᄒᆞᆷ을보리로다

[註]無以爲、猶言無用爲此、土高曰丘、大阜曰陵、日月、喩其至高、自絶、謂以毁謗、自絶於孔子 南軒張氏曰子貢善喩如宮墻日月之喩者可謂切矣夫丘陵固可踰太山雖高然猶有可踰之理至於日月之行天則孰得以踰之哉人之議日月者初何損於日月之明徒爲自絶於日月而已矣 ○胡氏曰聖人之心如化工之生物未嘗不欲物物而生之也彼傾者覆之物自傾而不得受化工之生也聖人未嘗有絶人之心彼毁謗者自絶於聖人耳 多、與祇同、適也、不知量、謂不自知其分扶問反量也、厚齋馮氏曰量謂斛斗升合小大不同也○新安陳氏曰聖人有聖人之分量賢人有賢人之分量愚人有愚人之分量州仇不自知其庸愚之分量宜其不足以知聖人之分量也孔子之道如日月行天萬古常明雖有州仇之毁何損於明子貢以何傷日月曉譬之可謂智足以知聖人而譬之深矣[備旨]叔孫武叔前言仲尼不及子貢至是又毁謗之子貢曉之曰無用此毁爲也仲尼固不可得而毁也如他人之賢者所造雖高不過丘陵也猶可得而踰越也仲尼之爲聖直是日月也懸象於天高視古今併無得而踰越焉人雖欲毁謗以自絶於聖人之敎其何傷損於日月之高乎祇見其不知己之分量也而何以毁爲哉

○陳子禽이謂子貢曰子ㅣ爲恭也ㅣ언뎡仲尼ㅣ豈賢於子乎ㅣ리오

陳子禽이子貢ᄃᆞ려닐러ᄀᆞᆯ오ᄃᆡ子ㅣ恭을ᄒᆞ건뎡仲尼ㅣ엇디子두곤賢ᄒᆞ시리오

[註]爲恭、謂爲恭敬、推吐雷反遜其師也、[備旨]陳子禽謂子貢曰子之於仲尼也譬之以宮牆喩之以日月乃務爲恭敬以推遜夫師也若以實論之仲尼豈誠賢於子乎

子貢이曰君子ㅣ一言에以爲知ᄒᆞ며一言에以爲不知니言不可不愼也ㅣ니라 知去聲

子貢이ᄀᆞᆯ오ᄃᆡ君子ㅣᄒᆞᆫ말애ᄡᅧ知라ᄒᆞ며ᄒᆞᆫ말애ᄡᅧ不知라ᄒᆞᄂᆞ니말ᄉᆞᆷ을可히愼티아니티몯ᄒᆞᆯ꺼시니라

●責子禽、不謹言、勉齋黃氏曰一言善爲知一言不善爲不知知不知係於一言不可不謹【備旨】子貢責之曰君子之評論人也一言之得人即以爲知一言之失人卽以爲不知知與不知係於一言如此故言不可以不愼也子何爲此不知之言耶

夫子之不可及也ᄂᆞᆫ 猶天之不可階而升也ㅣ니라

夫子의可히 밋디 몯홈은 하ᄂᆞᆯ의可히 階ᄒᆞ야 升티 몯홈ᄀᆞᆮᄐᆞ니라

●階、梯也、大可爲也、化不可爲也、故、曰不可階而升也、新安陳氏曰孟子曰大而化之之謂聖 由善信美而至於大乃思勉之所可及故曰可爲猶可躡階梯而升也至於化則非思勉之所可及故曰不可爲非可躡階梯而升矣朱子以此發明孔子所以如天之不可階而升之實處然後子貢取譬之意顯然矣【備旨】豈以夫子爲可及耶不知夫子之聖神無方而化無體其德之高於天下人不可幾及之也猶天之以形高天下人不可階梯而升也及之且不可而況賢之乎

夫子之得邦家者ㅣ댄 所謂立之斯立ᄒᆞ며 道之斯行ᄒᆞ며 綏之斯來ᄒᆞ며 動之斯和ᄒᆞ며 其生也榮ᄒᆞ고 其死也哀ㅣ니 如之何其可及也ㅣ리오 道去聲

夫子ㅣ邦家를得ᄒᆞ실뎐댄 닐온밧 立홈애 이예 立ᄒᆞ며 道홈애 이예 行ᄒᆞ며 綏홈애 이예 來ᄒᆞ며 動홈애 이예 和ᄒᆞ야 그 生ᄒᆞ심애 榮ᄒᆞ고 그 死ᄒᆞ심애 哀ᄒᆞ리니 엇디 그 可히 미ᄎᆞ리오

●立之、謂植其生也、道、引也、謂敎之也、行、從也、綏、安也、來、歸附也、動、謂鼓舞之也、和、所謂於音烏變時雍、書堯典曰克明俊德以親九族九族旣睦平章百姓百姓昭明協和萬邦黎民於變時雍 變變惡爲善也時是也雍和也 言其感應

之妙、神速如此、榮、謂莫不尊親、哀則如喪考妣、程子、曰此、聖人之神化、上下與天地同流者也、○謝氏、曰觀子貢、稱聖人語、乃知晚年進德、蓋極於高遠也、夫子之得邦家者、其鼓舞羣動、捷於桴鼓影響、新安倪氏曰禮記土鼓蕢桴音浮 左傳成公二年右援枹而鼓枹鼓槌音浮本作桴漢書枹鼓之枹音稃風無反此則桴字不音桴若音桴者乃乘桴浮海之桴筏也人雖見其變化、而莫窺其所以變化也、蓋不離去聲於聖、而有不可知者存焉聖而進於不可知之之神矣、此殆難以思勉及也、問立之謂植其生朱子曰五畝之宅樹之以桑百畝之田勿奪其時便是問動謂鼓舞之

曰勞之來之又從而振德之振德便是鼓舞使之歡喜踊躍遷善改過而不自知如書之俾予從欲以治惟動丕應徯志皆是動之斯和意思○此言德盛仁熟本領深厚纔做出便自恁地○生榮死哀子貢言夫子得邦家時其効如此范氏所謂生則天下歌誦死則如喪考妣者是也歟○南軒張氏曰立之斯立道之斯行綏之斯來動之斯和者不疾而速不行而至惟天下至神感無不通也○勉齋黃氏曰立之謂制其田里道謂道之以德綏謂撫安之立之固也動謂鼓舞之道之深也立之道之綏之動之皆聖人政化之施斯立斯行斯來斯和皆天下感動之速或曰子貢知足以知聖人今乃不言其德而稱其得邦家之效何也曰天之德不可形容即其生物而見造化之妙聖人之德不可形容即其感人而見神化之速天下之理實大則聲宏本深則末茂感動之淺深遲速未有不視其德之所至者聖人道全德備高明博厚則其感於物者如此因其感於物以反觀聖人之德豈不曉然而易見哉○厚齋馮氏曰聖門諸子平日單辭數語形容夫子平澹涵蓄莫窺其際暨孟子所引宰我子貢有若之推尊夫子與此子貢三章之言蓋激於世之不知者乃始極口稱之而夫子之得邦家尤見其神化之妙也○雲峯胡氏曰此章集註當與首篇子禽問於子貢通看前謂聖人過化存神之妙未易窺測此則引程子曰聖人神化上下與天地同流然則聖人過化存神之妙子貢於是始知之矣前引謝氏曰子貢亦可謂善觀聖人矣亦可謂善言德行矣今引謝氏曰觀子貢稱聖人語乃知晚年進德蓋極於高遠也然則前不過謂子貢亦善觀聖人今則可謂眞知聖人矣讀集註者當看其前後相應處便可見晚年進德處且子禽之問凡三始則疑夫子求聞政次疑夫子之私其子今則疑子貢賢於夫子所見者每降益下此篇子貢之稱夫子亦三始則喩之以數仞之墻次則喩之以日月今則喩之以天之不可階而升其所見每進而益高若以爲皆孔子弟子也其所見抑何霄壤之邈如是哉其死也哀而子貢哀慕之心倍於父母至廬墓者凡六年之久則其晚年所得於夫子者蓋益深矣○新安陳氏曰此章前言夫子之不可及以其德之化不可爲者言也夫子不幸而不得時不得位故其德之化雖妙於吾身而其神化之用不見於天

下使得時得位則其神化之功用眞有與天地同流者終言如之何其可及以其神化之不可測者言也夫子之道猶天然天固有目者所共覩天之所以爲天則非知天者不能知也必子貢之知始足以知此彼陳亢者其不足以及此宜哉[illegible]惜夫子未得邦家其不可及者無以自見耳如使夫子得邦家而治之則其神化當何如哉正所謂制田里之政而立之以植其生則民斯立而無不植其生明理義之敎而道之以復其性則民斯行以無不復其性綏之於旣立之後而益廣其安養之澤則民斯來而愛戴歸附自不可禦動之於旣道之後而益善其鼓舞之術則民斯和而於變時雍自不容已其德化感人之速如此將見其生也豪立道綏動之化者莫不尊親而人皆榮之其死也懷立道綏動之化者如喪考妣而人皆哀之其德化入人之深又如此此皆盛德之所致有莫知其所以然而然者甚矣夫子之治一天之治也如之何其可及也此所謂不可階而升也而子乃謂我曰仲尼豈賢於子誠不自知其不知之失也哉

原本備旨

論語集註卷之十九

論語集註卷之二十

堯曰第二十

凡三章

堯ㅣ曰咨爾舜아天之曆數ㅣ在爾躬ᄒᆞ니允執厥中ᄒᆞ라四海困窮ᄒᆞ면天祿이永終ᄒᆞ리라

堯ㅣ골ᄋᆞ사ᄃᆡ咨홉다너舜아天의曆數ㅣ네躬에인ᄂᆞ니진실로그中을執ᄒᆞ라四海ㅣ困窮ᄒᆞ면天의祿이永히終ᄒᆞ리라

●此、堯命舜、而禪時戰反以帝位之辭、咨嗟、歎聲、曆數、帝王相繼之次第、猶歲時氣節之先後也、允、信也、中者、無過不及之名、四海之人、困窮則君祿、亦永絕矣、戒之也、朱子曰帝王相承其次第之數若曆之歲月日時亦有先後之序然聖人所以知其序之屬於此人亦以其人之德知之非若讖緯之說姓名見於圖籙而爲言也聖賢言中有二義大本云者喜怒哀樂未發之時之理其氣象如此也時中云者理之在事而無過不及之地也此曰允執其中蓋以其在事者而言若天下之大本則不可得而執矣且聖人之道時行時止夫豈專以塊然不動者爲是而守之哉○伊川云允執其中中怎麽執得識得則事事物物上皆天然有箇中在那上不待人安排安排著則不中矣○南軒張氏曰以其德當天心故知天之曆數在其躬允執其中事事物物皆有中天理之所存也惟其心無依倚則能執其中至不失此所謂時中也君之所爲安榮者以民故也天之視聽自我民視聽若四海困窮則天祿亦永終矣聖人之相授凡以天人之際而已○雙峯饒氏曰或以守字觧執字守與執不同執是執要事事物物各自有中凡擧一物便要執定那要處如執扇須執柄相似如擇乎中庸而不能朞月守方是守便易得死殺了執者隨事隨物而執之中不死殺○新安倪氏曰按執云者非執一定之理蓋於事物上酌其中而執以用之中庸謂舜用其中即用其所執之中也[備旨]昔帝堯禪位於舜而命之曰咨嗟哉爾舜也自古帝王之興皆天之曆數吾以爾德之升聞者而上觀天道下驗人心天之歷數當在爾躬矣然豈易承也哉亦視其執中何如耳天下萬事萬物莫不有中爾於事事物物惟擇其中允執而用之而無過不及之差則四海蒙福而天祿其永享矣苟不能執中而致四海之困窮則上天所與之祿自此而永絕歷數安能爲汝有哉其戒命之辭如此

舜이亦以命禹ᄒᆞ시니라

舜이ᄯᅩᄡᅥ禹를命ᄒᆞ시니라

○舜、後遜位於禹、亦以此辭命之、今見形甸反於虞書、大禹謨、比此加詳。朱子曰中只是箇恰好的道理允是眞箇執得堯當時告舜只說這一句後來舜告禹又添得人心惟危道心惟微惟精惟一三句說得又較子細這三句是允執厥中以前事是舜敎禹做工夫處人心惟危道心惟微須是惟精惟一方能允執厥中堯當時告舜只說一句舜已曉得那箇了所以不復更說舜告禹時便是怕禹尙未曉得故恁地說論語後面說謹權量審法度修廢官擧逸民之類皆是恰好當做底事這便是堯舜禹湯文武治天下只是這箇道理聖門所說也只是這箇雖是隨他所聞所記說得不同然却只是一箇道理如屋相似進來處雖不同入到裏面只是共這箇屋大槪此篇所載便是堯舜禹湯文武相傳治天下之法雖其纖悉不止此然大要却不出此大要於此可見○雲峯胡氏曰天下之大運之在心此心之用稍有過不及卽非中矣非中則四海將至困窮而天祿亦永終矣授命之際天祿方於此乎始也而卽以永終言之爲戒深矣○新安陳氏曰天祿永終與天之曆數在爾躬相照應允執其中告以保天祿之本也四海困窮不能允執其中之驗所以致天祿之永終也舜之授禹謹述此四句不易一字但辭加詳而理益明意益盡耳舜之授禹具載於書堯之授舜微弟子記之於此則三聖人以一中相授受之淵源其孰從而知之哉[illegible]後舜禪位於禹亦以此辭命之雖加以精一之訓視昔爲詳要亦不過執守此中焉此舜之授禹之所以得統於舜者也

曰予小子履는敢用玄牡ᄒᆞ야敢昭告于皇皇后帝ᄒᆞ노니有罪를不敢赦ᄒᆞ며帝臣不蔽니簡在帝心이니이다朕躬有罪는無以萬方이오萬方

有罪ᄂᆞᆫ 罪在朕躬ᄒᆞ니다

ᄀᆞᆯᄋᆞ샤ᄃᆡ 나 小子履ᄂᆞᆫ 敢히 玄牡ᄅᆞᆯ 用ᄒᆞ야 敢히 皇皇ᄒᆞ신 后帝ᄭᅴ 昭告ᄒᆞ노니 罪ㅣ 인ᄂᆞ니ᄅᆞᆯ 敢히 赦티 아니ᄒᆞ며 帝의 臣을 蔽티 아니ᄒᆞ노니 簡홈이 帝心에 인ᄂᆞ니이다 朕躬의 罪ㅣ 이심은 萬方으로ᄡᅥ 아니오 萬方의 罪ㅣ 이심은 罪ㅣ 朕躬에 인ᄂᆞ니라

●此、引商書湯誥之辭、蓋湯既放桀、而告諸侯也、與書文大同小異、曰上、當有湯字、履、蓋湯名、疏世本云湯名天乙孔安國云至爲王改名履 用玄牡、夏尙黑、未變其禮也、記檀弓上夏后氏尙黑大事斂用昏大事謂喪事戎事乘驪戎兵也馬黑色曰驪牲用玄殷人尙白大事斂用日中戎事乘翰翰白色馬也牲用白周人尙赤大事斂用日出戎事乘翰牲用騂 簡、閱也、言桀有罪、己不敢赦、而天下賢人、皆上帝之臣、己不敢蔽、簡在帝心、惟帝所命、此、述其初請命、而伐桀之詞也、又言君有罪、非民所致、民有罪、實君所爲、見其厚於責己、薄於責人之意、此其告諸侯之辭也、朱子曰簡閱也善與罪天皆知之如天點檢數過爾之有善也在帝心我之有惡也在帝心○南軒張氏曰有罪不敢赦謂桀得罪於天不敢稽天命而不討然凡天下之人莫非帝之臣其善惡不可蔽也則何敢專顧帝所眷命何如耳己有罪則不敢以及萬方萬方有罪則歸之於己此其自刻以聽天命之辭公天下之心如此然則其有天下也亦何與於己哉○雙峯饒氏曰湯述其告天之辭以告諸侯[illegible]禹之後應歷數而有天下者商湯也湯之放桀而告諸侯曰予向之伐桀也請於帝曰予小子履敢用玄色之牡敢昭告於皇皇后帝桀之有罪我不敢赦而弗誅天下賢人皆上帝之臣我不敢蔽而不用蓋其有罪也有德也皆己簡閱自上帝之心我惟聽上帝之命而已敢違之而不誅不用哉吾之請命以伐桀者如此而今既爲天子其責任尤有甚重者朕躬若有過擧乃自己致之無與於爾萬方也若萬方有過擧實我一人撫馭失道而致之其罪在朕躬此則命討之公自責之厚而湯之得統於禹者其誥戒如此也

周有大賚대ᄒᆞ신 善人이 是富라ᄒᆞ니 賚來代反

周ㅣ大賚를두신대善人이이예富ᄒᆞ니라

●此以下、述武王事、賚、予(予通也作與)也、武王、克商、大賚于四海、見(形甸反)周書武成篇、此、言其所富者、皆善人也、詩序、曰賚、所以錫予善人、(詩周頌賚大封於廟也賚予也言所以錫予善人也)蓋、本於此、(雙峯)饒氏曰紂爲天下逋逃主所用皆是惡人故武王伐商之初便把善人是富做箇打頭第一件事大賚是錫予普及四海其中善人則錫予又自加厚洪範曰凡厥正人既富方穀正人既得其富則其爲善也篤故不容以泛然錫賚施之也(備旨)湯之後應歷數而有天下者武王也當伐商之後散財發粟大賞賚於天下然非人人而富之惟善人是厚而已其賞善之公如此也

雖有周親이나不如仁人이오百姓有過ㅣ在予一人이니라

비록周ᄒᆞᆫ親이이시나仁人만ᄀᆞᆮ디몯ᄒᆞ고百姓의過ㅣ이심이나一人에인ᄂᆞ니나

●此、周書泰誓之辭、孔氏、曰(孔氏名安國西漢曲阜人)周、至也、言紂、至親雖多、不如周家之多仁人、問雖有周親註紂之至親雖多他衆叛親離那裏有至親朱子曰紂之至親豈不多惟其衆叛親離所以不濟事故書謂紂有億兆夷人離心離德是也○南軒張氏曰周有大賚惟善人之是富雖有周至親不如仁賢如周公雖至親亦以尊賢之義爲重也百姓有過在予一人是武王公天下之心與成湯無以異也此所載帝王之事孔子之所常言門人列於末章所以見前聖後聖之心若合符節其不得時位而在下則夫子之道其得時位而在上則帝王之業○厚齋馮氏曰微子去之箕子爲之奴比干諫而死雖紂至親不獲用也予小子既獲仁人祗承上帝盖武王有亂臣十人皆爲用也奉天討罪以罪己爲本故曰禹湯罪己其興也勃焉(備旨)當伐商之初誓師之辭有曰紂雖有至親之多皆離心離德不如周家之多仁人我今既獲仁人之助若不往征商罪則百姓皆有過責在予一人矣伐商其容已乎其伐暴之果如此

謹權量ᄒᆞ며審法度ᄒᆞ며修廢官ᄒᆞ신대四方之政이行焉ᄒᆞ니라

權量을謹ᄒᆞ며法度를審ᄒᆞ며廢官을修ᄒᆞ신대四方의政이行ᄒᆞ니라

●權、稱去聲錘直垂反也、量去聲斗斛也、古註引漢律曆志云權者銖兩斤鈞石也所以稱物平施知輕重也本起黃鍾之重一龠容千二百黍重十二銖兩之爲兩二十四銖爲兩十六兩爲斤三十斤爲鈞四鈞爲石五權謹矣量者龠合升斗斛也所以量多少也本起於黃鍾之龠用度數審其容以子穀秬黍中者千有二百實其龠合龠爲合十合爲升十升爲斗十斗爲斛五量嘉矣又云度者分寸尺丈引也所以度長短也本起黃鍾之長以子穀秬黍中者一黍之廣爲一分十分爲寸十寸爲尺十尺爲丈十丈爲引而五度審矣而此不言度者從可知也 法度、禮樂制度、皆是也、

備旨 及天下已定之後於權量則謹之使輕重多寡各適其中也於法度則審之使因革損益各得其當也於廢官則修之使惟賢惟能各擧其職也是擧商之玩弊而廢墜者一旦整飭而維新之四方靡不改觀易聽而奉行新天子之典章矣政其有不行耶

興滅國ᄒᆞ며繼絕世ᄒᆞ며擧逸民ᄒᆞ신대天下之民이歸心焉ᄒᆞ니라

滅ᄒᆞᆫ國을興ᄒᆞ며絕ᄒᆞᆫ世를繼ᄒᆞ며逸ᄒᆞᆫ民을擧ᄒᆞ신대天下의民이心을歸ᄒᆞ니라

●興滅、繼絕、謂封黃帝堯舜夏商之後、擧逸民、謂釋箕子之囚、復商容之位、三者皆人心之所欲也、禮記武王克殷反商未及下車而封黃帝之後於薊封帝堯之後於祝封帝舜之後於陳下車而封夏后氏之後於杞投殷之後於宋封王子比干之墓釋箕子之囚使之行商容而復其位庶民弛政庶士倍祿○朱子曰興滅國繼絕世擧逸民此聖人之大賞兼弱攻昧取亂侮亡此聖人之大罰○雙峯饒氏曰謹權量是平其在官之權衡斗斛使無過取於民關石和鈞王府則有固是要通乎官民然民間權量關係尙淺政是官府與民交涉便易得加增取盈當今苗斛皆然當紂之時必是取民過制所以武王於此不容不謹審法度是審度可否因革之宜是底因之不是底革之即此便是審處修廢官亦只是因其見在之官而廢者從頭改去興滅繼絕只是一事黃帝堯舜禹湯皆有功德於民合當他子孫有國如何不繼其絕後得逸民是有德而隱者亦合當敎他有祿民心皆欲得其如此而我則興之繼之擧之此其所以歸心 備旨 不特此也至於前代帝王之後於無其國而久滅者則興之錫之土以復其舊也於有其國而世已絕者則繼之立之人以延其祀也於賢人之遺逸者則擧之釋其囚而復其位也是擧紂之所翦滅而播棄者一旦建立而顯揚之天下靡不慰望順欲而思蒙聖天子之德澤矣民心有不歸焉者耶

所重은民食喪祭러시다 重去聲

重히너기신바는民의食과喪과祭러시다

●武成曰重民五教、惟食喪祭、節齋蔡氏曰五教君臣父子夫婦兄弟長幼五典之教也食以養生喪以送死祭以追遠五教三事所以立人紀而厚風俗聖人之所甚重焉者○雙峯饒氏曰周有大賚以下夫子零碎收拾或擧其辭或述其事湊成武王一段事實[illegible]至其所尤重者民之食喪祭焉蓋食以養生喪以送死祭以報本而人道之始終備矣重之者所以立人紀而厚風俗也此皆反商政之虐由舊政之仁而武王之得統於湯者又如此

寬則得衆ᄒᆞ고信則民任焉ᄒᆞ고敏則有功ᄒᆞ고公則說이니라 說音悅

寬ᄒᆞᆫ則衆을得ᄒᆞ고信ᄒᆞᆫ則民이任ᄒᆞ고敏ᄒᆞᆫ則功이잇고公ᄒᆞᆫ則說ᄒᆞᄂᆞ니라

●此於武王之事、無所見、恐或泛言帝王之道也、雲峯胡氏曰帝王之道不能外一中字堯舜以禪讓爲中湯武以征伐爲中泛言之則曰寬曰信曰敏曰公約言之曰中而已○新安陳氏曰寬者柔之中敏者剛之中信者中之實公者中之體也 ○楊氏曰、論語之書、皆聖人微言、而其徒、傳守之、以明斯道者也、故、於終篇、具載堯舜咨命之言、湯武誓師之意、與夫音扶施諸政事者、以明聖學之所傳者、一於是而已、所以著明二十篇之大旨也、孟子、於終篇、亦歷叙堯舜、湯文、孔子、相承之次、皆此意也、朱子曰此篇夫子誦述前聖之言弟子類記於此○此篇多闕文當各本其所出而解之有不可通者闕之可也謹權量以下皆武王事當自周有大賚以下至公則說爲一章蓋興滅國繼絕世擧逸民當時皆有其事○勉齋黃氏曰論語末篇歷叙堯舜禹湯武王相傳之道而先之以執中得其要矣其下泛及賞善罰惡責己恕人大綱小紀本數末度無不具擧蓋帝王之道初無精麤凡事之合天理當人心者是其所以謂道也所謂執中正以其事事物物無適而非中耳豈虛空無據而可謂之中乎○雙峯饒氏曰通論此章堯舜禹是說相傳之理湯是說他心事武王又是兼政事而言三說固無不同然累聖相承只是一中字前面說理處是中道流傳之原下面亦無一不是執中之實○雲峯胡氏曰前篇之末言夫子之得邦家者其用必如此此篇之首則述叙自古帝王之用固如此以見聖學之所傳者無非有體有用之學而凡論語二十篇之大旨皆不外此也孟子篇終即此意但孟子聞知見知者知其道也是從知上說此則從行道上說行無不本於知知即所以行固無

異也備旨夫二帝三王之爲治如此要不出於寬信敏公四者之道焉寬以御衆則天下知吾量之能容而衆於我乎愛戴矣信以出令則天下知吾誠之足恃而民於我乎倚仗矣敏以圖治則無怠無荒百度振擧而有功矣公以裁物則無偏無黨百姓誠服而次悅矣夫析言之有是四者之道約言之則曰中而已吾夫子生於堯舜禹湯武之後而得其聖學之傳者又豈有外於此哉

○子張이問於孔子曰何如ㅣ라아 斯可以從政矣니잇고 子ㅣ曰尊五美ᄒᆞ고屛四惡이면斯可以從政矣리라 子張이曰何謂五美니잇고 子ㅣ曰君子ㅣ惠而不費ᄒᆞ며勞而不怨ᄒᆞ며欲而不貪ᄒᆞ며泰而不驕ᄒᆞ며威而不猛이니라 子張이曰何謂惠而不費니잇고 子ㅣ曰因民之所利而利之니 斯不亦惠而不費乎아 擇可勞而勞之어니 又誰怨이리오 欲仁而得仁이어니 又焉貪이리오 君子ㅣ無衆寡ᄒᆞ며無小大히 無敢慢ᄒᆞᄂᆞ니 斯不亦泰而不驕乎아 君子ㅣ正其衣冠ᄒᆞ며尊其瞻視ᄒᆞ야儼然人望而畏之ᄒᆞᄂᆞ니 斯不亦威而不猛乎아

費芳味反焉於虔反○新安倪氏曰按韻書屛字上聲者註云蔽也去聲者註云除也屛四惡之屛當去聲讀而舊音丙

子張이孔子씌묻ᄌᆞ와ᄀᆞᆯ오ᄃᆡ엇디ᄒᆞ야아이예可히ᄡᅥ政을從ᄒᆞ리잇고子ㅣᄀᆞᆯᄋᆞ샤

原本備旨論語集註卷二十　七

ᄃᆡ五美를尊ᄒᆞ며四惡을屛ᄒᆞ면이예可히ᄡᅥ政을從ᄒᆞ리라子張이ᄀᆞᆯ오ᄃᆡ엇디닐온五美나잇고子ㅣᄀᆞᆯᄋᆞ샤ᄃᆡ君子ㅣ惠호ᄃᆡ費티아니ᄒᆞ며勞ᄒᆞ요ᄃᆡ怨티아니ᄒᆞ며欲호ᄃᆡ貪티아니ᄒᆞ며泰호ᄃᆡ驕티아니ᄒᆞ며威호ᄃᆡ猛티아니홈이니라子張이ᄀᆞᆯ오ᄃᆡ엇디닐온惠호ᄃᆡ費티아니홈이니잇고子ㅣᄀᆞᆯᄋᆞ샤ᄃᆡ民의利ᄒᆞᆫ바ᄅᆞᆯ因ᄒᆞ야利케ᄒᆞ니이ᄯᅩᄒᆞᆫ惠호ᄃᆡ費티아니홈이아니가可히勞ᄒᆞ얌즉ᄒᆞ니ᄅᆞᆯ擇ᄒᆞ야勞ᄒᆞ거니ᄯᅩ뉘怨ᄒᆞ리오仁코쟈ᄒᆞ야仁을得ᄒᆞ거니ᄯᅩ엇디貪ᄒᆞ리오君子ㅣ衆寡ㅣ업ᄉᆞ며小大업시敢히慢티아니ᄒᆞᄂᆞ니이ᄯᅩᄒᆞᆫ泰호ᄃᆡ驕티아니홈이아니가君子ㅣ그衣冠을正히ᄒᆞ며그瞻視ᄅᆞᆯ尊히ᄒᆞ야儼然히人이望ᄒᆞ고畏ᄒᆞᄂᆞ니이ᄯᅩᄒᆞᆫ威호ᄃᆡ猛티아니홈이아니가

●朱子曰謝氏云以府庫之財與人則惠而費矣又安得人人而給之惟因四時之和因原隰之利因五方之財以阜物以厚生使民不饑不寒何費之有勞人以力所不堪則不免於怨擇可勞而勞之以佚道使民惟喜康共不常厥邑可也其究安宅百堵皆作可也如此則又何怨之有○問欲仁得仁又焉貪如何曰仁是我所固有而我得之何貪之有若是外物欲之則爲貪此正與當仁不讓於師同意曰於問政及之何也曰治己治人其理一也○胡氏曰在人上者人欲爲多不能窒之則其貪無時而已惟反是心以欲仁則求諸己而必得何物足以累其心夫何貪泰者安舒自得之謂近於驕然君子心一於敬不以彼之衆寡大小而貳其心則其自處未嘗不安何驕之有○南軒張氏曰正衣冠尊瞻視臨之以莊也持身嚴故人望而自畏之而非以威加人也故威而不猛若有使人畏己之心則猛而反害於威矣惠不費勞不怨施於人者也欲不貪泰不驕威不猛存於己者也爲政內外始終之道亦云備矣然欲仁其本歟【備旨】昔者子張以爲政之道問於夫子曰必何如圖治斯可以從政矣夫子告之曰政之利於始者有五美則必尊而奉行之政之害於治者有四惡焉則必屛而絶去之斯可以從政而無難矣子張又問曰何謂五美之目夫子告之曰從政之君子惠以及人而不費己之財此惠之美也勞民之力而不致民之怨勞何美也心有所欲而不病於貪欲何美也體常舒泰而不見其驕非泰之美乎有威可畏而不見其猛非威之美乎所謂

五美者如此子欲爲政惟於五者尊之可矣子張欲聞五美之實而先問之曰惠於人者必費於已果何以謂惠而不費夫子乃備擧其實而告之曰因民有天地自然之所利而爲之經制敎導以利之其利之出於民者初未嘗損於己也斯不亦惠而不費乎擇其可勞之事爲國計民生所賴者而勞之則佚道以使民民自忘其勞也又誰怨於我乎欲求仁心仁政之施而卽得以盡其仁則自有而自得非有取於人也又焉至於貪乎君子無論人之衆寡無論事之大小皆主於敬無敢以慢心處之則動無不敬而自然安舒非矜肆以長傲矣斯不亦泰而不驕乎君子正其衣冠之服尊其瞻視之容儼然在上人咸望而畏之則臨之以莊而自然嚴重非暴厲以虐人矣斯不亦威而不猛乎此五美之實爲政者之所當尊也

子張이 曰何謂四惡이니잇고 子ㅣ 曰不敎而殺을 謂之虐이오 不戒視成을 謂之暴ㅣ오 慢令致期를 謂之賊이오 猶之與人也ㅣ로 出納之吝을 謂之有司ㅣ니라 出去聲

子張이 ᄀᆞᆯ오ᄃᆡ 엇디 닐온 四惡이니잇고 子ㅣ ᄀᆞᆯᄋᆞ샤ᄃᆡ 敎티 아니코 殺홈을 닐온 虐이오 戒티 아니코 成올 視홈을 닐온 暴ㅣ오 令을 慢히ᄒᆞ고 期를 致홈을 닐온 賊이오 오히려 人을 與호ᄃᆡ 出ᄒᆞ며 納홈이 吝홈을 닐온 有司ㅣ니라

● 虐、謂殘酷不仁、暴、謂卒倉沒反遽無漸、致期、刻期也、賊者、切害之意、緩於前而急於後、以誤其民、而必刑之、是、賊害之也、猶之、猶言均之也、均之以物與人、而於其出納之際、乃或吝而不果、則是有司之事、而非爲政之體、所與雖多、人亦不懷其惠矣、項羽、使人、有功當封、刻印刓吾官反、忍弗能予、通作與卒以取敗、亦其驗也、通鑑漢高祖元年韓信問漢王曰今爭權天下豈非項王耶王曰然曰大王自料勇悍仁彊孰與項王漢王良久曰不如也信曰信亦以爲大王不如也然臣嘗事之請言其爲人項王喑音噁烏故反叱昌力反咤竹駕反漢書作意烏猝嗟千人皆廢然不能任其賢將此特匹夫之勇耳項王見人恭敬慈愛言語嘔嘔(凶于反悅言也漢書作姁音同)人有疾病泣涕分飲食至使人有功當封爵者刻印刓(訛缺也)忍弗能予此所謂婦人之仁也○朱子曰猶之均之也如言一等是如此史家多有此般字此吝字說得來又廣只是戒人遲疑不決若當賞便用賞遲疑之間澀縮靳惜便誤事機如李絳勸憲宗速賞魏博將士謂若待其來請而後賞之則恩不歸上矣政是此意若是有司出納之間吝惜不敢自專却是本職當然人君爲政大體却不可如此當與便果決與之○問四惡之說曰虐也暴也賊也謝氏得之有司之說楊氏爲當謝曰古者以五戒先後刑罰所以警昏愚懲怠慢也戒之既至然後可以責成矣不先戒之彼且烏知先後緩急之所在遽以視成不亦暴乎令嚴者欲其不犯聚衆以誓之垂象以曉之讀法以諭之上自慢其令而欲下之嚴其可得乎如是而致期焉期而不至則罪之是罔民也楊曰非其義也一介不以予人而不爲吝義在可與而惟出納之吝在有司則爲善在爲上則爲惡天下之事亦惟當其可而已○問猶之與人也出納之吝何以在四惡之數曰此一惡比上三惡似輕然亦極害事蓋此人乃是箇多猜嫌疑慮之人賞不賞罰不罰疑吝不決正如唐德宗是也○南軒張氏曰虐暴賊皆不仁者之爲也出納之吝不知者之爲也○勉齋黃氏曰惠易費勞易怨欲易貪泰易驕威易猛今至於不犯人情之所易則美之至者也殺不可也甚則不教而殺視成不可也甚則不教而視成致期不可也甚則慢令而致期吝不可也甚則與人而亦吝今至於犯人情之所已甚則惡之至者也此一尊一屛聖人之所以深戒之也○雙峯饒氏曰要行一事須預先告戒使遵承而後可若不先告戒之猝然要責他成就豈不是暴慢令於先一時却去緊他是誤而賊之也當與而吝易失人心也是惡上三者是急迫之惡下一件悠緩之惡○雲峯胡氏曰四惡虐爲甚暴次之賊又次之剛惡也吝如有司不能專決柔惡也蓋吝之一字在有司不便謂之惡從政而謂之有司則惡矣故特著項羽以吝取敗之事以示爲政不知大體者之戒

○尹氏、曰告問政者、多矣、未有如此之備者也、故、記之、以繼帝王之治、(去聲)則夫子之爲政、可知也、

趙氏曰孔子論爲政之方莫詳於此故門人取以附前章之後夫子之爲政蓋與帝王若合符節○雲峯胡氏曰問政見於論語者齊景公葉公各一季康子凡一仲弓子路子張子夏各一夫子答之未有如此章之詳者蓋惠未有不費勞未有不怨欲則易貪泰則易驕威則易猛今皆不然則所以爲美也虐之而不知敎暴之而不知戒賊之而不知令吝之而不知與爲民父母者奚忍如是哉此所以爲惡也

【備旨】子張又問曰五美之實固如此矣敢問何謂四惡夫子又告之曰爲政者欲民不爲惡則當素敎之若平時不敎民爲善而遽殺其不善是殘酷不仁而謂之虐凡有所興作則當先戒之若不戒之於先而遽考視其成是急遽無漸而謂之暴凡有號令則當致嚴之若故緩其令於前而刻期責之於後是有意害民而謂之賊至於有功當賞即斷然與之而人始蒙其惠若或先或後不免於與是均之以物與人也而於出此納彼之際乃或吝而不果是爲人守財不得自專者所爲則謂之

有司之事而非爲政之體矣此四惡之實爲政者之所宜屏也誠能於所當尊者而尊之於所宜屏者而屏之則從政亦何難哉

○子ㅣ曰不知命이면無以爲君子也ㅣ오

子ㅣ ᄀᆞᆯᄋᆞ샤ᄃᆡ 命을 아디 몯ᄒᆞ면 ᄡᅥ 君子ㅣ 되디 몯ᄒᆞ고

●程子ㅣ曰知命者、知有命而信之也、不知命、則見害必避、見利必趨、何以爲君子、

朱子曰此與五十知天命不同知天命謂知其理之所自來此不知命是說死生壽夭貧富貴賤之命今人開口亦解說一飮一啄自有分定及遇小小利害便生趍避計較之心古人刀鋸在前鼎鑊在後視之如無者只緣見道理都不見那刀鋸鼎鑊○論語首云人不知而不慍不亦君子乎終云無以爲君子也此深有意蓋學者所以學爲君子若不知命則做君子不成○胡氏曰一定而不可易者命也人不知命常求其所不可得避其所不可免斯所以徒喪所守而爲小人也○慶源輔氏曰此命指氣而言謂貧賤富貴窮通得喪一定不可易者必知此而信之始見利不苟就見害不苟避故全得我之義理所以爲君子○雲峰胡氏曰程子釋朝聞道謂知而信者爲難此亦謂知而信之者知而不信知之猶未至也知之猶未至則凡見利必趨見害必避小人之爲也欲爲君子得乎首篇不亦君子乎是已到君子地位此曰無以爲君子是方做君子根脚[備旨]夫子示人以當知之事曰人之所當知者有三一曰知命一曰知禮一曰知言蓋命稟於有生之初者也人必知命則臨利害之際惟命是安庶無愧於君子矣苟不知命則見害必避見利必趨是亦僥倖苟免之人而已其何以爲君子乎故命不可以不知也

不知禮면無以立也ㅣ오

禮를 아디 몯ᄒᆞ면 ᄡᅥ 立디 몯ᄒᆞ고

●不知禮則耳目、無所加、手足、無所措、雲峯胡氏曰集註十字是形容無以立三字耳目無所加是懵然不知有可立之地手足無所措是茫然卒無可立之地[備旨]禮所以檢身者也人必知禮則以之持循而在我有據可與立矣苟不知禮則耳目手足無所範圍而事物得以搖奪之矣其何以能立乎故禮不可以不知也

不知言이면無以知人也ㅣ니라

言을아디몯ᄒᆞ면ᄡᅥ人을아디몯ᄒᆞ리니라

●言之得失、可以知人之邪正、慶源輔氏曰言心聲也因言之得失可以知人之邪正惟格物窮理之君子得之○雲峯胡氏曰孟子知言之謂蓋本於此但集註釋孟子知言則曰凡天下之言識其是非得失之所以然而此不過曰無以知人之邪正此爲學者言彼則孟子自言也於此亦見集註之精

○尹氏、曰知斯三者則君子之事、備矣、南軒張氏曰此所論命謂窮達得喪之有命也不知命則將儌倖而苟求何以爲君子乎知命則志定然後其所當爲者可得而爲矣禮者所以儉身也不知禮則視聽言動無所持守其將何以立乎知禮則有踐履之實矣知言如吉人之辭寡躁人之辭多之類不知言則無以知其實情之所存其將何以知人乎故知言則取友不差矣此三者學者之所宜先切要之務也必以是爲本而後學可進不然雖務於窮高極遠而終無所益門人以此終論語之書豈無旨哉○勉齋黃氏曰知命知其在天者知禮知其在己者知言知其在人者知天則利害不能動乎外而後可以脩諸己知禮則義理有以養乎內而後可以察諸人知天而不知己未必能安乎天知己而不知人未必能益乎己○慶源輔氏曰知命則在我者有定見知禮則在我者有定守知言則在人者無遁情知斯三者則內足成己之德外足盡人之情故君子之事備○雲峯胡氏曰學始於致知終於治國平天下前篇之末與此篇前二章皆說治國平天下聖學之終事此章復提起三知字是聖學之始事知其三者而爲君子則聖學之體立遇時而用之則聖學之用行弟子記此以終一書不無意矣弟子、記此、以終篇、得無意乎、學者、少去聲而讀之、老而不知一言爲可用、不幾平聲於侮聖書者乎、夫子之罪人也、可不念哉、覺軒蔡氏曰論語首章末以君子言末章首以君子言聖人敎人期至於君子而已詳味兩章語意實相表裏學者其合而觀之○新安陳氏曰論語一書夫子以君子敎人者多矣首末兩章皆以君子言之記者之深意夫子嘗自謂不怨天不尤人人不知而不慍不尤人也知命則不怨天且樂大矣學者其深玩潛心焉

備旨 言者人心之聲也人必知言則在人無遁情而邪正從可知矣苟聽其言而不能知其是非得失之所以然則人之邪正無自而辨遂失其取舍之則矣其何以知人乎故言不可以不知也知斯三者而上以達天內以成己外以盡人而自修之要得矣

原本備旨 論語集註卷之二十

原本備旨 論語集註 (下)

初 版 1刷 發 行 ● 1996年 1月 10日
初 版 6刷 發 行 ● 2016年 3月 15日

校 閱 ● 申 泰 三

發 行 者 ● 金 東 求

發 行 處 ● 明 文 堂 (1923. 10. 1 창립)
서울특별시 종로구 안국동 17~8
우체국 010579-01-000682
전화 (영) 733-3039, 734-4798
(편) 733-4748
FAX 734-9209
Homepage www.myungmundang.net
E-mail mmdbook1@hanmail.net
등록 1977. 11. 19. 제1~148호

값 12,000원
ISBN 978-89-7270-865-0 93140
ISBN 978-89-7270-034-0 (전2권)

新選明文東洋古典大系

明文堂은 傳統과 創意와 誠實을 바탕으로 여러분의 곁에 있습니다.

1 改訂增補版 **新完譯** 論語 張基槿 譯著 신국판 값 20,000원

2 **新完譯 한글판** 論語 張基槿 譯著 신국판 값 12,000원

3,4 改訂增補版 **新完譯** 孟子 (上·下)
車柱環 譯著 신국판 값 각 15,000원

5 **新完譯 한글판** 孟子 車柱環 譯著 신국판 값 15,000원

6 改訂增補版 **新完譯** 詩經 金學主 譯著 신국판 값 18,000원

7 改訂增補版 **新完譯** 書經 金學主 譯著 신국판 값 15,000원

8 改訂增補版 **新完譯** 周易 근간

9,10,11 改訂增補版 **新完譯** 禮記 (上·中·下)
李相玉 譯著 신국판 값 각 15,000원

12,13,14 改訂增補版 **新完譯** 春秋左氏傳 근간

16 中國古典漢詩人選❶ 改訂增補版 **新譯** 李太白
張基槿 譯著 신국판 값 12,000원, 4×6배판 값 17,000원

17 中國古典漢詩人選❷ 改訂增補版 **新譯** 陶淵明
張基槿 譯著 신국판 값 12,000원, 4×6배판 값 17,000원

18 中國古典漢詩人選❸ 改訂增補版 **新譯** 白樂天
張基槿 譯著 신국판 값 12,000원, 4×6배판 값 17,000원

19 中國古典漢詩人選❹ 改訂增補版 **新譯** 杜甫
張基槿 譯著 신국판 값 12,000원, 4×6배판 값 17,000원

20 中國古典漢詩人選❺ 改訂增補版 **新譯** 屈原
張基槿·河正玉 譯著 신국판 값 12,000원, 4×6배판 근간

21 **新譯** 東洋 三國의 名漢詩選
安吉煥 編著 신국판 값 15,000원

22,23 **新完譯** 墨子(上·下) 金學主 譯著 신국판 값 각 15,000원

24 **改訂版 新完譯** 近思錄
朱熹·呂祖謙 編 成元慶 譯 신국판 값 20,000원

25 **新譯** 歐陽修散文選
魯長時 譯註 신국판 값 20,000원

26 **新完譯** 大學 **- 경제학자가 본 알기 쉬운 대학**
姜秉昌 譯註 신국판 값 7,000원 양장 값 9,000원

27 **新完譯** 中庸 **- 경제학자가 본 알기 쉬운 중용**
姜秉昌 譯註 신국판 값 10,000원 양장 값 12,000원

28 **新完譯** 論語 **- 경제학자가 본 알기 쉬운 논어**
姜秉昌 譯註 신국판 값 18,000원

29 **新釋** 明心寶鑑 張基槿 譯著 신국판 값 15,000원

30 **新完譯** 孟子 金學主 譯著 신국판 값 20,000원

31,32 **新完譯** 蒙求(上·下)
李民樹 譯 신국판 값 각 15,000원

33 **新完譯** 大學章句大全
張基槿 譯註 신국판 값 20,000원 양장 값 25,000원

34 **新完譯** 古文眞寶 前集
黃堅 編纂 金學主 譯著 신국판 값 20,000원 양장 값 25,000원

35 **新完譯** 古文眞寶 後集
黃堅 編纂 金學主 譯著 신국판 값 25,000원 양장 값 30,000원

36 **新完譯** 傳習錄
金學主 譯著 신국판 값 20,000원 양장 값 25,000원

37 **新完譯** 大學章句新講
張基槿 譯註 신국판 값 18,000원 4×6배판 값 23,000원

38 **新完譯** 中庸章句新講
張基槿 譯註 신국판 값 20,000원 4×6배판 값 25,000원

39 綜合漢文解釋 張基槿 著 신국판 값 25,000원

40 **新完譯** 孟子 **- 경제학자가 본 알기 쉬운 맹자**
姜秉昌 譯註 신국판 값 25,000원

41 **新完譯** 孝經 金學主 譯著 신국판 값 10,000원

42 **新完譯** 忠經 金學主 譯著 신국판 값 8,000원

43,44,45 **新完譯** 十八史略 (上·中·下)
張基槿 著 신국판 값 (상) 20,000원 (중,하) 근간

46,47,48 **新完譯** 世說新語 (上·中·下)
劉義慶 撰 安吉煥 譯 신국판 값 (상) 15,000원 (중,하) 20,000원

49,50,51 **新完譯** 孟子集註新講 (上·中·下)
張基槿 新譯講述 신국판 값 (상,중,하) 각 20,000원